차이나 CEO

세계에서 가장 경쟁이 심한 중국 시장에서 살아남는 법

중국 비즈니스의 모든 것

후안 안토니오 페르난데스 · 로리 앤 언더우드 공저 | 황해선 옮김

고려닷컴

아내 우 하닝(Wu Hanning)의 사랑과 인내,
그리고 결혼 이후 많은 행복한 순간을 가져다준 아들
사이먼(Simon)에게 이 책을 바친다.
- 후안 안토니오 페르난데스

가족과 친구의 지원과 사랑이 없었더라면 이 책을 결코
마칠 수가 없었을 것이다. 내가 이 책을 쓰는 2년 넘는 기간 동안에
남편 제프리 윌슨(jeffrey Wilson)과 두 아이 시드니(Sydney)와
샤퍼(Schafer)는 묵묵히 나를 지원했다. 아울러 부모님 도로시 스탤리
(Dorothy Staley)와 래리 언더우드(Larry Underwood)께도 고마움을
전한다. 그리고 이 책의 원고를 읽고 솔직한 평가와 지속적인 격려,
깊은 우정을 보여준 아머 칸(Aamir Khan), 매드하브 티말시나
(Madhav Timalsina), 컨스탠스 우즈.(Constance Woods),
셰릴 쉐리던(Cheryl Sheridan)에게도 감사한다.
- 로리 언더우드

감사의 글

이 책을 출판할 수 있도록 지원과 격려를 보내준 많은 사람들에게 감사의 말을 전한다. 우선, 성공적인 중국 비즈니스에 관해 경험과 지식을 아낌없이 나눠준 여러 CEO들과 전문 컨설턴트들에게 고마움을 전하고 싶다. 또한 연구와 자료 수집을 훌륭하게 도운 리사 첸(Lisa Chen)과 린다 송(Linda Song)에게도 감사한다.

이 책을 출판하는 과정에서 여러 CEO들과 연락하고 의견을 나누는 데 도움을 준 셔니 커머포드(Seanie Comerford)에게 특별한 고마움을 전한다.

마지막으로 중국 유럽 국제 경영대학의 학장인 딘 롤프 크레머(Dean Rolf Cremer)와 상하이 미국상공회의소 회장인 브렌다 레이 포스터(Brenda Lei Foster)에게 큰 빚을 졌다. 그들은 우리가 이 책을 쓰고 편집하며 출판하는 전 과정에서 지원을 아끼지 않았다. 정말 모든 사람들에게 감사한다!

Contents

Contents

◆ 머리말

중국: 반드시 승리를 거둬야 할 시장

"중국은 다른 나라가 수백 년이 걸려야 이룩할 수 있는 일을 한 세대 만에 해냈다. 어떤 나라도(일개 지역조차도) 그렇게 단기간에 많은 것을 성취하려고 시도한 적이 없다. 두 가지 변화를 동시에 완성하려는 중국의 독특한 시도, 즉 계획경제에서 시장경제로, 농촌사회에서 도시사회로 변화하려는 시도는 역사에서 그 선례를 찾아볼 수 없다."
– 세계은행, 〈중국 2020: 새로운 세기의 발전과 도전〉

1990년대 후반, 전 세계에서 사용되는 크레인의 절반이 한 도시에 설치되었다는 보고가 있었다. 그 도시는 바로 상하이다. 당시 이 도시를 방문했던 사람들은 이 보고가 거짓이 아님을 확인할 수 있었다. 세계에서 상하이보다 빠르게 개발되는 대도시가 어디 있겠는가? 상하이는 10년도 되지 않아 스카이 라인이 완전히 변했다. 교통기반 시설의 확장을 예로 들어보자. 1990년대 중반 이후에 중국 최대 도시인 상하이(교외 지역까지 포함해 인구가 2천만 명)는 두 번째 국제공항, 기존 3개 노선 외에 11개 노선의 지하철, 내외부 순환도로, 고가 고속도로 2개, 고가 자기부상철도를 보유하게 되었다. 그리고 말할 것도 없이 주변 지역도 지붕이 낮은 어두운 색의 콘크리트 주택에서 밝은 색의 아파트로, 한적한 논에서 사람들이 북적거리는 사무 단지로 변했다.

상하이에서 일어난 건설 붐은 중국이 진행하고 있는 광범위한 경제 변화를 보여주는 단적인 사례다. 중국은 문화혁명 이후 국제사회에서 고립되었다. 그러나 이제 세계 최대의 교역국으로 부상했다. 일반적으로 개발도상국가는 경제 호황과 불황을 주기적으로 경험하지만, 중국은 1980년대 이후로 9%라는 꾸준한 성장을 달성하고 있다. (일부 추정치에 따르면 중국의 성장률은 9%보다 낮다. 1980대와 90년대에 세계은행은 중국 정부가 발표한 성장률을 1~2% 정도 낮게 보았다. 그리고 경제협력개발기구OECD는 더 보수적으로 추정해 중국의 공식 성장률보다 실제 성장률을 3.8%나 낮게 보았다. 그렇더라도 중국의 성장률은 여전히 인상적인 수치다.)

중국의 주요 도시에서 부가 급격히 증가하면서 연간 1인당 소득도 가파르게 상승했다. 상하이를 예로 들어, 2003년에 평균 소득이 5,700달러를 넘어섰다(2004년 상하이 통계연보). 중국 전체의 1인당 소득이 1,100달러(2004년 중국 통계연보)라는 점을 고려하면 상당히 높은 수준이었다. 중국 정부는 2007년까지 상하이의 1인당 국내 총생산(GDP)이 7,900달러에 이를 것으로 추정한다. (구매력을 감안해 조정하면 상하이 주민의 평균 소득은 이미 15,000달러에 근접하고 있다_미국 농무부 해외농업서비스 www.fas.usda.gov)

대도시 지역을 제외하면 변화의 모습이 극적이지 않더라도 중국 사회 전반에 걸쳐 진행되고 있다. 세계은행 총재인 제임스 울펀슨(James D. Wolfensohn)이 1995년과 2002년 5월에 중국을 방문했다. 그는 낙후된 서부 지역에서부터 번영을 누리고 있던 남부와 동부 지역을 다니며 장쩌민 주석과 주룽지 총리 등 최고 지도자와 경제계 인사, 지역 인사를 만났다. 그는 중국의 발전이

5년 안에 '인상적이고 괄목할 만한' 성과를 낼 것이라고 선언했다. 울펀슨은 "상대적으로 단기간에 중국은 국제사회에서 중요한 국가로·부상해 세계무역기구(WTO)에 가입하고 아세안(ASEAN) 국가와 유대관계를 강화하고 있다. 그리고 2008년 하계 올림픽 개최권을 따냈다. 이 나라의 역동성과 자신감은 높아지고 있고 당연한 일이다. 지난 20년간 2억5천만 명이 넘는 사람들이 빈곤에서 벗어났다. 중국은 아직 빈곤을 완전히 극복하지 못했고 그러기에는 상당한 시간이 필요하겠지만, 한 세대 만에 이렇게 놀라운 업적을 달성한 중국으로부터 다른 나라들은 교훈을 얻어야 한다."라고 말했다.

다국적기업들(MNCs)은 중국의 경제 발전에 주목하기 시작했다. 다국적기업에게 이 나라는 국제 전략에서 빠져서는 안 될 필수 국가로 보였다. 이제 중국은 외국인직접투자(FDI)의 요람이 되어 2002년 한 해에만 500억 달러의 투자를 유치해 역사상 처음으로 미국을 추월했다. (외국인직접투자에서 중국이 미국을 추월했다는 사실에서 고려해야 할 점: 2001년과 2002년에 미국 채권에 대한 투자가 이전 기간에 비해 3천억 달러나 크게 줄어들었다.) 2007년까지 연간 대중국 외국인직접투자 규모는 거의 650억 달러에 이를 전망이다. 이런 투자 유입은 중국의 자본주의화를 가속화시켜 국영기업이 민간기업으로 전환되어 경쟁이 치열해지고, 이는 다시 합작기업이나 외국인독자기업(WFOEs, wholly foreign-owned enterprises)의 형태로 외국 자본의 유입을 장려하게 된다.

서부 지역의 비즈니스 리더들은 중국이 세계에서 가장 매력적인 투자 환경을 제공하고 있다는 사실을 알고 있다. 매력적인 투자 환경을 통해 중국은 GDP 성장률을 높이고 새로운 산업을 개척하며 정치적 안정과 빠르게 수준이 높아지는 인적 자원을 마련할 수 있다. 아울러 국내 소비 기반도 크게 확충할 수 있다.

점점 더 많이 중국에 진출하는 다국적기업에게 중국의 급격한 경제 개혁은 한 가지 사실을 의미한다. 이 책에서 인터뷰한 최고경영진의 말을 빌면 중국은 이제 '반드시 승리해야 할 시장'이 되었다. 중국은 다른 나라에 수출하기 위해서 중국에 진출한 제조업체나 중국 시장을 목표로 삼는 기업 모두에게 매우 중요한 나라가 되었다. 덩샤오핑(Deng Xiaoping)이 시장을 개방해 국제 무역의 장벽을 허문 이후 30년 동안 다국적기업에게 중국은 국제 전략의 핵심 국가로 자리 잡았다. 중국이 2001년에 WTO에 가입한 이후 다국적기업은 중국에 진출하거나 기존의 중국 비즈니스를 확대해야 할 긴박성이 더 높아졌다.

이 책에서 소개할 중국에 진출한 다국적기업의 최고경영진과 전문 컨설턴트 28명이 경험한 내용을 고려해 보면, 알카텔(Alcatel)에서 소니, 바이엘, 유니레버까지 한결같이 중국 시장의 중요성을 여러 번 강조한다. 듀폰 차이나(Du Pont China)의 사장인 찰스 브라운(Charles Browne)은 "다국적기업은 중국에 정말 큰 관심을 쏟고 있다."라고 말한다. 듀폰은 총매출액 중 5%를 중국에서 달성하고 있지만 그 비중은 점점 더 커지고 있다. 브라운은 "중국은 불황의 증거를 보이지 않는 몇 안 되는 국가 중 하나이다. 중국은 앞으로 달성할 성장률 때문에 전략적 중요성이 더 커지고 있다. 여러분이 우리 본사를 방문해 우리 회사가 집중하는 지역이 어디냐고 물어본다면 모두 이구동성으로 중국이라는 대답을 얻을 것이다."라고 말한다.

듀폰뿐만 아니라 다른 다국적기업의 경영진도 중국 비즈니스에 심혈을 기울이고 있다. 아래와 같은 사례를 생각해 보자.

- 코카콜라에게 중국은 세계에서 소비량이 가장 빨리 늘고 있는 시장이다. 2005년에 중국은 판매량 측면에서 코카콜라의 다섯 번째로 큰 시장이었다. 중국보다 판매량이 많은 시장은 미국, 멕시코, 브라질, 그리고 일본이다. 2008년까지 중국은 세 번째로 그 순위가 높아질 전망이다. 코카콜라 차이나의 사장인 폴 에첼스(Paul Etchells)는 "중국의 비즈니스 환경은 훨씬 긍정적이고, 경제 성장은 세계 어느 나라보다 빠르다. 따라서 우리는 다른 나라보다 이곳에서 높은 성장을 이룰 수 있다고 본다. 중국은 코카콜라에게 정말로 중요한 시장이다."라고 말한다.

- 지멘스(Siemens)에게 중국은 이제 미국과 유럽 다음으로 큰 시장이다. 그리고 2010년이 되면 가장 큰 시장이 될 전망이다. 지멘스의 중국 현지 사장이며 CEO인 언스트 베렌스(Ernst Behrens) 박사는 "중국 시장은 지멘스의 중심 시장이다. 중국 시장의 성장 잠재력은 이미 한계에 도달한 유럽이나 미국 시장보다 훨씬 높다."라고 말한다.

- 유니레버에게 중국은 '반드시 승리를 거둬야 할' 시장이라고 유니레버 차이나의 회장인 앨런 브라운(Alan Brown)은 말한다. 브라운은 이 나라를 유니레버의 '전략적 요충지'로 여기며 회사의 주요 성장을 담당할 시장이라고 부른다. 그는 "세

계 시장을 상대로 비즈니스를 벌이는 모든 소비재 기업에게 중국은 장기적 전략에서 가장 우선순위가 높은 시장이라고 생각한다."라고 말한다.

중국에서 활동하는 최고경영진과 전문 컨설턴트 28명이 전하는 핵심 메시지는 간결하고도 분명하다. 즉, 중국은 다국적기업이 결코 무시할 수 없는 시장이라는 메시지다. 여러분은 이 말을 반박할 근거가 없기 때문에 중국 시장에 참여해야 한다. 이미 여러분의 경쟁자는 중국에서 비즈니스를 벌이고 있고, 더 중요한 사실로 중국은 국내 기업을 양성해 국제 경쟁의 대열에 참여시키고 있다. 여러분 기업이 어느 산업에 속해 있든, 어느 지역을 중점 시장으로 삼든 상관없이 조만간 중국이 비즈니스 경쟁의 규칙을 변경해 더 나은 비즈니스 환경을 제공할 것이다. 주변에서 상황을 지켜보기보다는 직접 경쟁에 참여해 새로운 규칙을 체험하고 교훈을 얻는 것이 최선의 방법이다.

◆ 서문

기회와 도전

"세상 어디에도 이와 같은 시장은 없다. 단 한 곳도. 내게 21
세기는 중국의 세기가 될 것처럼 보인다. 중국은 세계의 경
제 균형을 변화시킬 것이다."
– 가이 맥로드(Guy McLeod), 에어버스 차이나의 CEO

1985년 6월 29일에 덩샤오핑은 "중국의 개혁은 어떤 책에도
기록된 적이 없는 위대한 실험이다."라고 선언했다. 역설적이게
도 이 '위대한 실험'이라는 선언은 이 책을 쓰게 된 동기를 제공
했다. 덩샤오핑이 지적했듯이 지금 중국에서 진행되고 있는 경
제적 변혁은 전례가 없는 일이다. 현재 중국을 자주 방문하는
모든 기업인은 이 나라가 계획경제에서 벗어나 시장자본주의를
수용하는 중국만의 특유한 변혁 과정을 개척하고 있다는 사실
을 인정할 것이다. 이 여정의 주요 특성은 아직 불확실하다. 미
지의 분야를 개척하며 잘못된 출발과 시행착오도 겪고 있다.

앞으로 살펴볼 내용에서 저자로서 우리의 목표는 앞서 언급
한 덩샤오핑의 선언 중 뒷부분이 틀렸음을 증명하는 것이다. 사
실, 우리는 이 '위대한 실험'을 다룬 책을 썼다. 《차이나 CEO》

에서 우리는 중국에 진출한 다국적기업의 CEO와 총괄 관리자의 시각에서 무질서하고 혼란스럽지만 매우 매력적인 중국의 비즈니스 환경을 자세히 논의한다. 여러분은 이 책에 소개할 다양한 고위 경영자의 경험에서 유용한 지식을 얻기 바란다.

우리는 중국에 진출한 〈포춘〉이 선정한 500대 기업에 속하는 20개의 유럽과 일본 기업의 고위 경영자와 일련의 심도 있는 인터뷰를 시작했다. 우리는 인터뷰를 통해 얻은 기본 아이디어와 전략을 인적 자원, 법률, 전략, 가족 상담처럼 중국에 진출한 다양한 분야의 컨설팅 전문가 여덟 명의 평가와 비교했다. 우리가 선정한 인터뷰 대상자는 다양한 분야에서 전문 능력을 보유했고, 우리는 그들과 광범위한 주제에 관해 논의를 했다.

인터뷰 자료를 검토하면서 놀라웠던 사실은 중국에서 활동할 외국인(중국인이 아닌) 관리자에게 필요한 바람직한 기본 특성과 능력에 관해 인터뷰에 응한 사람들이 매우 비슷한 견해를 보였다는 것이다. 인터뷰를 한 고위 경영진들은 서로 다른 20개 산업에서 일하는 전문가로 매우 다른 배경을 보유하고 있지만 각자 내놓은 의견은 매우 비슷한 양상을 보였다.

> "이 책의 목적은 현재 중국에 진출한 다국적기업의 경영진이 직면한 주요한 도전을 파악하고 해결하는 것이다."
> - 이 책의 저자

생생한 경험담

이 책의 목적은 현재 중국에 진출한 다국적기업의 경영진이 직면한 주요한 도전을 파악하고 해결하는 것이다. 우리는 인터뷰 대상자를 자동차, 화장품, 소프트웨어, 슈퍼마켓 등 다양한 분야에서 선정했다. 이들 경영인은 모두 선정 기준을 충족시켰고, 중국에서 성공적인 비즈니스를 펼치고 있는 다국적기업의 고위 경영인이었다. 이 다국적기업들은 전 세계에 걸쳐 3백만 명의 직원을 두고 있으며 중국에서만 126,200명을 고용하고 있다(이 중 125,000명은 중국인이고 나머지 1,200명은 외국인이다). 이 다국적기업이 중국에서 비즈니스를 펼친 햇수를 합하면 총 512년이고 평균은 26년이다. 우리가 대상으로 삼은 기업 중 3개는 중국 공산당 정부가 '개방' 정책을 펼치기 이전부터 중국에서 활동해 왔다. 스탠다드 차타드(Standard Chartered)는 중국의 마지막 황제(1912년에 폐위되었다)가 통치하던 청나라 시대에 설립되었다. 한편, 유니레버(Unilever)는 1923년에, 코카콜라는 1927년에 설립되었다. 다른 다섯 개 기업은 덩샤오핑이 개혁 정책을 펼치기 시작한 후에 중국에 진출해 20년 넘게 비즈니스를 하고 있다. 우리가 인터뷰한 20명의 고위 경영진의 전문적 경험은 어떤 면에서 매우 경이롭기조차 하다. 이 일련의 '중국통'(China hand _ 중국에 진출한 다국적기업의 관리자들 가운데 광범위한 중국 경험을 한 사람)은 각자 해당 기업에서 일한 연수가 총 466년이다. 이 중에 294년을 해외에서, 105년을 중국에서 보냈다. 인터뷰 대상을 평균적인 한 사람으로 요약해 보면 그는(우리가 인터뷰한 최고경영진은 모두 남자였다) 50대 초반에 한 회사에서 오랫동안(평균 23년) 안정적인 직장 생활을 해온 사람이다. 그리고 최소 15년의 국제 경험이 있고, 중국에서는 5년간 지냈다. 기본 담당 업무는 매우 광범위하지만 보통 '중국 비즈니스를 감독하는' 업무를 담당한다. 사람들마다 맡은 구체적 책임이 매우 다양해 단적으로 표현하기는 힘들지만 그들은 회사의 업무 진행을 모든 측면에서 감독하고 중국(또는 중화권이나 북아시아)에서 회사의 미래 성장을 주도한다. 그리고 그들은 정부, 비즈니스 파트너, 고객 등 외부 관계에서 회사를 대표해 접촉하고 내부적으로 본사와 현지 직원과 의사소통을 한다. (인터뷰에 응한 경영진의 구체적인 경력 사항은 다음에 나올 '인터뷰 대상자의 프로필' 참조)

중국의 도전: 지뢰밭 한가운데서 장님 안내하기

중국 시장은 다국적기업에게 어느 시장보다 매력적이지만 중국은 외국인 투자자에게 희망만큼이나 위험도 큰 시장이다. 중국에서 활동하는 모든 다국적기업은 두 가지 비즈니스 환경과 두 가지 사회, 정치 체제가 충돌하는 가운데 기회를 엿보고 있다. 그래서 중국에서 가장 큰 성장을 달성하는 데 실패한 일부 중국 합작기업조차도 중국을 '승리하기 쉬운' 시장이라고 부른 경우도 있었다. 하지만 이와 반대로 중국에서 도저히 성공을 거두기 힘들다고 포기한 기업도 있었다. 이 시장에 진입하려는 외국기업의 시도와 자국의 전통을 고수하려는 중국 사이에 생겨난 갈등은 지난 수천 년 동안 지속되어 왔다. (마르코 폴로가 중국에 온 13세기에도 유럽 무역상의 진입을 달갑지 않게 여기는 분위기가 있었다.) 이런 모든 갈등은 중국에서 비즈니스를 운영하는 우리에게 도전과 어려움을 제공한다.

다국적기업은 중국에서 비즈니스를 시작할 때 관리, 고객, 관계사 등 중국 파트너와 원활하지 못한 의사 소통으로 애를 먹었다. 이런 의사 소통의 불일치는 남성과 여성이 함께 춤을 추면서 남성 파트너가 여성보다 빨리 스텝을 밟는 것과 같다. 댄서는 파트너를 깊이 이해해야 우아하고 조화로운 춤을 출 수 있다. 마찬가지로 다국적기업은 중국 비즈니스 환경에 보조를 맞춰야 한다는 소중한 교훈을 명심해야 한다.

우리가 인터뷰한 프레시필즈 브룩하우스 데린저(Freshfields Bruckhaus Deringer) 법률회사의 중국 상하이 지사 수석 파트너인 법률 전문가 노먼 지번트(Norman Givant)는 중국에 새로 오는 많은 외국기업의 욕구를 다음처럼 요약한다. "중국에 처음 오는 우리 고객들은 중국의 환경을 거의 이해하지 못한다. 그들은 중국의 경제, 정치, 사회와 중국인의 심리를 알지 못한다. 그래서 그들은 외국 기업가가 흔히 저지르는 실수를 반복한다. 마치 중국을 자신의 본국처럼 생각해 아직도 고향인 일리노이 주 페오리아(Peoria)에서 일하는 것처럼 행동한다. 여러분은 중국이 다른 문화, 가치, 상호작용 방식을 지니고 있다는 사실을 알아야 한다. 나는 우리가 지뢰밭에서 맹인을 인도하는 안내견 같다는 비유적 표현을 사용한다. 중국에서 외국기업이 투자하는 데에는 여러 가지 잠재적 문제가 있다. 특히 중국 본토는 사회주의 또는 공산주의 국가이기 때문에 문제의 소지가 커질 수 있다."

앞으로 살펴볼 여러 장에서 우리가 인터뷰한 전문가들은 중국에서 직면하게 될 가장 큰 도전을 다룰 방법을 솔직히 제시한다. 인터뷰에 응한 CEO 20명과 전문 컨설턴트 8명은 자신이 겪었던 어려운 경험을 공유하고 다음과 같은 질문에 답한다.

- 오늘날 중국에서 비즈니스를 운영하기 위해 필요한 역량은 무엇인가?
- 경영 스타일을 중국에 맞춰 바꿔야 하는가?
- 경쟁이 치열한 중국 시장에서 최고 전문가 인력을 채용하고 유지하는 방법은 무엇인가?
- 성공적인 합작기업이나 비즈니스 파트너를 구축하는 비결은 무엇인가?
- 본사와 효과적인 의사 소통을 확립할 수 있는 방법은 무엇인가?
- 새롭게 형성되는 시장에서 까다롭고 변덕스런 소비자를 사로잡는 방법은 무엇인가?
- 내 분야에서 점점 늘어나는 중국 현지 경쟁자에 맞서 승리하기 위해서는 어떤 준비를 해야 하는가?
- 지적재산권을 안전하게 보호할 최선의 전략은 무엇인가?
- 내 회사가 중국 정부와 우호적인 관계를 수립할 수 있는 방법은 무엇인가?
- 내 가족이 중국에서 안전한 생활을 할 수 있는 방법은 무엇인가?

인터뷰 대상자의 프로필

인터뷰 대상자가 일하는 다국적기업의 분포

- 유럽; 에어버스, 알카텔, 바이엘, 베텔스만, 까르푸, 힐튼, 스탠다드 차타드, 지멘스, 영국석유, 유니레버, 로레알, 필립스
- 일본; 소니
- 미국; 3M, 코카콜라, 듀폰, 엘리 릴리, 제너럴 일렉트릭, 제너럴 모터스, 마이크로소프트

인터뷰에 응한 최고경영진(알파벳 순서)

언스트 베렌스(Ernst H. Behrens): 지멘스 차이나의 사장이며 CEO

도미니크 드 보아시종(Dominique de Boisseson): 알카텔 차이나 인베스트먼트 (Alcatel China Investment Co.)의 회장이며 CEO

앨런 브라운(Alan Brown): 유니레버 차이나의 회장

찰스 G. 브라운(Charles G. Browne): 듀폰 차이나 홀딩의 사장*

데이비드 창(David Chang): 필립스 차이나 인베스트먼트의 CEO

쟝 룩 셰로(Jean-Luc Chereau): 까르푸 차이나의 회장

개리 더크스(Gary Dirks): 영국석유 차이나의 그룹 부회장이며 CEO

폴 에첼스(Paul Etchells): 코카콜라 차이나 음료의 사장

파올로 가스파리니(Paolo Gasparrini): 로레알 차이나의 사장이며 중국 총괄 담당

세이치 가와사키(Seiichi Kawasaki): 소니 차이나의 사장이며 중국 총괄 담당

가이 맥로드(Guy McLeod): 에어버스 차이나의 사장*

필립 머터프(Philip Murtaugh): 제너럴 모터스 차이나 그룹의 회장이며 CEO*

에케하르트 라스게버(Ekkehard Rathgeber): 베텔스만 다이렉트 그룹 아시아 사장*

폴크마 뢰벨(Volkmar Ruebel): 힐튼 상하이의 총지배인

스티브 슈나이더(Steve Schneider): 제너럴 일렉트릭 차이나의 회장이며 CEO*

크리스토퍼 쇼(Christopher Shaw): 엘리 릴리 차이나의 사장*

엘마르 스타첼스(Elmar Stachels): 바이엘 차이나의 CEO*

준 탕(Jun Tang): 마이크로소프트 차이나의 사장*

스탠리 Y. F. 웡(Stanley Y. F. Wong): 스탠다드 차타드 은행 차이나의 CEO*

케네스 C. H. 유(Kenneth C. H. Yu): 3M 차이나의 중국 총괄책임자

인터뷰에 응한 전문가(알파벳 순서)

잭 창(Jack Chan): 중국 외국인투자기업 협회의 우수브랜드 보호위원회(QBPC, Quality Brand Protection Committee) 회장

노먼 P. 지번트(Norman P. Givant): 프레시필즈 브룩하우스 데린저(Freshfields Bruckhaus Deringer) 법률회사의 중국 상하이 지사 수석 파트너

빅토리아 하인(Victoria Hine): 라이프라인 상하이 설립 임원*

브라이언 H. 후앙(Bryan H. Huang) 박사: 베어링 포인트(BearingPoint) 수석 부사장이며 중국 총괄담당 사장*

사이먼 킬리(Simon Keeley): 휴잇 어소시에이츠 차이나(Hewitt Associates China)가 운영하는 휴잇 아시아 리더십 센터의 대표

고든 오어(Gordon Orr): 맥킨지 컨설팅의 상하이 지사 임원

헬렌 탄타우(Helen Tantau): 콘/페리 인터내셔널 차이나(Korn/Ferry International China Ltd.)의 고객 담당 수석 파트너

존 P. 웡(John P. Wong): 보스턴 컨설팅그룹의 수석 부사장, 중국 담당 총괄책임자

참고로 중국에서의 승진과 비즈니스 시나리오는 빠르게 변한다. 일부 인터뷰 대상자(*로 표시한)는 직위가 변했거나 회사를 옮겼으며, 이 책이 출판되는 동안에 은퇴하기도 했다. 예를 들어, 크리스토퍼 쇼는 2001년에서 2005년까지 앞서 언급한 직책으로 일했지만 이 책이 출판될 무렵에 그는 엘리 릴리의 미국 본사로 돌아갔다. 인터뷰 대상자에 관한 모든 정보와 프로필은 이 책이 출간되기 직전에 다시 한 번 확인하고 수정한 내용이다.

이 책에서 무슨 교훈을 얻을 것인가?

이 책을 집필하기 시작했을 때 우리의 주된 목표는 경영학 교수와 비즈니스 기자로서 각자 얻었던 교훈을 여러 사람들과 나누자는 것이었다.

우리는 모두 22년 동안 중국에서 외국인 비즈니스맨과 일하고 의견을 청취하며 기사를 쓰고 그들의 문제와 좌절, 업적을 직접 목격했다. 중국에서 활동하는 외국인 경영진이 직면한 가장 일반적인 도전은 이 책의 토대를 제공했다.

제1장 : 중국에서 성공하는 외국인 관리자의 역량
제2장 : 중국인 인력의 관리
제3장 : 비즈니스 파트너와의 협력
제4장 : 본사와의 의사 소통
제5장 : 경쟁자의 극복

방법론 (Methodology)

쌀쌀한 4월의 어느 날 아침, 우리는 상하이에서도 쇼핑센터와 사무실이 밀집해 있고 가장 번화한 난징 가에 있는 플라자 66빌딩으로 갔다. 그리고 이 빌딩 17층에 있는 제너럴 일렉트릭 차이나의 근사한 회의실로 안내되었다. 우리가 디지털 녹음기와 카메라, 노트북을 설치하자, 이 회사의 회장이며 CEO인 스티브 슈나이더가 회의실로 불쑥 들어왔다. 우리는 바로 본론에 들어갔다. 그는 우리가 쓸 책의 개요와 질문 내용(이 책의 부록 참조)을 읽고, GE 차이나에 관련해 우리가 수집한 데이터를 살폈다. 이제 공식적인 인터뷰가 시작되었다. 우리는 질문을 하나씩 해야 할지, 아니면 좀 더 대화식으로 논의해야 할지, 방식을 정하기 위해 지난주에 GM 차이나의 회장이며 CEO인 필립 머터프와 인터뷰한 형식을 언급했다. 갑자기 분위기가 바뀌며 슈나이더는 얼굴에 웃음을 머금고 "필립도 이 책에 나옵니까? 그가 이 질문들에 어떻게 대답했는지 알려줄 수 있습니까?"라고 물었다.

우리는 이 책을 쓰기 위해 인터뷰를 하고 조사하는 과정에서 이런 질문을 계속 받았다. 우리가 인터뷰했던 인사들 중 많은 사람들이 인터뷰 대상자 목록을 살펴보더니 다른 사람들은 뭐라고 얘기했는지 궁금해했다. 예를 들어, 그들은 중국 정부와 좋은 관계를 유지하거나 중국 비즈니스 문화에 맞게 경영 스타일을 조정하라는 사항에 대해 다른 사람들은 어떻게 조언했는지 알고 싶어 했다. 이런 호기심이 바로 우리가 독자에게 원하는 것이다.

우리의 연구 방법은 〈포춘Fortune〉이 선정한 500대 기업 중 중국 비즈니스를 성공적으로 수행한 미국과 유럽, 일본의 최고경영진 20명과 외국기업이 중국에 성공적으로 진출하도록 조언을 한 최고 전문 컨설턴트 8명을 인터뷰해 그들의 경험을 독자에게 직접 전하는 것이다.

우리는 체계적인 질문과 응답 구조를 설정해 인터뷰를 진행했다. 모든 인터뷰는 연구 보조자와 함께 저자들이 직접 수행했다. 우리는 모든 인터뷰를 녹음했고 자세한 내용을 기록했다. 그런 후에 원고를 썼다. 저자와 연구 보조자가 모든 인터뷰 내용을 점검하고 확인한 후에 우리는 인터뷰 대상자들이 답한 내용을 핵심 주제로 분류하고 정리했다. 이런 작업이 각 장 내용의 토대를 제공했다.

이 책의 내용은 다국적기업이 중국에서 비즈니스를 펼치면서 터득하고 현장에서 검증된 경험의 결과물이다. 앞으로 다룰 여러 장에서 나타난 조언과 전략은 두 가지 주제로 요약된다. 현재 중국의 비즈니스 환경에서 필연적으로 나타날 기회를 극대화하고 도전을 극복하라는 것이다.

제6장 : 지적재산권 침해와의 싸움
제7장 : 중국 고객의 확보
제8장 : 중국 정부와의 협상
제9장 : 중국 생활
제10장 : 결론

어떤 내용을 어떤 순서대로 다룰까 고민하면서 우리는 중국에서 최고경영진이 반드시 다루어야 할 다양한 관계를 설명하는 구조로 책을 쓰기로 했다. 즉, 책의 내용을 크게 내부 관계와 외부 관계로 나눴다. 다음 그림에서 보듯이 각 장은 한 주제를 중점적으로 다루는 방식이다.

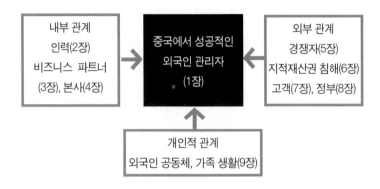

이 책은 중심 논의 대상인 외국인 관리자에 초점을 맞춰 진행된다. 외국인 관리자는 이 책에서 소개할 모델에서 핵심 역할을 하며, 각 장은 외국인 관리자가 주요 내외부 이해관계자(직원, 파트너, 본사 등)를 어떻게 다뤄야 할지를 설명한다.

마지막으로 우리가 인터뷰한 최고경영진과 전문가의 경험과 아이디어를 공유하기 이전에, 우리는 의무와 개인적 선호에서 발전된 꾸안시(關係)라는 개념이 얼마나 중요한지 강조하고 싶다. 우리는 중국에서 활동하는 최고경영진과 전문 컨설턴트와 인터뷰하는 내내 '꾸안시' 또는 '중국 방식의 네트워킹'이 중국 비즈니스에서 가장 중요한 측면이라는 사실을 깨달았다. 바로 중국식 관계가 이 책이 제시하는 가장 강력한 메시지이다. ('꾸안시'에 관한 더 자세한 설명은 제1장과 제8장의 파트 I과 II 참조)

우리는 꾸안시의 핵심을 설명하는 중국 속담을 말하며 머리말의 결론을 맺고 싶다. "내가 당신을 곤란하게 하면 나 또한 곤란해진다." 이 말을 긍정적으로 해석하면 "내가 당신의 편의를 봐주면 나 또한 편해진다"가 된다. 이 속담이 바로 중국에서 성공한 관리자에게서 얻은 첫 번째 교훈이다. 더 많은 교훈이 책속에 담겨 있다. 즐겁게 읽고 좋은 교훈을 얻기 바란다!

제1장
중국에서 성공하는
외국인 관리자의 역량

"새로 올 관리자에게 한 가지 메시지를 주어야 한다면, 나는 관계가 가장 중요하다고 강조하고 싶다. 정말 중요한 것은 사람이다. 즉, 사람 사이의 관계와 그들 사이에 존재하는 자신감이 중요하다. 중국에서의 인간관계는 유럽이나 미국에서보다 훨씬 중요하다."
- 개리 더크스(Gary Dirks), BP 차이나 사장, CEO

- 인터뷰에 응한 고위 경영자의 프로필
- 중국에서 정말 필요한 역량
- 결론

서문

이 책이 추구하는 중요한 목적 중에 하나는 중국에서 비즈니스를 운영하는 외국인(중국인이 아닌) 관리자의 핵심 성공 역량(CSQs, critical success qualities)이 무엇인지를 파악하는 것이다. 이런 역량을 파악하려는 우리의 연구는 간단하다. 즉, 우리는 중국에 진출한 20개 기업의 고위 경영자에게 '현재 중국에서 성공을 거두기 위해 필요하다고 생각하는 역량은 무엇인가?' 라는 질문을 던졌다. 이 질문에 대해 20명의 경영자가 대답한 내용이 이 장의 기초를 이룬다.

인터뷰에 응한 고위 경영자의 프로필

중국에서 성공한 외국인 관리자가 되기 위해 갖춰야 할 핵심 역량을 공유하기에 앞서, 중국에서 비즈니스를 운영하고 우리의 인터뷰에 응한 고위 경영진 20명의 프로필을 소개하고 싶다. 우리는 어떤 부류의 외국인 관리자를 낯선 중국에서 가장 성공적인 비즈니스를 수행한 관리자로 선정했는지 그 방법을 여러분에게 확실히 알리고 싶다. 우리는 인터뷰 대상을 결정하기 위해 매우 엄격한 기준 서너 가지를 세웠다. 모든 인터뷰 대상은 중국에 진출한 각 기업의 최고위급 임원을 대표해야 하고, 중국에 상주해야 한다(예를 들어 홍콩과 중국 본토를 왕래하는 기업인은 제외했다). 그리고 중국에서 1년 이상 근무한 경험이 있어야 한다. 거의 모든 인터뷰 대상자는 이런 요구 조건을 충족시키기에 부족함이 없었다. 가장 오랜 경험을 갖춘 경영자는 힐튼 호텔의 총지배인인 폴크마 뢰벨(Volkmar Ruebel)이다. 이 책이 출간될 당시에 그는 한 회사에서 41년 동안 국제 경험을 쌓았고, 중국에서 11년째 근무 중이었다. 또한 중국에서 10년의 경험을 쌓은 사람으로는 제너럴 모터스 차이나의 회장이며 CEO인 필립 머터프(Philip Murtaugh), BP 차이나(British Petroleum China)의 그룹 부사장이며 CEO인 개리 더크스(Gary Dirks) 박사, 로레알 차이나(L' Oréal China)의 사장이며 중국 비즈니스를 총괄하는 파올로 가스파리니(Paolo Gasparrini)가 있다.

우리의 인터뷰 대상자들은 중국에서 근무하는 동안 중국의 엄청난 변화를 목격했다. 많은 사람들이 중국 여러 도시의 중심에서 급격한 물질적 변화가 있었다고 말한다. 지금은 고층 빌딩으로 둘러싸인 42층짜리 힐튼 호텔의 호화로운 라운지에서, 이 호텔의 총지배인인 폴크마 뢰벨이 상하이에 처음 도착한 날 저녁을 이렇게 묘사했다. "나는 1995년 새해가 밝기 전날에 상하이에 도착했다. 당시 이 도시는 어두웠다. 불빛이 하나도 보이지 않았다. 그리고 높은 빌딩도 거의 없었다. 하지만 그 후로 이 도시는 매우 빠르게 변했다."

1991년에 언스트 베렌스(Ernst Behrens) 박사가 지멘스의 중국 지사 근무를 위해 베이징에 왔을 때, 그는 천안문 광장 근처에 있는 낡은 호텔의 조그만 방에 거주했다. 당시 이 호텔은 중국 정부가 외국 방문객이 머물도록 지정한 몇 안 되는 호텔 중 하나였다. 처음에 지멘스는 직원이 가족과 함께 중국 현지에 부임하는 것을 허락하지 않았다. 따라서 베렌스는 부임 초창기 3년 동안 중국 현지에 10주간 근무한 이후에 가족이 살고 있는 홍콩에서 10일간 머물고 다시 중국 현지로 돌아오는 근무 방식을 취할 수밖에 없었다. 오늘날의 기업이나 정부는 이런 제한 규정을 두지 않는다. 이 책을 집필하던 시기에 상하이에만 6만3천 명의 외국기업 주재원과 가족들이 거주하고 있었다. 그리고 이런 외국 주재원의 자녀를 위해 25개의 외국인학교가 운영 중이었다.

파올로 가스파리니(지금은 로레알 중국 지사의 사장이며 중국 비즈니스를 총괄하고 있다)는 1996년 2월에 화장품 제품이 담긴 가방을 들고 홍콩에서 중국 본토로 부임하던 때를 설명해 주었다. 그는 이전에 7년 동안 로레알 브라질에서 근무한 경험이 있었지만, 중국에 부임할 때는 또 상황이 달랐다. 그는 사실상 아무런

기반도 없이 중국에서 스스로 비즈니스를 개척해야 하는 어려
운 임무를 맡고 있었다. 그는 아무런 기반도 없는 가운데 정말
처음부터 새로 시작해야 했다며 당시를 회상했다. 당시 로레알
은 상하이와 베이징에 메이블린(Maybelline)과 랑콤 제품을 전시
하는 몇 개의 매장만 운영할 뿐, 중국에 별다른 비즈니스 기반을
구축하지 못했다. 처음에 상황이 너무 불투명해서 로레알은 가
스파리니가 사무실을 얻지도 못하게 했다. 대신에 그와 유일한
다른 직원인 홍보 이사는 매주 홍콩에서 상하이와 베이징으로
출장을 다녔다. 현재 로레알은 중국 비즈니스에 1억5천만 달러
를 투자해 공장과 유통망을 구축하고 세계적으로 히트를 친 국
제 브랜드 12개를 판매하고 있다. 아울러 2003년과 2004년에 지
역 화장품 기업을 인수해 토종 브랜드 2개도 판매하고 있다. 로
레알은 중국에서 생산한 제품 대부분을 일본과 한국 등 아시아
시장으로 수출한다.

　중국에서 활동하는 모든 외국인 관리자는, 이 나라가 경제뿐
만 아니라 사회와 문화적 기준에서 매우 빠르고 급격하게 변화
를 겪는 중이라는 사실을 인식해야 한다. WTO(세계무역기구)에
가입하면서 가속화된 지속적인 경제 개혁과 규제 완화, 늘어나
는 소비자의 부, 국제 교류의 확대, 2008년 올림픽 준비와 같은
요소들은 때로 놀라울 만큼 상당한 변화를 일으키고 있다. 우리
는 이런 역동적인 환경에서 살아남은 (그리고 성공을 거둔) 기업의
고위 경영진을 인터뷰해, 현재 중국에서 비즈니스를 성공적으
로 운영하려면 무엇이 필요한지에 관한 그들의 조언을 제공하
고자 한다.

중국에서 정말 필요한 역량

우리는 인터뷰를 통해 20명의 최고 임원들에게 그들의 후임자는 어떤 특성을 갖춰야 하는지를 물어봤다. 이 질문은 매우 다양한 반응을 이끌어냈다. 우리는 잠재적 관리자가 갖춰야 할 자격 요건에 대한 그들의 다양한 대답을 크게 세 가지 범주로 나눴다.

1단계: 전문적 역량
2단계: 개인적 국제 역량
3단계: 개인적 중국 관련 역량

위와 같은 3단계 개념은 다음과 같은 생각을 전달한다. 외국인 관리자, 특히 중국을 목표로 삼는 외국인 관리자는 무엇보다도 탁월한 전문적 역량을 갖춰야 한다. 그리고 국제 환경에서 능력을 발휘하고 중국의 비즈니스 환경에서 만나게 될 특별한 도전을 해결할 수 있는 역량이 있어야 한다. 그림 1.1 핵심 성공 역량(CSQs, critical success qualities)은 외국인 관리자가 단계적으로 갖춰야 할 자격 요건을 나타낸다.

1단계 CSQs: 전문적 역량

중국에서 외국인 관리자가 갖춰야 할 자질로서 전문적 역량을 첫 번째로 꼽았다. 그들은 다국적기업에서 중국 업무를 담당할 직원에게 가장 필요한 전문적 역량 두 가지를 제시했다.

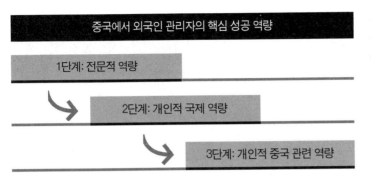

그림 1.1
중국에서 외국인
관리자의 핵심
성공 역량

- 기술과 기업 활동에 관한 전문 지식
- 국제 경험

아래 그림 1.2를 보라.

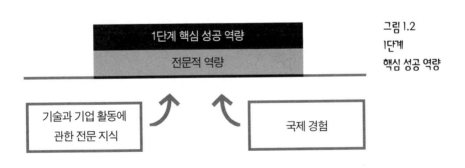

그림 1.2
1단계
핵심 성공 역량

전문 역량 #1: 기술과 기업 활동에 관한 전문 지식

중국에서 활동하는 성공적인 최고경영진 20명의 이력을 살펴보면, 그들이 뛰어난 기술과 풍부한 기업 경영의 경험을 보유하고 있음을 알 수 있다. 따라서 뛰어난 기술과 풍부한 경험은 다

"현지인들은 외국기업인이나 주재원이 중국에 도착하면, 그들이 필요하지만 현재 보유하지 못한 지식이나 기술처럼 무엇인가 새로운 것을 가져오리라 기대한다. 정말로 외국기업인과 주재원이 그런 일을 해줄 것이라고 크게 기대한다."
- 사이먼 킬리, 휴잇 아시아 리더십 센터 대표

국적기업의 외국인 관리자를 선정할 때 가장 먼저 고려해야 할 요소이다. 우리가 인터뷰한 경영자는 평균적으로 한 회사에서 23년간 근무한 끝에 경영진에 올라섰다. 이는 그들이 산업과 회사에 관해 매우 광범위하고 깊은 지식을 보유하고 있다는 사실을 말한다.

우리가 만나본 컨설턴트들은 중국 현지 법인의 직원, 비즈니스 파트너, 관련 공무원들 사이에서 외국인 관리자에게 거는 기대가 매우 높다고 지적한다. 중국 현지 인력들이 국제 비즈니스 능력을 빠르게 갖추고 있는 상황에서 중국에서 일하는 외국 인력의 수요가 크게 증가하고 있다. 인적 자원(HR) 전문가인 휴잇 어소시에이츠(Hewitt Associates)의 사이먼 킬리(Simon Keeley)는 중국에서 외국 관리자와 기술 전문가를 평가하는 기준이 높아지고 있다며 이렇게 말한다. "현지인들은 외국 기업인이나 주재원이 중국에 도착하면, 그들이 필요하지만 현재 보유하지 못한 지식이나 기술처럼 무엇인가 새로운 것을 가져오리라 기대한다. 정말로 외국 기업인과 주재원이 그런 일을 해줄 것이라고 크게 기대한다." 킬리는 중국 현지에서 외국인 관리자나 전문가가 자신들의 기술이나 능력을 인정받지 못하면 어려움에 직면할 가능성이 높다고 경고한다.

결과적으로 킬리는 외국기업은 중국에 파견할 인력의 수준을 크게 높이고 있다고 말한다. "이제 기업들은 중국 주재 인력을 선정하는 데 더 큰 주의를 기울이고 있다. 중국 시장이 세계 전략에서 차지하는 비중이 매우 크기 때문이다." 그는 기업들이 1990년대보다 중국에 파견할 인력을 선정하는 데 까다로운 기준을 적용하고 있다고 덧붙인다. 그는 최근에 최고위 경영진 여덟 명을 중국에 파견한 한 고객 기업의 사례를 지적한다. "이 회사는 중국이 국제 전략에서 큰 비중을 차지한다는 사실을 알고 있다. 그래서 최고의 인력을 이곳에 파견했다. 나는 더 많은 기업이 이 회사처럼 행동해야 한다고 생각한다."

뛰어난 전문 능력과 기업 활동에 관한 지식을 보유한 인력을 선택하라. 최고의 인력을 중국에 파견하라.

중국 전문가들이 지적한 두 번째 전문 역량은 어려움에 대처하는 능력이다. 낯선 외국 환경에서 일하는 사장, CEO 또는 총괄 책임자는 여러 가지 어려운 상황을 동시에 해결할 수 있는 능력을 갖춰야 한다. 첫째로, 그들은 본국에서와 마찬가지로 모든 일상적인 업무 활동을 감독해야 한다. 즉, 외부 관계(현지 공무원, 비즈니스 파트너, 고객)와 내부 관계(상사와 부하직원)를 모두 적절히 관리해야 한다. 둘째로, 현지에 파견되었을 때 외국인 관리자는 내부와 외부 관계에서 모두 배제되는 어려움을 극복해야 한다. 예를 들어, 중국에 파견된 관리자는 본사와 의사 소통을 할 때 본사와 다른 지역에서 일하기 때문에 발생하는 지리적 차이, 시차, 정보의 부족 등을 겪는다. 또한 오해, 지연 등 여러 가지 형태로 원활한 의사 소통이 불가능할 가능성이 높아진다. 아울러 외국인 관리자는 비즈니스 파트너나 직원(대부분 중국 현지인)과 함께 일하면서 큰 문화적 차이와 언어 장벽에 당황할 수 있다. 이런 문제는 기대하는 바와 기준 업무 방식이 다를 때 나타날 가능성이 높다.

그림 1.3과 1.4는 해외에 주재하는 경영진 대부분에게 나타나는 관계의 복잡성을 보여준다.

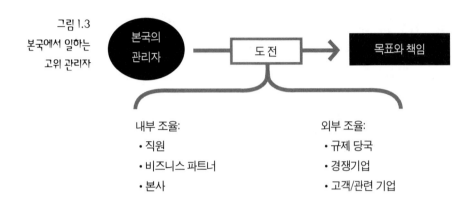

그림 1.3
본국에서 일하는
고위 관리자

외국인 관리자와 다양한 이해관계자 사이에 존재하는 이 새로운 '차이'는 관리자의 업무를 더 어렵게 만든다. 따라서 외국인 관리자는 이 차이를 반드시 조율해야 한다.

마지막으로 우리의 인터뷰에 응한 경영진은 전문 역량을 갖춘 관리자가 해외에 파견되어야 할 또 다른 이유 서너 가지를 언급했다. 첫째, 외국인 관리자는 본국에서보다 기술과 경험이 부족한 소규모 지원 인력과 일할 가능성이 있다. 둘째, 이 관리자는 본국에서 존재하지 않는 문제와 도전에 직면하게 된다. 셋째, 외국인 관리자는 해당 주재국에서 자신이 일하는 다국적기업을 여러 가지 측면에서 대표해야 하므로 정부 관리, 비즈니스 파트너, 경쟁기업, 고객과 직원에게 매우 높은 수준의 전문성, 청렴성, 자신감, 그리고 산업에 대한 식견을 보여줘야 한다.

이런 의견을 종합해 보면 CEO는 다음과 같은 중요한 메시지를 유념해야 한다. '최고의 인력을 중국에 파견하라'

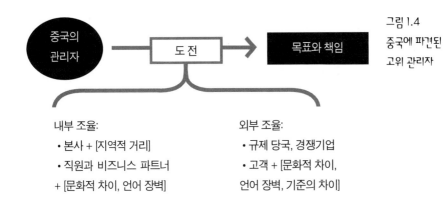

그림 1.4
중국에 파견된
고위 관리자

전문 역량 #2: 국제 경험

　우리가 인터뷰한 경영진에게 들었던 두 번째 메시지는 다음과 같다. 외국에 파견할 관리자가 갖추어야 할 최선의 준비는 바로 해외에서 비즈니스를 경영해 봤던 경험이다. 즉 경영진 가운데 다수가 중국에 외국인 관리자를 배치할 때 '이전의 해외 경험'을 필수 요건으로 고려한다. 간단히 말해 중국에 관리자를 파견하기에 앞서 해당 인력을 아시아의 다른 국가나 개발도상국에서 경험을 쌓게 하면 중국에서 성공하기가 훨씬 쉬워진다는 말이다. 우리가 인터뷰한 20명의 고위 경영진은 중국에 오기 전에 평균적으로 10년 동안 해외에서 상급 관리자로 근무한 경험이 있다. 그중 상당수는 중국에서 현재 직위를 맡기 이전에 해외 프로젝트 서너 개를 성공적으로 완수한 사람들이다. 유니레버 차이나의 회장인 앨런 브라운(Alan Brown)은 다음과 같은 생각을 전한다. "중국을 직접 경험한 외국인 관리자는 극히 소수에 불과했다. 우리 회사의 중국 현지 관리자는 모두 중국을

> "
>
> *중국을 직접 경험한 외국인 관리자는 극히 소수에 불과했다. 우리 회사의 중국 현지 관리자는 모두 중국을 10년 이상 경험한 전문가였다."*
> - 앨런 브라운, 유니레버 차이나의 회장

10년 이상 경험한 전문가였다."

바이엘 차이나(Bayer Greater China)의 엘마르 스타첼스(Elmar Stachels) 박사는 그 대표적 사례이다. 스타첼스는 중국과 이란, 멕시코를 거쳐 지금은 다시 중국에서 근무하면서 각 나라에 맞게 경영 스타일을 바꿔왔다. 새로운 나라로 옮겨갈 때마다 경험이 늘어 적응 과정이 점점 더 수월해졌다며 가장 큰 도전에 직면하기 쉬운 때는 처음 해외로 부임해 업무를 수행하는 순간이라고 말한다. 가장 큰 도전은 처음 해외에 부임해 낯선 비즈니스 문화에 적응하는 프로세스에서 받는 충격이다. 스타첼스는 이 프로세스를 '새로운 공동체의 일원'이 되는 프로세스라고 부른다. 어렵지만 적응 과정을 성공적으로 마치면 다른 국가에서 적응하는 일은 훨씬 쉬워진다. 그는 자신의 경험을 통해 중국에서 근무할 외국인 관리자는 사전에 국제 경험을 쌓는 것이 '매우 중요'하다고 생각한다.

BP 차이나의 사장이며 CEO인 개리 더크스 박사는 이 회사에서 근무하는 외국인 관리자를 다음처럼 말한다. "그들 대부분은 이미 다른 나라에서 국제 경험을 한 사람들이다. 우리는 해외에서 처음 근무하는 인력을 이곳에 데려오지 않는다." 더크스는 해외에서 근무한 경험도 중요하지만 특히, 개발도상국가에서 경험을 쌓은 인력을 선호한다. "그들은 이미 낯선 해외에서 경험을 쌓았기 때문에 중국에서도 매우 다른 방식으로 살아야 한다는 사실을 알고 있다. 그들은 서구 사회와 다른 방식으로 일할 수 있다는 능력을 보일 필요가 있다."

로레알 차이나의 사장이며 총괄 책임자인 파올로 가스파리니도 역시 "첫 번째 해외 근무지가 중국이 될 수는 없다. 여러분은 이미 다른 나라에서 충분한 경험을 쌓아 중국에서 업무를 수행할 능력을 보유한 사람을 선택해야 한다. 그리고 모든 종류의 낯선 상황에 부딪쳐도 침착함과 균형을 잃지 않을 인력이어야 한다."라고 말한다. 그는 중국에서 활동할 관리자가 본사에 너무 의존하지 않고 스스로 문제를 해결할 능력을 보유해야 한다고 강조한다. 아울러 적절한 인력을 발견했다면 그 사람이 상당 기간 중국에 머물면서 필요한 전문 역량을 습득할 수 있도록 하라고 주장한다. "중국에서 2년간 지내는 것으로는 충분치 않다. 더 긴 시간이 필요하다. 중국은 매우 크고 다양한 문화가 존재하는 나라이다. 단기간에 모든 것을 파악하기는 힘들다. 교제 관계를 수립하고 중국 비즈니스에 존재하는 위험을 파악하는 데는 많은 시간이 필요하다."

인터뷰를 한 경영진 대부분은 여러분이 중국과 상당히 다른 서구 문화에서 중국으로 와야 한다면 적어도 근무 환경이 좀 더 좋은 다른 국가에서 한 번 근무해 본 후에 중국으로 부임하는 것이 적응하기에 쉽다고 한다. "나는 외국인 관리자가 중국에 오기 전에 국제 경험을 한 번 이상 해보라고 권한다."라고 까르푸의 쟝 룩 셰로(Jean-Luc Chereau)는 말한다. 그는 모국인 프랑스에서 직장 생활을 시작해 브라질, 타이완을 거쳐 중국에 부임했다.

중국에 관리자를 파견하기 이전에 해당 인력을 아시아의 다른 국가나 개발도상국에서 경험을 쌓게 해야 중국에서의 성공 가능성을 높일 수 있다. 체계적인 과정을 거쳐 외국 비즈니스 문화에 적응하는 것이다. 특히, 타이완이나 홍콩에서 근무 경험

해외에 파견할 임원을 선택할 때 모험심이 강하고 유머 감각이 있으며 개방적인 마인드를 보유한 사람을 찾아야 한다.

을 쌓는 것이 중국 본토에서 일하는 데 아주 유용한 방법이라고 추천한다.

2단계 CSQs: 개인적 국제 역량

인터뷰에 응한 경영진은 여러 가지 측면에서 전문 기술이나 지식은 중국에 파견할 관리자를 평가하고 선택하는 가장 쉬운 자격 요건이라고 강조한다. 오히려 경영진이 평가하기 어려운 부분은 중국에서 성공하기 위해 필요한 관리자의 개인적 역량이다. 우리는 인터뷰한 경영진의 의견을 종합해 개인적 역량을 두 가지 형태로 구분했다. 국제 역량과 중국 관련 역량이다.

우선 국제 역량을 살펴보자. 인터뷰에 응한 경영진들은 외국인 관리자가 해외 업무에서 성공하기 위해 두 가지 특성을 보여야 한다고 의견을 모은다. 이런 국제 역량은 다음과 같다.

- 다양한 문화를 수용하는 자세
- 학습에 대한 헌신

그림 1.5
2 단계
핵심 성공 역량

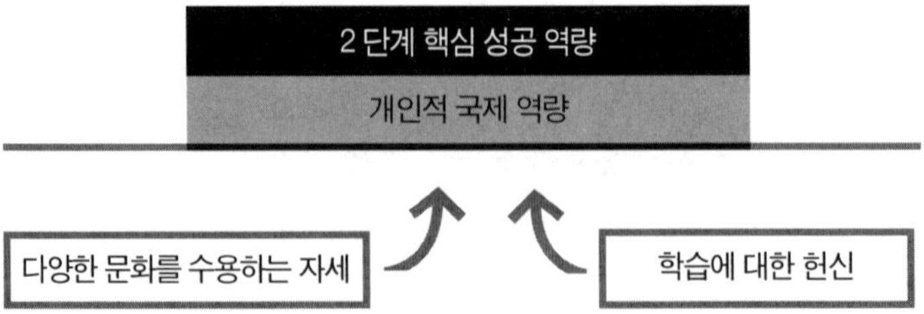

| 2 단계 핵심 성공 역량 |
| 개인적 국제 역량 |

| 다양한 문화를 수용하는 자세 | | 학습에 대한 헌신 |

국제 역량 #1: 다양한 문화를 수용하는 자세

중국에서 관리자의 역할을 수행하기 위해 필요한 개인적 역량을 설명하면서 경영진들은 자신의 문화적 기준에 연연하지 않고 부임하는 국가의 문화를 받아들이는 자세를 먼저 꼽았다. 우리는 이러한 역량을 '다양한 문화를 수용하는 자세'라고 이름을 붙였다.

코카콜라 차이나의 사장인 폴 에첼스(Paul Etchells)는 이 자세를 중국 업무를 수행할 후보자가 선정하면서 고려해야 할 첫 번째 요소라고 지적한다. "무엇보다도 여러분은 실제로 이곳에 와서 중국인들과 함께 일하는 것을 좋아해야 한다. 이것이 가장 중요하다. 중국과 중국 사람들을 다루는 데 문제가 있다면 여러분의 비즈니스는 성공할 가망이 높지 않다."

에첼스에 따르면 외국인 관리자가 흔히 저지르는 가장 큰 실수는 주재국의 비즈니스 관행에 적응하지 못하는 것이다. 따라서 새로운 비즈니스 문화에 융화하는 시기와 방법을 배우는 것이 매우 중요해 보인다. 하지만 경영진들은 이 문제가 외국인 관리자 사이에 분명히 나타나고 극복하기도 어렵다는 사실을 인정한다. 다른 나라 시장에서 행했던 익숙한 비즈니스 방식을 그대로 중국에서 사용할 요량으로 온다면 그것은 큰 오산이다. 누구나 낯선 외국에 부임하게 되면 정부의 역할, 경쟁 환경 또는 산업의 비용 구조 등에서 큰 차이를 발견한다.

'융통성을 발휘하라', '개방적이어라', 그리고 '적응하라'는 말은 해외에서 근무하는 비즈니스 리더가 갖춰야 할 중요한 성격을 묘사하는 데 자주 사용된다. 필립스 차이나(Philips China)의

"

사람을 잘못 선택한다면 아무리 교육과 훈련을 시켜도 소용없다고 확신한다. 여러분은 중국에서 매일 부딪칠 생소한 문제를 파악하고 대처할 능력을 지닌 사람을 선택할 필요가 있다. 여러분은 모험 정신을 가져야 한다. 새로운 것에 매우 개방적이고 환영하는 자세를 보여야 하고 자신의 문화나 정체성을 고집해서는 안 된다."

- 에케하르트 라스게버, 베텔스만 다이렉트 그룹 아시아 사장

CEO인 데이비드 창(David Chang)은 외국인 관리자가 새로운 비즈니스 문화의 요소들을 수용해야 할 뿐만 아니라 (특히 중국과 같은 신흥시장에서) 빠르게 변화하는 비즈니스 문화의 발전에 보조를 맞춰야 한다고 설명한다. "우선, 여러분에게 열린 마음가짐이 필요하다. 세상은 항상 변화하고 있기 때문에 업무 방식의 차이를 수용하지 못하는 사람은 성공할 수 없다. 여러분은 변화를 감지하고 이해할 수 있는 능력을 갖춰야 한다."

이처럼 융통성 있는 자세는 습득할 수 있는 기술이라기보다는 타고난 개인적 성격일 가능성이 높다. 베텔스만 다이렉트 그룹 아시아(Bertelsmann Direct Group Asia)의 사장인 에케하르트 라스게버(Ekkehard Rathgeber)는 "필요한 성격을 지닌 사람을 찾는 일이 가장 중요하다. 나는 여러분이 사람을 잘못 선택한다면 아무리 교육과 훈련을 시켜도 소용없다고 확신한다. 여러분은 중국에서 매일 부딪칠 생소한 문제를 파악하고 대처할 능력을 지닌 사람을 선택할 필요가 있다. 여러분은 모험 정신을 가져야 한다. 여러분은 상황을 너무 개인적으로 받아들이지 말고 유머러스하게 받아들여야 한다. 새로운 것에 매우 개방적이고 환영하는 자세를 보여야 하고 자신의 문화나 정체성을 고집해서는 안 된다."라고 말한다.

상하이에 있는 콘/페리(Korn/Ferry)의 수석 고객 담당 파트너이며 지난 10년간 중국에 진출한 여러 다국적기업에서 근무했던 헬렌 탄타우(Helen Tantau)는 외국인 임원에게 가장 필요한 역량이 적응력이라는 점에 동의한다. "중국은 변화가 심한 나라이다. 특히 관료 체제와 법이 오늘과 내일이 다를 정도로 변화가 크다. 여러분은 이런 변화를 통제할 수 없다." 탄타우는 외국 관리자는 반드시 융통성 있는 자세를 취해야 하고 미국이나 유럽에서 일할 때보다 '환경 변화에 민감하게 반응해야 한다'고 말한다.

또한 우리가 만나본 중국 전문가들은 다음과 같은 경고의 말을 잊지 않는다. 그들은 적응력과 융통성의 발휘가 '순진해지라는' 말이 아님을 강조한다. '다양한 문화를 수용하는 자세'는 본국의 비즈니스 문화를 포기하고 지역 관습을 채택하라는 의미가 아니다. 비즈니스를 운영하는 데 있어서 어떤 측면에서는 고국이나 국제 기준을 선택하고, 어떤 측면에서는 현지 문화를 존중해야 하는 등 주의 깊게 균형을 맞춰야 한다.

국제 역량 #2: 학습에 대한 헌신

중국에서 성공하기 위해서 외국인 관리자는 지역 문화에 개방적인 자세를 취하고 받아들이는 데 그쳐서는 안 된다. 여기서 한 발 더 나아가 주재국의 문화, 특히 비즈니스 관행과 규칙을 배우기 위해서 시간과 노력을 아낌없이 투자해야 한다. 반드시는 아니더라도 업무에 관한 의사 소통은 할 수 있을 정도로 해당 국가의 언어를 습득하는 것이 매우 중요하다.

듀폰 차이나(Du Pont China)의 사장인 찰스 브라운은 다음처럼 표현한다. "여러분은 외국 문화와 언어를 이해하도록 노력해야 한다. 때때로 실적이나 프로젝트에 너무 연연해 문화와 언어를 이해하는 중요성을 간과할 수 있다. 고객과 직원을 이해하는 것은 정말로 중요하다. 이 부분을 과소평가해서는 안 된다."

> 여러분은 외국 문화와 언어를 이해하도록 노력해야 한다. 때때로 실적이나 프로젝트에 너무 연연해 문화와 언어를 이해하는 중요성을 간과할 수 있다. 고객과 직원을 이해하는 것은 정말로 중요하다. 이 부분을 과소평가해서는 안 된다."
> - 찰스 브라운, 듀폰 차이나의 사장

해외에서 비즈니스를 시작할 때 어느 정도로 문화를 이해해야 할까? 중국의 경우를 예로 들면, 3M의 케네스 유(Kenneth Yu)는 양보다는 질이 중요하다고 강조한다. "여러분은 중국의 복잡한 가족 관계까지 일일이 파악할 필요는 없다. 그 정도까지 세세하게 알지 않아도 된다. 그러나 여러분은 중국의 가치를 이해할 필요가 있다." 유는 중국의 가치를 이해하려면 두 가지 형태의 헌신이 필요하다고 생각한다. 첫째로 중국에서 상당 기간 동

적응의 필요성

중국에서의 비즈니스 운영에 있어서 외국인 관리자가 보이는 지나치게 엄격한 태도가 해가 될 때는 언제인가? 마이크로소프트의 준 탕(Jun Tang)은 최근에 일어난 한 사례를 소개한다. 외국인 관리자는 본사가 있던 미국에서처럼 중국 지사에서도 오후 6시가 되면 퇴근하기를 고집했다. 이런 그의 태도는 중국 지사에서 문제를 일으켰다. 자신은 시간에 맞춰 퇴근하면서 중국 현지 인력에게 마감시간에 맞춰 프로젝트를 끝내라고 요구했고, 현지 인력은 초과 근무를 해서 마감시간을 지켜야 했다. 탕은 중국에서 리더가 팀의 일원인 모습을 보이는 것이 중요하다고 지적하며 "중국에는 '행복을 나누면 배가 되고 고통을 나누면 반이 된다'는 옛말이 있다."고 말한다. 이 경우에 탕은 미국인 관리자는 지역 관행을 따라야 한다고 믿는다. 즉, 임원도 기술 인력과 똑같은 시간을 일해야 한다는 것이다. "새로 부임한 외국인 관리자가 가장 흔하게 저지르는 실수는 해당 지역의 기본적인 비즈니스 관행을 전혀 고려치 않고 기존의 비즈니스 운영 방식을 적용하려는 것이다."라고 그는 말한다.

안 생활하고 일해야 한다. 유는 "내가 아는 중국에 정통한 전문
가들은 한 가지 공통점이 있다. 그들은 모두 1~2년이 아닌 상당
기간 중국에서 살며 일했다."라고 말한다. 두 번째 종류의 헌신
은 이 나라와 지속적으로 유대 관계를 형성하는 것이다. 유는
중국 문화, 특히 비즈니스 규범이 매우 빠르게 변하고 있다는 점
을 강조한다. 어떤 분야에서 1~2년 전에 통용되었던 규범이 이
제는 더 이상 유효하지 않을 가능성이 높다.

　또 다른 경영진 두 명은 아시아에서 오래 근무했던 외국인이
흔히 저지르기 쉬운 실수를 지적한다. 즉, 일본이나 홍콩, 타이
완의 비즈니스 문화를 그대로 중국 문화를 해석하는 데 적용하
는 오류이다. 스탠다드 차타드 차이나(Standard Chartered China)의
CEO인 스탠리 웡(Stanley Wong)은 중국을 '20년 전의 홍콩과 같
다'고 생각하는 것은 위험하다고 경고한다.

의견 청취의 중요성

　중국 비즈니스 문화의 핵심을 이해하는 최선의 방법으로 의
견 청취를 권한다. 다시 말해서, 직원, 합작기업, 정부 관리, 고
객에게서 의견을 구하고, 그 의견을 실행하라는 것이다. 이런 충
고는 너무 당연한 말처럼 들린다. 그러나 인터뷰한 전문가들은
많은 최고경영진들이 의견 청취에 힘을 쓰고 있지 않다고 지적
한다. 결국, 의견 청취는 겸손하고 남의 견해를 수용하는 자세를
의미하지만 서양 출신의 관리자들에게 이런 자세는 낯설어 보
인다.

　"여러분은 의견 청취에 힘써야 한다. 시장에 접근하는 최선의

방법, 고객에 접근하는 최선의 방법, 그리고 비즈니스를 수행하는 최선의 방법을 속단해서는 안 된다."라고 듀폰 차이나의 사장인 찰스 브라운은 말한다. 아울러 그는 다음처럼 지적한다. "관습과 사소한 부분이 서양과 다르다. 여러분은 충분한 주의를 기울이지 않는다면 낭패를 볼 수도 있다. 무엇보다도 먼저 해야 할 일은 의견을 청취하고 고객과 직원을 이해하려고 노력하는 것이다. 이런 노력을 기울인다면 여러분은 비즈니스 전략과 계획을 개발할 수 있다."

바이엘 차이나의 CEO인 엘마르 스타첼스는 중국에서 관리자는 의견을 청취하고 새로운 것을 학습하며 지역 문화를 이해하는 과정을 거쳐야 한다고 말한다. 그는 "새로 중국에 부임하는 외국인 관리자는 우선 가능한 많이 의견 청취에 힘써야 한다. 그리고 본사에서 배운 방식을 그대로 현지에 적용하려고 해서는 안 된다."고 지적한다.

까르푸 차이나의 사장인 쟝 룩 셰로는 의견 청취가 외국인 관리자가 갖춰야 할 필수 리더십 스타일이라고 말한다. 관리자는 많은 것을 배워야 할 뿐만 아니라 비즈니스 파트너와 정부관리, 직원에게서 신뢰와 호응을 얻어야 한다. "여러분은 다른 사람의 의견을 청취하는 자세를 보유하지 못했다면 다양한 이해관계자 사이에 존재하는 차이를 이해하려고 노력해야 한다. 아시아, 특히 중국에서 성공하기 위해서 여러분은 의견을 청취하는 역량을 키워야 한다. 그렇게 하지 않으면 결과는 기대에 크게 못 미칠 수 있다."

3단계 CSQs: 개인적 중국 관련 역량

외국에 파견할 상급 경영진이 갖춰야 할 일반적인 역량을 논의한 후에 우리는 인터뷰 대상자에게 중국의 비즈니스 환경에서 성공하기 위해서 필요한 구체적인 역량을 물어봤다. 아래 다섯 가지는 전문가들이 파악한 중국에서 성공하기 위해 특히 필요한 역량이다.

흥미롭게도 우리는 중국에서 필수로 여겨지는 주요 역량이 서로 상반된 특성을 지녔다는 사실을 발견했다. 우리가 만나본 최고경영진은 겸손함과 더불어 엄격함, 인내심과 더불어 민첩함을 주요 역량으로 추천했다. 앞으로 논의하면 분명해지겠지만 전문가들은 중국의 비즈니스 환경에서 다양한 기술과 성격이 필요하고, 여기에 덧붙여 어떤 성격을 언제 보이고 언제 보이지 말아야 할지 이해할 필요가 있다고 강조한다. 중국에서 외국인 관리자가 반드시 갖춰야 할 다섯 번째 역량은 꾸안시 구축(네트워킹)이다. 이 장의 후반에서 별도로 논의할 것이다.

- 겸손함과 엄격함
- 인내심과 민첩함
- 꾸안시 구축(네트워킹)

중국 관련 역량 #1: 겸손함

겸손함과 인내심이 왜 필요한가? 겸손함과 인내심을 발휘하라는 전문가의 견해는 수도사처럼 살라는 메시지처럼 들리지 않는가? (걱정하지 마라. 우리가 인터뷰한 최고경영진들 중 아무도 가난

그림 1.5
3 단계
핵심 성공 역량

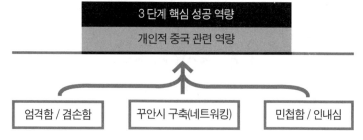

하게나 검소하게 살라는 말을 하지 않았다.) 중국에 새로 부임하는 관리자에게 전하는 기본 메시지는 다음과 같다. 오만하고 잘난 척하는 자세에 기초한 공격적인 리더십 스타일은 중국에서 실패를 부를 수 있다.

중국에 오는 외국인 관리자가 현지의 사정을 고려하지 않고 본사나 본국에서 사용하던 법칙을 그대로 적용하는 것은 최악의 전략이다. 바이엘 차이나의 CEO인 엘마르 스타첼스는 "중국에서 리더십은 자신의 견해를 관철시킨다는 의미가 아니다. 그리고 '나는 전문가이고 모든 일을 알고 있다. 우리는 전 세계에서 이런 방식으로 업무를 수행한다' 라는 말을 하지 말아야 한다. 중국에서 일하는 일부 외국인 관리자가 현지의 사정을 고려하지 않고 기존의 방법 또는 본사에서 사용했던 방법을 그대로 사용하기 때문에 성공을 거두지 못한다. 그들은 자신의 방법을 중국의 동료나 부하직원에게 가르치기를 원할 뿐이다. 이런 업무 방식은 잘못될 수 있다." 라고 말한다.

GE의 스티브 슈나이더(Steve Schneider)는 1987년에 아시아 국가(맨 처음 일본에 부임)에 부임하면서 미국식 경영 스타일을 내세우지 말아야 한다는 교훈을 얻었다. "나는 미국에서 태어나 성장하고 일했기 때문에 미국식 시스템에 익숙했다. 즉, 흑백 논리가 분명한 시스템이었다. 당시 자신의 성과를 내세우고 융통성 없이 '원칙을 강조하는' 스타일이 유행이었다. 승리가 전부였고 윈-윈(win-win) 전략은 전혀 고려의 대상이 아니었다."

1999년에 GE 차이나에 부임한 이후로 그는 이전보다 훨씬 겸손한 경영 스타일을 채택하게 되었다. "더 이상 직접적인 경영 스타일을 고수하지 않는다. 이제는 다른 사람에게 영향력을 발휘하고 코칭하는 스타일을 사용하고 있다. 이 방식이 직원에게서 최선의 결과를 얻는 방법이다."

중국의 동료, 직원, 고객, 친구를 존중하고 자신에게 부족한 지식이 있다는 사실을 인정하면 선의의 관계를 구축하는 데 큰 도움이 된다. 로레알의 파올로 가스파리니는 "이곳에 처음 온 사람들은 '나는 이미 중국에 관한 모든 것을 알고 있다' 라고 말한다. 이런 생각은 큰 재앙을 초래할 수 있다. 여러분은 인력을 통합하고 중국과 그 문화를 이해하며 사람들이 여러분에게 무엇을 기대하고 어떤 일을 하고 싶어 하는지 파악할 방법을 찾아야 한다." 라고 말한다.

중국에서 겸손함이 얼마나 긍정적인 효과를 내는지 설명하기 위해서 마이크로소프트 차이나의 사장인 준 탕은 직원이 300명인 다국적기업에서 급격한 변화를 추구했던 한 외국인 관리자의 사례를 제시한다. 탕은 "직원 300명을 변화시킬 방법은 없다. 여러분이 300명을 변화시킬 수 있다면 여러분은 중국 전체를 변화시킬 수 있다." 라고 말한다. 그러나 관리자가 팀의 일원

> **"**
> 중국에서 리더십은 자신의 견해를 관철시킨다는 의미가 아니다. 그리고 '나는 전문가이고 모든 일을 알고 있다. 우리는 전 세계에서 이런 방식으로 업무를 수행한다' 라는 말을 하지 말아야 한다."
> - 엘마르 스타첼스 박사, 바이엘 차이나의 CEO

핵심 기업 가치와 문화를 단호히 고수하라.

으로서 겸손한 자세를 보인다면 그는 자신의 제안을 지지할 기본적인 관계를 구축할 수 있다. 1단계는 새로운 문화와 환경을 배우려는 진실한 자세를 보인 다음에 팀의 일원으로서 신뢰 관계를 구축하는 것이다. 탕은 "내가 외부인으로 간주되었다면 마이크로소프트의 직원들은 내 모든 결정을 사사건건 분석하려 했을 것이다. 그러나 내가 그들의 일부가 된다면 사람들 대부분이 내 결정을 수용하리라고 확신했다."라고 말한다.

필립스(Philips)에서 일하는 타이완 출신인 데이비드 창(David Chang)은 고국으로 돌아가는 사람이나 아시아 전문가라도 지역의 정서에 맞게 겸손한 자세를 취해야 한다고 조언한다. 타이완 사람들이 겸손을 중시하는 유교적 환경에서 배우며 성장했을지라도 타이완 출신 관리자는 중국에서 자신을 좀 더 낮추는 자세를 보여야 한다고 말한다. 그렇지 않으면 중국 고객, 동료, 직원, 정부 관리는 무시당한다고 느낀다. 특히 중국이나 그 체제를 비판해 국가의 자존심을 건드리지 않도록 주의해야 한다. 이런 비판은 생각지도 않게 중국인 동료를 당황스럽게 만들 수 있다. 서양이나 타이완 출신 비즈니스맨은 비즈니스 과정에서 서로 경쟁하며 도전하는 데 익숙하고 서로 다른 견해나 입장을 오히려 새로운 사실을 배울 수 있는 기회로 받아들인다. 하지만 중국인은 도전과 비판, 그리고 입장 차이의 구체적인 표현을 상대방의 체면을 구기는 일로 생각한다.

창은 국제 관행이나 기준을 따르지 않는 중국의 비즈니스 관행을 비판해서는 안 된다고 주의를 준다. 외국인 관리자에게 중국의 비즈니스 정책이 비실용적이고 비효율적으로 보인다면 거

기에는 사회적 또는 정치적 이유가 있을 것이다. 예를 들어, 중
국 정부는 어떤 비즈니스 문제를 해결하면서 분쟁의 해결보다
는 국가적 자존심을 지키는 데 중점을 둔다. 창은 "국가적 자존
심을 충분히 고려해야 한다. 이런 관점에서 여러분은 오만하지
않고 겸손함을 보여야 한다. 여러분은 '우리는 합리적이고 이
일은 상식적이다' 라고 쉽게 생각하는 경향이 있다. 하지만 중국
인은 여러분의 제안에 수긍하는 모습을 보일 수는 있어도 그들
은 합리성과 상식만으로 문제를 바라보지 않을지도 모른다." 라
고 지적한다.

권위적인 스타일을 피
하고 겸손해야 한다. 다
른 사람에게 영향력을
발휘하고 코칭하는 것
이 중국인 직원에게서
최선의 결과를 얻는 방
법이다.

중국 관련 역량 #2: 엄격함

이 특성은 앞서 말한 겸손함과 아주 대비되는 특성으로 이상
하게 생각될지 모른다. 다음은 한 가지 사례이다.

우리가 인터뷰한 전문가들은 한 목소리로 중국에서 겸손함과
다른 관점을 받아들이는 자세를 추천했다. 그러면서 이와 상반
된 조언을 했다. 바로 강해지라는 것이다. 적어도 원칙을 고수
하고 다국적기업 문화의 핵심적인 측면을 엄격히 유지하라는
조언이다. 다시 표현하면 무작정 현지 비즈니스 문화를 너무 깊
이 받아들이는 실수를 저지르지 말아야 한다. 여기서 현지 국가
의 비즈니스 환경에 맞게 적응하는 정도와 본국 기업 문화의 핵
심 원칙을 고수하는 정도를 얼마만큼 조화시켜야 할지는 매우
어려운 문제이다.

베텔스만의 에케하르트 라스게버는 지나치게 융통성을 발휘
해 현지 문화를 수용하는 것도 너무 엄격하게 원칙을 지키는 것

만큼이나 문제가 된다고 말한다. "주의를 기울이지 않고 단순히
현지 관습을 채택한다면 여러분은 많은 이익을 볼 수 있는 기회
를 잃게 된다. 그리고 여러분은 원하지 않는 결과를 맞게 된다."
라스게버는 현지 문화의 적응과 원칙의 고수를 적절히 조화시
키는 올바른 정도를 찾기 위한 두 가지 방법을 추천한다. 첫째,
싸워야 할 부분(정말로 변화가 필요하다고 생각되는 부분)을 선택한
다. 둘째, 그 변화를 참을성 있게 추진한다. 그는 "중국에 온 초
기에 여러분은 문화적 충격을 받게 된다. 여러분은 '나는 적절
하게 비즈니스를 수행하는 방법을 이곳 인력에게 가르쳐야 된
다'고 생각한다. 그러나 무작정 변화를 추구하기보다는 현지 인
력에게 변화가 왜 필요한지 그 이유를 납득시켜야 한다. 다시
말해서 새로운 기업 문화를 강요하기보다는 외국인 관리자는
새로운 문화가 조직에 자연스럽게 확산되도록 노력해야 한다는
의미이다."라고 말한다.

오랫동안 현장 경험을 쌓아온 인적 자원 전문가인 휴잇의 사
이먼 킬리는 외국인 관리자가 본사의 기업 관행이나 국제 관행
을 고수하는 잘못을 저지른다고 지적한다. 그는 성공하기 위해
서 기업은 기업 문화를 먼저 정착시키고 나서 현지 문화에서 발
생하는 문제를 해결해야 한다고 말한다. 그러나 그는 매우 조심
스럽고 참을성 있게 외국의 기업 문화를 중국에 도입해야 한다
는 점을 강조한다.

현지 관행과 기존의 기업 규범을 조화시키는 일은 3M에서 일
하는 서른여섯 살의 전문가인 케네스 유에게도 큰 도전이다. 미
국 본사에서 3년간 프로젝트를 완수한 그는 타이완에서 기업 운

영을 관할하는 임무를 수행한 이후에 중국 본토로 왔다. 지금 중국 지사에서 전문이사로 일하는 유는 3M 본사의 국제 경영 방침 일부가 아무런 수정도 없이 중국에 그대로 적용되었다고 강조한다. 예를 들어, 기업 윤리 기준이나 인력 개발과 승진에 관련한 절차는 원칙에 따라 그대로 중국에 적용되었다고 한다. 그는 "우리 회사의 핵심 가치는 변하지 않는다."라고 말한다.

콘/페리의 고객 담당 수석 파트너인 헬렌 탄타우도 중국에서 기업 고객을 관리할 때 이와 비슷한 메시지를 전한다. 탄타우는 "중국이라는 이유만으로 완전히 다른 비즈니스 방식을 채택해 서는 안 된다."라고 말한다. 궁극적 목표는 중국 비즈니스 문화 를 본사의 관행과 결합시키는 것이다. 요즘 중국기업은 국제 비 즈니스 표준을 빠르게 습득하고 있다.

마이크로소프트 차이나의 사장인 준 탕 또한 어떤 측면에서 기업 정책을 굳건히 고수하는 일이 필요하다고 강조한다. 그에 게 중국 문화가 익숙하기는 하지만(탕은 중국에서 태어나 성인이 되 어 미국 시민권을 취득했다) 탕은 시애틀에 위치한 본사의 기업 문 화 중 일부 요소를 바로 도입해야 한다고 주장한다. 그는 "나는 청렴성, 열정, 존중이라는 핵심 가치를 결코 양보한 적이 없다." 라고 말한다.

일부 경우에 마이크로소프트의 기업 정책을 중국에서 유지하 기 위해서 탕은 단호한 입장을 취해야 했다. 예를 들어, 그는 '한 가지 심각한 실수로 여러분은 회사에서 쫓겨날 수 있다' 는 본사의 방침을 중국 인력에게 적용했다. "나는 많은 인력을 해 고해야 했다. 심각한 실수를 저지른 인력을 현지 문화를 고려한

인내하라: 중국에서는 한 번에 모든 것을 해결하려는 방식이 아닌 단계별 접근 방식을 취하라.

다는 구실로 그냥 방치할 수 없었다. 이 부분에서 나는 본사의 방침을 엄격히 고수한 것이다."

중국 관련 역량 #3: 인내심

우리가 인터뷰한 경영진과 전문가는 인내심을 중국에서 외국인 관리자가 성공하기 위해서 가장 필요한 자질이라고 말한다. 중국에서 비즈니스를 운영하려면 여러 측면에서 침착하고 꾸준하며 장기적인 접근 방식이 매우 중요하다. 예를 들어, 중국 정부에서 사업 허가 취득, 공급자와 협상, 합작기업의 파트너와 협력, 그리고 소비자의 수요를 창출하는 데서 그러하다.

중국 전문가에 따르면, 중국에서 비즈니스 환경을 이해하는 데 시간이 걸린다는 점을 받아들이는 것이 첫 번째로 외국인 관리자의 인내심을 시험하는 일이다. 유니레버의 앨런 브라운은 "중국에 처음 온 지 수주일 또는 수개월밖에 지나지 않은 외국인 관리자가 전략을 실행하는 것은 매우 어렵다. 이렇게 단기간에 무슨 일을 하려는 시도는 성공을 거두기 힘들고 실용적이지 못하다."고 말한다. 그는 새로 중국에 오는 사람이 '비즈니스 운영의 기술적인 측면과 실제적인 측면을 이해하는 데에는' 시간이 필요하다고 강조한다. 그때까지 의사 결정은 추측에 기초한 위험한 시나리오가 될 가능성이 높다.

까르푸 차이나의 사장인 쟝 룩 셰로는 중국에 새로 오는 사람에게 무엇보다 인내심을 가지라는 조언을 하고 싶다고 말한다. "유럽에서 오는 새로운 관리자에게 나는 유럽과 아시아의 차이가 무엇인지 알려주고 싶다. 나는 그들에게 인내심을 가지라고 말할 것이다. 무엇보다도 '한 주, 한 달 또는 일 년 안에 중국을 매우 잘 이해할 수 있다고 생각하지 말라' 는 말을 해주고 싶다." 새로운 관리자는 변화를 달성하기 위한 속도를 예상보다 느리게 수정해야 할 뿐만 아니라 기간도 더 걸릴 수 있다는 생각을 해야 한다. "여러분은 인내심을 발휘해야 하며 급격한 변화를 추구해서는 안 된다. 중국 현지인에게서 비즈니스를 더 잘 수행할 수 있는 방법을 배워야 한다. 여러분은 사람들의 비즈니스 스타일을 완전히 바꿀 수 있다는 생각을 버려야 한다."

에어버스 차이나의 사장인 가이 맥로드도 비슷한 지적을 한다. "중국에 도착했을 때 사람들은 변화를 원한다. 그러나 잘못된 방식으로 빠른 변화를 추구하는 행동은 옳지 않다. 여러분은 참을성이 많이 필요하다. 인내심은 여러분이 중국에서 자주 듣게 될 말이다. 그러나 구태의연한 말이 아니라 현실적으로 인내심이 상당히 필요하다. 여러분은 장기적 안목에서 전략을 수립하고 그 전략을 고수할 필요가 있다."

바이엘의 엘마르 스타첼스는 변화가 불가피할 경우에도 변화의 속도를 늦추라고 조언한다. "여러분은 목표를 지속적으로 추구할 필요가 있다. 그러나 한 번에 큰 변화를 추구하는 방식이 아니라 인내심을 갖고 단계별로 추진해야 한다."

성급함은 중국인 동료나 고객과 마찰을 일으키는 데서 그치지 않고 문제를 악화시킬 가능성이 높다. 우리가 인터뷰한 경영진과 전문가들은 많은 다국적기업의 비즈니스 계획이 너무 단기간에 많은 것을 성취하려고 한다는 지적을 한다. 단기적 사고와 비현실적 기대는 전체 비즈니스 계획을 망가뜨릴 수 있다.

> **"**
> 중국에 도착했을 때 사람들은 변화를 원한다. 그러나 잘못된 방식으로 빠른 변화를 추구하는 행동은 옳지 않다. 여러분은 참을성이 많이 필요하다. 인내심은 여러분이 중국에서 자주 듣게 될 말이다. 그러나 구태의연한 말이 아니라 현실적으로 인내가 상당히 필요하다. 장기적 안목에서 전략을 수립하고 그 전략을 고수할 필요가 있다."
> - 가이 맥로드, 에어버스 차이나의 사장

융통성 있고 신속하라. 필요한 정보를 수집하라. 중국에서 비즈니스 환경은 끊임없이 빠르게 변한다.

상하이 힐튼 호텔의 총지배인인 폴크마 뢰벨은 많은 외국인 관리자들이 성급함으로 어려움을 겪는 모습을 자주 목격했다. 그는 상하이에 처음 온 외국인 관리자들이 너무 성급하게 일을 처리하려고 하는 실수를 가장 많이 저지른다고 말한다. 본국에서 오랜 시간에 걸쳐 기업 비즈니스가 정상 궤도에 올랐다는 사실을 그들은 잊고 있다. 많은 다국적기업들이 중국에 투자한 다음 5년 안에 투자금을 회수하려는 정책을 펼치는데, 이런 정책은 비현실적이다.

뢰벨은 느리지만 꾸준한 접근 방식을 채택한다. "변화를 너무 단기간에 급작스럽게 추진해서는 안 된다. 중국 인력은 그런 변화를 받아들이지 않을 것이다. 그들은 여러분을 먼저 이해하기를 원하고 여러분이 무엇을 할 수 있을지 파악하고자 한다. 먼저 여러분은 자신의 전문적 능력을 증명해야 한다. 그런 후에 필요하다면 서서히 변화를 추진해야 한다." 그는 새로 부임하는 관리자는 의견을 청취하고 학습한 이후에 행동해야 한다고 조언했다. 아울러 먼저 인력들이 무엇을 어떻게 일하는지 관찰하고 이해해야 하며, 서두르지 말고 조금은 천천히 변화를 추진하는 편이 낫다.

성급함은 미국과 유럽 출신 관리자에게 많이 나타난다. 3M의 케네스 유는 "때때로 서양 출신 동료들, 특히 새로 온 사람들은 참을성이 없는 경우가 많다. 더욱이 상사에게서 업무를 완수하라는 압력을 받으면 그 조급함은 정도가 심해진다."라고 말한다. 그는 중국 지사에 인력이 부족하다는 소식을 들었을 때 나타나는 미국 본사의 반응을 한 예로 설명한다. "미국 본사의 임원들은 일반적으로 더 많은 인력을 고용하라고 지시한다. 그러나 그들은 중국에서 인력 채용 과정이 매우 복잡하다는 사실을 인식하지 못한 채 그런 지시를 내린다. 중국에서 적절한 인력을 고용하는 일은 어려울 뿐만 아니라 신규 인력을 훈련시키고 교육시키며 개발하는 것 또한 매우 어려운 일이다."

미국 기준에 따라 중국 비즈니스의 성과를 측정하는 데서도 오해가 발생한다. 유는 미국 본사의 임원과 월스트리트의 증권 분석가들이 괄목할 만한 성과나 성장률을 달성하라는 지나친 압력을 중국 지사에 가한다고 말한다. "성공에는 지름길이 없다. 특히 미국에서 온 관리자들은 높은 성장을 요구해 현지 기업 문화와 충돌을 빚는다. 월스트리트는 성과나 전년 동기 대비 성장률처럼 가시적인 경영 지표를 보고 싶어 한다. 그러나 아무런 기반도 없이 비즈니스를 새롭게 일구는 상태라면 여러분은 그런 성과를 단기간에 내기 힘들다. 그리고 짧은 시간에 무엇인가를 이루려는 욕심은 위험한 결과를 초래할 수도 있다." 유는 많은 기업들이 매출액을 매년 두 배로 높이라는 비현실적인 지시로 어려움을 겪는다고 말한다.

중국에서 일하면서 발생하는 아이러니 중 하나는 관리자에게 인내심뿐만 아니라 빠르게 변하고 경쟁이 치열한 시장에서 살아남기 위해서는 민첩함도 필요하다는 것이다.

로레알의 파올로 가스파리니는 이런 상반된 두 가지 측면을 다음처럼 설명한다. "우리 비즈니스는 매우 빠르게 발전한다. 그리고 우리는 시장 점유율을 높이기를 원한다. 따라서 여기서 인내심을 발휘할 여유가 없다." 그러나 외국인 관리자는 너무 공격적인 행동이 때로 회사를 전진이 아닌 후퇴를 시킬 수 있다는 사실을 이해해야 한다. 문제는 언제 얼마나 밀어붙여야 하는지 알기 힘들다는 것이다. 예를 들어, 가스파리니는 중국에서 협상을 할 때에는 인내심이 필요하다고 지적하며, "여러분은 어떤 부분에서는 인내심을 발휘할 필요가 있다. 너무 밀어붙인다면 원하는 협상 결과를 얻을 수 없다. 따라서 신중하게 협상을 진행해야 한다."라고 말한다. 협상에서 성급함은 치명적인 약점이다. 긴급한 처지에 놓여 있더라도 냉정함을 잃지 말아야 한다. 인내심과 냉정한 태도를 지녀야 유리한 입장에서 협상을 진행할 수 있다.

중국 관련 역량 #4: 민첩함

중국에서 비즈니스를 운영할 때 인내심이 생존 기술이라면 변화에 신속하게 적응하는 능력도 인내심만큼 중요하다. 즉, 다국적기업의 비즈니스 운영에서 일부 측면은 천천히 진행할 필요가 있지만, 선진국이나 성숙된 시장에서 볼 수 없을 만큼 빨리 비즈니스를 진행해야 할 부분도 있다.

세상 어디에도 현재 중국의 도시보다 빠르게 비즈니스 환경이 변하는 곳은 없다고 해도 과언이 아니다. 규제, 경쟁, 소비자 기호에 있어서 빠르고 급격한 변화는 중국 비즈니스에서 일반화되었다. 여러분이 종사하는 산업에서 핵심 부분에 아무런 변화가 없더라도 미래에 어떤 시기가 되면 비즈니스 파트너의 상태와 소비자나 고객의 기대 등 일부 부문에서 분명히 변화가 발생할 것이다.

지멘스 차이나의 사장이자 CEO인 언스트 베렌스는 외국인 관리자가 처한 상황을 다음처럼 말한다. "최근 이 나라에서 일어난 변화는 엄청나다. 그리고 개혁이 기업 활동에 미칠 영향 또한 막대하다." 중국은 '낙후된 경제 수준'에서 시작했지만 여러 측면에서 국제 기준을 쫓아가고 있다. 중국에서 속도가 빨라지고 있다는 것이 그 한 사례이다. 이제 중국에서 새로운 법이 제정되면 한 달 만에 시행된다. 유럽보다 빠른 속도이다. 게다가 법 제정으로 그치지 않는다. 베렌스는 일반적으로 법 공포 이후에 이를 보완할 다양한 수정안이 뒤따른다고 말한다. 그는 이런 수정안이 새로운 법으로 제정되어 기업의 비즈니스 활동에 엄청난 영향을 미칠 수 있다고 지적한다.

맥킨지 컨설팅은 중국에서 고객이 의뢰하는 가장 어려운 문제는 지속적이고 빠른 변화에 대처하는 일이라고 한다. 이 회사의 상하이 지사장인 고든 오어는 비즈니스 환경에서 일어나는 변화가 중국 지사와 본사 사이에 발생하는 오해의 원천이라고 말한다. 어느 국가보다도 중국에서의 변화 속도가 너무 빠르기 때문에 본사와의 의사 소통이 명확치 않다면 본사는 중국 지사가 최선이 아닌 차선의 전략으로 영업을 펼치는 이유를 이해하지 못한다.

중국에서 외국인 관리자가 갖춰야 할 마지막 핵심 성공 역량을 설명하기 이전에 우리는 지금까지 논의한 역량을 그림 1.7에서 요약했다.

이상적인 외국인 관리자가 갖춰야 할 핵심 성공 역량을 설명하면서 우리는 가장 복잡하지만 가장 중요하다고 할 수 있는 역량을 마지막으로 남겨두었다. 바로 꾸안시 구축 역량이다.

꾸안시(중국 방식의 네트워킹)는 이 책에서 제시하는 핵심 주제이다. 중국 인력을 관리하는 방법에서 비즈니스 파트너와의

꾸안시의 정의: 파트 I

꾸안시는 정확히 무엇을 의미하는가? 중국어로 '꾸안' 은 '관문' 을, '시' 는 '연결' 을 뜻한다. 이 개념은 상호 의무에 따라 생성된 두 사람 사이의 통로나 연결이라고 정의될 수 있다. 꾸안시는 혈연 관계인 가족이나 함께 공부하거나 일하는 학교 급우와 회사 동료, 서로 도와주면서 관계를 구축한 비즈니스 인맥 사이에 존재한다. 이 책은 비즈니스 꾸안시에 초점을 맞춘다.

세계 모든 문화에서 직간접적으로 비즈니스 네트워킹이 발생하지만 중국에서 이 네트워킹은 좀 더 광범위하고 중요한 성격을 띤다. 게다가 서양에서 온 비즈니스맨은 사생활과 직장 생활을 엄격히 구분하는 특성이 있지만 중국에서는 가족, 친구, 직장의 경계가 뚜렷하지 않다.

현실에서 비즈니스 꾸안시는 다음처럼 작용한다. A라는 사람이 B라는 사람과 '꾸안시를 구축할' 때(편의나 도움을 제공하는 방식으로) 나중에 A는 자신이 본 이득의 일부를 B에게 현금으로 제공할 수 있다. 이런 식으로 꾸안시는 편의를 주고받은 양측에게 일종의 '사회적 현금' 이다. 예를 들어, EMBA 코스에서 여러분이 한 기업 임원을 사귀게 되었고 그 사람은 여러분이 업무를 위해 필요하지만 얻기 힘든 정보를 얻는 데 도움을 주었다고 하자. 몇 달 후, 여러분은 그 사람에게서 자신의 조카가 여름 인턴십을 찾도록 도와달라는 요청을 받을 것이다. 이런 요청은 중

협상 방법, 정부 관리와 일하는 방법에 이르기까지 꾸안시는 가
장 중요한 조언이다. 사실, 꾸안시를 구축하고 유지하라는 개념
은 이 책이 제시하는 핵심 메시지 중 하나다.

국에서 그리 이상한 일이 아니다. 서양 사회에서도 쉽게 일어날 수 있는 일이지만
중국에서는 편의나 도움을 주었으면 되돌려 받아야 한다는 생각이 훨씬 강하다.

　여기서 독자들은 꾸안시가 '부패'를 좋게 표현한 것에 불과한 게 아닌가 하는
의문을 가질 수 있다. 그렇지 않다. 꾸안시는 서양 사람들이 생각하는 것처럼 그
렇게 비윤리적인 행동이 아니다. 예를 들어, 꾸안시 시스템은 기업이 뇌물이나 비
공식 협상을 통해 무엇이든 원하는 것을 할 수 있다는 의미가 아니다. 오히려 비즈
니스 파트너들이 서양보다 더 깊고 밀접한 관계를 구축한다는 의미다. 그리고 외
국인 관리자가 꾸안시를 구축하면 그렇지 않을 때보다 편하고 인간적인(너무 사무
적이 아닌) 방식으로 비즈니스를 진행할 수 있다.

　많은 경우에 있어서 꾸안시는 중국인이 자원, 정보, 영향력을 제한적으로 발휘
할 수밖에 없었던 한 세대 전에 더 큰 역할을 했었다. 예컨대 1980년대 초반, 새로
운 사무실을 열 때 국영 전화 회사에 근무하는 공무원과 꾸안시가 없다면 전화를
설치하는 데 수개월씩 걸렸다. 현재, 우리가 인터뷰한 경영진과 전문가들은 이런
뒷거래는 과거보다 필요성이 줄어들었고, 특히 비즈니스 친화적인 도시 지역에서
는 더욱 그렇다고 말한다.

　확실히 '편의의 교환'은 불법적인 호의 제공으로 변질될 가능성이 있지만, 이
런 부정적인 꾸안시는 우리의 논의 대상이 아니다(꾸안시의 어두운 측면에 대한 더
자세한 정보는 제8장에 나오는 '꾸안시의 정의: 파트 II' 참조).

중국 관련 역량 #5: 꾸안시 구축 역량

서문에서 언급했듯이 꾸안시의 개념은 앞으로 다룰 내용에서 계속 반복될 것이다. 강하고 밀접한 관계를 구축하고 유지해야 하는 중요성은 중국에서 외국인 관리자가 갖춰야 할 핵심 역량 이고 여러 업무에서 매우 큰 역할을 한다.

이 책을 통해 독자들은 중국에서 외국인 관리자는 본국에서 보다 더 많은 시간과 에너지를 업무와 관련된 사람들과 밀접하고 긍정적인 관계를 구축하고 유지하는 데 사용해야 한다는 사실을 발견할 것이다. 외국인 관리자는 내부 인력, 비즈니스 파트너, 관련 기업, 정부 관리, 고객 등과 꾸안시를 반드시 구축해야 한다. 이런 이해관계자와 맺은 좋은 관계는 서구 비즈니스 환경에서도 필요하지만 중국에서는 그 중요성이 훨씬 더 높다.

BP 차이나의 사장인 개리 더크스 박사는 꾸안시 구축 역량이 왜 필요한지 다음과 같이 설명한다. "이곳의 운영 스타일은 유럽과 다소 차이가 있지만 본질적으로 다르다고는 할 수 없다. 중국에서 상업은 매우 개인적인 것이다. 정말로 사람 사이의 관계로서 상호 관계와 신뢰에 따라 상업을 한다. 중국은 유럽이나 미국보다 인간 관계를 훨씬 중요시한다." 더크스는 이런 개념이 비즈니스 의사 결정을 아주 복잡하게 만든다고 말한다. 사람들은 회사의 이익뿐만 아니라 회사가 꾸안시를 구축한 모든 이해관계자의 이해를 고려해야 하기 때문이다. 이런 이유로 외국인 관리자는 다양한 이해관계자가 비즈니스 의사 결정에 미치는 영향을 신중하게 고려해야 한다.

더크스는 "새로 오는 외국인 관리자에게 한 가지 메시지를 전

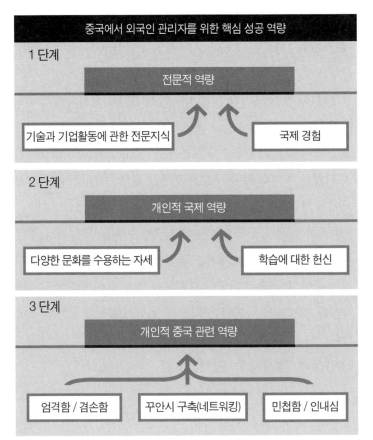

그림 1.7
중국에서
외국인 관리자의
핵심 성공 역량

달해야 한다면 나는 관계가 매우 중요하다고 강조할 것이다."라고 말한다.

지멘스 차이나에서 지사장이며 CEO인 언스트 베렌스는 중국이 빠르게 변하고 있지만 꾸안시 시스템은 아직도 크게 변하지 않고 중요한 자리를 차지한다고 강조한다. "우리는 언제나 중국 내부(부하직원, 동료, 상사)뿐만 아니라 외부(고객, 관련 기업, 정부 관리)와도 꾸안시를 구축하라. 강한 꾸안시 네트워크는 중국에서 여러분이 성공하기 위한 기본적인 요소이다.

에서 일어나는 엄청난 변화를 이야기한다. 프로세스는 변했겠지만 사람은 변하지 않았다. 기본적인 꾸안시 문화, 즉 네트워킹 문화는 여전히 중국에 있다." 아울러 베렌스는 중국의 비즈니스 환경이 2001년에 WTO 가입 이후로 발전되고 국제화되었으며, 무역 규제는 '우리에게 더 우호적으로' 변하고 있지만 그렇다고 꾸안시의 중요성이 줄어든 것은 아니라고 말한다. "네트워킹과 관계는 여전히 아주 중요한 역할을 한다. 개인적 인맥은 중국에서 여전히 매우 중요한 요소이다."

따라서 관계를 구축하는 뛰어난 역량은 유용하며, 새로 중국에 오는 외국인 관리자에게는 핵심적인 역량이기도 하다. 아쉽게도 꾸안시 구축은 외국인 관리자가 배우기 어려운 역량이며 동양과 서양에서 나타나는 차이를 조심스럽게 균형을 맞춰야 한다. 즉, 회사에서 원하는 행동 윤리 규정을 준수하면서 긍정적인 인간 관계를 구축할 필요가 있다.

결론

제1장에서 우리는 중국에서 외국인 관리자가 비즈니스를 운영하는 데 필요한 전문적 역량과 개인적 역량을 소개했다. 인터뷰에 응한 경영진과 전문가가 소개한 풍부한 설명과 경험을 분석한 다음에 우리는 그들의 대답을 3단계 핵심 성공 역량으로 구분했다. 즉, 전문적 역량, 개인적 국제 역량, 개인적 중국 관련

역량이다. 여기서 제시한 단계별로 갖춰야 할 역량은 외국인 관리자가 기초에서부터 상당한 경력을 쌓을 때까지 필요한 역량들이다. 기초를 다지기 위해 중국에 처음 온 외국인 관리자는 '다양한 문화를 수용하는 자세'에 학습에 대한 헌신을 포함해 다양한 역량을 보여야 한다. 마지막으로 인터뷰한 경영진과 전문가들은 겸손함과 엄격함, 인내심과 민첩함, 중국 스타일의 네트워킹인 꾸안시 구축을 중국 관련 역량으로 제시했다.

요약: 중국에서 외국인 관리자를 위한 핵심 성공 역량

1단계 전문적 역량

1. 기술과 기업 활동에 관한 전문지식: 훌륭한 경험을 보유하고 회사 업무에 대한 지식이 뛰어난 인력을 선발하라. 최고의 인력을 중국에 파견하라.

2. 국제 경험: 아시아의 다른 국가나 개발도상국가에서 경험을 쌓게 한 다음에 중국에 인력을 파견하면 성공의 가능성을 높일 수 있다.

2단계 개인적 국제 역량

1. 다양한 문화를 수용하는 자세: 관리 업무를 담당할 임원을 선정할 때 모험심이 강하고 유머 감각이 있으며 열린 자세를 갖춘 사람을 찾아라.

2. 학습에 대한 헌신: 주변에서 교훈을 얻을 줄 알아야 한다. 인력, 합작기업 파트너, 고객, 관련 기업의 의견을 청취하라.

3단계 개인적 중국 관련 역량

1. 겸손함: 겸손하고 권위주의적인 스타일을 버리라. 영향력 발휘와 코칭은 중국 인력에게 최선의 결과를 얻는 방법이다.

2. 엄격함: 회사의 핵심 가치와 문화를 포기하지 마라.

3. 인내심: 참을성을 보이라. 중국에서 한 번에 모든 것을 해결하기보다는 단계적인 접근 방식을 사용하라.

4. 민첩함: 융통성 있고 신속하라. 필요한 정보를 항시 수집하라. 중국의 비즈니스 환경은 끊임없이 빠르게 변한다.

5. 꾸안시 구축(네트워킹): 내부(부하직원, 동료, 상사)뿐만 아니라 외부(고객, 관련 기업, 정부 관리)와도 꾸안시를 구축하라. 강한 꾸안시 네트워크는 중국에서 성공하기 위한 기본적인 요소이다.

제2장

중국인 인력의 관리

"중국인을 포함해 아시아 사람들은 일반적으로 유럽과 다른 생각으로 직장에서 일한다. 우리에게 확실히 직장은 중요하지만 일하는 곳에 불과하다. 그러나 중국인에게 직장은 가족과 같다. 이런 생각으로 그들은 '나는 지멘스에 내 인생을 걸고 있다. 그러니 회사도 나를 책임져야 한다'고 생각한다."
- 언스트 베렌스 박사, 지멘스 차이나의 사장

서문

도미니크 드 보아시종은 9년 동안 알카텔 차이나의 경영을 맡고 있으며, 세이치 가와사키는 소니의 중국 합작기업을 운영하고 있고, 스티브 슈나이더는 제너럴 일렉트릭 차이나를 7년째 감독하고 있다. 각자 종사하는 산업이 크게 다르지만 이들은 공통적으로 한 가지 도전에 직면한다. 사실, 이 공통적인 문제는 이 책에 등장하는 최고경영진 20명을 괴롭히는 문제였고, 우리가 인터뷰한 전문 컨설턴트 8명 중 6명의 고객이 가장 신경 쓰는 문제이기도 했다.

그렇다면 이렇게 많은 사람들을 괴롭히는 문제는 과연 무엇인가? 우리가 최고경영진 20명을 인터뷰하면서 중국에서 비즈니스를 하면서 가장 어려운 문제가 무엇이냐고 물었을 때 그들은 대부분 '인력 관리 문제'를 첫손에 꼽았다. 인력 관리에서 가장 일반적인 문제는 사무직 인력의 부족이다. 적절한 인력의 사직과 보유는 우리가 만나본 중국 전문가들이 겪고 있는 공통적인 어려움이기 때문에, 이 장에서 이 문제를 집중 조명하고 극복 방안을 살펴보려 한다.

중국에서 활동하는 외국인 관리자에게 인력 문제가 주요 어려움 중 하나일 거라고 예상은 했지만, 인터뷰 대상자 모두 이 문제를 가장 시급하고 어려운 문제라고 대답하리라고는 예상하지 못했다. 이들의 반응을 살펴보면 인력 문제가 중국에 진출한 모든 외국기업이 공통적으로 겪는 어려움이라는 사실을 추측해 볼 수 있다. 베이징과 상하이에 있는 미국상공회의소(암참 차이나AmCham China)와 암참 상하이(AmCham Shanghai)의 450개 회원사를 대상으로 설문 조사를 실시한 2005년도 비즈니스 환경 조사의 결과를 살펴보자. 조사에 응한 기업은 '경영진급 인력'의 수급을 관료제도, 불확실한 규제, 계약을 이행하기 힘든 환경보다 어려운 비즈니스 문제로 꼽았다.

인터뷰에 응한 기업이 처한 인력 문제는 다음과 같은 사례를 통해 구체적으로 파악할 수 있다. 인터뷰한 최고경영진들은 서구 사회나 일본에 있을 때보다 일상적인 인력 문제에 직접 개입한다. GE 차이나의 인력 채용 전략을 살펴보자. 이 회사는 최고위 경영진이 직접 중국 대학들을 방문해 신규 인력을 확보하도록 임무를 부여한다. 서열이 10위 안에 드는 관리자는 일 년에도 서너 번씩 중국 10위권 이내 대학을 직접 방문해 유망한 학생을 유치하는 활동을 한다. GE 차이나의 회장이며 CEO인 스티브 슈나이더는 이 인력 유치 프로그램을 다음과 같이 설명한다. "GE 차이나의 비즈니스 리더들은 모두 '담당' 대학을 보유하고 있다. 즉, 임원들은 각자 담당 대학을 방문해 직접 신규 인력의 채용을 독려해야 한다." 그는 상하이에 있는 푸단(Fudan) 대학을 6주마다 방문해 채용 활동을 벌인다. 그에게 인력 채용은 가장 우선순위가 높은 활동 중 하나이다. 슈나이더는 중간 관리자급 이상의 인력은 모두 직접 인터뷰한다. "나는 리더 역할을 할 대상이라면 누구나 직접 만난다. 이런 활동을 보면 우리 회사가 리더 역할을 할 인력 채용에 얼마나 정성을 기울이고 있는지 알수 있다."

일반 인력의 보유와 채용 문제에도 상위 임원이 직접 관여할 때가 많다. 로레알 차이나의 사장이며 중국 총괄 담당자인 파올로 가스파리니는 보유 인력이 이직하지 않도록 조치를 취하는 것이 자신의 중요한 업무라고 말한다. 그는 핵심 인력과 직접 만나 그들의 업무 만족도를 점검하고 중간 관리자의 교육을 직접 관할해 그들이 직장에 만족하고 업무에 헌신할 수 있도록 배려한다. 가스파리니는 "일반 관리자는 직원이 이직하지 않도록 노력해야 한다. 부서장도 마찬가지로 노력을 게을리 해서는 안된다. 나는 관리자들에게 직원이 무엇을 중요하게 생각하는지 재빨리 파악해야 한다고 항상 강조한다. 직원의 요구를 조금만 소홀히 해도 소중한 인력을 잃을 수 있다. 그리고 인력의 상실은 큰 문제를 야기한다. 나는 모든 사람과 항상 대화를 나누려고 노력한다."라고 말한다.

우리가 만난본 경영진 대부분이 인력의 보유와 채용 문제에 직접 관여하고 있었기 때문에 이 문제에 관해 다양하고 풍부한 조언을 제공했다. 중국 전문가들은 인력 관리 전략을 설명하면서 인력 문제에서 꾸안시(관계)가 차지하는 중요성을 다시 강조했다. 긍정적이고 효과적인 고용자 - 피고용자 관계를 형성하는 것이 인력 문제를 극복하는 출발점이다. 분명한 사실은 중국에서 이상적인 상하관계는 서양의 이상적인 모습과는 상당한 차이가 있다는 것이다. 이 차이는 이 장의 3부에서 다룰 것이다.

문제: 중국의 사무직 인력 부족

중국에서 인력 부족이라는 나쁜 소식을 다루기 전에 우선 좋은 소식 하나를 살펴보자. 여하튼 중국은 단순 노동력에서 관리자급 전문가까지 다양한 인력을 보유한 국가이다. 그렇기 때문에 많은 다국적기업들이 투자에 매력을 느끼고 있다. 외국인 관리자들이 중국 노동력에 관련해 장기적으로 낙관론을 펼치는 데는 네 가지 이유가 있다.

첫째는 전반적인 전문 인력의 수준이다. 에어버스 차이나의 사장인 가이 맥로드는 이런 평가에 전적으로 찬성한다. 그는 "여기에는 놀라울 정도로 뛰어난 노동력이 존재한다. 중국은 교육 수준이 낮으면서 노동력이 풍부한 나라와는 다르다."고 말한다. 사실, 맥로드는 외국인 관리자가 많은 업무를 현지 인력에게 위임해야 한다고 조언한다. "핵심은 위임할 수 있어야 한다는 것이다. 여러분은 부하직원을 신뢰할 수 있어야 한다. 현지 중국 인력은 외부에서 오는 사람보다 해당 업무를 잘해 낼 능력이

"

여기에는 놀라울 정도로 뛰어난 노동력이 존재한다. 중국은 교육 수준이 낮으면서 노동력이 풍부한 나라와는 다르다. 핵심은 위임할 수 있어야 한다는 것이다. 여러분은 부하직원을 신뢰할 수 있어야 한다. 현지 중국 인력은 외부에서 오는 사람보다 해당 업무를 잘해 낼 능력이 있다. 그들이 업무를 하도록 맡겨야 한다."

- 가이 맥로드, 에어버스 차이나의 사장

있다. 그들이 업무를 하도록 맡겨야 한다." 그는 에어버스 차이나에 경영 관리팀이 부사장 세 명으로 구성되어 있는데 그중에 두 명이 현지 중국 인력이라는 점을 강조한다. 맥로드는 "그들은 중국과 유럽 시스템을 모두 이해한다. 그들은 매우 수준이 높은 인력이다."라고 말한다.

두 번째 좋은 뉴스로 국제적으로 명성이 높은 다국적기업은 여전히 중국 현지에서 인력을 '유치'하는 데 현지 기업보다 유리한 입장에 있다. 예를 들어, BP는 좋은 평판과 국제 시장에서 차지하는 비중 때문에 중국 인력이 입사하고 싶은 직장으로 꼽힌다. 이 회사의 중국 지사장이며 CEO인 개리 더크스 박사는 인력을 채용할 때 자사의 국제적 명성이 많은 도움을 준다고 말한다. "많은 중국 인력들이 평판이 좋은 다국적기업에서 일하기를 원한다고 생각한다." 현지 인력이 대규모 다국적기업에 매력을 느끼는 가장 큰 이유는 교육의 기회가 풍부하고 해외에서 근무할 가능성이 있기 때문이다. BP는 현재 중국 경영진급 인력과 기술 전문가 25명을 주로 미국과 영국에 파견하고 있다.

중국 노동력에 대해 낙관적 전망을 보이는 세 번째 이유로, 경험 많은 전문가를 확보하는 일이 1990년대 후반 이후로 다소 쉬워졌다는 것이다. 많은 컨설턴트와 외국인 관리자들은 이 점에 동의한다. 보스턴 컨설팅 그룹(BCG)에서 중국 본토를 총괄하는 존 웡은 이 기간 동안에 소매업처럼 변화가 심한 산업의 이직률이 70~80%나 되는 현상을 목격했다. 2003년에서 2005년까지 많은 산업에서 사무직 인력의 이직률이 보통 20~30%나 되었다(BCG와 휴잇 어소시에이츠의 자료에 따르면). 최근 이직률이 낮아지는 이유로 웡은 두 가지를 들었다. 첫째, 중국 내 전문 인력들은 1990년대 후반처럼 매년 20%의 임금 인상을 기대할 수 없게 되었다. 웡에 따르면 1990년대 후반 이후로 많은 다국적기업들이 임금 인상만으로 유능한 인력을 유치하는 정책을 그만두었기 때문이다. (휴잇 어소시에이츠는 2005년에 수저우Suzhou와 같이 인력 유치에 열심인 지역이나 마케팅 또는 연구 개발처럼 유능한 인력 유치에 열심인 분야에서 이직이 잦았던 주요 원인으로 임금 인상을 꼽는다.)

그리고 일부 분야에서 인재 부족 현상이 줄어들기 시작했다. 존 웡은 1980년대 중반에 가속화된 중국의 경제 개혁 이후 대학을 졸업하고 사회에 진출한 인력이 이제 30대 중반에 들어서고 있다는 사실을 지적한다. 그들은 시장경제를 18년 정도 경험하고 현대 산업에서 중간 관리자 역할을 하고 있다. 따라서 그동안 부족했던 관리자 인력을 메우고 있다.

콘/페리의 고객 담당 수석 파트너인 헬렌 탄타우는 현지 전문 인력이 기술과 경험을 빠르게 습득하고 있다는 점에 동의한다. 그녀는 현지에서 관리 인력의 공급이 과거보다 훨씬 많아졌다고 말하지만 여전히 크게 늘어나는 수요에 비해 공급은 턱없이 부족한 실정이라고 지적한다. 탄타우는 중국의 인력 시장은 지금처럼 활발한 때가 없었다고 말하며, 기업들이 많은 인력 이동을 경험하고 있다고 덧붙인다.

인력난에 어려움을 겪는 기업에게 한 가지 위안이 되는 것은 중국 현지에 진출한 외국기업이 좋은 평판을 얻으면서 중국 현지에서 일하겠다고 지원하는 외국인이 많아지고 있다는 사실이다. 서양 인력 또는 중국계가 아닌 아시아 인력을 중국에 배치하기가 이전보다 쉬워졌다. 중국이 국제 비즈니스계에서 '전도 유망한' 시장으로 자리 잡았기 때문이다. 탄타우는 해외 근무를 원하는 서양 전문 인력이라면 '누구나 중국에서 일하기를 원한 다'고 말한다.

그림 2.1은 중국에 진출한 다국적기업들이 겪고 있는 숙련 인 력의 부족을 일으키는 네 가지 요인이다.

그림 2.1
전문 인력
부족의 요인

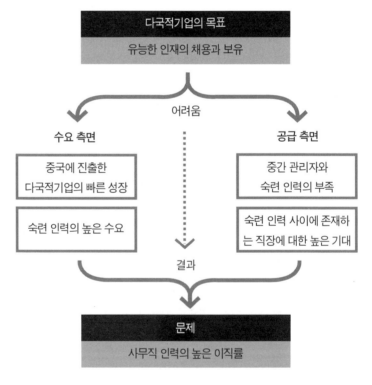

나쁜 소식

중국에서 인력을 채용하는 다국적기업에게 좋은 소식만 있는 것은 아니다. 전문 인력의 부족에는 네 가지 요인이 작용한다.

- 외국기업과 현지기업 사이의 치열한 경쟁
- 중국에 진출한 다국적기업의 빠른 성장
- 중국인 중간 관리자의 부족
- 중국 인력의 높은 기대(결과적으로 잦은 이직)

공급을 초과하는 수요

외국계 기업이 드물고 누구나 일하고 싶은 직장이던 시절이 가버렸다. 특히 중국 도시 지역에서는 더 그렇다. 현재 중국에서 활동 중인 다국적기업 대부분은 새롭게 진출하는 기업(과거보다 규모가 작은 기업의 진출이 늘어나고 있다)이 늘어나고 국제화된 현지기업의 수도 증가하면서 10년 전보다 인력 채용에서 경쟁이 치열해졌다. 휴잇 어소시에이츠에서 인적 자원 컨설팅을 담당하는 사이먼 킬리는 이제 중국기업이 다국적기업에서 인재를 빼앗아가고 있다고 말한다. 콘/페리의 헬렌 탄타우도 이 점에 동의하며 점점 수가 늘어나는 현지기업과 민간기업이 전문 인력을 더 많이 채용하고 국제화 정도도 빠르며 수익성도 높아지고 있다는 사실을 강조한다.

지멘스 차이나의 사장이며 CEO인 언스트 베렌스 박사는 현재 상황을 다음과 같이 설명한다. "성과가 훌륭한 인력을 보유하는 것이 현재 우리의 가장 큰 관심사이다. 특히 하이테크 분야에서 우리는 매일 훌륭한 인재를 확보하기 위한 전쟁을 벌이고 있다." 현재 중국의 비즈니스 환경에서 지멘스는 채용 인력에게 높은 자질을 요구하고 교육 과정이 너무 훌륭하기 때문에 오히려 헤드헌터들의 주요 타깃이 되고 있다. 때때로 인력들은 지멘스에 2~3년 동안 근무하면서 훌륭한 이력을 갖춘 다음에 보수가 더 좋은 직장을 찾는다. 다른 다국적기업도 이런 인력의 행동에 상당히 불쾌한 감정을 숨길 수 없다.

GE 차이나의 스티브 슈나이더도 베렌스와 비슷한 어려움을 토로한다. "우리처럼 중국에 진출한 다국적기업은 다른 다국적기업뿐만 아니라 현지 중국기업의 타깃이 되고 있기 때문에 이중의 어려움을 겪고 있다. 유능한 인력에 대한 수요는 매우 높다. 현재 이곳에서는 고급 인력을 알선하는 헤드헌팅 비즈니스가 성황을 이루고 있다." GE에서 영업, 마케팅, 관리 인력의 이직은 특히 문제가 된다. "GE는 헤드헌터의 주요 타깃이다."

사실, 중국기업들은 인력을 채용하고 보유하는 데 다국적기업보다 상당히 유리한 위치에 있다. 이들 중국기업은 다국적기업보다 더 많은 보수를 제안한다. 예를 들어, 일부 국영기업은 최고경영진급 인력에게 주택을 제공할 수 있지만 다국적기업이 동일한 혜택을 주려면 엄청난 비용이 소요된다.

현지기업 가운데 전문성을 갖추려는 노력이 늘어나고 있다. 더 많은 현지기업들이 국제적으로 유명한 컨설팅 회사에 의뢰해 기업의 수준을 높이려고 한다. 콘/페리의 헬렌 탄타우는 중국기업 고객의 요구 수준이 매우 까다로워지고 있다고 설명한다. "중국기업들은 비용에 연연하지 않고 맥킨지나 베어링 포인트(BearingPoint)와 같은 최고의 컨설팅 기업을 원한다. 이들 기업에게 컨설팅하기는 매우 어렵다." 맥킨지, BCG, 베어링 포인트의 중국 지사를 인터뷰한 결과, 이들 컨설팅 회사 고객의 50~85%는 현재 중국 현지기업이라고 한다.

인력 시장에서 경쟁이 매우 치열하기 때문에 인터뷰에 응한 최고경영진 20명은 핵심 인력의 보유가 최고 관심사라고 말한다. 휴잇 어소시에이츠의 사이먼 킬리는 "많은 기업들이 이제 유능한 인재가 부족하다고 보고한다. 이들 기업은 필요한 인력을 채용할 수 없다."고 말한다. 산업에 따라 인력 부족의 정도는 다르지만 고위 경영진의 인력 부족이 심각하기 때문에 어느 산업에서나 자질을 갖춘 중국인 임원급 인력에 대한 수요는 상당히 많다고 강조한다. 그는 "역량을 보유한 인재는 드물다. 이런 인력은 세계 어느 곳을 가든 자리를 구할 수 있다."라고 말한다.

BCG에서 일하는 존 웡의 고객사들 또한 자질을 갖춘 인력을 구하느라 어려움을 겪고 있다. 웡은 중국에서 스타급 인재는 특히 가치가 높다고 강조한다. 여기서 훌륭한 인재는 큰 차이를 만들어 낼 수 있다. 시장이 여전히 비효율적이고 개발되지 않았기 때문이다. 그는 미국에서는 한 명의 관리자가 아무리 뛰어나도 회사의 성공에 미치는 영향이 그리 크지 않은 반면에, 중국에서는 한 명의 뛰어난 관리자가 비즈니스 성과에 막대한 영향을 미칠 수 있다고 예를 든다. "미국에서는 한 사람이 비즈니스에

> "
> 우리처럼 중국에 진출한 다국적기업은 다른 다국적기업뿐만 아니라 현지 중국기업의 타깃이 되고 있기 때문에 이중의 어려움을 겪고 있다. 유능한 인력에 대한 수요는 매우 높다. 현재 이곳에서 고급 인력을 알선하는 헤드헌팅 비즈니스가 성황을 이루고 있다."
> - 스티브 슈나이더, GE 차이나의 회장이며 CEO

막대한 영향을 미칠 수 없는 다양한 시스템이 존재한다. 그러나 중국에서 이런 시스템은 아직 비효율적이다. 따라서 정말 훌륭한 인재 한 명은 비즈니스에 막대한 영향을 미칠 수 있다." 기업들은 영업 담당, 마케팅 담당 또는 인적 자원 담당처럼 핵심적인 역할을 수행하는 주요 인력을 보유하기 위해 정말 많은 노력을 기울이는 상황이다.

빠른 성장 패턴

중국에서 노동집약적인 산업에 종사하는 다국적기업에게 가장 큰 문제는 회사 성장률에 적합한 규모로 인력을 확보하는 것이다. 중국에서 비숙련노동자의 공급은 부족하지 않다. 문제는 채용해서 훈련시켜 작업에 투입할 수 있는 시스템이 원활하게 작동하도록 만드는 데 있다.

지멘스 차이나는 매달 전자 업무와 관련된 4천 건의 지원서를 받는다. (지멘스는 중국에서 25,300명의 직원을 보유하고 있으며 인력의 99%는 중국 국적 보유자이다.) 베렌스 박사는 "가장 큰 도전은 올바른 인력을 가려서 뽑는 일이다."라고 말한다. 많은 지원자들이 해당 업무에 필요한 자격 요건을 갖추지 않은 상태에서 그냥 여러 회사에 자신의 이력서를 뿌리듯이 지원한다. 하지만 베렌스는 자신의 인적 자원 부서는 모든 지원서를 검토한다고 말한다. 매우 지루하고 시간이 많이 드는 작업이다. 그렇게 하지 않으면 좋은 인재를 놓칠 가능성이 있기 때문이다.

급증하는 인력 수요와 지원 폭주를 다룬 지멘스의 방법 하나
는 역설적이게도 속도를 늦추는 것이다. 베렌스 자신이 1997년
에 중국에 와 현재의 직위를 맡았을 때, 지멘스는 정말 '엄청난
속도'로 성장하고 있었다. 베렌스는 이렇게 정신없이 성장하는
추세에 자신이 맞춰가기 힘들다는 사실을 깨달았다. 결국, 그는
채용 속도를 늦추고 기준을 강화해야만 지속적으로 높은 수준
의 인력을 채용하고 보유할 수 있다고 생각했다. 그는 "여러분
이 회사의 최고 인재를 계속 보유하기 원한다면 그들이 앞으로
도 최고의 인력과 함께 일할 수 있는 환경을 제공해야 한다."고
말한다.

코카콜라 차이나의 폴 에첼스는 회사 성장의 '가장 큰 걸림
돌'이 성장 속도에 걸맞게 채용을 빠르게 하지 못하는 점이라고
말한다. 2003년에 이 회사는 간접 채용 방식을 통해 새로운 영
업 인력을 1천 명이나 채용해 교육을 시켰다. 이런 대규모 인력
유입은 또 다른 문제를 불러일으켰다. 바로 이 신규 영업 인력
을 감독할 관리팀의 개발이 필요했던 것이다.

2003년에 듀폰은 전체 인원이 20% 증가해 3,065명이 되었다
(이 중 98%는 중국 국적 보유자이다). 듀폰 차이나의 사장인 찰스 브
라운 또한 회사의 성장 속도에 맞게 인력을 채용하고 교육하는
데 어려움을 느낀다. 브라운은 "회사에 필요한 인력을 시기적절
하게 채용하는 것은 정말 어려운 일이다."라고 토로한다.

중간 관리자의 부족

이 책에서 인터뷰한 경영자들이 지적한 또 하나의 큰 문제는 중국에 반숙련 인력과 전문 인력이 부족하다는 점이다. 이런 부족의 이유는 과거에서 찾을 수 있다. 중국에서 45~65세에 속하는 사람들은 '잃어버린 세대'라고 불린다. 그들은 문화혁명 (1966~1976)이 진행되는 동안에 교육 기회를 제대로 갖지 못했기 때문이다. 대조적으로 현재 30대인 사람들 대부분은 안정적인 교육을 받고 새로운 시장경제에서 상당한 경험을 쌓았다. 결과적으로 이 두 세대 사이에 상당한 격차가 존재하게 되었다.

"매년 사회에 진출하는 인력은 상당히 많은 반면에 정작 필요한 중간 관리층이 부족한 실정이다."라고 BCG의 존 웡은 말한다. 그는 과거 국영기업에서 직장 생활을 처음 시작한 사람들은 "관리자가 되기 위해 필요한 관점을 보유하고 있지 못하다."고 말한다. 그런 이유로 현재 중간 관리층 역량을 보유한 인력이 "매우 드물다." 웡은 고객사가 겪는 전형적인 문제가 중간 관리층의 부족이라고 지적한다. 한 기업은 영업 인력으로 팀을 꾸리고 싶어도 이를 감독할 중간 관리자를 찾는 데 많은 어려움을 겪고 있다.

콘/페리의 헬렌 탄타우는 중국 국영기업에서 오랫동안 근무했던 45세 이상의 사무직 인력 상당수가 다국적기업에 쉽게 적응하지 못한다는 점에 공감한다. 그들 대부분은 언어 장벽도 클 뿐만 아니라 '문화적 차이'도 상당하다.

이런 이유로 국영기업 체제에서 발달하기 힘들었던 중간 관리자와 같은 직책에 걸맞은 인력을 찾기가 어렵다. 예를 들어, BP 차이나의 개리 더크스 박사는 인적 자원 담당 관리자를 찾기 힘들었다. 유니레버 차이나의 회장인 앨런 브라운은 마케팅 임원을 구하면서 겪은 어려움을 다음과 같이 말한다. "우리는 중국 전체에서 영어를 구사하며 이 직책에 자격 조건을 갖춘 인력을 여덟 명밖에 찾지 못했다." 그중에 3명의 후보는 프록터 앤 갬블(P&G) 직원이었고 다른 세 사람은 유니레버의 전 직원이었다. 이 일을 보면 중간 관리층에 대한 시장이 얼마나 적은지 알 수 있다.

결국, 경험 많고 전문적 역량을 갖춘 중국 인력을 실제로 찾기 힘들다는 결론에 도달한다. 듀폰 차이나의 찰스 브라운은 "시장에는 정말 우수한 인력이 있다. 문제는 최고 중국기업을 포함해 모든 기업들이 이 인력을 채용하고 싶어 한다는 점이다."라고 말한다. 듀폰도 국제 경험이 있고 영어를 구사할 줄 아는 우수한 과학자, 엔지니어, 연구원을 채용하기 위해서 '과열된 경쟁'을 벌이고 있다.

컨설턴트들은 이 문제가 일시적이고 젊은 전문가들이 경험을 쌓아 나가면서 완화될 것이라고 강조한다. 이미 새로운 개방과 시장경제 체제에서 교육을 잘 받은 20~30대 전문 인력이 존재하고 있으며 해마다 우수 인력이 대학을 통해 배출되고 있다. BP의 개리 더크스는 "중국에서 대학은 많은 영리한 젊은이들을 배출하고 있다. 그들은 열심히 일하고 개인적 발전에 관심이 크다."고 말한다.

높은 기대

중국에서 이직률을 부추기는 또 다른 요소는 직장에서 승진을 추구하는 뿌리 깊은 문화에서 찾을 수 있다. 엘리 릴리 차이나의 사장인 크리스토퍼 쇼는 중국 전문 인력의 승진 기대가 "어느 다른 나라보다 훨씬 높다."고 설명한다. 많은 사람들에게 직장에서 성공하겠다는 야망은 가족과 사회적 압력으로 높아진다. 쇼는 "한 자녀 갖기 정책이 시행되면서 부모들은 자녀에게 큰 기대를 건다."고 말한다. 그는 중국의 젊은 세대는 처음에는

여성 인력에 관한 한마디

외국기업이 놀랄지도 모르는 한 가지 사실은 여성 임원에 관한 것이다. 인터뷰에 응한 사람들은 현재 중국 여성이 서양 여성보다 경력을 개발하도록 장려되고 있다는 사실을 말한다. 그 이유로 '세상의 절반은 여성이다' 라는 공산주의 통치 원리 아래서 여성이 남성과 동일한 권리와 의무를 지기 때문이다. 또한 중국이 한 자녀 갖기 운동을 펼쳤기 때문에 중국 어머니는 다른 나라보다 육아 부담이 적다는 점도 들 수 있다. 가장 중요한 이유로는 조부모가 손녀나 손자를 돌보는 전통이 남아 있기 때문이다. 신세대 어머니들은 대가족 전통 속에서 자녀를 가족에게 맡기고 출산 후에 빨리 직장으로 돌아가 가족 경제에 이바지할 수 있다. 중국에서 자녀를 인근 친척에게 맡기고 도심에서 일하는 어머니를 흔히 볼 수 있다. 그들은 주중에 업무에 집중하고 주말이나 휴일에 자녀와 시간을 보낸다.

학교에서 나중에는 직장에서 항상 경쟁을 하며 살아왔다고 언급한다. 어렸을 때 그들은 부모, 친척, 선생님에게서 성적이 좋아야 한다는 강한 압박을 받아왔고, 성인이 돼서는 가족과 동료들로부터 능력을 보여야 한다는 압박을 받는다. 쇼는 "그들은 자기 개발과 발전을 이룰 필요성을 크게 느낀다."고 말한다. 이런 야망은 기업이 유능한 직원의 빠른 발전 욕구를 만족시키도록 많이 노력해야 한다는 사실을 의미한다.

아쉽게도 가장 영리하고 훈련이 잘 된 인력은 직장을 빨리 떠나기도 한다. GE의 회장이며 CEO인 필립 머터프는 회사의 가장 유망한 인력이 보이는 지나친 야망을 다루느라 아주 힘들었다고 말한다. "나는 칭후아(Tsinghua) 대학이나 지아오퉁(Jiaotong) 대학 출신의 똑똑한 인력을 채용하고 나면 그들이 내 책상으로 다가와 '3년 안에 당신의 자리까지 오르겠습니다' 라고 말하는 것을 보면서 큰 낭패감을 느낀다. 나는 이 자리에 오르는 데 25년이 걸렸고 그동안 비즈니스를 학습하고 경험하는 과정을 거쳤다. 3년 만에 이 과정을 모두 거칠 수는 없다."

해법: 최고의 인력 관리 프로그램

구하기 힘든 전문 인력과 기타 인력 채용에 관한 도전을 고려해 볼 때, 다국적기업은 중국에서 인력 정책을 현지 사정에 맞게 변화시켜야 하는가? 이 질문은 인터뷰에 응한 CEO 20명이 중국에 왔을 때 심각하게 고려한 문제이고 앞서 소개한 인적 자원 전문 컨설턴트의 고객사들이 직면한 공통된 의문이었다.

다행히도 우리가 인터뷰를 진행하는 동안 대다수 사람들은 기존 국제적 인력 관리 원칙과 방침을 그대로 유지하는 것을 추천했다.

GE 차이나의 스티브 슈나이더는 자신의 회사는 인력 관리 방침 대부분을 그대로 고수한 채 중국 노동법과 현지 규정에 따라 조금만 수정했을 뿐이라고 강조한다. 그는 중앙정부의 규제와 지방정부(시나 성)의 규제가 다를 경우가 있어 어려움이 있다고 말한다. 규제의 불일치는 중앙정부와 지방정부 또는 지역별 규제가 다르다는 의미다. "시추안(Sichuan)에서 광둥(Guangdong), 상하이까지 모든 지역이 약간씩 다른 정책과 절차를 보유한다." 라고 슈나이더는 말한다.

여전히 다국적기업 대부분은 중국에서 국제 표준에 맞는 인력 관리 정책을 사용하고 있다. 맥킨지 상하이 지사의 고든 오어는 다국적기업 고객에게 중국에서도 국제 인력 관리 표준을 현지 사정에 따라 변화시키지 말고 그대로 준수하라고 권고한다. 첫째, 국제 관행의 고수는 중국 비즈니스가 국제 비즈니스에 통합되는 데 도움이 된다. 둘째, 채용과 훈련, 승진에서 국제 표준을 따르는 모습은 다국적기업이 중국의 우수 인력을 유치하는 방법이 된다. 중국 전문 인력은 진정한 국제 업무 환경을 제공하는 직장을 좋아한다. 이런 국제 기준을 배우면 경력 개발에 도움이 되기 때문이다. 예를 들어 공식적인 성과 평가, 성과에 근거한(상사의 평가가 아닌) 상여금, 승진 제도, 직원 교육 프로그램, 기업 문화 개발의 강조 등은 전통적인 중국기업에서는 배울

case study

중국인의 출세욕

알카텔 차이나의 회장이며 CEO인 도미니크 드 보아시종은 중국에서는 가장 야심찬 인력 중 일정 비율이 이직하게 될 것이라는 점을 받아들이라고 외국인 관리자에게 조언한다. 그는 "인력들은 아주 빨리 학습한다. 또한 회사를 빨리 떠나게 된다."라고 말한다. 7년 전에 알카텔은 중국인 변호사 한 팀을 채용해 훈련시켰다. 현재 그들 중 아직도 이 회사에 남아 있는 사람은 한 명도 없고 모두 대기업의 법률 자문으로 자리를 옮겼다. 이 중 28세의 한 변호사는 휴가를 이용해 자비로 하버드 경영 대학원에서 개최하는 CEO 과정에 참가했다. 보아시종이 그에게 그렇게 큰 돈을 투자하는 이유를 묻자 그 변호사는 "나는 28세이다. 세계적으로 네트워크를 구축할 시기가 되었다고 본다."라고 대답했다. 보아시종은 젊은 중국인 전문가들은 '믿기 어려울 정도로' 야심차다고 말한다. "여러분은 이런 인력을 몇 년 이상 보유할 수 없다. 그러나 그들이 회사에 기여를 한다면 그들을 받아들일 수 있다."

수 없는 내용이기 때문에 야심에 찬 중국 전문 인력은 다국적기업에 매력을 느낀다. 오어는 "국제 기준에 따라 인력을 유치하고 보유하는 일관된 정책을 펼쳐야 한다. 현지 사정을 고려해 너무 많이 타협하고 모든 것을 새롭게 시작하려 한다면 이는 올바른 출발점이 아니다."라고 말한다. 사실, 오어는 인력 관리 정책을 중국에 맞게 수정할 때 주의를 기울여야 한다고 충고한다. 그는 "여러분이 변경하려는 부분에 의문을 제기하고 다시 한 번 검토해 봐야 한다."라고 경고한다. 특히 중국 내외부로 직무를 순환시키는 정책은 세계 어느 곳과도 동일하게 중국 내부 인력이 해외에서 근무할 기회를 부여해야 한다.

알카텔 차이나의 회장이며 CEO인 보아시종 또한 본사의 국제 인력 관리 정책을 거의 수정 없이 채택했다. 중국에서 성공하기를 원한다면 중국 인력이 국제적 안목을 갖추고 최선의 관행을 사용하도록 해야 한다. 국제 기준 아래서 일하기 원하는 젊은 세대 대부분은 국제 관행을 기꺼이 받아들이려 한다. 그러나 나이가 든 직원은 '이전의 방식대로' 일하기 원하고 새로운 정책에 적응하는 데 어려움을 느낀다.

BP 차이나 또한 약간의 변화를 주어 본사의 인력 관리 방침을 도입했다. 이 회사의 최고경영자인 개리 더크스 박사는 다음과 같이 말한다. "우리가 중국에서 사용하는 인력 관리 수단은 세계 어느 곳과도 차이가 없다. 세계 공통적으로 적용하는 수단 중 일부만을 중국 실정에 맞게 변형했을 뿐이다."

다른 최고경영진도 아무런 변화도 주지 않고 인력 관리 방침을 그대로 도입했다고는 대답하지 않았다. 그리고 일부 '변경'

한 방침도 중국 인력이 확실히 이해하도록 소개 과정을 거쳐(일부는 그냥 방침을 하달하지 않고 소개하는 과정 자체를 생소하게 생각하기도 했다) 주의 깊게 시행했다. 최고경영진들은 인력 관리 방식을 중국에 도입할 경우 원활하게 시행할 수 있을 거라고 생각지 않았다. 유니레버의 앨런 브라운은 자신의 경영 스타일을 변화시킨 방법을 다음처럼 설명한다. "비유하자면 골프와 같다. 여러분이 골프를 칠 때 상황에 따라 다른 클럽을 사용해야 하는 것과 같다. 중국에서는 다른 곳과 달리 골프 클럽을 더 다양하게 갖추어야 한다는 점이 중요하다. 경영자는 다양한 환경에 맞는 경영 스타일이 필요하다."

우리는 관리자가 중국에서 부딪칠 인력 관리 문제에 대처하는 데 사용할 수 있는 '다양한 수단'을 전문가로부터 들어보았다. 아래는 우리가 만난 중국 전문가들이 발견한 전략들이다.

- 보상
- 채용
- 보유
- 승진

인력 관리 전략 #1: 적절한 보상

중국에서 활동하는 외국인 관리자가 강조한 첫 번째 요점은 인력을 채용하고 보유하는 일이 높은 보수를 지급한다고 해결되는 것이 아니라는 것이다. 에어버스 차이나의 사장인 가이 맥로드는 "인력 보유는 돈의 문제가 아니다. 어떤 직원이 이직을 성과급 체계를 도입하는 초기에는 어려움이 따를 수 있다. 하지만 젊고 야심찬 중국 전문 인력은 이 제도를 환영하기도 한다.

원했을 때 높은 보수를 그제야 제시한다면 이미 너무 늦었다." 라고 말한다. 오히려 직원들은 금전적 이외의 요인 때문에 더 많이 동요한다. 직원들은 업무를 즐기고 경영진을 위해 일하는 것을 좋아하며 신뢰 받고 회사에 자부심을 느끼기 원한다. 즉, 회사 성공의 일부가 되고 싶어 한다.

제너럴 모터스 차이나는 산업 기준에 따른 보상 전략을 따르지만 인력의 채용과 보유의 또 다른 측면을 강조한다. 필립 머터프는 "여러분이 우리 직원들이 받는 보수를 살펴본다면 우리 회사가 가장 좋은 보수를 지급하지 않는다는 사실을 알게 될 것이다."라고 말한다. 그는 핵심 인력에게 업무를 위임해 그들 스스로 자신의 경력을 설계할 수 있도록 하는 인력 관리 전략에 중점을 둔다고 한다.

다른 측면에 중점을 둘 수 있지만 보수가 산업의 평균 범위에는 들어야 한다고 강조한다. 중국에서 전문 인력은 동종 업계에 근무하는 다른 사람의 보수가 얼마나 되는지 서로 잘 알고 있다. 그리고 임금은 빠르게 상승한다. 외국인 직접 투자가 활성화된 지역에서는 그 상승률이 특히 높다. 임금 인상뿐만 아니라 여러 가지 혜택도 확대되고 있다. 콘/페리의 고객 담당 수석 파트너인 헬렌 탄타우는 30대인 중국 전문 인력이 보수뿐만 아니라 스톡옵션이나 주택 융자와 같은 다양한 복지 혜택도 받고 있다고 말한다.

다국적기업이 가장 어려워하는 보수 관련 문제는 성과급 체계의 도입이다. 문화적 차이에서 어려움이 생긴다. 많은 중국인 관리자들이 성과급보다는 연공서열식 보수 체계에 익숙하기 때

문이다. 필립 머터프는 GM 차이나가 그동안 국제적으로 활용
해 오던 성과에 기초한 상여금 제도를 합작기업에 도입하려 했
을 때 내부적 갈등을 겪었다. 당시 갈등은 생각보다 심했다.

case study

힐튼 호텔의 성과급 보수 체계 도입

힐튼 상하이의 총지배인인 폴크마 뢰벨은 중국에서 성과급 보수 체계를 도입하는 것이 가능하다고 말한다. 그가 1995년에 이 호텔의 총지배인이 되었을 때, 이 호텔은 엄격한 12단계의 위계 질서에 따른 전통적인 보수 체계를 시행하고 있었다. 모든 직원은 해마다 단계적으로 증가하는 사전에 책정된 보수를 받고 있었다. 6개월 동안 뢰벨은 이 체계를 쇄신하고 재구축해 능력, 생산성, 호텔의 목표에 기여하는 정도에 따라 모든 직원을 다시 분류했다. 새로운 방안을 도입하는 과정에서 불필요한 인력 190명을 해고했고, 실제 능력이나 기여에 비해 제대로 평가받지 못하는 인력의 보수를 높였다. 잉여 인력을 해고하자 유능한 직원을 승진시킬 여력도 커졌다.

보수 체계의 개혁 과정은 며칠 동안의 격렬한 논쟁을 불러왔지만 뢰벨은 새로운 방안을 관철시켰다. 노동조합에 이 새로운 보수 체계를 설득시키는 일이 가장 힘든 부분이었다. 예상치 못하게 노동조합은 30분 만에 이 방안을 승낙했다. 뢰벨은 "노동조합은 유능하고 지식이 풍부한 인력이 상급 직위로 승진하는 기본 원칙을 인정하고 새로운 보수 체계를 받아들였다."고 말한다.

머터프는 "중국인들은 일반적으로 하는 일에 상관없이 학력이나 서열에 따라 상여금을 정하려는 경향이 있다."고 말한다. 상당한 노력을 기울인 후에야 그는 성과에 기초한 상여금 제도를 도입할 수 있었다. 그는 "상하이에 있는 GM에서 우리는 완전히 미국 방식의 성과급 제도를 도입하는 데 성공했다."고 말한다.

인력 관리 전략 #2: 현명한 인력 채용

적절한 보수와 상여 체계에도 불구하고 우리가 인터뷰한 최고경영진 상당수는 중국에서 회사의 성장 속도에 걸맞게 인력을 추가 채용하는 데 어려움을 겪고 있다. 지금부터 소개할 내용은 대규모 채용과 훈련을 촉진시키기 위한 전략이다. 전문 인력의 부족을 극복한 경험자가 전하는 핵심 메시지는 다음과 같다. '인력을 발견할 수 없다면 창출하라'

인터뷰에 응한 몇몇 경영자는 젊은 인력을 채용해 초기부터 많은 교육과 훈련을 시키는 방침을 채택했다. 코카콜라 차이나의 사장인 폴 에첼스는 40세가 넘은 인력 중에 영어를 구사하는 사람이 부족하기 때문에 다른 기업보다 젊은 20~30대를 채용해 상급 관리자로 훈련시켰다고 말한다. "영어를 할 줄 모르는 인력을 채용하기는 힘들었다. 그래서 젊기는 하지만 영어를 구사하는 연령대를 채용해 상급 관리자의 역할을 할 때까지 체계적으로 교육과 훈련을 시켰다."

다른 외국인 관리자도 언어 장벽을 극복하기 위해서 비슷한 전략을 구사했다. 까르푸 차이나의 사장인 쟝 룩 셰로는 "신세대가 점점 더 영어를 잘 하고 있다는 것은 좋은 추세이다."라고 말한다. 그가 1999년에 상하이로 부임했을 때 직원들의 영어 구사 능력 부족은 '큰 문제'였다. 까르푸의 공식 언어는 영어이다. 매장 관리자가 일반 직원과 언어가 통하지 않아 의사 소통 문제를 겪었다. 하지만 현재 까르푸 인력 중 20%는 영어를 '아주 잘' 구사한다.

많은 외국인 관리자들이 중국의 젊은 세대가 보유한 능력과 야망에 대해 언급했다. 폴크마 뢰벨은 20대와 30대인 이 젊은 세대를 다음처럼 설명한다. "젊은 사람들은 열정적이고 자신의 능력을 과시하고 싶어 하며 에너지가 넘치고 배우려는 의지가 강하다. 그들은 헌신적으로 나를 돕는다. 이 젊은 세대는 결코 나를 실망시키지 않는다."

젊은 인력을 채용하기 위해서 관리자는 좀 더 적극적인 접근 방식을 개발해야 한다. 3M 차이나의 케네스 유는 "중국에서 우리는 조언보다는 직접적인 지시나 설명을 하는 편이 많다."고 말한다. 이와 대조적으로 타이완에서 근무할 때 유는 그곳 인력이 국제 경험과 전문 지식이 풍부했기 때문에 다소 간접적인 지시 방식을 사용했다. 그는 중국에서 상황이 변하고 있다는 점을 강조한다. 지난 10년 동안 중국 인력은 좀 더 적극적이고 자신감이 넘치며 유능한 인재가 되어가고 있다.

알카텔 차이나의 회장이며 CEO인 도미니크 드 보아시종 또한 중국 사무직 노동자의 변화를 주목한다. 1997년 중국에 왔을 때 그는 프랑스에서 근무하면서 겪었던 경영팀과 중국에서 새로 구성한 경영팀 사이에 상당히 큰 차이가 있음을 발견했다.

그는 "내 경영 스타일은 가능한 업무를 인력에게 위임하고 그들을 신뢰하는 것이다. 파리에서 내 팀은 완벽했다. 내 도움이 필요하면 누구나 찾아와 지원을 요청했다. 한 달에 한 번이나 두 번 나는 팀원과 업무 진행 상황을 자세히 논의했다. 그러나 중국에서 이런 방식은 직원들이 너무 경험이 없었기 때문에 처음에는 불가능했다."라고 말한다.

또한 보아시종은 현지 경영팀은 아무런 경험도 없는 상태에서 출발했지만 빠르게 발전했다고 강조한다. "처음에는 밤낮을 가리지 않고 주말에도 일했다. 누구도 문제를 해결할 수 없었기 때문에 모든 사람들이 내게 의존했다. 직원들은 고객을 상대하는 방법을 몰랐기 때문에 고객들은 나와 직접 대화하려고 했다." 이런 상태에서 그의 첫 번째 과제는 현지 관리자로 구성된 팀을 구축하는 일이었다. 그는 젊고 경험은 없지만 '매우 유능하고 믿을 만하며 근면하고 헌신적인' 인력으로 한 그룹을 구축했다. 이 팀을 업무에 투입하자 알카텔의 중국 매출은 1997년에서 2001년 사이에 네 배로 늘어났다.

필립스 차이나의 데이비드 창은 2002년에 타이완에서 중국 본토로 근무지를 옮긴 후 비슷한 개발 경험을 했다. 타이베이에서 근무할 때 창은 경영 인력에게 가능한 최소한의 지시를 하고 세부사항은 위임했다. 중국에 오자 이런 위임 방식은 효과가 없었다. 그는 "나는 관리자에게 어떤 일을 지시만 하면 그대로 실행될 수 있다고 생각했다. 하지만 이곳에서는 업무 지시를 자세히 해야 하고 인력이 업무 내용을 제대로 이해했는지 확인해야 한다."라고 말한다. 창은 업무가 다른 부서와 협조가 필요할 경우 구체적인 지시나 지도가 매우 중요하다고 지적한다. 중국 인력은 업무의 위계 질서가 분명치 않을 때 불안감을 느끼는 경향이 있다. "단지 지시를 내리는 것만으로 충분치 않다. '부서가 구체적인 협조사항을 지정해야 한다.' 여러분은 관련자를 직접 불러놓고 모든 사람이 보는 앞에서 지시 사항을 전달해야 한다. 그러고도 여러분은 업무의 진행 상황을 직접 챙겨야 한다."

맥킨지 상하이 지사장인 고든 오어는 새로운 인력을 훈련시킬 때 다른 나라에서보다 아주 기초적인 내용까지 훈련에 포함시킬 것을 권장한다. 예를 들어, 회사의 업무 영역, 기업 문화, 역사, 사명 선언서 등 기초적인 내용까지 소개해야 한다. 또한 회사가 채택한 기본적인 국제 비즈니스 관행을 훈련시켜야 한다고 조언한다. 오어는 "신규 인력을 교육하는 과정은 소규모 MBA 코스를 진행하는 것 같았다."라고 말한다.

찰스 브라운은 심각한 인력난으로 인해 중국에서 성장 계획에 차질이 생긴 기업에게 듀폰이 사용한 전략을 추천한다. 경험과 기술이 필요한 직위에 새로 채용된 인원이 배치되어 생산성을 발휘하려면 6개월의 훈련이 필요하다. 그동안 성장이 제한될 수밖에 없다. 그래서 브라운은 2000년부터 시급히 필요한 인력보다 많은 수를 채용했다. "우리는 여분의 인력을 선발해 정말로 그들이 필요한 시기가 오기 전에 미리 업무에 투입한다." 이런 선행 채용은 듀폰이 다른 어떤 나라에서도 채택하고 있지 않은 방식이다. "이 방식은 중국에만 있다. 우리는 중국에서 빠른 성장을 달성하기 위해서 미리 많은 인력을 채용한다."

유능한 인력의 부족은 성장을 저해한다. 현명한 기업은 미리 현재 필요한 수보다 많은 예비 인력을 채용해 훈련시켜 미래에 대비한다.

전문 인력을 채용할 수 없는 기업은 젊은 인력을 채용해 추가적인 교육 프로그램을 통해 그들을 개발하라. 신규 인력에게 '소규모 MBA' 코스를 제공해 국제 비즈니스 기준과 관행을 빠른 시간 안에 습득시키라.

인력 관리 전략 #3: 보유하기 위해 훈련시키라

인력의 지속적인 보유 문제를 해결하기 위해서 국제 관리자들은 경험을 통해 한 가지 분명한 메시지를 전한다. 이직을 막는 방법은 바로 전문적인 훈련을 제공하는 것이다. 휴잇 어소시에이츠의 사이먼 킬리는 중국 전문 인력의 마음가짐을 다음처럼 설명한다. "중국인 직원들은 놀라울 정도로 배움과 자기 개발에 대한 욕구가 크다. 그들은 기업가 정신이 매우 투철하다."

바이엘 차이나가 국제 연간보고서 작성을 위해 실시한 직원 설문조사에서 직원에게 입사 이유를 물었다. 이 질문에 중국 직원 대부분은 직업적 자기 개발을 이유로 들었다. 바이엘 차이나의 CEO인 엘마르 스타첼스 박사는 중국에서 우수 인력을 지속적으로 보유하기 위해서는 직원들이 자신의 가치를 근무를 통해 높일 수 있다는 확신을 주어야 가능하다고 말한다.

힐튼 상하이의 총지배인인 폴크마 뢰벨은 현재 '팀원(직원)'을 유지하기 위해 그들에게 줄 수 있는 최고의 동기 부여는 언제나 직업적 자기 개발과 관련이 있다고 말한다. 첫째, 직원들은 상사가 부하직원의 자기 개발에 진정으로 관심이 있다고 느껴야 한다. 둘째, 직원들은 직장에 근무하면서 배우고 성장하게 된다고 믿어야 한다. 셋째, 그들은 직장이 발전의 기회를 제공한다고 느껴야 한다.

듀폰 차이나의 사장인 찰스 브라운은 중국 인력은 서양 인력보다 교육 기회 제공에 동기 부여를 받는다고 말한다. "중국 전문 인력은 회사가 지속적인 성장과 자기 개발 기회를 부여해 줄 것으로 기대한다. 여기에는 업무뿐만 아니라 일반적인 지식을 늘릴 수 있는 교육 기회도 포함된다. 이런 동기 부여는 교육을 중시하는 오랜 중국 전통과 관련 있다. 여러분 기업이 그런 교육 기회를 제공하지 못한다면 직원과의 암묵적 계약을 깨는 행동으로 그들을 붙잡아 둘 수 없다."

마이크로소프트 차이나 또한 인력을 채용하고 유지하는 수단으로 교육 훈련을 강조한다. 이 회사의 사장인 준 탕은 돈보다 교육 기회가 직원들에게 동기를 부여하는 첫 번째 수단이라고 말한다. 이 회사의 직원들은 특별히 임금을 더 받지는 않지만 마이크로소프트의 기업 문화, 환경, 가장 중요한 점으로 경력 개발 기회에 만족하기 때문에 이직을 하지 않는다. 탕은 신규 인력을 채용하거나 스타급 인력의 이직을 막기 위해 설득할 때 전문 교육을 통한 경력 개발 기회를 강조한다. "나는 직원들에게 스스로 다음과 같은 질문을 던져보라고 말한다. '마이크로소프트에서 3년간 일한 후에 내 시장 가치는 높아질 것인가?' 그리고 매년 다음과 같은 질문을 던져보라고도 한다. '나는 작년보다 평판이 높아지고 경험을 쌓았으며 새로운 기술을 습득하였는가?'"

마이크로소프트 차이나는 내부적으로 '개방 정책'을 사용해 다양한 교육 코스에 관한 정보를 사내 인트라넷에 게시한다. 모든 직원 교육 코스는 무료이고 직원들은 교육에 참가해 특정한 등급을 취득해야 한다. 교육 과정은 일반적으로 영업과 마케팅 기법, 프레젠테이션 기술, 경영 철학, 효과적인 팀워크 구축, 비즈니스 전략과 같은 주제를 포함한다.

우리가 인터뷰한 일부 최고경영진은 중국에서 직원을 교육시

> 외국어 교육은 회사나 직원 모두에게 도움이 되는 교육 강좌이다. 우리는 직원들을 계속 유지하기 원하고 그들을 승진시키기 원한다. 이는 매우 중요한 부분이다. 그들은 우리 회사에 입사하면서 '엘리 릴리는 우리의 미래를 보살펴 주고 있다'고 말한다."
> - 크리스토퍼 쇼, 엘리 릴리 차이나의 사장

키는 데 상당한 투자를 했다고 말한다. GE는 2003년에 뉴저지에 있는 본사 외곽에 있는 교육 센터 다음으로 큰 4만2천 평방미터나 되는 교육 센터를 상하이에 열었다. 이 센터는 자사 직원뿐만 아니라 정부 관리나 GE 고객에게 R&D, 자료 제공, 교육 훈련 코스를 제공한다.

까르푸 차이나 또한 직원 교육에 많은 투자를 해왔다. 2000년에 이 회사는 상하이에 까르푸 중국 연구소를 열어 지역 대학에서 교수를 초빙해 임원에게 전문 자기 개발 코스를 제공하고 있다. 그 후로 이 회사는 베이징, 청두(Chengdu), 우하이(Wuhai), 광저우(Guangzhou) 네 곳에 추가적으로 교육 센터를 개관했다. 까르푸 차이나의 사장인 쟝 룩 셰로는 "중국 직원들은 직위가 어떻든 교육 받기를 좋아한다."라고 말한다.

중국 직원들이 좋아하는 다른 교육 프로그램은 프레젠테이션 기술, 비즈니스 작문, 외국어 강좌 등이다. 엘리 릴리의 크리스토퍼 쇼는 외국어 강좌는 그만한 값어치를 한다고 말한다. "외국어 교육은 회사나 직원 모두에게 도움이 되는 교육 강좌이다. 우리는 직원들을 계속 유지하기 원하고 그들을 승진시키기 원한다. 이는 매우 중요한 부분이다. 그들은 우리 회사에 입사하면서 '엘리 릴리는 우리의 미래를 보살펴 주고 있다'고 말한다."

해외 연수

중국에서 많은 기업들이 인력을 채용하고 우수 인력을 보유하는 수단으로 교육을 활용하고 있지만, 다국적기업은 국제 관행과 기준을 배울 기회를 제공한다는 측면에서 현지기업보다 유리한 입장에 서 있다.

듀폰 차이나의 찰스 브라운은 사람들이 듀폰을 직장으로 선택한 이유 중 하나가 바로 다국적기업의 비즈니스 방법을 배울 수 있다는 점이라고 말한다. 이런 국제적 교육을 받으려는 열망 때문에 듀폰은 다른 현지기업보다 인력 채용에 유리하다. 사실, 다국적기업이 제시할 수 있는 가장 큰 매력은 바로 유능한 중국 인력에게 해외에서 연수나 일할 기회를 제공한다는 것이다.

힐튼 상하이의 모든 직원들은 일 년에 두세 명씩 미국 코넬 대학에서 열리는 경영 훈련에 참가한다는 사실을 알고 있다. 이 해외 연수는 총지배인인 폴크마 뢰벨이 아주 유능한 인력을 계속 보유하는 데 도움을 주었다. 코넬 대학으로 연수를 갔던 직원은 한 명도 회사를 그만두지 않았다. 그들은 연수 후에도 계속 호텔에서 일하고 있다.

교육에서 발생하는 문제

중국에 진출한 다국적기업이 교육 프로그램을 제공할 때 접하는 가장 흔한 문제는 '교육을 받은 후 이직하는' 현상이다. 인터뷰에 응한 최고경영진 몇 명은 유망한 중국인 인력에 투자했지만 나중에 경쟁기업으로 이직해 버리는 위험을 인정했다. 지멘스 차이나의 사장이며 CEO인 언스트 베렌스 박사는 중국 전문 인력은 고용에 대해 '기회주의적인' 관점을 보이며 '유럽보다는 미국에 가까운' 자세를 보이는 경향이 있다고 말한다. 중국 직원은 열심히 일하고 성실하지만 동시에 기회를 찾으려고 다국적기업은 중국 인력에게 해외 연수나 교육 과정을 제공한다는 약속을 통해 매우 유능한 인재를 유치하고 보유할 수 있다.

시장 동향을 알아보고 자주 직장을 옮긴다. 매우 오랜 기간 한 직장에서 근무할 것으로 기대하는 독일이나 일본 직장인과는 다른 모습이다. 베렌스는 '비용이 매우 많이 드는' 교육을 제공하면서 지멘스가 무엇을 기대하는지 이해시키고 받아들이게 만드는 것이 중국에서 직원을 교육하면서 겪는 가장 큰 어려움이라고 말한다. "중국 직원들은 지멘스와 같은 기업이 직원 복지를 위해 교육 기회를 당연히 제공해야 한다고 믿는다. 나는 회사가 직원 교육을 통해 성과를 높여야 한다는 사실을 설명하려고 노력한다." 베렌스는 어떤 교육 과정을 마치고 나서 바로 다음 번 상급 과정을 언제 참석할 수 있냐고 묻는 직원을 종종 목격한다고 말한다. "이런 질문을 들으면 기분이 좋지 않다. 이는 회사가 제공한 교육 기회를 고맙게 생각하지 않고 업무 향상을 위해 교육 과정을 제공한 회사의 취지를 전혀 이해하지 못한 행동이기 때문이다. 지멘스는 교육 과정이 직원 개인이 아닌 회사에 기여해야 한다고 생각한다."

교육에 관해 지멘스 경영진과 직원이 보이는 사고의 차이는 서양과 동양의 차이, 세대 간 차이를 반영한다. 신세대 중국인은 이전 세대보다 회사에 훨씬 약한 충성도를 보이는 경향이 있다.

이 장의 마지막 부분에서 중국인들이 직장을 가족처럼 생각하고 있다는 사실을 논의할 것이다. 즉, 상사는 부하가 충성을 보이는 대가로 그들을 보살펴야 한다는 사고방식을 논의한다.

비현실적인 교육 요구에 대처하기 위해서 엘리 릴리의 크리스토퍼 쇼는 교육 프로그램의 혜택에 관해 직원과 의사 소통하는 것이 중요하다고 말한다. 즉, 직원들은 해당 교육 과정이 그들의 경력에 어떤 도움이 될 수 있을지 분명히 이해해야 한다. 쇼는 최근에 개최한 마케팅 코스가 직원의 만족도를 어떻게 높였는지를 설명한다. 참가자들은 특히 이 과정을 업무에 활용하는 방법을 구체적으로 이해했기 때문에 만족도가 높아졌다. 이 교육 과정이 직원의 이력에 기재될 수 있고 마케팅 경력을 높이는 데 도움이 된다는 사실을 설명했다.

인력 관리 전략: #4: 빠른 승진 기회의 제공

전문적인 교육 다음으로 인력 채용과 보유에서 두 번째로 중요한 '유인 수단'은 빠른 승진의 기회를 제공하는 것이다. 채용 전문가인 헬렌 탄타우는 이 중요성을 직접 경험해서 알고 있다. 그녀는 중국에서 이직을 하는 가장 큰 이유가 승진이 너무 느리다는 생각 때문이라는 점을 발견했다. 채용 시장에서 관리가 가장 어려운 부분은 중국 직원의 높은 기대감이다. 사람들은 매우 빠르게 발전하기를 기대한다.

BP 차이나가 실시한 연례 직원 만족도 조사는 이 빠른 승진의 중요성을 보인다. 이 회사의 사장이며 CEO인 개리 더크스 박사는 다음처럼 설명한다. "우리가 중국 직원에게 '무엇을 원하는가?'라고 물으면 그들은 승진을 원한다고 대답한다. 그들은 자신의 능력을 과시할 수 있는 큰 프로젝트에 관심을 보인다."

중국에 진출한 기업은 인력을 보유하기 위해서 직원의 경력 관리를 어떻게 해야 하는가? 첫 번째 규칙은 승진의 기회를 직원에게 명확히 공표하는 것이다. 까르푸 차이나의 쟝 룩 셰로는 내부 승진 기회를 활용해 직원의 이직을 막을 수 있었다. 그는

"
그들은 중국기업과
다른 기대를 갖고 외
국기업에 들어온다.
그들은 교육받고 발
전할 수 있다는 기대
를 한다. 여러분이
그들을 성장하게 도
울 수 없다면 그들을
잃게 될 것이다."
- 헬렌 탄타우, 콘/페
리의 고객담당 수석
파트너

현금출납원도 지점 관리자가 될 수 있다는 기대를 할 수 있도록
모든 직책에서 승진 기회를 제공해야 한다고 강조한다.

보스턴 컨설팅 그룹의 고객사인 다국적기업들은 중국 직원이
외국인만이 높은 자리에 올라갈 수 있다고 색안경을 끼고 바라
보지 않도록 주의해야 한다는 조언을 전한다. 이 회사의 중국
총괄 책임자인 존 웡은 일부 중국 전문 인력이 이런 이유 때문에
외국기업을 피한다고 말한다.

동시에 다국적기업은 중국 현지기업보다 빠르게 승진 기회를
제공한다는 평판이 있기 때문에 장점이 있다. 즉, 현지 인력은
빠른 승진을 기대하기 때문에 다국적기업을 선호한다. 헬렌 탄
타우는 "그들은 중국기업과 다른 기대를 갖고 외국기업에 들어
온다. 그들은 교육받고 발전할 수 있다는 기대를 한다. 여러분
이 그들을 성장하게 도울 수 없다면 그들을 잃게 될 것이다."라
고 말한다.

GE 차이나의 스티브 슈나이더는 '업무의 확장'이라는 일종
의 승진 방식을 활용해 '아직 준비가 덜 된' 인력을 상급 직위에
배치한다. 슈나이더는 이런 승진 방법이 직원에게 '정말로 빠르
게 발전하고 있다'는 인상을 준다고 말한다. 그 자신도 업무 확
장으로 경력을 발전시켜 왔다. "여러분은 업무 확장을 통해 익
숙하지 않은 일을 해야만 한다. 그 과정에서 빠르게 성장할 수
도 있고 그렇지 않을 수도 있다." 이 방법은 중국에서 특히 효과
적이었다. 직원들은 승진을 통해 동기 부여를 많이 받는 경향이
있기 때문이다. 슈나이더는 '직원들이 업무에 집중하고 발전하
도록 만들며 적극적인 직장을 만든다'는 목표를 겨냥했다.

직원이 실망하지 않도록 GE 차이나가 사용한 또 다른 방법은 현실적으로 승진이 가능하다는 기대를 심어주는 것이다. 스티브 슈나이더는 "인력의 보유는 출근 첫날 직원의 기대를 관리하면서 시작한다. 중국에서 많은 사람들은 단기간에 사장까지 진급하기를 원한다."고 말한다. 그는 직원 중 일부가 불가능한 승진 속도와 직위를 기대하지만, 일부 지나친 욕심을 부리는 직원이 있더라도 그대로 받아들이고 대신에 나머지 인력에 관심을 두라고 권한다. "원하는 것을 이루지 못해 이직하는 사람도 있다. 그다지 문제가 되지 않을 것이다."

슈나이더는 기업이 승진 속도가 지체될 때마다 '이직률이 높아지는' 순환을 예상해야 한다고 말한다. 다시 말해서 경기 침체가 찾아오거나 사업 확장 속도를 늦추면 이직률이 높아질 수 있다는 의미다. 회사 성장률을 늦춰 원하는 대로 빠르게 승진하지 못하게 되면 직원 보유가 다시 문제가 될 것이다.

듀폰 차이나는 본사에서 전 세계적으로 실시하는 '목표 발전' 계획을 통해 이직률에 대처하고 직원의 승진 목표를 현실화시킨다. 이 계획 아래 직원은 상사를 면담해 향후 5년 경력 발전 계획을 논의한다. 여기서 교육, 업무 경험, 반드시 거쳐야 할 보직 등 목표 달성을 위해 필요한 구체적인 단계를 논의한다.

> "인력의 보유는 출근 첫날 직원의 기대를 관리하면서 시작한다. 중국에서 많은 사람들은 단기간에 사장까지 진급하기를 원한다."
> - 스티브 슈나이더, 제너럴 일렉트릭 차이나의 회장이며 CEO

승진에서 생기는 문제: 체면 구김

외국인 관리자가 중국에서 부딪치는 한 가지 문제로서, 조직에서 한 사람을 승진시키면 승진하지 못한 다른 사람들의 '체면을 구길' 수 있다는 것이다. 서양에서도 승진에서 탈락한 사람

팀원 중 한 명이 승진했을 때 승진하지 못한 직원의 체면이 구겨진다는 사실을 명심하라. 공정한 승진 규칙과 승진에 누락된 직원에 대한 개인적 관심은 문제를 완화시킨다.

들은 상당히 분노하지만 중국에서는 그 정도가 더 심하다. 심지어 승진에서 탈락한 핵심 인력이 회사를 그만둘 수도 있다. 로레알 차이나의 파올로 가스파리니는 "관계가 매우 중요하기 때문에 항상 한 사람을 승진시키면 경쟁자인 다른 사람과의 관계가 어려워진다. 여러분은 다른 인력을 잃을 위험이 있다는 말이다. 중국에서 사람들은 승진을 통해 서로를 비교하게 되고, 경쟁이 점점 치열해지는 상황 속에서 이런 비교는 매우 큰 영향을 미친다."라고 말한다.

승진 발표 후에 다른 직원이 사직하는 위험을 피하기 위해서 가스파리니는 승진하지 못한 사람의 체면을 세워주는 방법을 찾아야 한다고 조언한다. 한 가지 방법으로 여러 가지 승진 인사를 동시에 실시하는 것이다. 즉, 경쟁 관계에 있는 주요 인력을 한꺼번에 승진시키는 방법이다. 그러기 위해서는 새로운 직위가 항상 준비되어 있어야 한다. 회사가 빠르게 성장해 자리가 충분히 마련되지 않는다면 이 방법을 사용할 수 없다. 또한 중간 관리자가 부하직원을 만나 그들의 업무 만족도를 측정하고 부족한 부분을 개선해 이직률을 막도록 중간 관리자를 교육시키는 것도 한 방법이다.

창의적인 직위 명칭

수시로 승진 인사를 하기 위해서 다른 나라에서는 볼 수 없는 다양한 직위 구조가 중국에 진출한 다국적기업에는 존재한다. 이런 방식으로 '소규모 승진'을 통해 핵심 인력에게 새로운 직위를 부여한다.

일반적으로 중국인에게 직위는 매우 중요한 의미를 지닌다. 베어링 포인트의 브라이언 후앙은 명함에 찍힌 직위가 중국인에게 아주 중요하다고 설명한다. 그들은 직위를 통해 그 사람의 지위, 역할, 등급을 규정하기 때문이다. 문제는 다음과 같은 이유에서 생긴다. 첫째, 서양 기업은 직위나 등급을 크게 중요하게 여기지 않는다. 둘째, 중국 직원은 다국적기업이 정한 기본적인 직위 명칭을 오해할 소지가 있다. 후앙은 "외국기업이 국제적으로 통용하기 위해 엄격한 기준에서 정한 '부문 관리자'와 같은 명칭은 중국에서 그리 큰 인상을 주지 못한다."라고 말한다. 예를 들어, '중국 인적 자원 관리자'라는 직위는 국제 조직에서 통용되는 표준 명칭이고 '이사'라는 직위를 지역을 총괄하는 관리자에게 부여한다. 그러나 중국의 유능한 인적 자원 담당 임원은 '관리자'라는 직위를 달갑게 생각하지 않는다. 후앙은 직위에 대한 중국인의 일반적인 반응을 다음처럼 설명한다. "모두 이사인 친구들 사이에서 관리자라는 명칭으로 어떻게 체면이 서겠는가? 우리는 같은 대학을 다니고 그들보다 열심히 일하는데도 말이다." 인력을 보유하기 위해서 후앙은 직원들에게 좋은 경력 개발 기회와 좋은 업무 환경, 그리고 '사회적으로 잘 어울릴 수 있는 적당한 직위'를 부여해야 한다고 주장한다.

사실, 다국적기업들은 중국 비즈니스 사회의 관행에 맞게 직원들에게 명칭을 부여해야 한다는 필요성과 본사에서 국제적으로 통용하도록 정한 표준 직위 명칭 사이에서 곤혹스러운 입장에 처해 있다. 콘/페리의 헬렌 탄타우는 직위 명칭 문제를 해결하는 창의적인 방법을 제안한다. 즉, 많은 기업들이 시행하고 있

경력 개발 기회는 중국 직원의 이직을 막는 가장 중요한 동기 부여 요소이다. 여러분은 어느 나라에서보다 중국 인력을 빠르게 승진시킬 필요가 있다.

듯이 내부용과 외부용으로 직위 명칭을 부여하는 방법이다. 이 방법을 통해 직원들은 중국 밖에서 동료와 일하게 될 때는 표준 명칭을 사용하고 중국 내에서는 현지 사정에 맞는 명칭을 별도로 사용한다. 보통 명함은 중국어와 영어를 모두 사용해 인쇄하므로 영문으로는 회사의 표준 명칭을 사용하고 중국어로는 실정에 맞게 변형한 명칭을 인쇄해 사용하는 것도 한 방법이다. 예를 들어, 영어로는 '홍보부 관리자'라고 인쇄하고 중국어로는 '홍보 이사'라고 인쇄하는 방식이다.

융통성 있는 명칭 사용은 국제 관리자에게 승진을 한 듯한 느낌을 줄 수도 있다. 영어 직위는 변함이 없지만 중국어 직위는 한 단계 승진한 셈이기 때문이다. 탄타우는 대규모 다국적기업에서는 이런 방식을 활용하기 힘들지만 규모가 작은 기업에서는 가능한 일이라고 말한다.

이 장의 마지막 부분은 모든 인력 관리 전략 중에서 가장 중요한 내용을 전한다. 즉, 원만한 고용자 - 피고용자 꾸안시(관계)를 형성하는 것이다. 직원과 군건하고 긍정적이며 밀접한 관계를 형성하고 유지하는 것은 중국 인력을 발견하고 유지하는 데 아주 큰 영향을 미칠 수 있다.

그림 2.2는 고용자 - 피고용자 관계를 포함해 최선의 인력 관리 전략이 중국 사무직 인력의 심각한 이직 문제를 해결하는 데 얼마나 도움을 주는지 보인다.

최고 인력의 보호:
기업과 인력의 꾸안시 구축

　현재 중국의 비즈니스 환경에 존재하는 또 다른 놀라운 모순을 소개하면서 이 장을 끝맺으려 한다. 앞서 우리는 중국 인력의 높은 야망과 그로 인해 다국적기업이 숙련 인력의 보유에서 겪는 어려움을 설명했지만 이와 어느 정도 모순된 특성이 중국

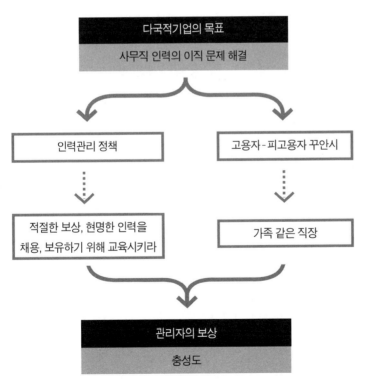

그림 2.2
사무직 인력의
이직 문제 해결

에 있다. 바로 중국 직원들은 서양보다 직장에 충성을 보인다는 점이다.

우리가 인터뷰한 최고경영진 20명은 중국 인력 사이에 존재하는 두 가지 상반된 동기 부여 요소를 발견했다. 이직을 자주 하는 경향과 고용자에게 깊은 헌신을 보이는 경향이다. 많은 사람이 동의하듯이 헌신적이고 충성스런 직원을 창출하는 핵심 요소는 고용자-피고용자 사이의 강한 꾸안시이다.

여러 가지 이유로 우리는 인력을 보유하는 가장 중요한 수단을 가장 뒤에 남겨두었다. 인력 관리에 관해 중국 전문가들의 조언을 분석하는 과정에서 한 가지 주제가 계속 반복되었다. 이직률의 감소(그리고 인력 관리의 어려움 극복)는 긍정적이고 효율적인 고용자-피고용자 관계를 구축하고 유지하는 데 있다. 그리고 이 관계를 구축하는 첫걸음은 상사와 맺는 이상적인 관계의 정의에 대한 서양과 중국의 차이를 이해하는 것이다.

일반적으로 중국인은 고용자(개별적인 상사가 아닌 회사)와 매우 밀접한 관계를 맺는다. 중국에서 직원들은 상사에게 많은 것을 기대한다. 교육, 경력 관리, 전문성 개발뿐만 아니라 개인적인 문제를 해결하는 데에도 도움을 기대한다. 그 대가로 상사는 직원들이 자신을 존중하고 충성하며 헌신적인 자세를 기대한다. 양측 모두 공과 사를 명확히 구분하지 않고 서양에서의 상사와 부하 관계 이상을 추구한다. 예를 들어, 중국의 상사는 가장 가까운 부하직원에게 미리 양해를 구하거나 특별 수당을 지급하지 않고도 오랜 시간 동안 일하기를 기대할 수도 있다. 그리고 중국 직원들은 상사(또는 상사의 배우자나 인척, 친구)에게 친구가

은행 융자나 여행 비자를 신청하거나 외국 대학에 지원하는 데
도움을 요청할 수도 있다. (이런 직업적 관계를 통한 개인적 요청은
실제로 일어나고 있는 꾸안시의 사례이다)

좋은 고용자-피고용자의 꾸안시에 대한 중국인의 생각을 완
전히 이해하는 것은 매우 중요하다. 많은 경우에 이상적인 관계
를 달성하는 과정에서 중국에 진출한 다국적기업이 직면한 가
장 일반적인 인력 관리 문제를 해결할 수 있기 때문이다.

중국 직원들은 상사가
부하직원을 보살피고
지원해야 한다고 생각
한다. 그들은 직장을 제
2의 가족이라고 생각한
다.

긍정적인 직장의 꾸안시

우리는 여기서 고용자-피고용자의 꾸안시가 뜻하지 않는 내
용을 먼저 소개하면서 이 부분을 시작하려 한다. 우리는 고용자
가 피고용자에 대해 자신의 권한을 남용하거나, 직원이 승진의
대가로 상사의 비위를 맞추는 방법을 논의하려는 의도는 없다.
물론, 이 같은 행동이 중국에서(다른 나라에서도 역시) 발생하고
있지만 정상적인 행동은 아니고 우리의 논의 주제도 아니다. 오
히려 우리는 최고경영진과 전문 컨설턴트 28명이 직장 내에서
긍정적이고 효과적인 꾸안시를 구축했던 방법을 설명하려 한
다. 여기서 그들의 아이디어와 조언을 여러분과 공유하려는 것
이다.

직장 내에서 긍정적이고 효과적인 꾸안시를 설명하는 최선의
방법은 인터뷰에 응했던 사람들의 정의를 통해서다. 중국에서
우리는 직장이 '가족 같다'라는 말을 계속 들었다. 중국에서 거

중국 사람들은 회사를 위해 열심히 일한다. 그들은 상사를 위해 일하기 좋아하고 그 사람과 좋은 관계를 맺고 싶어 하기 때문이다. 따라서 서양과는 상당히 다른 상하 관계가 형성된다. 여러분은 직원의 직장 생활뿐만 아니라 그들의 가족과 개인적인 문제까지 보살펴야 한다."
- 브라이언 후앙, 베어링 포인트의 수석 부사장이며 중국 지사장

의 10년을 보낸 지멘스 차이나의 CEO인 언스트 베렌스 박사는 이러한 사고를 다음처럼 설명한다. "중국 사람이나 아시아 사람들은 일반적으로 유럽 사람과 다른 사고 방식을 지니고 직장에 들어간다. 우리에게도 직장은 확실히 중요하다. 그러나 중국 사람에게 직장은 가족과 같다. 즉, '지멘스를 위해 온몸을 다 바쳐 열심히 일할 테니 회사도 나를 보살펴 달라'는 생각을 한다." 이런 자세는 직장 생활과 개인 생활의 경계가 뚜렷한 유럽과는 큰 대비를 이룬다. 서양에서 오전 8시부터 오후 5시까지 일하고 능력을 제공한 대가로 보수를 받으며 직장과 사생활의 경계를 넘나들지 않는다는 유럽인의 생각은 중국에서 통용되지 않는다.

베어링 포인트의 수석 부사장이며 중국 지사장인 브라이언 후앙 박사는 직장을 생각하는 서양과 중국의 차이를 분명히 인식하게 되었다. 그는 중국 국적으로 19년간 유럽과 미국, 일본에서 근무하고 2001년에 중국으로 돌아온 후에 동양과 서양의 차이를 이해하게 되었다. "중국 문화에서 직장 상사와 부하직원 사이의 관계는 서양보다 훨씬 개인적이다." 이런 개인적 관계는 관리자에게 또 다른 책임을 추가한다. "중국 사람들은 회사를 위해 열심히 일한다. 그들은 상사를 위해 일하기 좋아하고 그 사람과 좋은 관계를 맺고 싶어 하기 때문이다. 따라서 서양과는 상당히 다른 상하 관계가 형성된다. 여러분은 직원의 직장 생활뿐만 아니라 그들의 가족과 개인적인 문제까지 보살펴야 한다."

가족 같은 직장

상하이 힐튼 호텔은 직장을 가족 같은 분위기로 만들어 지난 11년 동안 한 명의 부서장도 이직을 하지 않았다. 총지배인인 폴크마 뢰벨은 "여러분은 가부장적인 방식을 창출해 직원들이 여러분을 신뢰하게 해야 한다. 중국 직원들은 여러분이 자신들을 좋아한다고 느껴야 한다. 그리고 직장은 제2의 가족과 같아야 한다. 그들은 직장을 가족처럼 여길 때 여러분을 따를 것이다. 그들은 필요하다면 회사가 사정이 좋지 않더라도 떠나지 않고 함께 역경을 이겨낼 것이다."라고 말한다.

마이크로소프트 차이나의 준 탕은 중국에서 직장이 일종의 사회적 네트워크 기능을 한다고 설명한다. 그는 미국인들은 직장을 '생계를 꾸리기 위한' 수단으로 생각하지만, 중국 사람들은 직장에 깊은 유대감을 느낀다고 지적한다. 사실, 직장은 사회의 구성 단위로 기능하기도 한다. 탕은 "중국에서 직장은 가족만큼이나 중요하다. 여러분에게 문제가 생겼을 때 여러분은 직장 상사를 찾아가 의논할 수 있다. 여러분이 불행하다면 고민을 동료와 상담할 수 있다."라고 말한다. 예를 들어, 그는 많은 사람들이 생일날 가족이 아닌 직장 동료와 축하 파티를 한다고 지적한다. 이런 마음가짐 때문에 탕은 중국에서 근무하는 관리자는 모임이나 야유회 등을 통해 직원과 유대 관계를 높여야 한다고 권고한다.

관리자가 받는 보상: 직원의 충성

가족과 같은 직장을 만들기 위해서 최고경영진은 평소보다 더 어려운 역할을 맡아야 한다. 긍정적인 노사 관계를 형성하기 위해서 관리자는 리더로서 존경을 받고 자신감을 보여야 할 뿐만 아니라 멘토와 후견인으로서 신뢰와 인정을 받아야 한다. 알카텔 차이나의 도미니크 드 보아시종은 "중국 직원들은 상사와 좋은 관계를 유지하기 원한다. 여러분은 부하직원에게 상사일 뿐만 아니라 친구이며 스승이 될 필요가 있다."라고 말한다.

현지 직원들의 자세를 다음과 같이 표현할 수도 있다. 중국 사람들은 기업이 아닌 특정인을 위해 일한다. 이런 생각은 우리가 인터뷰를 진행하는 동안 반복해서 나왔다. 로레알 차이나의 파올로 가스파리니는 "중국에서 직원들의 충성도는 직속상관을 대상으로 하는 경우가 있다. 그렇기 때문에 업무 방식이 다른 나라와 차이가 난다. 중국계 기업에서 모든 것은 관계이다. 다른 나라도 그렇겠지만 중국은 그 정도가 심하다. 따라서 여러분의 직속 상사가 여러분을 좋아하지 않고 존중도 해주지 않으며 체면을 세워주지 않는다면 여러분은 회사에 대한 애정이 식게 되고 조만간 사직서를 쓰게 될 것이다."라고 말한다.

중국 직원들이 관리자를 좋아하고 신뢰할 때 그들은 회사에 충성스런 태도를 보이게 된다. 이런 밀접한 유대 관계는 현지 기업에서 자주 보이며 특히 가족이 경영하는 민간기업에서 두드러진다. 콘/페리의 헬렌 탄타우는 "중국기업에서 직원의 충성도는 서양기업보다 매우 강하다. 여기에는 강력한 팀워크와 공동체 의식이 존재한다."라고 말한다.

탄타우는 공동체와 같은 직장 환경이 관리자에게 새로운 책임을 부여한다고 설명한다. 즉, 조직에서 상사의 역할이 특히 중요하다는 의미다. 상사는 비즈니스 리더십을 보여줘야 할 뿐만 아니라 지도와 동기 부여까지 책임져야 한다. 탄타우는 신생 기업에 있어서 상사의 성격은 기업 문화에 정말로 많은 영향을 미친다고 말한다.

이런 자세를 감안할 때 베텔스만 다이렉트 아시아의 대표인 에케하르트 라스게버는 어떤 상사가 교체되었을 때 조직이 동요되지 않게 막는 일이 쉽지 않다며, 사람들은 직위가 아니라 사람을 따른다고 말한다. 중국 직원들의 이러한 사고 방식 때문에 부서장이 떠나게 되면 전체 부서를 새롭게 구성해야 될 때도 있다. 즉, '한 번 상사는 영원한 상사이다' 라는 사고가 널리 퍼져 있기 때문에 서로 직위나 직급이 변해도 이전의 상사는 계속 상급자로 남아 있게 된다.

브라이언 후앙은 외국인 관리자에게 있어서 중국 직원과 맺은 긴밀한 관계는 문화적 차이를 줄이는 데 매우 유용할 수 있다고 조언한다. 언어 장벽으로 많은 오해가 생길 수 있기 때문에 내부적으로 신뢰가 형성되기 힘들다. 그러나 일단 긴밀한 관계가 구축되면 중국인 직원들은 중국인 상사와 마찬가지로 외국인 상사에게도 충성을 보인다.

대표적인 사례를 들어보자. 중국 현지기업에서 한 상사가 회사를 떠났을 때 그 밑에서 일하던 직원들이 이전 상사의 경쟁자였던 사람이 새로운 부서장으로 부임하자 신임 상사 밑에서 일

> 중국 직원들은 상사와 좋은 관계를 유지하기 원한다. 여러분은 부하직원에게 상사일 뿐만 아니라 친구이며 스승이 될 필요가 있다."
> - 도미니크 드 보아시종, 알카텔 차이나의 회장이며 CEO

중국 사람들은 회사가 아닌 특정인을 위해 일한다. 따라서 관리자가 회사를 떠나면 부하직원이 따라서 사직하는 경우도 있다. 이는 이전 상사와 함께 직장을 옮기거나 새로운 상사의 지시를 따르고 싶지 않아서다.

하기를 거부했다. 신임 상사를 받아들이는 행동은 불손하고 심지어 배신으로 여겨졌기 때문이다.

또 다른 모습도 있다. 관리자나 부서장이 사직하면 그 부하직원들도 따라서 그만둘 때가 있다. 이는 이전 상사와 함께 직장을 옮기거나 새로운 상사의 지시를 따르고 싶지 않아서다. 휴잇어소시에이츠의 사이먼 킬리는 "매우 존경받던 어떤 상사가 사직하면 여러분은 그 부하직원도 역시 그만둘 수 있다고 예상해야 한다."라고 말한다.

이런 관습 때문에 해고와 승진 또는 보직 변경에서 문제가 생기기도 한다. 로레알의 파올로 가스파리니는 어떤 상사가 승진하면 이전의 팀원은 '상실감'을 느껴 연쇄적 사직이 발생할 수 있다고 말한다. 최근에 가스파리니가 한 부서장을 새로운 부서로 이동시켰을 때 그는 그 밑에서 일하던 핵심 인력의 사퇴를 막기 위해서 상당한 사전 작업을 했다. "나는 보직을 변경하기 전에 많은 준비 작업을 했다. 예를 들어, 사람들을 저녁이나 점심에 초대하여 대화를 나눴다. 중국 사람들은 상사를 바꾸는 여러분을 좋아하지 않는다. 정말 어려운 상황이다."

결론

종사하는 산업에 관계없이 우리가 인터뷰한 사람들이 경험한 가장 큰 문제는 사무직 인력의 부족이다. 중국은 빠르게 성장하고 있기 때문에 외국기업이나 현지기업 모두 전문 인력이 많이 필요한 상황이다. 아울러 45세 이상의 인력은 문화혁명으로 제대로 교육받지 못하고 경험이 부족하기 때문에 중간 관리자의 부족도 심각한 편이다. 여기에 덧붙여 현재 중국의 인력들은 빠른 승진에 대해 큰 기대를 걸고 있다. 이런 모든 상황이 합쳐져 외국인 관리자는 중간 관리자와 기술 인력을 채용하고 보유하는 데 많은 어려움을 겪고 있다.

다음은 우리가 인터뷰한 최고경영진과 전문 컨설턴트가 인력 부족 문제를 해결하기 위해 제시한 전략을 요약한 내용이다. 그들이 전한 핵심 메시지이다. 고용자와 피고용자 사이의 훌륭한 꾸안시는 높은 이직률을 완화시키고 긍정적이고 효율적인 업무 환경을 창출하는 데 매우 유용한 수단이 될 수 있다.

요약: 중국 인력의 관리

1. 적절한 보상

성과급 체계를 도입하는 초기에는 어려움이 따를 수 있다. 하지만 젊고 야심찬 중국 전문 인력은 이 제도를 환영하기도 한다.

인력을 보유하는 것이 단지 돈만의 문제는 아니다. 그래도 중국에서 동종 산업의 다른 기업에 뒤처지지 않고 우수한 관리자 인력을 보유하기 위해서는 임금을 지속적으로 빠르게 인상시켜야 한다.

2. 현명한 인력 채용

유능한 인력의 부족은 성장을 저해한다. 현명한 기업은 미리 현재 필요한 수보다 더 많은 예비 인력을 채용해 훈련시켜 미래에 대비한다.

3. 보유하기 위해 훈련시키라

전문 인력을 채용할 수 없는 기업은 젊은 인력을 채용해 추가적인 교육 프로그램을 통해 그들을 개발하라. 신규 인력에게 '소규모 MBA' 코스를 제공해 국제 비즈니스 기준과 관행을 빠른 시간 안에 습득시키라.

중국 인력은 무엇보다 직장이 후원하는 교육 훈련 프로그램에 가치를 둔다. 따라서 교육 프로그램은 핵심 인력을 지속적으로 보유하는 '가장 훌륭한' 수단이다.

다국적기업은 중국 인력에게 해외 연수나 교육 과정을 제공한다는 약속을 통해 매우 유능한 인재를 유치하고 보유할 수 있다.

4. 빠른 승진 기회의 제공

경력 개발 기회는 중국 직원의 이직을 막는 가장 중요한 동기 부여 요소이다. 여러분은 그 어떤 나라에서보다 중국 인력을 빠르게 승진시킬 필요가 있다.

5. 승진에서 생기는 문제: 체면 구김

팀원 중 한 명이 승진했을 때 승진하지 못한 직원의 체면이 구겨진다는 사실을 명심하라. 공정한 승진 규칙과 승진에서 누락된 직원에 대한 개인적 관심은 문제를 완화시킨다.

중국에서 가장 다루기 힘든 문제는 중국 직원들의 경력상 높은 기대감이다. 가장 유능하고 잠재력이 풍부한 직원에게 초점을 맞추라. 중국 직원들이 차별받지 않고 승진할 수 있다는 분명한 경력 발전 경로를 보이라. 그리고 직위나 명칭이 매우 중요하다는 사실을 명심하라.

6. 고용자 - 피고용자의 꾸안시 구축

중국 직원들은 상사가 부하직원을 보살피고 지원해야 한다고 생각한다. 그들은 직장이 제2의 가족이라고 생각한다.

중국 사람들은 회사가 아닌 특정인을 위해 일한다. 따라서 관리자가 회사를 떠나면 부하직원이 따라서 사직하는 경우도 있다. 이는 이전 상사와 함께 직장을 옮기거나 새로운 상사의 지시를 따르고 싶지 않아서다.

제3장

비즈니스 파트너와의 협력

"합작기업 파트너를 선정하면서 어떤 사람들은 우선 그 파트너가 비즈니스 경험을 보유하고 있는가를 고려할 때가 있다. 그러나 나는 신뢰가 가장 중요한 선정 기준이라고 생각한다. 신뢰는 기본적으로 동일한 비전을 공유하고 있다는 의미. 비즈니스 경험보다 성격이 중요하다. 합작기업은 결혼과 같다."
- 세이치 가와사키, 소니 차이나의 사장

- 합작할 것인가? (합작기업 형태로의 진출 여부)
- 파트너의 선정, 파트너십 조건
- 파트너 관계의 관리
- 결론

서문

모든 다국적기업이 중국에 진출할 때 제일 먼저 던지는 질문은 다음과 같다. 중국기업을 파트너로 삼아 합작기업 형태로 중국에 진출해야 하는가, 아니면 독립적인 형태인 순수 외국인 투자기업의 형태로 진출해야 하는가?

이 물음은 외국기업 대부분이 중국 법령에 따라 합작기업의 형태를 취할 수밖에 없었던 1990년대 중반까지는 외국인 관리자에게 다소 생소한 질문이었다. 사실 1980년대 중반에서 1990년 초반까지 경제를 개방하면서 중국 정부는 외국인 투자자에게 직접 합작 파트너를 선정해 주기도 했다. 그래서 경쟁에 뒤처지고 손실을 보고 있던 국영기업을 아무런 고려도 없이 파트너로 선정하는 일도 자주 발생했다.

한 유명한(또는 악명 높은) 사례로, 펩시(Pepsi)를 지방정부가 운영하는 방송사로서 음료 포장 산업에 아무런 경험도 없는 시추안 라디오 앤 텔레비전 산업 주식회사(SRTIC, Sichuan Radio & Television Industrial Co.)와 짝지어 준 경우이다. 1993년에 있었던 이런 잘못된 파트너 선정은 외국기업과 중국기업이 서로 최장 기간 동안 소송에 휘말리게 되는 결과를 낳았다. 합작기업이 수익을 내기 시작하면서 파트너 사이에 이견이 생기기 시작한 것이다. 2002년 중반, 펩시는 자본을 남용하고 경쟁력 있는 음료 제품을 생산하기로 한 계획을 위반한 혐의로 SRTIC를 비난했다. 그해 8월 스웨덴 중재법정에 파트너십 계약을 해지하기 위해 소송을 걸었다. 이 소송은 2003년에 기각 당했지만 이 분쟁은 거기서 끝나지 않았다. 중국 파트너도 펩시를 '영업 비밀을 누설'했다는 혐의로 고소했다. 스톡홀름(Stockholm)에 위치한 국제상업중재원(Arbitration Board of Commercial Council)은 이 파트너십은 '해지'되어야 한다고 판시했다.

다행히도 이렇게 유명한 잘못된 파트너십은 합작기업 사이에 드물게 발생하고 있다. 사실, 우리의 인터뷰 대상자들은 일반적으로 합작기업 파트너십이 다국적기업의 중국 진출에 매우 도움이 된다고 생각한다. 합작기업이 가져오는 가장 구체적인 이익은 현지 파트너가 중국 정부의 허가를 취득하는 데 상당히 기여할 수 있다는 것이다. 또한 현지기업은 외국기업이 중국에 진출할 때 현지 고객에 대한 소중한 정보와 비즈니스 환경을 이해하는 데뿐만 아니라 이미 확립한 운영 체계, 인력, 고객을 제공해 도움을 준다. 제너럴 모터스 차이나의 필립 머터프는 합작기업 다섯 개와 외국인독자기업(WFOEs) 두 개를 감독하는 가운데 중국에 처음 진출하는 기업은 여러분 산업과 기업, 진출 대상 지역에 어떤 규제가 있는지 철저히 조사해야 한다. 6 개월 전에는 옳았던 규제가 지금은 변해 다른 규제로 바뀌어 있을 수도 있다.

합작 파트너에 만족하고 있다. "우리 합작기업들은 매우 성공적이다. 합작 파트너들은 상당히 소중한 기여를 하고 있다. 나는 법이 바뀌지 않는 한 외국인독자기업보다는 합작기업을 선호한다."

규제의 변화

중국에서 다국적기업의 운영은 파트너십과 관련해 일반적으로 1990년대 중반보다 많은 자유를 누리고 있다. 중국 정부는 특정 산업을 보호하려는 이유로 외국기업이 이 특정 분야에 합작기업의 형태로만 진출할 수 있게 한다. 그러나 보호 산업에서도 이제 투자자들은 외부 간섭 없이 스스로 합작 파트너를 선정할 수 있는 자율권을 지니고 있다. 2001년 12월, WTO에 가입하면서 중국은 많은 산업에 외국의 직접투자를 허용했고, 2004년 말에는 대다수 산업이, 그리고 2007년 말까지 거의 모든 산업을 개방하기로 했다. 그 결과로 산업별로, 지역별로 규제가 크게 변화하고 있다.

따라서 중국에 처음 진출하는 기업은 여러분 산업과 기업, 진출 대상 지역에 어떤 규제가 있는지 철저히 조사해야 한다. 6개월 전에는 옳았던 규제가 지금은 변해 다른 규제로 바뀌어 있을 수도 있다.

합작 파트너를 선택할 수 있는 자유를 지닌 많은 분야의 외국인 관리자들은 우선 어떤 파트너가 도움이 되고 해가 될지 평가 작업을 벌일 수 있다. 우리가 인터뷰한 최고경영진과 컨설턴트 28명 중에는 현지기업과 파트너십을 체결하는 것에 찬성하는 편도 있고 반대하는 편도 있다. 양측 모두 경험을 통해 그런 견해를 제시한 것이다. 최고경영진 거의 모두가 중국에서 합작기업과 외국인독자기업을 둘 다 감독한 경험이 있다. 이 책을 쓸 당시에 2개 기업만이 중국에서 합작기업을 운영하고 있지 않았다. 엘리 릴리 차이나와 스탠다드 차타드 차이나이다. 이 책에 나오는 나머지 다국적기업들은 162개 합작기업과 91개 외국인독자기업을 운영하고 있다. 합작기업을 가장 많이 운영하는 기업은 코카콜라 차이나로 24개를 운영하며 BP, 필립스, 까르푸가 각각 22개, 20개, 19개씩 합작기업을 운영한다.

앞으로 우리는 합작기업을 설립하는 3단계 절차에 관한 조언을 제시할 것이다. 즉, 합작 파트너의 선정 여부, 올바른 파트너 선정 방법, 합작 관계의 관리다. 그리고 중국 비즈니스 파트너와 긍정적인 관계를 유지해야 하는 중요성에 대해 설명하면서 제3장을 마무리 지을 예정이다. 따라서 앞으로 소개할 '파트너 관계의 관리'는 합작 파트너나 하청업체, 유통업체 비즈니스 연합, 협력 관계 등 어떤 형태든 중국 파트너와 일하는 외국인 관리자에게 유용할 것이다. 이 장은 그림 3.1에 나온 의사결정나무의 내용을 소개한다.

합작할 것인가?
(합작기업 형태로의 진출 여부)

여러분 기업이 합작 여부를 선택할 권한이 있다면 우선 명심해야 할 일이 있다. 제너럴 일렉트릭의 스티브 슈나이더는 절대로 서두르지 말라고 말한다. 중국에 진출하는 외국기업은 우선 이곳의 비즈니스 환경을 이해하는 데 시간을 투자해야 한다. "시장을 잘 모르고 있다면 합작기업으로 진출하든 독자기업으로 진출하든 아무런 차이가 없다. 우리가 중국에서 성공한 이유는 비즈니스를 본격적으로 진행하기 이전에 고객을 이해하기 위해서 엄청난 시간을 투자했기 때문이다." 취약한 부분을 확인하면 합작기업으로 진출할지 여부를 결정할 수 있다. GE는 중국에서 합작기업 12개와 외국인독자기업 24개를 운영한다. 어떤 방식을 취할지 결정하면서 슈나이더는 수익성을 올리기 위해 3가지 요소를 고려했다. 시장의 이해, 비용 통제, 그리고 비용 효율적인 시설의 구축이다.

합작기업이 다국적기업에 적합한지 여부를 점검하는 또 다른 테스트는 계획하고 있는 중국 영업의 규모이다. 합작기업 22개와 외국인독자기업 1개를 이끌고 있는 BP 차이나의 개리 더크스 박사는 파트너십을 형성할지 여부를 어떻게 결정했는지 자신의 방법을 설명한다. "파트너십 여부는 영업의 복잡성과 더불어 국가 지역의 이익에 얼마나 적합한지에 달려 있다. 나는 비즈니스의 규모가 크고 복잡하다면 중국 파트너를 보유하는 것

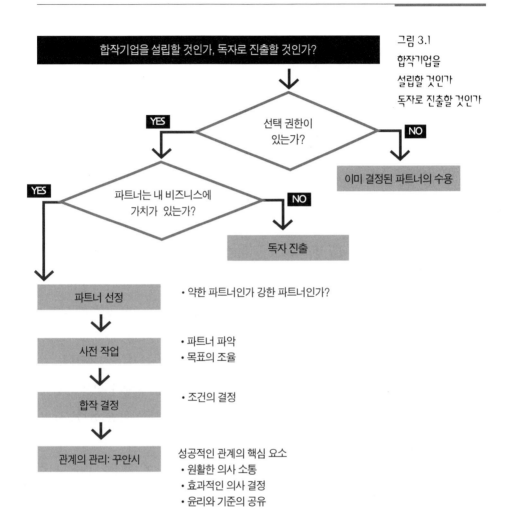

그림 3.1
합작기업을
설립할 것인가
독자로 진출할 것인가

이 훨씬 낫다고 생각한다." 상하이에서 대규모 화학 공장을 운영하는 그는 "솔직히 나는 중국 파트너 없이는 복잡하고 규모가 큰 이 비즈니스를 해보겠다는 생각조차 하지 못한다."라고 말한다. 합작기업의 지분 50%를 보유한 중국 파트너는 이해관계자

❝

*규제가 심한 산업에
종사한다면 합작기
업이 필수다. 규제가
매우 약한 산업이라
면 합작기업을 설립
할 필요가 없다."*
*- 앨런 브라운, 유니
레버 차이나의 회장*

를 다루고 중국 정부 관리와 일하며 시장과 상하이 비즈니스 환
경에 대한 아이디어를 제공하는 등 많은 도움을 준다. 더크스
박사는 이런 대규모 프로젝트를 추진하려면 중국 파트너가 꼭
있어야 한다고 말한다.

그러나 소규모 합작기업일 경우에는 독자적으로 비즈니스를
하는 것이 가장 좋을 때가 있다. 예를 들어, BP 차이나는 LPG 터
미널과 배급망을 본사 국제 부문에서 직접 관할하는 독자기업
의 형태로 운영하는 방식을 선호한다. 더크스 박사는 LPG 운영
과 관련해서 "나는 항상 이 부문에서는 100% 독자기업으로 운
영하는 방식을 선택할 것이다. 운영하기에 훨씬 간편하고 쉽기
때문이다. 이 비즈니스에 전략적인 도움을 줄 수 있는 파트너는
없다."라고 말한다.

유니레버 차이나의 앨런 브라운은 합작기업 형성 여부를 결
정하기 위해 더 간단한 방법을 사용한다. "규제가 심한 산업에
종사한다면 합작기업이 필수다. 규제가 매우 약한 산업이라면
합작기업을 설립할 필요가 없다."

오늘날 비즈니스 환경에서 한 가지 유용한 특징은 많은 다국
적기업들이 기존의 파트너십 구조를 변경할 수 있다는 사실이
다. 우리가 인터뷰한 외국인 관리자들은 규제 변화를 계속 주시
하고 그에 따라 비즈니스 구조를 변화시키라고 조언한다.

적응성의 가치를 직접 보여주는 알카텔 차이나를 살펴보자.
중국이 경제 개혁을 실시한 이후 가장 처음으로 중국에 진출한
외국기업인 ITT(1986년 알카텔이 인수)는 1977년에 중국 정부와
협상을 시작했다. 6년 후, 이 회사는 가장 초창기 외국-중국 합

작기업의 설립 허가를 받았다. 이 합작기업이 상하이 벨 (Shanghai Bell)로서, 당시 ITT는 소주주에 불과했다. 그 후 알카텔 은 외국인 지분 한도가 변할 때마다 지분을 늘려 이제 알카텔 상 하이 벨(Alcatel Shaghai Bell)로 이름이 바뀐 이 회사의 지분을 50%+1주를 보유하고 있다. 중국 베테랑인 도미니크 드 보아시 종은 알카텔의 주요 전략은 상황에 맞게 적응하는 것이라고 말 한다. 몇몇 경우에 기업들은 여전히 엄격한 규제를 받고 있다. 한 경영자의 경우를 예로 들면, 그의 회사는 중국 중부 지역에서 정부가 정해준 파트너와 합작기업을 설립해야만 비즈니스가 가 능하다고 설명한다. "정부는 '이 기업을 파트너로 선정하든지 아니면 비즈니스를 하지 말라' 고 말한다. 지역도 파트너도 이상 적인 대상이 아니었다. 그러나 비즈니스를 하려면 달리 방법이 없었다. 우리는 그 합작 파트너를 받아들였다. 그렇지 않았다면 이 시장을 잃었을 것이다."

알카텔은 중국에서 상황에 맞게 비즈니스 구조를 변화시켜 왔다. 이 회사는 적어도 한 개의 합작기업을 외국인독자기업으 로, 또 다른 합작기업을 50% 이상의 주식을 보유한 지배기업으 로 변화시켰다. 드 보아시종은 이런 구조가 통신 비즈니스에 적 합하다고 말한다. 그는 "이전에는 모든 의사 결정이 이사회를 거쳐야 했다. 이런 의사 결정 구조는 변화가 빠른 산업에서는 적합하지 않다. 시간을 놓친다면 시장에서 패배할 수 있기 때문 이다."라고 말한다.

합작기업에 관해 계속 나오는 조언으로, 외국인 관리자는 규 제 변화에 따라 합작기업별로 별도로 다뤄야 한다는 것이다. 여

어떤 구체적인 이익을 위해서가 아니라면 합작기업을 피하라. 외국인독자기업은 일반적으로 운영하기가 간편하고 신속하며 효율적이다.

기에 덧붙여 규제의 끊임없는 변화에 맞춰 중국 비즈니스를 주기적으로 검토해 구조를 변화시켜야 한다.

합작기업을 반대하는 주장

외국인 관리자 사이에는 다음과 같은 공감대가 형성되어 있다. 피할 수 있다면 합작기업의 설립을 피하라. 다국적기업의 최고경영진 20명 중 9명은 독자적으로 비즈니스를 운영하는 편이 낫다고 조언했다. 요즘 일반적인 비즈니스 추세는 독자적으로 기업을 운영하는 것이다. 베이징과 상하이에 있는 미국상공회의소가 실시한 2005년도 비즈니스 환경조사에 따르면 회원사 중에 합작기업은 1999년 78%에서 2005년 27%로 크게 낮아졌다. 반면에 외국인독자기업은 같은 기간 동안에 33%에서 60%로 증가했다.

3M 차이나의 케네스 유는 합작기업에 대해 다음과 같이 생각하고 있으며, 그의 견해가 일반적이라고 보면 된다. "경험에 따르면 여러분이 지역에 관해 충분한 지식을 보유하고 유통망을 구축하고 있으며 적절한 자원을 보유할 수 있다면 독자적으로 비즈니스를 하라." 3M 관리자들은 경험을 통해 합작기업에 관해 이런 견해를 제시한다. 1984년에 이 회사는 중국에서 경제특구가 아닌 일반 지역에 처음으로 외국인독자기업을 출범시켰다. 현재 3M은 중국에서 외국인독자기업 9개와 합작기업 1개를 운영하고 있다.

외국인독자기업이 갖는 약점은 아무런 기반도 없이 처음부터 스스로 시작해야 한다는 점이다. 특히 중국에서 이런 형태의 비즈니스 출발은 많은 어려움을 겪는다. 케네스 유는 "여러분이 유통망과 영업 기반을 보유한 회사와 합작을 한다면 바로 비즈니스를 시작할 수 있다."라고 말한다. 그러나 합작기업의 이점은 여러 문제점으로 인해 빛을 발하지 못하는 경우가 많다. 그는 "외국인독자기업에서 여러분은 완전한 통제력을 발휘할 수 있다. 그러나 합작기업에서는 통제력 발휘가 힘들기 때문에 의사 결정에 시간이 걸린다."라고 말한다. 합작기업에서 외국인 파트너는 현지기업과 기술을 공유해야 한다. 그러나 이런 공유는 지적재산권(IPR) 문제를 일으키기도 한다. 그리고 합작기업의 성과가 좋을 때 이익도 현지 파트너와 나눠 가져야 한다.

중국에서 합작기업 2개와 외국인독자기업 4개를 감독하는 베텔스만 다이렉트 그룹 아시아의 에케하르트 라스게버는 또 다른 걱정을 표시한다. "선택할 수 있다면 나는 외국인독자기업을 선호한다. 절대로 합작기업을 선택하지 않을 것이다." 그 이유에 대해 "무엇보다도 합작기업을 운영하는 다국적기업은 '합작 파트너와 협상하는 과정에서 많은 시간을 낭비하기' 때문이다." 라스게버는 합작 파트너와 맺는 계약이 양 당사자가 일을 시작한 이후에도 많은 문제를 일으킬 소지가 많다고 말한다. "중국 파트너, 특히 국영기업과 일을 하는 순간부터 여러분은 사고 방식이 다른 사람들을 교육시키는 데 엄청난 시간을 써야 한다. 기업 운영에 사용하는 편이 훨씬 나은 아까운 시간이다."

다국적기업이 현지 파트너의 능력을 과대평가할 때 흔히 일

> "
> 여러분이 유통망과 영업 기반을 보유한 회사와 합작을 한다면 바로 비즈니스를 시작할 수 있다. 외국인독자기업에서 여러분은 완전한 통제력을 발휘할 수 있다. 그러나 합작기업에서는 통제력 발휘가 힘들기 때문에 의사 결정에 시간이 걸린다."
>
> - 케네스 유, 3M 차이나의 중국 총괄 담당자

어나는 문제가 있다. 중국을 잘 모르는 많은 외국기업들은 중국 파트너가 정부와 협상 속도를 높이거나 현지 시장을 잘 알고 있을 거라는 비현실적인 기대를 한다. 라스게버는 "나는 합작기업이 결코 성공할 수 없다고 말하는 것은 아니다. 그러나 실패하지 않으려면 합작기업의 형태로 진출하지 말아야 한다."라고 말한다.

우리가 인터뷰한 많은 경영진과 전문가는 중국기업과 파트너십을 형성하는 것이 때때로 자유와 융통성을 제한하기도 한다고 지적한다. 로레알은 중국에 진출한 지 3년 만에 합작기업을 독자기업으로 전환했다. 이 회사의 파올로 가스파리니는 외국인독자기업의 이점을 다음처럼 요약한다. "여러분은 고유한 기업 문화를 창출할 수 있다. 그리고 다른 간섭 없이 스스로의 판단으로 의사 결정을 내릴 수 있다."

중국에서 활동하는 컨설턴트 또한 다국적기업은 가능하면 합작기업을 형성하지 말라고 조언하는 경향이 크다. 프레시필즈 브룩하우스 데린저 법률회사의 상하이 지사 수석 파트너인 노먼 지번트는 "장기적으로 볼 때 합작기업 말고도 더 나은 운영 효율성을 제공하고 골칫거리를 더 적게 만드는 기업 구조가 있다."라고 설명한다. 특히, 합작기업 파트너와 기술이나 지적재산권을 공유할 때 문제가 생길 가능성이 크다.

중국 전문가들은 외국인독자기업(WFOEs)이 훨씬 간단하고 신속하며 효율적이라는 메시지를 전한다. GE 차이나의 스티브 슈나이더는 "우리는 합작기업을 반대하지 않는다. 일부 합작기업은 매우 성공적이었다. 그러나 우리는 독자적으로 회사를 통제할 수 있는 외국인독자기업을 선호한다."라고 말하며 외국인 관리자 사이의 일반적인 정서를 전한다.

외국인독자기업이 직접 하기 힘든 현지 관계 당국과의 연결이 필요할 때 현지 파트너와 합작기업을 설립하라.

합작기업에 찬성하는 주장

우리가 인터뷰한 사람들은 가능하다면 합작기업을 피하라고 조언하고 현재 중국에서의 외국기업들은 합작기업보다 독자기업을 선호하는 추세가 강하다고 하지만 파트너십이 여전히 좋은 진출 수단이 될 수 있다고 말한다. 사실 일부 경영진은 외국인독자기업이 허용된다고 해도 합작기업을 고수할 것이라고 말했다.

중국 전문가들이 언급한 중국 파트너 기업의 가장 중요한 이익은 중국 정부의 허가를 받기 위한 협상 기술이다. 필립스 차이나의 CEO인 데이비드 창은 합작기업을 설립하면서 생기는 기본적인 득실을 다음처럼 요약한다. "합작기업과 외국인독자기업 중 하나를 선택해야 한다면 외국인독자기업이 더 빠르다는 사실을 유념해야 한다. 그러나 여러분 기업이 외국인독자기업이고 네트워크를 구축하고 지방정부와 관계를 수립해야 한다면 합작기업을 통하는 편이 낫다." 필립스는 중국에서 운영하는 34개 기업 중 17개를 합작기업으로 운영하고 있다. 중국 정부와 협조하는 것이 성공에 필수적이기 때문이다.

코카콜라 차이나는 제조업과 유통업체 27개 모두를 합작기업의 형태로 운영하고 있다. (이 합작기업은 코카콜라가 직접 수립하지

"

우리는 처음부터 성공적인 비즈니스를 운영했기 때문에 지역 파트너와 계속 일할 것이다. 콜라 산업은 지역 비즈니스이다. 우리는 지역 파트너가 필요하다. 그들은 지역정부와 원활하게 업무를 수행한다. 그들은 어려운 행정 절차를 빨리 처리할 줄 안다."

- 폴 에첼스, 코카콜라 차이나의 사장

않고 코카콜라 보틀러Coca-Cola bottler를 통해 설립했다) 2005년 후반 현재, 음료산업에서 외국인독자기업의 설립은 허용되지 않고 있다. 그러나 코카콜라의 폴 에첼스는 결국 규제가 완화되어도 코카콜라는 파트너십의 형태를 계속 유지할 것이라고 말한다. "우리가 모든 합작기업을 외국인독자기업으로 바꿀 가능성은 거의 없다." 에첼스는 과거에 규제에 따라 합작기업을 설립할 수밖에 없었지만 비즈니스 성과가 훌륭했다고 말한다. "우리는 처음부터 성공적인 비즈니스를 운영했기 때문에 지역 파트너와 계속 일할 것이다. 콜라 산업은 지역 비즈니스다. 우리는 지역 파트너가 필요하다." 지방정부와의 관계가 중요하기 때문에 코카콜라의 지역 파트너는 여기서 큰 기여를 해왔다. 다른 다국적 기업의 임원과 마찬가지로 에첼스도 지역 파트너가 가져다주는 주요 이점은 중국 관료 제도를 이해하고 다룰 줄 아는 능력이라고 말한다. "그들은 지역 정부와 원활하게 업무를 수행한다. 그들은 어려운 행정 절차를 빨리 처리할 줄 안다."

까르푸 차이나의 쟝 룩 셰로 또한 중국에서 독자적으로 기업을 운영하는 것이 '불가능' 할 수 있다고 말한다. 정부와 일하는데 지역 파트너의 도움이 필요하기 때문이다. 중국에서 소매업은 2004년 12월까지 보호받았고 2005년 말 현재 상대적으로 적은 외국기업만이 진입을 허용받았다. 셰로는 외국인독자기업의 형태로 운영이 허가되더라도 계속 지점 20개 중 19개를 합작기업으로 운영할 예정이라고 말한다.

에어버스 차이나의 가이 맥로드는 구매를 담당할 합작기업 2개를 운영함으로써 독자적으로 운영할 경우 큰 어려움이 따를 부문을 효과적으로 운영하고 있다. 그는 "많은 사람들은 독자적으로 기업을 운영하는 것이 훨씬 쉽다고 생각한다. 그러나 우리는 중국 파트너와 협력해 일하기를 원한다. 현재 우리가 운영하는 합작기업에 만족한다."라고 말한다.

소니 차이나의 세이치 가와사키는 합작기업이 '지역 현안'을 잘 모르는 외국기업에게 중국 시장의 진출을 돕는 필요한 통로라고 말한다. 소니는 합작기업 3개와 독립기업 3개를 중국에서 운영하고 있다. "합작기업에는 많은 긍정적인 요소가 있다. 반면에 외국인독자기업에는 많은 부정적인 요소가 있다. 이 두 가지 형태를 결합해 우리는 이익을 극대화하려고 한다."

여기서 한 가지 주의해야 할 점이 있다. 콜라처럼 새로운 제품이나 서비스를 도입하려는 다국적기업에게 현지 파트너는 도움이 되는 측면도 있지만 대부분 신제품 시장에 대해 거의 정보가 없다. 폴 에첼스는 "나는 현지 파트너가 시장을 파악하는 데 별다른 역할을 하지 못하리라 생각지 못했다."라고 말한다. 그는 콜라가 도입되기 이전에는 중국의 여러 지역에서 청량음료 시장이 매우 작았다고 설명한다. "따라서 지역 시장에 관해 현지 파트너가 제공해 준 정보는 거의 없었다."

우리가 인터뷰한 중국 전문가들은 외국인독자기업과 합작기업을 적절하게 혼합하는 방식이 중국에서 최선이라는 결론을 내린다. 듀폰 차이나의 찰스 브라운은 규제가 완화되면서 자신의 회사를 더 많이 독자기업의 형태로 전환하고 있지만(듀폰은 합작기업 7개와 외국인독자기업 15개를 운영한다) 여전히 합작기업 서너 개를 계속 운영할 계획이다. 그는 "우리는 오랫동안 훌륭

> 중국에서 새로운 합
> 작기업을 세울 때 우
> 리는 공동으로 지분
> 을 투자하지만 결코
> 경영 참여를 받아들
> 이지 않았다. 사장이
> 두 명일 수는 없다."
> - 쟝 룩 세로, 까르푸
> 차이나의 사장

한 현지 파트너와 관계를 구축했다. 우리는 이들 합작기업을 외국인독자기업으로 전환할 수도 있지만 그러지 않을 생각이다. 현지 파트너는 우리에게 계속 가치를 창출하고 있으며 함께 성장할 수 있기 때문이다."라고 말한다.

파트너의 선정, 파트너십 조건

중국에서 합작기업을 설립하기로 결정했다면 완벽한 파트너의 선정이 관건이다. 소니 차이나의 세이치 가와사키가 지적하듯이 합작기업은 결혼과 같다. 즉, 올바른 배우자의 선택이 가장 중요한 단계이다.

우리가 인터뷰한 최고경영진은 이상적인 배우자를 찾기 위해 유념해야 할 다섯 가지 사항을 조언한다.

- 약하고 조용한 파트너를 선택하라.
- 적극적이고 가치를 더해주는 파트너를 선택하라.
- 파트너를 파악하라.
- 목표를 조율하라.
- 올바른 '조건'을 설정하라.

중국에서 합작기업을 설립하는 프로세스는 어떤 형태의 파트너가 여러분의 욕구에 가장 잘 어울리는지를 결정하면서 시작한다. 인터뷰에 응한 최고경영진은 (1) 운영에 간섭하지 않을 약하고 조용한 파트너 (2) 강하지만 정부와의 관계를 원활하게 관리하고 비즈니스 인맥을 보유하며 산업에 대한 지식이 풍부한 활동적인 파트너를 이상적인 두 가지 파트너 형태로 제시한다. 어떤 파트너가 중국에서 최고일지에 관해 의견이 갈리지만 약한 파트너보다는 강하고 가치를 더해주는 파트너를 선호하는 경향이 커지고 있다.

마지막으로 잠재 파트너가 재정적으로 건전해야 한다는 사실을 유념해야 한다. 중국 합작 파트너의 재정적 건전성(최소한 재정적 안정성)은 선진국과 달리 합작 파트너를 선정하면서 고려해야 할 중요한 사항이다. 중국에서 파트너를 선정하면서 고려해야 할 여러 가지 사항이 있지만 상대방이 재정적으로 어려운 상황에 처해 있다면 파트너로 선정하지 말아야 한다. 다국적기업은 파트너를 선정하기 전에 상대방에게 완전한 재무 자료를 요청해 건전성 여부를 검토할 수 있다.

전략 #1: 약하고 조용한 파트너를 선정하라

1980년대 중반에서 1990년대 중반까지 외국기업 대부분이 합작기업의 형태로 중국에 진출할 수밖에 없었을 때, 외국인 관리자들은 중국 파트너가 그다지 큰 기여를 할 수 있다고는 생각지 않았다. 따라서 최선의 파트너는 최소한 비즈니스에 방해가 되지 않는 상대였다.

당시에 외국기업은 초기 목표가 달성된 이후에 단기적 파트너십을 해소하는 방안이 한 가지 선택일 수 있었다. 로레알의 파올로 가스파리니는 1997년에 중국에서 비즈니스를 시작하면서 이 방법을 사용했다. 로레알은 수저우(Suzhou) 병원에 5% 지분을 투자하며 파트너십을 형성했다. 가스파리니는 이 병원이 '활동적인 비즈니스 파트너'가 아니었지만 로레알이 중국을 '더 잘 이해하고' 어느 정도 관련 지식(중국인 피부 상태에 대한 의학 정보)을 획득하는 데 도움이 되었다고 말한다. 3년 후에 로레알은 이 지분을 다시 팔아 합작 관계를 청산했다. 그러나 당사자는 소기의 목표를 달성했다. 가스파리니는 당시 상황을 다음처럼 설명한다. "1990년대 초반에 중국에 진출한 외국기업은 합작기업을 설립하는 방법이 안전하다고 생각했지만 지금은 그 필요성이 줄어들고 있다. 현재 다국적기업은 독자적으로 기업을 운영하면서 수익을 창출하고 있다."

중국 현지기업과 장기 파트너십을 유지해 왔던 다른 다국적기업들도 이제는 직접적으로 합작 비즈니스에 관여하고 있지 않다. 예를 들어, 상하이 힐튼은 토지를 소유한 지역 파트너와 함께 일하고 있지만 일상적인 운영에는 관여하지 않는다. 이 호텔의 총지배인인 폴크마 뢰벨은 주요한 의사 소통 수단이 토지소유자가 발행하는 월례 보고서라고 말한다. 이 토지 소유자가 힐튼호텔에 의사 결정을 요구하는 경우는 거의 없다. 그는 "토지 소유자들은 국제기업인 우리를 신뢰한다. 우리는 원활한 관계를 맺고 있으며 경영 문제에는 간섭받지 않는다."라고 말한다. 그는 이 파트너십에서 힐튼은 "인력이나 운영 기준에서 상대적으로 강한 자율성을 누리고 있다."고 덧붙인다.

까르푸 차이나의 쟝 룩 셰로 또한 수동적인 현지 파트너를 선

case study

유니레버의 합작기업 전략 수정

유니레버 차이나의 앨런 브라운은 중국 진출 초기에 유니레버가 프록터 앤드 갬블(P&G)과의 경쟁에서 뒤처졌던 주요 원인을 합작기업의 경영 참여에서 찾는다. 유니레버는 합작기업의 경영에 참여할 수 없었던 반면에 P&G는 합작기업의 경영에 참여할 수 있었다. 브라운은 "P&G가 옳았다. 그들은 합작기업을 설립한 이후에 더 강해졌기 때문이다."라고 말한다.

브라운은 유니레버가 합작기업의 구조를 변경할 수 있었을 시기인 1999년까지 경영권에 간여할 수 없었기 때문에 어려움을 겪었다고 말한다. 이미 그때 P&G는 9년 동안 초기 우위를 누리고 있었다.

그러면 강한 파트너는 어떻게 유니레버의 성장을 가로막았는가? 브라운은 한 가지 사례를 제공한다. 유니레버는 중국 치약 제조업체와 1994년에 합작기업을 설립한 직후에 치약 성분 중에서 한 가지 성분을 제거하라고 요청했지만 현지 파트너는 거부했다. 이 논쟁은 1999년까지 계속되었다. 브라운은 유니레버가 해당 성분이 제품에 포함되어 있는지를 확인하지 않고 그 브랜드를 매입한 것이 첫 번째 실수라고 말한다. 두 번째 실수는 중국 파트너 기업이 문제가 되는 성분의 주요 공급자라는 사실을 즉시 깨닫지 못한 것이었다. 세 번째 실수는 여러 문제와 경영에 아무런 영향도 미치지 못할 파트너십을 형성한 것이다. 브라운은 "우리는 합작기업 파트너와 제품 성분을 놓고 논쟁을 벌이며 5년을 허비했다."라고 말한다.

결국 1999년 유니레버는 합작기업을 주식 보유수에 따라 의결권을 갖는 주식회사 구조로 변경시키면서 문제를 해결했다. 이런 전략 수정을 통해 유니레버는 중국 합작기업에 대해 '경영 통제권'을 보유할 수 있었다. 마침내 경제 개방으로 외국기업이 100% 지분을 보유할 수 있게 되자, 유니레버는 이전에 합작기업이었던 회사를 인수해 외국인독자기업으로 전환시켰다.

"

세계 어느 곳에서든 파트너십이 성공하기 위한 핵심 요소는 회사의 전략적 이익에 초점을 맞추고 이 초점을 상당기간 유지하며 파트너가 이 전략적 이익에 기여하도록 만드는 능력이다."

- 개리 더크스 박사, BP 차이나의 사장이며 CEO

택했기 때문에 대형 할인점 시장에서 성공할 수 있었다고 말한다. 까르푸는 1995년에 중국에 진출해 이제 합작기업 19개와 외국인독자기업 1개를 운영하고 있다. 셰로는 지난 40년 동안 시행착오를 거쳐 확립한 본사의 방침에 따라 현지 합작기업을 감독한다. 중국에 진출해서 영업을 벌인 첫 20년 동안 까르푸는 비즈니스 파트너를 선택하는 데 많은 실수를 저질렀다고 셰로는 말한다. 지난 20년 동안 이 회사는 현지 파트너와 '경영을 공유하지 않는다' 는 원칙을 따랐다. 그는 "중국에서 새로운 합작기업을 세울 때 우리는 공동으로 지분을 투자하지만 결코 경영참여를 받아들이지 않았다. 사장이 두 명일 수는 없다."라고 말한다. 약한 파트너들이 합작기업에 가치를 창출해도 셰로는 현지 파트너에게 몇 가지 요구 사항을 관철시킨다. "첫째, 우리의 모든 파트너는 장기적 관점을 보유해야 한다. 지분에 투자하고 2년 만에 그 지분을 되팔아 버린다면 무슨 소용이 있겠는가? 둘째, 현지 파트너는 어느 정도 현금을 보유해야 한다. 셋째, 현지 파트너는 지역에서 훌륭한 네트워크를 구축하고 있어야 한다. 상하이에서 성공하기 위해서 여러분의 파트너는 상하이 지역에 정통한 기업이어야 하고, 광저우라면 광저우 지역에 정통한 기업이어야 한다."

(참조: 2004년 12월, WTO 관련 규정에 따라 중국은 소매와 유통 분야를 개방했고 외국인독자기업에 대한 규제를 많이 풀었다. 2005년에 상대적으로 소수의 다국적기업만이 소매 분야 진출을 허용받았다. 허가 절차가 느리고 복잡해 어려움이 많았지만, 이제 개방된 소매와 유통은 가장 유망한 외국인 직접투자 분야가 되고 있다.)

전략 #2: 활동적이고 가치를 더해주는 파트너를 선택하라

모든 다국적기업이 다루기 쉬운 현지 파트너를 찾는 것은 아니다. 최근에 점점 더 많은 다국적기업이 적극적이고 실질적인 가치를 더해주는 기업과 파트너십을 맺고 있다.

바이엘 차이나가 구축한 합작기업의 사례는 이런 추세를 보여준다. 이 회사의 CEO인 엘마르 스타첼스 박사는 과거에 바이엘은 정부가 지정해 준 파트너와 합작기업을 설립할 수밖에 없었다고 말한다. 이런 파트너는 기껏해야 토지나 건물을 제공하는 데 그치고 마케팅, 서비스, 기술 또는 생산 등에 실질적 기여를 하지 못했다.

현재 바이엘은 자체 기준과 판단에 따라 파트너를 선택한다. 스타첼스는 "우리는 상대 기업의 활동, 자산, 성과뿐만 아니라 경영진과 인력도 본다."라고 말한다. 최근에 바이엘은 합작기업에 직접 파견해 경영을 감독할 임원을 뽑기 시작했고 중국 파트너 기업의 경영진 활동을 주시하고 있다. 또한 규제가 완화됨에 따라 바이엘은 여러 가지 이유로 합작기업을 외국인독자기업으로 재편하고 있다.

합작기업 22개를 운영하는 BP 차이나의 개리 더크스 박사는 합작기업의 파트너가 회사의 목표에 정말로 기여하는 부분이 있는지 주시한다. 그는 "세계 어느 곳에서든 파트너십이 성공하기 위한 핵심 요소는 회사의 전략적 이익에 초점을 맞추고, 이 초점을 상당 기간 유지하며, 파트너가 이 전략적 이익에 기여하도록 만드는 능력이다. 양측이 예상처럼 서로에게 기여한다고 생각하면 이 파트너십은 성공을 거둘 수 있다."라고 말한다.

파트너를 파악하기 위
해서 자세한 정보와 기
록을 검토하고 운영 상
태를 직접 확인하고 현
장을 방문해야 한다. 그
리고 그 파트너를 잘 아
는 산업 관계자에게 해
당 파트너에 관한 정보
를 수집하는 노력을 기
울여야 한다.

더크스는 중국 파트너에게 아무런 영향력을 행사할 수 없는 합작기업 모델을 거부한다. "일단 합작기업이 설립되면 중국 파트너의 역할이 끝난다고 생각할 때 문제가 일어날 소지가 크다. 여러분은 기술과 노하우를 제공하지만 중국 파트너는 아무 기여도 없이 그냥 앉아 있을 뿐이다."

현재 합작기업을 설립한 다국적기업들은 여러 편익을 제공할 수 있는 파트너를 찾으라고 조언한다. 즉, 정부와 협상 능력, 비즈니스 네트워크, 현지 비즈니스 문화와 환경에 대한 정보, 인력과 운영 능력, 확실한 고객을 보유한 파트너를 찾아야 한다.

우리가 인터뷰한 중국 전문가들은 많은 중국 파트너들이 합작기업에 실질적 가치를 더해줄 수 있다고 설명했다. 따라서 여러분이 파트너십을 형성하려 한다면 여러분의 목표에 기여할 수 있는 현지 파트너를 찾을 수 있다.

전략 #3: 파트너를 파악하라

다국적기업이 원하는 파트너가 어떤 형태이든 상관없이 계약을 맺기 전에 잠재적 파트너를 충분히 평가하는 것이 매우 중요하다. 많은 사람들은 다국적기업이 너무 성급하게 합작기업을 설립하려는 경향이 있다고 지적한다. 사전에 충분한 시간을 투자해 조사 활동을 벌이는 것이 나중에 문제를 일으킬 소지를 줄일 수 있다고 조언한다. GE의 스티브 슈나이더는 "나는 학습의 일환으로 중국에 진출하는 기업에게 많은 시간을 투자해 파트너를 먼저 파악하는 노력을 기울이라고 말하고 싶다. 이 일은 재무기록을 실사하는 것보다 더 중요하다."라고 말한다.

듀폰 차이나의 찰스 브라운도 비슷한 조언을 한다. "성공적인 합작기업의 핵심 열쇠는 파트너 선정에 얼마나 많은 시간을 투자하느냐 여부다. 일부 기업은 너무 성급한 나머지 파트너의 가치를 충분히 조사하지 않는다. 즉, 파트너의 이해가 여러분 기업의 이해와 부합하는지를 확인하지 않는다. 우리는 양측의 이해관계가 서로 부합하는지 여부를 확인하기 위해서 많은 시간을 투자한다."

파트너를 파악하기 위해서 자세한 정보와 기록을 검토하고 운영 상태를 직접 확인하고 현장을 방문해야 한다. 그리고 그 파트너를 잘 아는 산업 관계자에게 해당 파트너에 관한 정보를 수집하는 노력을 기울여야 한다.

여러분과 합작기업의 파트너는 목표와 우선순위에 동의해야 하는 것이 매우 중요하다. '동상이몽' 은 합작기업의 파트너십을 와해시키는 결과를 초래한다.

전략 #4: 목표를 조율하라

다국적기업의 경영자들은 많은 합작기업들이 중국 속담처럼 '동상이몽(同床異夢)' 을 하기 때문에 실패한다고 경고한다. 다시 말해 부부가 같은 침대에 누워서 서로 다른 꿈을 꾸고 있다는 의미다. 듀폰 차이나의 찰스 브라운은 많은 합작기업들이 서로 완전히 다른 비전을 지녔기 때문에 실패했다고 말한다. 한 다국적기업이 중국에서 시장 점유율을 높이겠다는 목표를 세웠지만 중국 파트너는 해외 매출을 높이는 데 초점을 둔 상황을 예로 들수 있다. 브라운은 듀폰 차이나의 여러 합작기업이 실패로 끝나는 모습을 직접 목격했다. 그는 "많은 경우에 실패의 주요 원인은 서로 이해관계와 비즈니스 방식이 다르기 때문이다."라고 말한다.

대부분의 문제가 악의적이라기보다는 서로 이해하지 못하는 데서 생긴다. 베텔스만 다이렉트 그룹 아시아의 에케하르트 라스게버는 "중국 합작기업 중 90%는 서로 열심히 노력한다. 하지만 문제는 양측이 '매우 다른 목표, 생각, 자세'를 지니고 있기 때문에 일어난다."라고 설명한다. 라스게버는 다음과 같은 예를 들어 이 상황을 설명한다. 다국적기업은 수익성에 목표를 두고 운영하는 반면에 중국 파트너는 신기술을 도입해 정부 관계자를 만족시키는 데 있는 것처럼 전혀 다른 목표를 우선시할 수 있다. 또한 다국적기업이 중국 파트너 기업에 국제적으로 사용되는 운영 프로세스를 소개할 때 문제가 일어날 수 있다. 예컨대 중국 파트너는 외국인 관리자에게 제공하는 높은 보수 수준을 못마땅하게 생각하기도 한다. 라스게버는 이런 문제를 해결하는데 많은 시간이 든다고 경고한다.

전략 #5: 올바른 '조건'을 설정하라

물론 최선의 파트너십 조건을 설정하는 것은 합작기업을 시작한 후 문제가 생겼을 때 이 문제를 완화시키기 위해서 매우 중요하다. 협상하는 동안 양측은 가능한 한 지분을 많이 확보하고 의무보다는 권리를 획득하기 위해서 노력한다. 우리가 인터뷰한 중국 전문가들은 협상을 효율적으로 하는 방법에 관해 몇 가지 조언을 제공한다.

합작기업 2개와 외국인독자기업 1개를 감독하는 마이크로소프트의 준 탕은 완전히 새로운 기업을 설립한다는 생각으로 합작기업을 세워야 한다고 조언한다. "합작기업을 세우려 한다면 처음부터 새롭게 시작하는 편이 낫다." 양측 모두 기존 운영 방식이 아니라 새로운 마음가짐으로 처음부터 다시 시작하라는 것이다. 예를 들어, 인력 충원에서 양측은 각자 핵심 인력을 새로운 합작기업에 파견한다. 이 방식은 모두 새로운 기업에서 새롭게 시작하기 때문에 '외부자'와 '내부자' 사이에 생기는 갈등을 피할 수 있다. 탕은 "새로운 조직에서 여러분은 새로운 문화와 비즈니스 모델, 환경을 창출할 수 있다. 기존 조직을 변화시키는 것은 어렵지만 처음부터 만들어 나가기는 수월하다. 기존 조직을 바꾸려 하기 때문에 합작기업들이 실패하게 된다."라고 말한다. 그는 대다수 인력이 파트너 기업 사이에서 충원되더라도 새롭게 회사를 설립하라고 주장한다.

프레시필즈 브룩하우스 데린저의 변호사인 노먼 지번트는 다국적기업 고객을 관찰한 경험을 통해 50:50의 지분 형태로는 합작기업을 설립하지 말라고 조언한다. 그는 "동일한 지분은 문제가 크다."라고 말하며 특별한 규제가 없다면 다국적기업이 50%가 넘는 지분을 요구하라고 권한다.

또한 지번트는 합작기업 이외의 방식을 고려해 보라는 조언도 잊지 않는다. 다국적기업에 대한 규제가 완화되면서 더 많은 선택 방안이 생기고 있다. 지번트는 앞으로 다국적기업이 중국기업을 직접 인수합병하거나 상장된 중국기업을 인수할 것으로 예상한다. 또한 그는 규제가 완화되면서 외국기업이 금융시장에서 활발한 활동을 하게 될 날이 머지않았다고 생각한다. 그는 "앞으로 외국기업이 금융시장에서 중국기업을 인수하는 일이 많아지게 될 것이다."라고 말한다.

합작기업을 설립할 때 새로운 조직에 기존의 기업 문화가 정착되는 것을 피하려면 처음부터 새롭게 조직을 건설하는 것이 최선의 방법이다. 50:50의 지분 비율을 피해야 한다. 그리고 합병이나 인수와 같은 대안을 고려하라.

그때가 오기 전까지 다국적기업의 경영자 두 명은 다국적기업이 중국 파트너보다 많은 지분을 보유한 주식회사를 설립하라고 제안한다. 다국적기업은 다수 지분을 보유한 주식회사를 통해 경영을 통제할 수 있다. 유니레버와 알카텔 모두 주식회사를 설립하는 방안을 사용하고 있다. 1994년에 법이 바뀌면서 허가받은 수는 적지만 다국적기업도 주식회사로 등록할 수 있게 되었다.

파트너 관계의 관리

우리가 인터뷰한 최고경영진들은 파트너십의 형성이 다국적기업의 중국 활동을 위한 협상 과정에서 끝이 아닌 시작이라는 사실을 강조한다. 두 파트너가 함께 일하게 될 때 발생하게 될 정말로 어려운 문제는 아직 시작도 되지 않았다.

합작기업 파트너 사이의 좋은 관계 유지가 얼마나 중요한지 이해하기 위해서 합작기업이 '결혼' 과 같다는 세이치 가와사키의 표현은 아주 유용하다. 결혼과 마찬가지로 지속적이고 효과적이며 번성하는 합작기업은 양측이 동일한 목표를 위해 협력하려는 의지가 있어야 가능하다.

우리가 만나본 중국 전문가들은 중국에서 파트너십을 성공적으로 만들기 위해 필요한 정보를 많이 제공했다. 그들은 네 가지 핵심 성공 요소를 제시한다.

- 상호 신뢰
- 원활한 의사 소통
- 효율적인 의사 결정
- 윤리와 기준의 공유

핵심 성공 요소 #1: 상호 신뢰

다국적기업의 경영자들은 중국에서 신뢰의 부족이 합작기업에 많은 문제를 낳는 원인이라는 점에 동의했다. 서로 다른 문화, 언어, 비즈니스 환경을 고려하면 상호간에 의심이나 적개심이 생길 여지가 있다.

필립스 차이나의 데이비드 창은 이런 문제를 잘 이해한다. 그는 중국에서 합작기업 17개와 외국인독자기업 17개를 감독하는 역할을 맡고 있다. 합작기업을 감독하는 일은 어렵고 복잡하기 때문에 그는 "세계 어느 곳에서나 합작기업의 설립은 대단한 기술을 필요로 한다. 중국도 예외는 아니다."라고 말한다. 그러나 그는 정부가 짝지어준 합작기업이라도 중국에서 다국적기업에 가치를 창출할 수 있다고 말한다. 성공의 비결은 파트너의 신뢰와 지지를 얻는 데 있다. 양측이 서로 불신하고 자신의 이익만 추구할 때 합작기업이 깨진다.

관계의 단절을 피하기 위해서 창은 외국인 관리자가 상대방의 입장에서 생각할 줄 알아야 한다고 주장한다. 많은 현지기업들은 외국기업이 중국에 와서 단기간에 이윤만 챙겨간다고 믿는다.

또 다른 CEO는 "모든 외국인들은 이곳에 도둑질을 하러 온다.”고 생각하는 현지 관리자가 있다고 말한다. 현지 관리자들은 두 파트너의 투자 수준이 균형을 잃었다고 생각하기도 한다. 그리고 일부는 파트너 관계가 형성되자마자 외국인 투자자가 바로 투자 수익을 거둘 수 있다고 믿는다. 이 외에도 다른 갈등의 소지가 있다. 첫째, 다국적기업이 기술이나 장비를 제공하는 방식으로 합작기업에 참여하기 때문에 생겨난다. 둘째, 중국 파트너가 제공하는 토지와 건물은 시간이 흐르면서 가치가 올라가지만 다국적기업이 제공하는 기술과 장비는 시간이 지나면서 감가상각되기 때문이다. 셋째, 중국기업은 외국 기술이 필요하기 때문에 협상에서 수세적인 위치를 취하기 때문에 적개심이 커진다. 이런 생각은 현지 파트너에게 ‘합작 관계에 대한 부정적이고 적대적인 관념’을 불러일으킬 수 있다.

다국적기업은 중국 파트너가 부정적인 생각을 갖지 않도록 어떻게 해야 하는가? 창은 두 가지 사항을 지적했다. 첫째, 다국적기업이 중국에서 오랫동안 활동하고 양측이 모두 이익을 보도록 노력한다는 확신을 줘야 한다. 둘째, 다국적기업은 자신이 기여할 수 있는 가치를 분명히 보여주고 중국 파트너가 기여하는 가치를 인정해 불공평하다는 인상을 지워야 한다. 창은 “여러분은 중국 파트너 기업이 기여할 수 있도록 기회를 창출해야 한다. 그리고 신뢰를 구축하고 가치를 창출해야 한다. 그렇다면 그들은 적대적인 태도보다는 도움을 주려는 행동을 할 것이다.”라고 말한다.

에어버스 차이나의 가이 맥로드는 신뢰가 합작기업의 성공을 가름한다는 점에 동의한다. 그는 외국 파트너가 단기적이고 이

윤에 급급한 관점을 보일 때 파트너십이 자주 실패한다고 말한다. 맥로드는 에어버스의 목표가 중국 파트너에게도 도움이 된다고 합작기업 파트너를 설득하는 데 많은 노력을 기울였다. "우리는 중국에서 채용한 조종사와 엔지니어를 교육시키는 기준이 어느 곳보다 높다는 사실을 강조했다. 중국의 교육 센터는 마이애미나 툴루스(Toulouse)와 다를 것이 없다." 물론 이런 노력을 통해 다국적기업은 중국 합작기업 파트너로부터 지원과 신뢰를 얻어낼 수 있다.

핵심 성공 요소 #2:
원활한 의사 소통(직설적 화법과 '체면' 유지)

중국 비즈니스 파트너와 일하면서 외국인 관리자가 직면하는 가장 큰 문제 중 하나는 '체면'을 손상시키지 않고 효과적으로 의사 소통하는 법을 배우는 것이다. 서양 사람들은 분명하고 정확한 의사 소통을 선호하지만 중국 사람들은 모호할 수는 있지만 간접적인 의사 소통 방식을 좋아하기도 한다.

합작기업에서 가장 흔하게 나타나는 문화적 단절은 중국 파트너가 문제나 어려움을 상대방에게 말하기를 꺼려하는 경향이 있기 때문이다. 문화적인 차이에서 그 이유를 찾을 수 있다. 중국 관리자들은 가능하면 문제를 상사에게 말하지 않는 편이 낫다는 비즈니스 문화에서 살아왔다. 상사를 곤란하게 만드는 행동은 무례할 수 있고 해당 문제에 상사가 책임을 지도록 끌어들이는 행동으로 보일 수 있다.

일반적으로 중국인이 선호하는 모호한 의사 소통에는 두 가지 장점이 있다. 즉, 화합을 깨지 않고 '체면'을 구기지 않아 갈등을 피할 수 있다. 베어링 포인트의 사장인 브라이언 후앙은 "거의 모든 미국인과 유럽인은 일본이나 중국을 처음 방문했을 때 매우 혼란스러워 한다. 서양 문화는 구체적인 측면을 중요시한다. 그러나 일본과 중국에서는 많은 일들을 일부러 모호하게 만든다. 이런 문화적 차이 때문에 의사 소통이 매우 어렵다."라며 서양 사람이 느끼는 문화적 충격을 설명한다.

간접적 의사 소통을 하는 이유로 중국 사람은 '체면'을 중시하기 때문이다. 체면은 한 사람의 대중적 이미지나 자존심으로 해석할 수 있다. 체면이 중국 문화에서 매우 중요하기 때문에 체면을 잃게 되면 매우 공격적인 행동을 유발할 수도 있다.

외국인 경영진은 서구 사회에도 '체면' 문화가 존재한다고 지적하지만 그 정도가 동양만큼 심하지 않다. 제너럴 모터스 차이나의 필립 머터프는 "미국에서 사람들도 체면을 생각한다. 존중받고 자신의 기여가 인정받는 것을 좋아한다."라고 말한다. 그러나 그는 체면이 미치는 영향이 중국에서는 상당히 크다고 지적한다. "미국에서도 경시당하면 분명히 좋은 경험은 아니다. 그러나 중국에서는 절대로 그런 행동을 하면 안 된다. 다른 사람의 체면을 떨어뜨리는 행동을 한다면 큰 문제를 일으키게 된다." 예를 들어, 미국에서 관리자가 비즈니스 파트너에게 농담 삼아 마감 시간을 지킬 능력이 없다고 말하면 뒤이어 그 문제를 논의하자거나 불만이 터져나온다. 그러나 중국에서 그런 일이 벌어지면 두 파트너 사이의 비즈니스 관계는 심각하게 손상될 수 있다.

중국에서 일하는 외국인 관리자는 무심코 너무 직설적인 표현으로 상대방의 '체면'을 떨어뜨리는 행동을 할 위험이 있다. 마이크로소프트의 준 탕은 "한 마디 말이 상대방의 감정을 영원히 상처줄 수 있다. 미국 문화는 매우 직설적이다. 그러나 중국 사람들은 아주 예민하다. 예민함은 그들의 5천 년 문화다."라고 말한다. 예를 들어, 합작 파트너 기업의 관리자를 공식적인 오찬에 초청하는 일을 깜빡 잊었다면 이는 심각한 분노를 불러일으킨다. 준 탕은 "여러분이 어떤 사람의 '체면'을 잃게 만들었다면 다시 상호 신뢰를 구축하기가 매우 힘들어진다. 그리고 그들의 신뢰를 잃으면 모든 것을 잃는 것이나 마찬가지다. 신뢰는 중국 사회에서 가장 중요한 가치다."라고 경고한다.

자신의 체면을 중요하게 생각하듯이 중국 사람들은 상대방의 체면도 살려주려고 주의를 기울인다. 중국인들은 의견을 표시하는 데 극도로 조심하는 경향이 있다. 직설적 의견 표시로 상사가 곤란해질 수 있다고 생각하기 때문이다. 중국 인력들에게 직접적으로 의견을 표시하는 단순한 행동도 불손하게 보일 수 있다. 로레알 차이나의 파올로 가스파리니는 이런 사고방식이 중국 교육 시스템에서 유래되었다고 설명한다. "내 어머니는 선생님이 질문하시면 손을 들고 대답하라고 가르치셨다. 여기에 차이가 있다. 이들은 손을 들고 먼저 질문하는 것이 아니라 선생님의 가르침을 받는 것이다. 따라서 우리가 관리자에게 무엇인가를 묻거나 의견을 구하면 그들은 대답하려 하지 않는다. 항상 그들은 자신의 의견을 표시하는 것이 권위에 도전하는 일이라고 생각한다. 하지만 요즘 이런 모습은 크게 변화하고 있다."

프레시필즈 브룩하우스 데린저의 노먼 지번트는 외국인 고객에게 중국 비즈니스 파트너나 직원을 대할 때 다음과 같은 조언을 한다. "여러분은 이 나라의 문화적 관습에 주의해야 한다. 일부 관리자는 호통을 치고 다그치는 방법을 사용하지만 이곳에서는 별 효과가 없다." 지번트는 외국 관리자에게 엄하지만 개인적인 관심을 보이는 자세를 취해야 한다고 조언한다. "여러분과 함께 일할 직원은 여러분이 무엇을 말하는지 이해해야 한다. 하지만 여러분은 미소를 띠며 말이나 지시를 해야 한다."

마지막 논점으로 우리가 인터뷰한 전문가들은 중국의 젊은 세대 중에서 그 중요성이 감소하고 있지만 그래도 '체면'을 유지시켜 주기 위해서 간접적인 의사 소통 방식을 선호한다. 사실, 콘/페리의 헬렌 탄타우는 이제 일부 현지 인력이 서구의 직접 의사 소통 수단을 선호하고 있다고 말한다. 그녀는 서구 출신의 관리자가 솔직하고 개방적이며 중국에 왔을 때는 겸손한 모습을 보이고 있다고 말한다. 이런 모습이 이제는 많이 국제화된 현지 인력에게 더 매력적으로 비치고 있다.

핵심 성공 요소 #3:
효율적인 의사 결정(직접적인 행동 또는 공감대 형성)

중국 전문가들이 합작 파트너와 일하면서 느끼는 또 다른 좌절은 중국 임원이 비즈니스 의사 결정에 개인적인 책임을 지려하지 않는다는 사실이다. 많은 중국 인력들은 젊거나 하위 직원이 상사의 명령을 수동적으로 받아 수행하는 위계 질서가 매우 강한 문화에서 성장했다. 그렇기 때문에 의사 결정 또는 의사 결정을 위한 제안은 무례해 보일 수도 있다. 베텔스만 다이렉트 그룹 아시아의 에케하르트 라스게버는 이런 마음가짐이 어떻게 변화하고 있는지 설명한다. "일반적으로 중국인은 상사가 해야 할 일을 지시하고 그 일을 하도록 교육받는다. 그러나 지시받을 사람이 당장 거기 없다면 이 프로세스는 진행될 수 없다." 다시 말해서 전통적인 중국기업에서는 부서장이나 상사만이 의사 결정을 내릴 수 있다. 결과적으로 현지 인력은 책임을 지거나 독립적으로 업무를 수행하기를 꺼리며 과거의 관행에 따라 의사 결정을 내리기 쉽다.

스탠다드 차타드 차이나의 CEO이며 홍콩 출신인 스탠리 웡은 위험을 꺼려하는 경향이 중국 문화의 특성이라는 점에 동의한다. 의사 결정을 요청하면 중국 인력들은 나쁜 결정을 내릴까 두려워하며 그런 요청을 받는 것 자체를 벌로 여긴다.

이런 두려움을 감안할 때 중국인 관리자 또는 인력이 상사의 지시나 조언 없이 결정을 내려야 한다면 많은 사람들은 필요 이상의 시간이 걸려야 결정을 내린다. 그들은 문제를 해결하기 위해서 많은 친구나 가족에게 의견을 구하고 그런 다음에 비슷한 상황에서 이전에 어떤 결정이 있었는지 주의 깊게 검토한다. 지멘스 차이나의 언스트 베렌스 박사는 과거의 중국 정치와 경제 체제 때문에 40세가 넘은 중국 직원들은 개별적인 의사 결정보다는 집단적 방식을 사용한다고 말한다. 베렌스는 "중국 인력들은 업무상 문제에 대해 가족이나 친구와 의견을 나눈다. 그러나 체면을 잃을까 두려워 상사와는 논의하지 않는다. 여러분에게 문제를 의논할 때쯤이면 이미 아주 급박한 상황에 도달했을 때

"

이 나라는 '스스로 무엇이든 하지 말라' 는 사상에 기초해 건설되었다. 15년 전만 해도 자신의 의견을 내세우다가는 신상이 위태로워질 수도 있었다."

- 폴크마 뢰벨, 힐튼 상하이의 총지배인

이다."라고 말한다. 이런 뒤늦은 의사 소통 때문에 서양 출신 관리자는 당혹감을 느낀다. 그러나 베렌스는 이런 행동을 너무 심하게 나무라서는 안 된다며 "심하게 나무란다면 그 사람은 다음 날 사표를 낼 것이다."라는 주의를 준다. 직원이 회사를 그만둔다면 모두에게 득이 되지 않는다. 사직이라는 상황의 악화를 막기 위해서 외국인 관리자는 중국인의 의사 결정 방식을 이해해야 한다.

회피와 책임감 부족은 45세 이상의 세대에서 두드러진 현상이다. 콘/페리의 헬렌 탄타우는 "문화혁명기를 보냈거나 국영 기업 체제에서 일했던 사람에게 책임감 회피 경향이 나타난다. 즉, 그들은 '나는 의사 결정을 하지 않는다. 내 윗사람이 결정을 내릴 것이다' 라고 생각한다. 외국에서 자라고 교육받은 사람이나 개방 세대에게는 나타나지 않는 마음가짐이다."라고 말한다.

힐튼 상하이의 폴크마 뢰벨은 의사 결정을 피하는 경향은 변할 수 있다고 말한다. 독자적으로 문제를 해결할 수 있도록 권한을 단계적으로 부여하는 방안이 바로 해결책이다. 그는 "이 나라는 '스스로 무엇이든 하지 말라' 는 사상에 기초해 건설되었다. 15년 전만 해도 자신의 의견을 내세우다가는 신상이 위태로워질 수 있었다."라고 말한다. 1994년 중국에 와서 일을 시작했을 때 뢰벨은 호텔 직원들이 '규칙과 규정' 속에 숨으려 했다고 말한다. 즉, 아무도 책임을 지려 하거나 의사 결정을 내리지 않았다. '규율을 완화한' 호텔의 업무 환경을 구축한 후 뢰벨은 힐튼 상하이에 '생각만하지 말고 실천하라' 는 문화를 불어넣었다. 그는 "우리는 군대식 시스템을 변화시켰다. '말한 것을 실

'천' 하고 두려움으로 책임을 회피하지 않고 솔선수범하는 문화
를 정착시켰다."라고 말한다.

GM 차이나의 필립 머터프는 '팀워크 문화'를 촉진했다. 즉,
개별 인력은 팀원으로서 문제 해결에 기여해야 한다. 그는 이
방법이 두 가지 측면에서 유용하다고 말한다. 첫째, 팀워크 문화
는 팀원들이 개인을 의식하지 않고 기여를 하도록 촉진한다. 둘
째, 위계 질서를 약화시켜 팀원들이 자신의 제안 때문에 상사의
체면이 구겨질까 걱정하지 않아도 된다. 머터프는 팀이 '적정한
수준에서 결정을 내리도록 강제' 했다. 예를 들어, 그룹 구조는
GM 차이나가 아무 기능도 못하는 회의를 개혁하는 데 도움을
주었다. 그가 처음 이 회사의 경영권을 맡았을 때에는 관리자와
직원이 참석하는 회의에서 상급자만이 발언을 했다. "2년 내내
회의를 하면서 중국 측에서 나온 한 사람만이 회의에서 말을 했
다. 다른 사람들은 '좋은 생각입니다' 라는 말 이외에 아무 말도
하지 않았다."라고 머터프는 말한다. 그는 서두르지 않고 소규
모 그룹 회의에서 다른 인력에게 발언을 하도록 요청하기 시작
했다. "점진적인 프로세스였지만 사람들은 자신의 의견을 말하
기 시작했다. 우리는 회사 전체에서 인력들에게 업무를 위임한
다. 그들은 스스로 결정을 내릴 수 있기 때문에 여기서 일하는
것을 좋아한다."

스탠다드 차타드에서 스탠리 윙의 노력 또한 두려움이 가득
찬 마음자세를 느리지만 변화시킬 수 있다는 사실을 보인다. 윙
은 공개 칭찬이나 보너스 지급과 같은 단순한 방식을 통해 의사
결정을 인정하고 보상하는 기업 문화 창출을 위해 많은 노력을

중국 동료가 자신의 의
견을 내도록 격려해야
한다. 정직한 실수는 용
납될 수 있다는 기업 문
화를 창출하라.

기울였다. 그는 직원이나 동료에게 이따금 실수는 불가피하고 그로 인해 징계받지 않는다는 확신을 주었다. 경우에 따라서는 결과가 만족스럽지 않았어도 자발적으로 나서서 일을 한 직원에게 보상을 주었다. "경영진은 선의에서 시작한 실패를 인정해야 한다. 좋은 의도로 시작했다면 실패해도 그 노력은 인정받아야 한다."

핵심 성공 요소 #4: 윤리와 기준의 공유

합작기업이나 다국적기업과 중국 현지기업 사이에서 나타날 위험이 가장 큰 갈등은 서로 다른 윤리와 기준을 대충 타협하는 것이다. 다국적기업은 현지 파트너가 기업 관행과 절차를 확실히 채택하도록 방안을 찾아야 한다.

엘리 릴리 차이나의 크리스토퍼 쇼는 중국 업무에 국제 기준을 도입했던 자신의 방법을 설명한다. 중국에서 엘리 릴리의 모든 직원은 '빨간 표지의 책' 한 권을 받는다. 이 책에는 고객과 공급자를 응대하는 방법에 관한 분명한 지침을 제공하는 기업 방침이 담겨 있다.

매년 이 책의 내용을 상세하게 교육하고 기업의 브로슈어와 뉴스레터를 통해 추가로 교육한다. 쇼는 "중국은 매우 다른 관행을 보유하고 있다. 중국기업의 운영 방식 또한 서양과 다르다. 여러분은 회사 전체에 메시지가 명확하게 전달되도록 노력해야 한다. 나는 상당한 시간을 들여 기업의 윤리와 기준이 알려지도록 노력한다."라고 말한다.

일부 경우에 중국에서 기업 방침과 절차의 소개로 다국적기업이 현지 비즈니스 파트너와 마찰을 빚기도 한다. 합작기업 파트너는 국제 관행이 오히려 경쟁자에게 이익만 준다고 주장한다. 3M의 케네스 유는 이런 압력에 직면한 적이 있다.

"개발도상국에서 비즈니스 초창기에는 방법을 달리해야 한다. 즉, 다양한 사람의 이해 관계를 고려해야 한다. 우리는 모든 사람들이 공정한 이익을 찾도록 노력하지만 비즈니스 윤리에 관

중국 비즈니스 관행을 채택해야 하는 경우에도 기업 문화, 가치, 윤리 기준을 양보해서는 안 된다.

case study

소니 차이나의 다른 견해

소니 차이나에서 세이치 가와사키는 중국에 맞는 의사 소통 기법을 제안한다. 서양 출신의 관리자와 달리 중국에 부임한 이후에 그는 일본에서보다 직접적인 경영 스타일을 채택했다. 그는 "일본 사람들은 의사 표현을 정확히 하지 않는다. 서로 상대방의 생각을 추측한다. 그러나 중국 사람들은 훨씬 더 직접적이고 명료하다."라고 말한다. 가와사키는 중국 비즈니스맨들이 '서양 의사 소통 방식'에 더 가깝다는 사실을 깨달았다. 특히, 젊은 임원들 사이에 이런 경향이 두드러진다. 중국에서 5년 동안 근무한 이후에 가와사키는 중국인의 방식을 이해하게 되었다. 그는 "이 개방적 의사 소통 방식은 훨씬 효과적이다."라고 말한다.

가와사키는 중국에 오는 일본인 관리자에게 직장 문화가 일본과 같을 거라고 생각하지 말라는 주의를 준다. "많은 일본 사람들이 중국에서도 일본과 같은 접근 방식을 사용하려 한다. 그러나 중국 사람들은 훨씬 더 직설적이다. 반면에 일본 사람들은 상호간의 공간을 중요시한다. 따라서 일본의 의사 소통 방식을 그대로 사용해서는 안 된다."

해서는 아무런 타협도 하지 않는다." 유는 기업 기준을 유지하는 것이 얼마나 중요한지 설득하기 위해서 내부적인 갈등을 겪었다. 1980년대 후반에 처음 중국에서 일하기 시작했을 때 그는 대학을 갓 졸업하거나 국영기업 출신인 신규 영업 인력과 함께 일했다. 그들은 유에게 중국 시장에 맞게 방침을 바꾸라는 압력을 가하며 시장의 관행을 채택하지 않는다면 고객을 잃게 될 것이라고 경고했다. 그는 "초기에 우리는 고객을 잃었다. 그러나 당시 시장 관행을 그대로 따르하며 평판을 잃었더라면 현재 우리는 더 많은 고객을 잃었을 것이다."라고 말한다.

유는 중국에서 3M의 환경보호 방침을 시작하면서 비슷한 반발에 부딪쳤다. 유는 "엄격해지고 있지만 이곳의 환경법은 미국과 다르다."라고 말한다. 따라서 기업의 환경보호 방침은 중국 정부에서 요구하는 수준을 넘기도 한다. 그러나 유는 직원과 비즈니스 파트너에게 3M이 세계 어느 곳에서나 시행하는 절차를 따라야 한다고 주장했다. 이런 주장은 비즈니스 관계자의 반발에 부딪쳐 3M은 많은 돈을 낭비했다. "초기에 이런 방침은 회의를 불러왔다."라고 유는 말한다. 그래도 그는 중국의 합작기업에게 환경 기준을 계속 유지하라고 요청했다. "시간이 흐르면서 3M의 방침은 사회적 인정을 받게 되었고, 우리는 마침내 지역 정부로부터 혜택을 받게 되었다."

유는 다국적기업이 현지 중국 비즈니스 문화를 존중해야 하지만 일부 기업 문화는 지역 문화보다 우선시되어야 한다고 강조한다. 또한 중국에서의 3M의 성과는 고유한 기업 기준을 고수하는 것이 문제가 없다는 사실을 보여주는 증거라고 말한다.

결론

합작기업 또는 비즈니스 파트너십의 관리는 결혼 생활을 유지하는 것과 같다. 중국에 진출한 다국적기업은 우선 결혼할지(합작기업의 설립 여부) 아니면 혼자 살지(외국인독자기업의 설립)를 결정해야 한다. 이제 규제가 바뀌어 많은 분야에서 외국기업도 외국인독자기업(WFOEs)을 설립할 수 있다. 따라서 첫 단계는 현재 규제가 어떤지 명확히 파악하는 것이다. 우리가 인터뷰한 대부분의 중국 전문가는 법이 허용한다면 외국인독자기업을 설립하라고 권고했다. 하지만 합작기업도 상당한 이익을 제공할 수 있다는 점을 인정했다. 특히, 정부와 협상할 필요가 있거나 시장에 대한 상세한 정보, 기존의 운영 기반이 필요할 경우 합작기업은 유용하다. 합작기업이나 비즈니스 파트너십을 선택한 다국적기업은 다음 요약 핵심 조언을 참조하기 바란다.

요약: 비즈니스 파트너와의 협력

합작할 것인가?

1. 규제를 파악하라

중국에 처음 진출하는 기업은 여러분 산업과 기업, 진출 대상 지역에 어떤 규제가 있는지 철저히 조사해야 한다. 6개월 전에는 옳았던 규제가 지금은 변해 다른 규제로 바뀌어 있을 수도 있다.

2. 합작기업을 반대하는 주장

어떤 구체적인 이익을 위해서가 아니라면 합작기업을 피하라. 외국인독자기업은 일반적으로 운영하기가 간단하고 신속하며 효율적이다.

3. 합작기업에 찬성하는 주장

외국인독자기업이 직접 하기 힘든 일로서 현지 관계 당국과의 연결이 필요할 때 현지 파트너와 합작기업을 설립하라.

파트너의 선정, 파트너십 조건

1. 약하고 조용한 파트너를 선정하라

규제 때문에 비즈니스에 제한적인 가치를 창출할 합작기업을 설립해야 한다면 쉽게 통제할 수 있는 약한 파트너를 선택한다.

2. 활동적이고 가치를 더해주는 파트너를 선택하라

정부와 협상 능력, 비즈니스 네트워크, 현지 비즈니스 문화와 환경에 대한 정보, 인력과 운영 능력, 확실한 고객을 보유한 파트너를 찾아야 한다.

3. 파트너를 파악하라

파트너를 파악하기 위해서 자세한 정보와 기록을 검토하고 운영 상태를 직접 확인하고 현장을 방문해야 한다. 그리고 그 파트너를 잘 아는 산업 관계자로부터 해당 파트너에 관한 정보를 수집하는 노력을 기울여야 한다.

4. 목표를 조율하라

여러분과 합작기업의 파트너는 목표와 우선순위에 동의하는 것이 매우 중요하다. '동상이몽'은 합작기업의 파트너십을 와해시키는 결과를 초래한다.

5. 올바른 '조건'을 설정하라

합작기업을 설립할 때 새로운 조직에 기존의 기업 문화가 정착되는 것을 피하려면 처음부터 새롭게 조직을 건설하는 것이 최선의 방법이다. 50:50의 지분 비율을 피해야 한다. 그리고 합병이나 인수와 같은 대안을 고려한다.

파트너 관계의 관리

1. 상호 신뢰

다국적기업이 중국에서 오랫동안 활동하고 양측이 모두 이익을 보도록 노력한다는 확신을 줌으로써 합작기업 파트너 사이에 신뢰감을 구축해야 한다.

2. 원활한 의사 소통

중국 파트너와 의사 소통할 때 그들의 '체면'을 세워주는 것을 명심하라. 때때로 간접적인 의사 소통이 더 효과적이다.

3. 효율적인 의사 결정

중국 동료가 자신의 의견을 내도록 격려해야 한다. 정직한 실수는 용납될 수 있다는 기업 문화를 창출하라.

4. 윤리와 기준의 공유

중국 비즈니스 관행을 채택해야 하는 경우에도 기업 문화, 가치, 윤리 기준을 양보해서는 안 된다.

제4장

본사와의 의사 소통

"우리 CEO와 모든 리더들은 지난 24개월 동안 중국에 극도로 집중했다. 중국은 최근 경제의 하락 추세를 보이지 않는 몇 안 되는 국가이기 때문이다."
- 찰스 브라운, 듀폰 차이나의 사장

- 의사 소통에서 발생하는 문제
- 중국 비즈니스의 성장 국면
- 중국 지사와 본사의 이상적인 의사 소통
- 결론

서론

국제 통신 기술이 아무리 빠르고 강력해도 중국에서 활동하는 다국적기업의 외국인 관리자는 여전히 본사와 통신 문제에 심각한 어려움을 겪는다. 사실, 우리가 인터뷰한 최고경영진 20명은 중국의 상황을 보고하고 도움을 요청하기 위해서 미국, 유럽 또는 아시아의 본사와 원활하게 의사 소통을 하기 힘들다고 말한다. 간단히 말해서 중국의 상황을 본사에 전하는 것 자체가 어려운 일이 될 수 있다. GE 차이나의 스티브 슈나이더는 다음처럼 설명한다. "여러분은 두 가지 형태로 의사 소통 활동을 한다. 하나는 여러분 회사를 중국에 알리는 활동이고, 다른 하나는 중국을 여러분 회사에 알리는 활동이다. 둘 다 어려운 활동이다. 특히 중국을 여러분 회사에 알려야 할 때 극복해야 할 많은 어려움이 있다." 로레알 차이나의 파올로 가스파리니는 의사 소

통의 어려움을 좀 더 간결하게 설명한다. "상하이에 사는 사람
들은 파리에 사는 사람들과 비전이 틀리다."

의사 소통이 원활하지 못할 때 오해가 생겨나며 비즈니스는
어려움을 겪는다. 외국인 관리자가 직면하는 가장 흔한 오해는
본사가 중국 합작기업에 비현실적인 성장률 목표를 요구하는
것이다. 스탠다드 차타드 차이나의 CEO인 스탠리 윙은 "우리
본사는 중국이 매우 큰 시장이라고 인식한다. 그러나 중국은 장
기적인 안목에서 바라봐야 할 시장이기도 하다. 중국을 여전히
잠재력이 큰 시장으로 인식해야지 바로 수익을 올릴 수 있는 시
장으로 봐서는 안 된다."라고 말한다. 그는 중국에서 만나는 여
러 장애물을 설명하기 힘들 수도 있다고 말한다. 이런 장애는
본사가 있는 런던에서는 존재하지 않기 때문이다.

정반대 문제 역시 일어난다. 본사 임원들은 불필요하고 현명
하지 못하게 중국 비즈니스에 대한 신뢰를 잃는다. 본사 리더들
이 중국을 한 번도 방문하지 않았다면 그들은 결국 이 나라가
'투자하기에 훌륭한 곳'이라는 것을 제대로 인식하지 못할 가
능성이 있다.

우리가 인터뷰한 중국 전문가들이 반복해서 강조하는 메시지
는 중국의 외국인 관리자가 본사에서 받는 지원의 양은 본사가
중국 비즈니스 환경을 얼마나 잘 이해하느냐에 달려 있다는 것
이다. 따라서 본사와의 원활한 의사 소통은 중국 비즈니스 성공
에 매우 중요하다. 대표적인 사례로 소니를 들 수 있다. 소니 차
이나의 세이치 가와사키는 본사에서 받는 지원이 급격하게 변
화하는 모습을 목격했다. "5년 전 내가 중국의 발전 가능성을 설

명했을 때 일부 본사 사람들은 망설였다. 그러나 현재 일본의 대중국 투자가 증가했기 때문에 더 많은 사람들이 중국의 발전 가능성을 이해하게 되었다. 따라서 지금 본사를 설득하는 일은 훨씬 쉬워졌다."

사실, 가와사키는 아시아 어느 곳에서 근무했을 때보다 현재 본사의 지원을 쉽게 받고 있다. 소니 차이나 비즈니스를 위한 의사 결정이 지금은 상당히 효과적으로 이루어진다. 이는 최고경영진이 중국에 많은 관심을 두고 있기 때문이다.

이 장은 중국에 진출한 최고경영진과 컨설턴트 28명이 제공한 본사와의 효과적인 의사 소통에 관한 조언에 초점을 둔다.

의사 소통에서 발생하는 문제

중국에 진출한 경영진은 본사와 의사 소통을 하면서 주로 세 가지 어려움을 겪는다(그림 4.1 참조).

- 지리적 격차(시차 포함)
- 정보의 격차(중국에 대한 본사의 지식 부족)
- 문화적 격차(중국에 대한 잘못된 관념)

이런 문제들을 명확히 파악해 해결하지 않으면 이 문제들은 다국적기업의 중국 비즈니스를 저해하거나 파괴시킬 수 있다.

그림 4.1
본사와 중국 지사
사이의 의사 소통 문제

지리적 격차

본사의 최고 의사결정자와 멀리 떨어져 있을 때 몇 가지 어려움을 피할 수 없다. 듀폰 차이나의 사장인 찰스 브라운은 '우리는 여기에 있고 우리는 이 나라에서 일어나는 일을 훨씬 더 잘 파악하고 있다' 는 이유 때문에 본사와 의견 충돌을 빚는다고 말한다. 그는 중국에서 긴급하고 중요해 보이는 문제가 피츠버그나 파리에 있는 경영진 눈에는 그리 급박하지도 않고 중요성도 떨어지는 것처럼 보인다고 지적한다. 그리고 본사와 멀리 떨어진 중국 지사가 본사와 가까운 경쟁 지사와 자금이나 자원을 놓고 경쟁을 벌일 때 특히 어려움이 크다. 브라운은 눈에서 멀어지면 마음도 멀어진다는 속담처럼 "여러분이 본사에서 멀어진다면 시스템에서 멀어지기 때문에 이것이 바로 문제다."라고 말한다.

본사의 상사와 전화 통화를 하기 위해서 일정을 조정하는 단순한 행동도 시차 때문에 불편을 겪는다. 시차 때문에 상하이에 있는 관리자들은 브뤼셀의 상사와 통화하기 위해서 오후 2시까지 기다려야 하며 로스앤젤레스와 통화하려면 새벽 1시까지 기다려야 한다. 많은 중국 파견 관리자들은 사무실에서 업무 시간을 끝낸 이후에도 상사와 전화하려고 밤늦게까지 사무실에 남아 있어야 한다.

중국 전문가들이 발견한 두 번째 문제는 아시아에 대한 관심이 높아지고 있지만 상대적으로 아시아를 이해하는 정도가 낮다는 점이다. 3M 차이나의 케네스 유는 이 지역에 대한 지식이 지난 20년간 꾸준히 증가했다고 말한다. 1984년에 유의 전임자가 상하이에 대표 사무소를 개설하자고 제안했을 때 본사의 반응은 '상하이가 어디에 있는가' 였다. 요새는 이런 반응이 없지만 유는 현재 서구 사회에 불고 있는 '중국 붐'을 시장 조건과 비즈니스 문화 또는 경제 개발에 관한 깊은 이해로 해석하기 힘들다고 지적한다. "〈포춘〉지 선정 500대 기업의 임원에게 중국(비즈니스)은 여전히 기업의 전체 활동 중 일부에 불과하다. 일반적으로 〈포춘〉지 선정 500대 기업에서 본사 임원이 중국을 이해하는 정도는 매우 제한적이다. 물론, 중국은 많은 관심을 받고 있다. 그러나 중국에 대해 무엇을 알고 있는가를 물어보면 그들은 중국에는 많은 기회가 있더라는 식으로 대답할 뿐이다. 즉, 피상적인 지식밖에 보유하고 있지 않다."

지멘스 차이나의 언스트 베렌스 박사도 비슷한 상황을 설명한다. "일반적으로 유럽에서 중국에 대한 이해는 아주 실망할 정도다. 사람들은 중국이 시장을 상당히 개방했고 매우 성공적인 경제 성과를 내고 있다는 사실을 알고 있다. 그러나 여전히 중국을 이전의 소련처럼 정치 체제가 낙후되었고 개인의 자유가 별로 없는 나라라고 여긴다." 그는 유럽에서 중국을 처음 방문하는 친구나 동료 대부분이 유럽과 다를 바 없는 개인적 자유를 누리는 중국 사람을 보고 놀란다고 말한다. "대부분이 실제 중국 사람들의 생활 모습과 중국이 경제를 관리하고 산업을 발전시키는 방법을 보고 충격을 받는다."

중국 생활에 대한 잘못된 인식은 비즈니스 기회를 잘못 이해하는 결과를 낳을 수 있다. 마이크로소프트의 준 탕은 "일부 서양 사람들은 중국이 여전히 자전거 시대에 살고 있다고 생각한다."라고 말한다. 그는 최근에 상하이를 방문한 미국 동료에게서 이런 잘못된 인식을 직접 확인할 수 있었다. 그 동료는 상하이에 자동차가 얼마나 많은가를 물었고, 열 대에서 스무 대 정도 있지 않겠느냐고 농담을 던졌다. 이 동료는 도착하자마자 상하이의 번잡한 고속도로, 지하철 노선, 자기부상열차를 보고 충격을 받았다. 탕은 이런 오해가 비즈니스 의사 결정에도 영향을 미친다고 지적한다. 이런 이유로 그는 중국의 비즈니스 계획과 관련해 본사의 잘못된 인식을 고치려고 수시로 노력한다.

다행히도 우리가 만난 중국 전문가 일부는 서구 사회에서 중국에 대한 관심이 높아지면서 이런 정보의 격차가 줄어들고 있다고 말했다. 엘리 릴리 차이나의 크리스토퍼 쇼는 북미 지역에서 중국에 관해 새로운 호기심이 생기고 있는 현상을 관찰했다. 그는 "사람들은 중국을 흥미롭고 가보고 싶은 나라로 생각한다."라고 말한다. 방문자 대부분은 편견과 부정확한 '과거 이미지'를 갖고 중국에 와서 잘못된 생각을 바로 고친다. 쇼는 "나는 가능한 한 본사 사람들이 많이 이곳에 오기를 바란다. 그들은 중국 인력의 질과 발전하고 개발하려는 중국의 의지를 직접 확인해야 한다."라고 말한다.

정보와 문화적 격차

상하이 도로에서 볼 수 있는 자동차 대수 또는 실제 데이터에 관한 그릇된 인식은 오히려 쉽게 바로잡을 수 있다. 중국 전문가들에 따르면 바로잡기 정말 힘든 것은 문화적 차이에서 생기는 오해다. 즉, 중국의 비즈니스 관행이 본국과 어떻게 다르고 왜 다른지 잘못 이해하는 것이다.

에어버스 차이나의 가이 맥로드는 자신의 일상 업무 중에 '이곳이 다른 이유'를 본사에 설명하는 일도 포함된다. 예를 들어, 맥로드는 본사 사람들에게 중국에서 비즈니스 결정이 최종처럼 보여도 최종이 아님을 수시로 환기시킨다. 그는 중국에서의 협상 방식이 다른 곳과 다르다는 사실을 다음처럼 설명한다. "유럽이나 미국에서 '예'라는 말은 말 그대로 '예'를 의미한다. 따라서 우리는 공통 목표를 달성하기 위해 협력할 수 있다. 그러나 중국에서 '예'가 항상 '예'를 뜻하지 않고 '아니오'도 항상 '아니오'를 뜻하지 않는다." 다시 말해서 중국 파트너가 구두나 문서로 약속했다고 해서 항상 그 계약이 그대로 지켜지는 것은 아니라는 의미다. 전통적으로 중국 비즈니스 문화는 계약의 세부 내용보다는 당사자의 장기적 관계를 구축하는 데 중점을 둔다. 예를 들어, 서양 바이어는 중국 공급자가 예상치 못한 생산 차질을 겪을 때 계약보다 적은 수량을 받아들일 수 있어야 한다. 적은 수량이라도 받아들이겠다는 행동은 굳건한 관계를 지속하겠다는 의지의 표현이다.

맥로드가 본사 임원에게 알려주는 중국에 관한 또 다른 교훈은 절대로 포기하지 말라는 것이다. 중국 비즈니스가 제대로 진행되고 있지 않아 곤궁에 빠져도 예상치 못한 해결책이 나타날 수 있다. 중국에서 비즈니스 협상은 끝까지 가봐야 그 결과를 알 수 있다. 맥로드는 "내가 중국에 관해서 해줄 수 있는 한 가지 조언은 중국에서는 모든 것이 어렵지만 또한 모든 것이 가능하다는 것이다."라고 말한다.

서양 출신 상사가 이해하기 어려운 부분은 중국 비즈니스 협상에서 나타나는 정치적인 측면이다. 특히, 다국적기업이 중국 비즈니스를 새로 시작하거나 확장할 때 다양한 정부 기관에서 승인을 받아야 한다. 관련 공무원은 비즈니스 목적이 아닌 정치적 목적에 잘 부합하는지 여부에 따라 해당 프로젝트를 평가한다. "런던 본사에 있는 임원은 국가 이익이라는 관념이 얼마나 비즈니스에 영향을 미치는지 이해하는 것이 중요하다." BP 차이나의 개리 더크스 박사는 본사 임원이 비즈니스 의사 결정을 하기 위해서는 시나 성에서 중앙정부에 이르기까지 다양한 정부 기관의 역할을 이해해야 한다고 생각한다.

중국 비즈니스 환경의 빠른 변화는 중국에서 근무하는 관리자가 본사와 의사 소통을 하는 데 또 다른 어려움을 만들어낸다. 그래서 맥킨지의 상하이 지사장인 고든 오어는 "다국적기업에게 중국의 성장 속도는 다루기 가장 힘든 부분이다. 시장의 규모에 비해 규제의 변화 속도가 매우 빠르다. 변화의 속도가 빠르기 때문에 다국적기업의 중국 비즈니스 담당자가 일 년 전과 상황이 바뀐 이유를 파악하고 그에 맞는 의사 결정을 내리기 위해서 충분한 정보를 파악하기란 여간 힘든 일이 아니다."라고

"
현재 시장 중심적 환
경에서 여러분은 빠
르게 반응해야 한다.
그러나 본사와 의사
소통에 걸리는 시간
은 매우 길 수 있다."
- 브라이언 후앙, 베
어링 포인트 수석 부
사장이며 중국 총괄
담당 사장

말한다. 오어는 맥킨지가 중국에 진출한 다국적기업 고객을 돕는 과정에서 부딪히는 핵심 도전의 하나가 바로 빠른 변화를 파악하는 것이라고 말한다.

격차 = 느린 의사 결정 = 기회 상실

중국 비즈니스 환경이 빠르게 변하는 상황을 가정하면 신속하고 민첩한 적응은 성공에 큰 영향을 미치기도 한다. 그러나 본사가 의사 결정을 해야 한다면 빠른 반응은 거의 불가능하다.

베어링 포인트의 브라이언 후앙 박사는 그의 고객이 본사와 관련해 직면하는 가장 심각한 문제가 아주 느린 의사 결정이라고 말한다. "현재 시장 중심적 환경에서 여러분은 빠르게 반응해야 한다. 그러나 본사와 의사 소통에 걸리는 시간은 매우 길수 있다."

후앙은 외국인 관리자들이 느끼는 좌절을 다음과 같은 우스운 사례를 들어 설명한다. 상하이에서 한 현지 관리자는 밖에비가 오는 모습을 보고 본사에 우산을 구입해도 되겠냐고 연락을 취했다. 본사와 우산 구입 문제를 논의한 지 6주 후에 그는 다음과 같은 답변을 받았다. "우산이 필요한 이유가 무엇인가? 가장 좋은 교육 방법은 직접 비를 맞아보는 것이다."

다국적기업이 일정 규모에 도달하고 비즈니스가 성숙된 후에는 중국 관련 비즈니스에서 일반적으로 권한의 위임이 생겨난다. 그래서 본사에 문의하지 않고도 독자적으로 더 많은 의사

결정을 내릴 수 있다. 자율성이 커지면서 본사와의 의사 소통은
더 원활해지고 마찰이 줄어들며 현지 운영은 전략적 파트너의
지위를 달성한다.

중국 비즈니스의 성장 국면

중국과 본사의 관계를 확립하고 유지하는 데 필요한 조언은
다국적기업의 중국 운영이 어떤 발전 단계에 도달했느냐에 달
려 있다. 우리가 인터뷰한 중국 전문가들이 언급한 문제와 그
문제에 대한 최선의 해결책은 현지 비즈니스의 규모와 범위, 성
숙도에 따라 크게 변한다.

우리가 만난 중국 전문가들은 다국적기업의 해외 비즈니스에
서 전형적으로 나타나는 3단계 발전 국면을 설명하면서 국면에
따른 본사와의 원활한 관계를 유지하는 데 필요한 조언을 제시
한다.

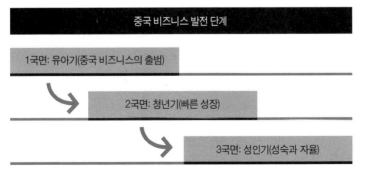

그림 4.2
중국 비즈니스 발전
3단계

1국면: 유아기(중국 비즈니스의 출범)

다국적기업이 중국에서 비즈니스를 확립하는 초기 국면에는 임원 한 명이 상하이나 베이징에 혼자 와서 비즈니스 기회를 개척한다. 우리가 인터뷰한 최고경영진 20명 중 6명이 이런 개척자 역할을 하기 위해 중국에 왔다. 이 국면에서 본사와의 의사소통은 간단한 형태를 띠게 마련이다. 즉, 현지 중국 담당 관리자가 본사의 상사와 정기적으로 상황을 점검하는 정도에 그치기 쉽다.

BP, 지멘스, 로레알, 힐튼, 마이크로소프트에서 우리가 인터뷰한 경영진은 중국에서 이런 초기 개척자 생활을 오랫동안 경험했다. 로레알의 파올로 가스파리니는 직원 한 명과 화장품 샘플이 담긴 가방 하나를 들고 1996년에 상하이에 도착했다. 2005년에 이 회사는 중국에서 가장 큰 화장품 기업이 되었다. 마이크로소프트 차이나를 경영한 준 탕은 지난 6년 동안에 이 회사를 상하이에만 직원을 400명이나 둔 규모로 발전시켰다. 개리 더크스 박사가 BP에서 11년간 근무하는 동안에 이 회사는 중국에서 가장 큰 외국인 투자사가 되었다. 더크스는 "현재 BP에서 1995년에 내가 이곳에 도착했을 때의 모습을 전혀 찾아볼 수 없다."라고 말한다. 빠른 성장을 하는 동안에 더크스의 역할은 개별적인 활동에서 전략적인 활동으로 크게 변했다.

초기 국면에는 중국 총괄 책임자가 본사와 모든 의사 소통의 부담을 져야 한다. 즉, 책임자는 중국에서 수집한 정보를 본사에 전달하고 본사로부터 지시를 받아 수행해야 하는 힘든 일을 맡아야 한다. 알카텔의 도미니크 드 보아시종은 중국 지사와 본사의 의사 소통을 담당하는 유일한 창구 역할을 하느라 매우 힘들었던 초창기 시절을 기억한다. "중국에 처음 왔던 1997년에는 하루 종일 사무실에서 전화를 붙잡고 살았다. 정말 힘든 시절이었다. 내 상사는 파리에 있었지만 제품 생산 공장은 전 세계에 흩어져 있었다. 이들과 의사 소통을 하느라 하루 종일 전화만 했던 기억이 난다. 힘든 시절이었다."

중국과 본사의 의사 소통을 위해 한 사람에게 의존하는 방식은 간편하고 명확하지만 회사에 위험을 초래할 수도 있다(그리고 담당자를 매우 힘들게 만들기도 한다). 다행히 이런 시기는 오래 지속되지 않는다. 기업들 대부분은 유아기에서 빠른 성장이 진행되는 '청년기'로 들어선다.

2국면: 청년기(빠른 성장)

'성장에 박차를 가하는' 기간에 중국에 진출한 다국적기업은 인력을 확충하고 생산을 늘리며 새로운 시장에 진입하고 신제품을 출시하는 등 비즈니스를 확대한다. 이 단계에서 본사와의 의사 소통에 더 많은 사람들이 관여하고 새로운 관계자가 참여하며 따라서 새로운 문제가 발생될 가능성도 높아진다.

까르푸 차이나는 이 국면에서 본사와 의사 소통을 구축하는 좋은 사례를 제시한다. 쟝 룩 셰로가 1999년에 중국 비즈니스를 담당하게 되었을 때 까르푸 차이나는 14개 매장을 운영하고 있었다. 2003년이 되자 이 숫자는 두 배 이상 늘어났고 해마다 10~15개 매장이 새로 개설될 예정이다. 지난 4년간 중국에 근무하면서 셰로는 부문 관리자 7명으로 구성된 팀을 감독하고 있다. 이 관리자들은 셰로에게 보고를 하고, 그는 상급자 두 명에게 보고를 한다. 한 명은 홍콩에 있는 지역 감독자이고 한 명은 파리에 있는 본사 감독자이다. 셰로는 "아주 간단한 보고 구조다. 불필요한 중간 단계를 생략한 의사 소통 구조다."라고 말한다. 홍콩과 파리에 있는 상급자가 중국을 이해하고 중국이 회사의 전략에서 차지하는 중요성을 이해하기 때문에 그는 두 상급자와 원활한 의사 소통을 할 수 있다고 말한다.

까르푸와 다르게 필립스는 중국에서 빠른 성장 국면을 진행하면서 다른 기업 구조를 개발했다. 이 회사가 1985년 중국에 다시 진출했을 때 일련의 독립적인 개별 생산 부문을 구축했다. 각 부문은 개별 합작기업처럼 운영된다. 필립스 차이나의 데이비드 창은 제품에 따라 시장 상황이 매우 빠르게 변하기 때문에 개별 제품을 별도의 회사에서 개발하고 마케팅을 펼쳐야 한다고 본사에 설명했다. 그는 "필립스는 매우 분명한 방침을 펼치고 있다. 즉, 가능한 업무를 위임하고 책임을 개별 조직에 분산하는 방침이다."라고 말한다. 중국 지사와 본사의 단일화된 의사 소통 창구를 구축하는 대신에 이 회사는 가능한 한 개별 조직이 해당 제품을 관할하는 본사 조직에 보고를 하는 구조를 운영한다.

현재 필립스는 중국에 법적으로 독립된 조직 34개 이상을 운영하고 있으며, 이 조직은 2만 명이 넘는 인력을 채용하고 있다. 중국에서 20년 넘게 비즈니스를 하면서 필립스 차이나가 다소 복잡한 기업 구조를 보유하게 되었다는 점이 이런 체계에서 생기는 단점으로 지적할 수 있다. 창은 "필립스는 중국에 너무 흩어져 있다."라고 말한다. 규모가 크고 다양한 비즈니스를 관리하려면 '다소 응집력 있는 접근 방식'이 필요하다. 2002년에 필립스 차이나의 경영을 맡은 이후 그의 첫 번째 과제는 '부문간 조화'를 위해 조직을 재편하는 작업이었다. 창은 인력 관리와 회계 정책을 표준화하고 재무 관리를 집중화하며 전반적인 전략을 수립하는 작업을 진행했다. 이 과정에서 직면한 가장 큰 문제는 2008년 베이징 올림픽에 필립스의 제품과 서비스를 제공하는 계약을 맺는 것으로, 이 계약을 성사시키기 위해서 각 부문의 긴밀한 협력이 필요했다. 창은 "이제 필립스는 하나의 필립스라는 접근 방식이 마침내 필요하게 되었다."라고 말한다.

듀폰도 필립스와 마찬가지로 중국에서 분산된 비즈니스 속에서 빠른 성장을 달성하면서 문제에 직면한 사례다. 중국 비즈니스를 책임지는 핵심 인물인 찰스 브라운은 중국 전역에서 비즈니스를 펼치는 개별 단위를 조정하고 관리하는 역할을 맡고 있다. 1984년에 중국에 다시 진출했을 때 듀폰은 베이징과 상하이에 대표 사무소를 개설했다. 중국 전역에서 비즈니스를 시작하면서 듀폰은 지주회사의 설립을 허용하도록 중국 정부에 로비를 벌였다. 브라운은 이 회사의 목표가 '비즈니스를 일관되게 진행하고 모든 비즈니스를 공통 문화와 가치로 통합하는 것'이었다고 말한다.

듀폰은 1988년에 중국에서 지주회사의 설립을 허가받았다. 브라운은 지주회사의 구조가 중국에서 비즈니스를 관리하는 효율적인 방법이라고 말한다. "지주회사는 매우 효율적인 관리 방식이다. 여러분은 모든 비즈니스 지원과 서비스를 긴밀히 연결해 레버리지 효과(leverage, 지레 효과)를 낼 수 있다." 현재 듀폰 차이나 홀딩(Du Pont China Holding Co.)은 지주회사로서 중국 전역에서 비즈니스를 벌이는 21개 부문을 '연계' 시키고 있다. "중국 총괄 담당자로서 나는 각 부문이 올바로 비즈니스를 벌이는지, 기업의 관점에서 제대로 성장하고 있는지, 최대한 빠르게 성장하는지, 그리고 기회를 놓치고 있지 않은지를 감독한다."라고 말한다. 그는 모든 중국 비즈니스를 감독하면서 중국에 관한 정보를 본사에 전달해 적절한 전략을 수립하고 시행한다. BP 차이나와 소니 차이나도 듀폰과 비슷한 지주회사 구조를 유지하고 있다.

3국면: 성인기(성숙과 자율)

다국적기업이 특정한 규모와 성숙에 도달한 이후에 중국에 진출한 경영진은 일반적으로 본사와 협의 없이 의사 결정을 내릴 수 있는 자율성을 허락받는다. 더 많은 의사 결정을 독립적으로 할 수 있을 때 본사와의 의사 소통은 원활해지고 간단해지며 마찰도 적게 발생한다.

이 국면에서 현지 비즈니스는 본사와 전략적 파트너 관계를 달성한다. 이에 관해서 이 장의 다음 부분과 마지막 부분에서 자세히 설명할 것이다.

중국 지사와 본사의 이상적인 의사 소통

중국에서 다국적기업이 비즈니스를 성장시키는 기간 내내 본사와의 의사 소통과 지원은 성공을 위한 핵심 요소이다. 바이엘 차이나의 CEO인 엘마르 스타첼스 박사는 이상적인 양방향 의사 소통을 다음처럼 설명한다. "여러분이 본사에 충분한 정보를 제공하지 않는다면 본사의 올바른 의사 결정을 기대할 수 없다. 본사가 중국 비즈니스를 이해할 수 있도록 정보를 제공하는 것이 우리의 책임이다." 결국 핵심은 중국 지사와 본사는 충분히 대화하고 서로를 존중해야 한다는 것이다.

서로 존중하고 이해하려는 마음이 있어도 중국 지사와 본사 사이의 의사 소통이 원활하지 못할 때가 있다. 의사 소통의 단절을 막기 위한 방법을 물었을 때, 중국 전문가들은 효과적인 의사 소통을 위한 네 가지 핵심 성공 요소(CSF, critical success factor)를 제시했다.

- 중국 비즈니스에 대한 본사의 헌신
- 본사 핵심 인력의 중국 파견
- 본사의 중국 이해(주요 인사 방문 주선, 중국에 관한 교육)
- 중국 지사에 권한 위임(중국 비즈니스에 자율성 부여)

CSF #1: 중국 비즈니스에 대한 본사의 헌신

중국 지사와 본사의 성공적인 관계를 위해 필요한 첫 번째 요소는 중국 비즈니스에 대한 회사 최고경영진의 헌신이다.

그림 4.3
중국 지사와
본사의 꾸안시

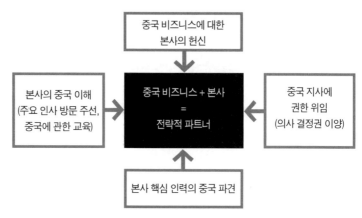

우리가 인터뷰한 외국인 관리자 20명 대부분은 고위 경영진의 전폭적인 지원을 받았다고 말했다.

듀폰 차이나가 받은 지원이 대표적인 사례다. 이 회사의 사장인 찰스 브라운은 "우리 CEO와 고위 경영진은 지난 24개월 동안 중국에 대단한 관심과 집중을 보였다. 이 나라는 전체 경제가 조금의 하락 기미도 보이지 않는 몇 안 되는 나라 중 하나다."라고 말한다.

마이크로소프트도 의사 결정을 하면서 듀폰과 비슷한 모습을 보였다. 마이크로소프트 차이나의 사장인 준 탕은 "중국은 마이크로소프트에게 가장 우선순위가 높은 시장이다. 모든 사람들이 이 나라를 절대로 잃어서는 안 된다고 생각한다."라고 말한다. 최고경영진은 준 탕에게 야심찬 성장 계획을 세우도록 허락했다. "나는 중국 지사가 향후 3년에서 5년 동안 마이크로소프트의 그 어떤 지사보다 빠르게 성장하기를 원한다. 현재 중국 지사는 매년 30~50%씩 빠르게 성장하고 있다. 그러나 여기서 만족하지 않고 중국 지사가 모든 지사들 중에 가장 성장 속도가 빠른 지사가 되어야 한다."

지멘스 차이나의 언스트 베렌스 박사도 본사 고위 경영진에게 확실한 지원을 받고 있다고 말한다. "1999년에 지멘스의 CEO인 하인리히 본 피에러(Heinrich von Pierer) 박사가 '우리는 중국에 진출해야만 한다. 중국은 우리가 미래에 성공하기 위해 없어서는 안 될 시장이다' 라는 말을 한 이후로 우리는 전폭적인 지원을 받았다."

BP 차이나의 개리 더크스 박사도 최고경영진의 지원이 중국 지사와 본사의 효과적인 관계를 위해서 필수적인 요소라는 점에 동의한다. "회사는 중국에서 무엇인가를 해야 한다고 깊은 관심을 보였다. 여러분 프로젝트에 관심을 보이는 최고경영진이 두세 명만 된다면 모든 일을 쉽게 진행할 수 있다. 그들에게 의견을 말하고 그들이 귀 기울여 듣는다면 많은 시간을 아낄 수 있다."

본사의 최고경영진에게서 중국 비즈니스에 관한 지원을 받도록 노력하라. 의사 결정자 두세 명이 중국 비즈니스에 관심을 보인다면 여러분은 중국 비즈니스를 훨씬 수월하게 진행할 수 있다.

CSF #2: 본사 핵심 인력의 중국 파견

외국인 관리자들은 본사와의 원활한 관계에 필요한 핵심 성공 요소로 중국 비즈니스를 이끌 관리자가 독자적으로 의사 결정을 내릴 수 있는 능력과 권한을 보유하고 그 사람의 의견과 권고가 존중받아야 한다고 말한다.

맥킨지의 상하이 지사장인 고든 오어는 중국 비즈니스를 총괄할 담당자가 갖추어야 할 핵심 역량이 본사에서 받는 신뢰라고 고객에게 말한다. 그는 본사에서 훌륭한 성과를 달성한 사람을 중국에 파견하라고 조언한다. 오어는 "여러 측면에서 기업 전반에 관한 깊은 지식은 중국에 대한 깊은 지식보다 중요하다."라고 말한다. 중국 비즈니스 총괄 담당자는 많은 현지 인력에게서 중국 비즈니스 관행을 배울 수 있다. 그렇기 때문에 정작 가장 중요한 역량은 바로 본사와 효율적으로 일할 수 있는 능력이다. 이와 대조적으로 본사에서 '역량을 인정받지 못한' 중국 총괄 책임자는 본사 최고경영진의 지원을 얻지 못하는 심각한 문제에 직면한다. 오어는 "조직에서 중요한 인물을 중국에 파견하기를 권한다."라고 말한다.

베어링 포인트도 중국에 진출한 다국적기업 고객에게 비슷한 전략적 조언을 한다. 브라이언 후앙 박사는 중국에서 성공하기 위해 가장 중요한 요소는 '제품 전략, 마케팅 전략, 인력 관리 전략을 결정할 수 있는 더 많은 권한을 중국 지사에 부여하는 것'이라고 지적한다. 일단 비즈니스가 구축되고 성숙되었다면 중국 현지 경영진은 일상 비즈니스를 통제할 권한을 부여받아야 한다. 자금 배분이나 브랜드 정책의 변화와 같은 영향력이 크게 미치는 결정만 본사에서 하면 된다.

로레알 차이나의 파올로 가스파리니는 파리에 있는 상사가 그에게 자율권을 부여하지 않았더라면 성공할 수 없었을 것이라고 말한다. 그는 "여러분은 본사의 신뢰를 얻은 사람을 중국에 파견해야 한다."라고 말한다. 로레알의 국가 총괄 책임자로 15년간 일했던 가스파리니는 본사에서 능력을 인정받고 신뢰를 얻었다. "내가 무엇인가를 말한다면 본사 사람들은 내 말에 귀를 기울인다."

가스파리니는 자신과 파리에 있는 자신의 상사가 '동일한 목
표'를 지니고 있었지만 이 목표를 실행하는 방법을 결정하는 권
한은 자신에게 있었다고 말한다. 그는 "여러분이 이곳에서 본사
의 지시만 수행한다면 그들은 여러분을 그다지 필요하다고 생
각하지 않는다. 중국에 적용할 수 없는 지시에 맞서고 변경을
요구하는 일은 내 책임이다."라고 말하며 중국 상황에 맞게 계
획을 변경하고 수정했다고 덧붙인다. 그는 본사와 중국 지사 모
두 만족시키려고 노력하지만 때때로 본사와 맞서 싸울 필요도
있다고 말한다. "항상 '예'라고 말할 수는 없다. 충분히 논의해
보고 아니라는 생각이 들면 '아니오'라는 말도 할 줄 알아야 한
다. 바로 그런 역할을 수행하기 때문에 내가 보수를 받고 일하
는 것이다. 본사는 중국에서 비즈니스를 담당하는 내 말에 귀를
기울여야 한다. 여러분은 중국에서 시장 주도권을 잡는 일이 중
요하다는 점을 간과해서는 안 된다."

해외에서 41년간 근무하면서 화려한 경력을 쌓은 힐튼 상하
이의 폴크마 뢰벨도 자신의 후임자가 본사에서 신임을 받고 실
력을 인정받은 사람이어야 한다고 조언한다. 그는 "나는 여기
에 오기 전에 이미 명성을 쌓았다."라고 말한다. 현재 그는 호
텔 운영에 '상당한 자율성'을 부여받고 있다. "내 직속 상사는
이곳에서 일어나는 일을 아주 잘 파악하고 있다. 그러나 그는
경영에 관해서 우리의 의견과 제안을 매우 존중한다." 이 호텔
의 비즈니스는 시장 상황을 얼마나 잘 파악하고 있느냐에 달려
있다. 따라서 호텔 경영을 담당할 임원은 현장의 일상 업무를

> 66
>
> 항상 '예'라고 말할
> 수는 없다. 충분히
> 논의해 보고 아니라
> 는 생각이 들면 '아
> 니오'라는 말도 할
> 줄 알아야 한다. 바
> 로 그런 역할을 수행
> 하기 때문에 내가 보
> 수를 받고 일하는 것
> 이다. 본사는 중국에
> 서 비즈니스를 담당
> 하는 내 말에 귀를
> 기울여야 한다. 여러
> 분은 중국에서 시장
> 주도권을 잡는 일이
> 중요하다는 점을 간
> 과해서는 안 된다."
> - 파올로 가스파리
> 니, 로레알 차이나의
> 사장이며 중국 총괄
> 책임자

본사에서 인정받고 존중받는 인력을 중국 총괄 책임자로 임명하라. 가능하면 중국 비즈니스에 자율성을 부여해 효율성을 높이라.

잘 파악하는 사람이어야 한다. 뢰벨은 "우리 산업은 사람을 직접 접하는 분야이다. 사람을 이해하지 못한다면 여러분은 호텔을 운영할 수 없다. 베이징이나 충칭에 있는 누군가가 그 도시의 시장을 이해하지 못한다면 그 사람은 그곳에서 호텔 비즈니스를 운영할 수 없고 비즈니스를 성장시킬 수도 없다."라고 말한다.

BP 차이나는 중국 비즈니스를 총괄할 사람이 본사의 핵심 인력 중에서 와야 하는 또 다른 사례를 제공한다. 개리 더크스 박사는 2년간의 해외 근무를 포함해 BP에서 9년간 근무한 다음에 중국에 왔다. "나는 이 회사에서 높은 지위에 있었기 때문에 많은 자율권을 허락받았다. 물론 높은 지위에 있던 내가 중국 비즈니스를 담당하게 된 것은 그만큼 중국 시장이 중요하기 때문이다. 또한 이곳 비즈니스가 무척 복잡하기 때문이기도 하다."

언스트 베렌스 박사는 본사의 훌륭한 지원과 이해가 중국에서 지멘스가 성공할 수 있었던 핵심 요소라고 말한다. 그는 지역을 관할하는 사무소보다는 독일에 있는 본사와 직접 의사 소통해야 한다고 강조한다. 가장 중요한 사항으로, 본사 사람들은 그의 결정을 존중하고 신뢰하며 현장에서 직접 발로 뛰며 얻은 그의 의견이 중요하다는 사실을 이해한다. 그는 "우리는 본사 사람들이 이곳에서 발생하는 위험과 기회를 이해하도록 필요한 정보를 제공해야 한다. 독일에 있는 사람들이 중국의 상황을 이해한다면 중국에 대해 적절한 지원을 아끼지 않을 것이다."라고 말한다.

3M이 전 세계에서 운영 중인 자회사 67개는 독립적인 기업체

로서 운영되며 본사의 전무이사가 이들을 감독한다. 중국 지사
를 총괄하는 케네스 유는 3M이 다른 다국적기업과 달리 각 국
가의 총괄 책임자에게 더 많은 자율성을 부여한다고 말한다. 경
쟁 기업들은 중국 지사의 임원들에게 '관리자의 역할'을 부여
하는 반면에 3M은 실질적인 경영권을 부여한다. 실질적인 경영
권이란 실질적인 성과를 내야 한다는 사실을 의미한다.

유는 아시아태평양 지역본부에 있는 부사장의 감독을 받지만
중국 비즈니스에 관해서 대부분의 결정을 자신이 내린다는 점
을 강조한다. 예를 들어, 그는 모든 인력 채용과 운영상 결정을
내린다. 단지 신규 투자, 새로운 공장 건설, 신제품 출시와 같은
중요한 의사 결정은 본사와 협의해서 공동으로 내린다. 유는
"3M의 자회사는 많은 자율성을 보유하고 있다."라고 말한다.

중국 지사와 본사 사이에 원활한 의사 소통 체계가 확립되면
회사의 국제 전략에 맞게 중국 비즈니스를 촉진할 수 있다. 유
니레버 차이나의 앨런 브라운이 설명하듯이 원활한 의사 소통
을 통해 중국 지사와 본사는 조화로운 균형 상태를 달성한다.
그는 본사와 지사의 관계를 다음처럼 묘사한다. "우리는 높은
수준의 자율성을 보유하고 있지만 본사는 적극적으로 중국 비
즈니스를 지원한다. 중국은 반드시 승리를 거둬야 할 시장이기
때문이다." 본사와의 원활한 관계는 중국 비즈니스에 적절한 자
율성과 지원을 제공한다. "본사의 리더들은 우리가 무엇을 원하
는지 이해할 필요가 있다. 중국 현지에서 활동하는 인력이 전략
적 역량과 더불어 운영상의 역량을 보유하는 것은 매우 중요하
다. 본사의 불충분한 이해와 지원으로 중국 현지 비즈니스가 일

관성을 지니지 못한다면 큰 어려움에 직면할 것이다."

CSF #3: 본사의 중국 이해

본사 사람들이 주기적으로 중국을 방문하도록 주선하라. 그러면 그들은 중국 비즈니스 조건과 운영을 더 잘 이해하게 될 것이다.

중국 비즈니스에 지원을 강화하는 또 하나의 핵심 방법은 본사에 중국에 관한 충분한 정보를 제공하는 것이다. 이는 본사에서 교육을 실시하거나 주요 인사의 중국 방문을 주선하는 방법을 통해 달성될 수 있다.

일부 다국적기업은 정기적으로 중국 전문가를 본사에 파견한다. 3M은 두각을 보이는 인력을 미국 본사에 연수를 보내는 방법을 사용한다. 현재 중국 총괄 담당자인 케네스 유는 이런 연수 프로그램을 통해 미네소타 주 세인트 폴(St. Paul)에 있는 본사에서 2년간 교육을 받았다. 동시에 이 연수에서 유는 '중국에 관한 지식'을 본사 임원에게 전달했다고 말한다. 그는 이 프로그램이 '본사가 중국을 파악하는 기간을 확실히 단축시키는 데 도움을 준다'고 지적한다.

본사의 지원을 강화하는 또 다른 방법으로 본사의 최고 임원이 중국을 방문하는 것이다. 우리가 인터뷰한 많은 최고경영진들은 본사 임원의 정기적 중국 방문을 주선하고 있다. 마이크로소프트의 준 탕은 빌 게이츠가 몇 년에 한 번씩, 다른 임원은 매년 중국을 방문한다고 말한다. 그리고 에어버스 그룹의 사장은 일 년에 한 번 중국을 방문하고, 에어버스 차이나는 본사 이사회 임원이 매년 중국을 2~4번 방문하도록 주선한다.

로레알 차이나의 파올로 가스파리니는 본사 고위급 임원의 중국 방문은 정보의 격차를 메울 뿐만 아니라 국제 비즈니스에서 차지하는 중국의 위상을 높여준다고 말한다. 가스파리니는 "다행히도 본사의 사장은 중국을 알고 이해하려고 스스로 노력을 기울였다."라고 말한다. 현재 사장은 재임 6년 동안 해마다 중국을 일주일 정도 방문한다. "CEO에게 중국은 중요하다. 그는 중국 비즈니스를 얻으려고 노력한다. 회사의 CEO가 직접 중국에 관심을 보이는 것은 매우 중요하다. 이런 관심은 우리에게 큰 도움이 되었다." 고위 경영진의 정기적 방문은 로레알 차이나에게 다른 방식으로 도움이 되었다. 가스파리니는 로레알 사장이 이제 중국 공무원, 비즈니스 파트너, 현지 인력과 폭넓은 교제 관계를 형성했다고 말한다. "그는 직접적 이해관계자뿐만 아니라 광범위한 계층의 인사와 교제를 나누고 있다."

이 책에서 소개한 다국적기업 가운데 본사에서 가장 많은 방문을 하는 기업은 소니 차이나이다. 소니 차이나의 세이치 가와사키는 "본사에서 끊임없이 중국을 방문한다. 방문 규모도 클 뿐만 아니라 거의 매일 본사에서 사람들이 찾아온다."라고 말한다. 하도 많은 사람들이 그의 사무실에 찾아와 가와사키는 상하이가 도쿄에서 좀 멀었으면 한다는 농담을 할 정도이다.

하지만 에어버스 차이나의 사장인 가이 맥로드는 본사 임원의 방문에 대해 경고의 목소리도 잊지 않는다. 상하이나 베이징을 단지 며칠간 방문하는 것은 고위 임원에게 잘못된 인상을 남길 수 있다. "임원이 2~3일 동안 중국을 방문하는 경우에 그들은 중국 비즈니스가 그리 어렵지 않다고 생각할 수 있다. 물론 최고급 호텔에 머물며 승용차와 통역자를 제공하면 그런 생각을 하기 쉽다."

BP는 피상적인 결과를 낳을 수 있는 방문 프로그램을 해결할 방안을 개발했다. 이 회사는 매년 본사 임원이 단순한 중국 방문에 그치지 않도록 현지 비즈니스 문화를 교육하는 프로그램을 운영한다. BP 차이나의 개리 더크스 박사는 "본사가 위치한 런던에서 항상 사람들이 방문한다. 그들은 중국 방문을 좋아한다."라고 말한다. '중국인의 눈으로 본 중국'이라는 교육 과정은 베이징 칭후아 대학에서 열리며 중국 교수, 언론인, 기업가가 '중국의 비전'에 대해 강의한다. 더크스는 이 교육 과정이 중국을 소개하는 좋은 기회라고 말한다. "여러분은 너무 자주 서양인의 시각에서 보는 중국 이야기를 듣는다. 하지만 중국인의 시각에서 중국을 이야기하는 내용을 들으면 매우 새로운 지식을 얻을 수 있다."

CSF #4: 중국 지사에 권한 위임

우리가 인터뷰한 중국 다국적기업의 임원이 본사와 효율적인 관계를 창출하는 궁극적인 목표는 중국 비즈니스에서 자율성을 획득하기 위해서다. 많은 최고경영진들이 더 많은 의사 결정 권한을 위임받기 원한다. 아울러 더 빠르고 효율적인 경영을 하기 원한다. 세계 비즈니스에서 차지하는 중국 비즈니스의 중요성이 높아지면서 많은 다국적기업에서 권한의 이양도 커졌다.

BP의 경우에 그룹 부사장을 중국 지사의 사장 겸 CEO로 임명하면서 권한의 위임이 발생했다. 전 세계적으로 4곳만이 그룹 부사장급이 경영을 맡고 있다. 개리 더크스가 경영을 맡고 있는 중국 지사가 바로 그런 지위에 있다. 그는 중국의 기업 구조가

'혼합 조직'이라고 말한다. 즉, 그는 CEO로서 일상 운영을 처리하고 그룹 부사장으로서 전략적 문제도 다룬다.

고위 임원을 중국 비즈니스 담당자로 임명한 BP는 본사의 간섭 없이도 의사 결정을 내릴 수 있다. 단지 본사 리더들의 의견이 필요한 경우에만 자문을 구하기 때문에 의사 결정이 효율적이다. 다른 기업의 경우 각 비즈니스 단위가 부사장에게 보고를 하고 부사장이 다시 본사의 CEO에게 보고를 하는 계층 구조를 지니고 있지만 BP 차이나는 중간 단계를 제거해 보고 구조를 단순화시켰다.

중국에 권한을 위임한 또 다른 기업은 3M이다. 중국 지사 경영을 담당하는 케네스 유는 중국 지역 총괄 담당자로서 중국 본토, 홍콩, 타이완의 비즈니스를 감독한다. 유는 3개 지역의 의사 결정과 비즈니스를 감독하는 두 가지 책임을 맡고 있다. 그는 "3M에서 3개 지역은 하나의 팀처럼 긴밀히 협력하고 있다."라고 말한다. 이런 구조를 통해 그는 각 지역의 비즈니스를 조정하고 본사와 효율적으로 의사 소통을 할 수 있다.

알카텔 차이나는 좀 더 과감하게 권한을 위임받았다. 1998년에 이 회사는 중국에 소규모 R&D 센터를 열었다. 지금 이 센터는 2천 명의 인력을 채용하고 있다. 2000년에 알카텔은 아시아 태평양 본부를 상하이로 이전했고 지역 사장을 본사 경영위원회 위원으로 승진시켰다. 본부 이전을 통해 중국 비즈니스를 총괄하는 회장이며 CEO인 도미니크 드 보아시종은 각 부문을 담당하는 부사장들을 상하이에 있는 한 건물 안에 모아서 일할 수 있었다. "이제 우리는 의사 결정을 내릴 필요가 있을 때 모든 사

중국 현장에서 일하는 인력은 전략적 역량과 비즈니스 운영 역량을 모두 갖춰야 한다. 그리고 본사는 중국 비즈니스의 빠른 성장과 높아지는 중요성을 인식해야 한다.

람이 함께 모여 논의하고 결정을 내린다. 아주 중요한 일부 결정에만 회장이 간여한다." 보아시종은 결과적으로 이 방식이 매우 효율적인 의사 소통 방식이라고 말한다. "나는 의사 결정에 드는 시간을 30% 절감했다고 확신한다. 즉, 우리는 비즈니스를 하는 데 30%의 시간을 더 사용할 수 있다는 의미다."

다른 다국적기업도 R&D 센터를 중국으로 옮기는 추세다. 외국기업이 투자한 R&D 센터의 수는 2002년에서 2004년 말까지 200개에서 600개로 증가했다.

2003년, 제너럴 일렉트릭은 상하이 인근에 국제 연구 센터를 열었다. 이 센터는 전 세계에 3개밖에 존재하지 않는다. 그리고 바이엘도 지역 본부가 수행하는 기능을 홍콩과 상하이로 분산시켰다. 바이엘 차이나의 CEO인 엘마르 스타첼스 박사는 "중국에 관한 정보를 신속히 수집하는 데는 많은 어려움이 있다. 따라서 지역 본부가 시장에 가깝게 위치하는 것은 매우 중요하다. 그래야 중국에서 벌어지는 일을 정확히 알 수가 있다. 독일에서 정보를 수집한다면 훨씬 어려울뿐더러 전혀 효율적이지 못하다."라고 말한다.

다국적기업이 권한을 위임하는 마지막 단계는 아시아 지역 본부를 중국 내로 이전하는 것이다. 예를 들어, 2004년과 2005년 사이에 상하이로 지역 본부를 이전하는 다국적기업이 크게 늘었다. 2005년 하반기에 다국적기업 104개의 지역 본부가 이 도시로 이전했으며 많은 기업들이 싱가포르나 홍콩 등지에서 지역 본부의 이전을 계획하고 있다. (상하이 외국경제관계무역위원회의 통계)

이런 본부 이전을 통해 다국적기업의 중국 비즈니스는 자율성(효율성과 치열한 경쟁 속에서 대처 능력을 높이는)과 상호의존성(중국 비즈니스가 기업의 국제 전략과 조화를 이루도록 만드는) 사이에서 올바른 조화를 달성하게 된다. 맥킨지의 고든 오어는 고객이 의뢰하는 업무가 지역 본부의 이전 추세에 따라 변화했다고 말한다. "초창기에 다국적기업은 시장 개발이 우선이었다. 즉, 중국에서 해야 할 일과 시장에 접근하는 방법을 찾으면서 중국을 개별적인 시장으로 파악했다. 그러나 이제 국제 비즈니스 전략 속에서 중국 비즈니스를 추구하며, 중국은 국제 전략의 핵심이 되었다. 현재 국제 전략에서 중국이 차지하는 비중은 3년 전보다 세 배에서 네 배까지 높아졌다." 따라서 중국 지사와 본사의 원활한 의사 소통 체계를 확립하는 일은 중국 비즈니스를 얼마나 빠르게 확장하고 성숙시킬 것인가에 대한 다국적기업의 의지와 중국 비즈니스가 차지하는 비중이 커지고 있다는 사실을 얼마나 빨리 인식하느냐에 달려 있다.

결론

중국 비즈니스를 총괄하는 책임자에게 본사와의 원활한 의사 소통은 큰 도전이다. 중국에서 일하는 관리자가 본사에 있는 상사와 지리적으로 멀리 떨어져 있을 뿐만 아니라 본사가 중국 비즈니스 환경을 제대로 이해하지 못하고 빠른 발전 속도를 제대로 평가하지 못하기 때문에 문제가 생긴다. 이런 격차는 느린 의사 결정과 비즈니스 기회의 상실을 유발할 수 있다. 이런 이유로 우리가 인터뷰한 다국적기업의 최고경영진은 중국 비즈니스에 대한 자율성을 증가시켜 운영의 효율성을 높여야 한다고 조언한다.

우리가 만나본 다국적기업의 최고경영진 20명 중 상당수는 인간의 성장과 비슷한 발전 국면을 경험했다(또는 현재 경험하고 있다). 즉, 다국적기업도 사람과 마찬가지로 유아기, 청년기, 그리고 성인기를 거친다. 중국 현지 비즈니스가 본사와 전략적 파트너 관계를 맺게 되면 마지막 국면에 도달한다.

요약: **본사와의 의사 소통**

1. 중국 비즈니스에 대한 본사의 헌신

본사의 최고경영진에게서 중국 비즈니스에 관한 지원을 받도록 노력하라. 의사 결정자 두세 명이 중국 비즈니스에 관심을 보인다면 여러분은 중국 비즈니스를 훨씬 수월하게 진행할 수 있다.

2. 본사 핵심 인력의 중국 파견

본사에서 인정받고 존중받는 인력을 중국 총괄 책임자로 임명하라. 가능하면 중국 비즈니스에 자율성을 부여해 효율성을 높인다.

3. 본사의 중국 이해

본사 사람들이 주기적으로 중국을 방문하도록 주선하라. 그러면 그들은 중국 비즈니스 조건과 운영을 더 잘 이해하게 될 것이다.

4. 중국 지사에 권한 위임

중국 현장에서 일하는 인력은 전략적 역량과 비즈니스 운영 역량을 모두 갖춰야 한다. 그리고 본사는 중국 비즈니스의 빠른 성장과 높아지는 중요성을 인식해야 한다.

제5장

경쟁자의 극복

"중국은 모순으로 가득 차 있다. 이곳은 사회주의 국가이지만 지구상에서 가장 경쟁이 심한 사회이기도 하다."
- 사이먼 킬리, 휴잇 어소시에이츠 차이나의 휴잇 아시아 리더십 센터의 대표

서문

예상치 못한 곳에서 치열한 경쟁이 생긴다. 중국에서 경쟁은 확실히 공정하지 않다. 아직 완전치 못한 법률 체계는 비즈니스를 안전하게 보호하지 못하는 불확실성을 제공한다. 우리가 인터뷰한 중국 전문가들은 이런 요소가 중국 시장을 혼란스럽고 불확실하며 어렵게 만들고 있다고 지적했다.

중국에서 활동하는 다국적기업의 외국인 관리자는 매우 다양한 경쟁자에 맞서서 힘든 싸움을 해왔다. 마치 컴퓨터 게임에서 생각지도 못한 캐릭터가 출현해 끊임없이 싸움을 벌여야 하듯이 다국적기업의 경영진도 예상치 못한 매우 강력한 경쟁자를 끊임없이 경험해 왔다. 중국 전문가 28명을 인터뷰하고 그들의 응답을 분석해본 결과, 우리는 다국적기업이 중국 시장에서 직면하는 강력하지만 매우 상이한 3종류의 경쟁자를 확인했다.

즉, 국제 경쟁자, 현지 경쟁자, 지적재산권 침해자이다.

제5장은 합법적 경쟁자인 국제 경쟁자와 국내 경쟁자에 맞서는 데 유용한 외국인 관리자의 조언을 다룬다. (참조: 제6장은 지적재산권 침해에 대처하는 데 유용한 조언을 다룬다)

국제 경쟁자(동료 다국적기업)

많은 다국적기업들이 중국에서 마주치는 첫 번째 경쟁자는 중국 시장에 먼저 진출한 동일 산업의 다른 다국적기업이다. 1980년대 중반에 중국이 외국인 투자자에게 문호를 개방한 이후 수많은 기업이 중국에 몰려들었다. 1980년대와 1990년대에 대중국 외국인 직접투자는 크게 늘어나 2003년에 중국은 그동안 최대 외국인 투자지인 미국을 추월했다. 2004년, 중국은 계약 금액 기준으로 1,535억 달러의 외국인 직접투자를 유치했다. 여기에 실제 외자 유치액은 606.3억 달러이다. 누적 금액을 기준으로 계산하면 경제 개방 이후부터 2004년 말까지 중국은 계약 기준으로 1,097조 달러의 외국인 직접투자를 유치했고 여기서 실제 외자 유치액은 5,620억 달러이다. 여기에 덧붙여 지난 20년 동안 외국인 투자기업 51,000개가 설립되었고 〈포춘〉지 선정 500대 기업 중 400개 이상이 중국에 진출했다. (중국 상무부 2004년 통계)

이제 세계 주요 기업 대부분이 중국에 진출했으며, WTO 가입

이 확정된 다음에는 중소기업과 전문 분야의 기업들도 속속 중국에 발을 딛고 있다. 현재 많은 외국인 투자기업이 중국 본토에서 상당한 경험을 쌓고 비즈니스 영역을 넓히고 있다.

따라서 많은 다국적기업들은 중국 시장을 확보하기 위해서 다른 곳에서와 마찬가지로 치열한 경쟁을 벌이고 있다. BP의 경험이 대표적인 사례다. BP 차이나의 개리 더크스 박사는 "모든 대기업이 여기에 진출했다. 바로 여기서 치열한 경쟁을 벌이고 있다. 다국적기업에게 중국은 한 치도 양보할 수 없는 시장이다."라고 말한다.

3M 차이나의 케네스 유는 중국에서 벌어지는 치열한 경쟁을 다음처럼 설명한다. "뛰어난 기업은 모두 중국에 진출했기 때문에 그 경쟁은 매우 치열하다. 모든 기업이 중국에 오기를 원한다. 따라서 경쟁이 중국보다 심한 곳은 없다." 소니 차이나의 세이치 가와사키는 중국에서 자신이 경험한 경쟁을 다음처럼 말한다. "나는 중국이 세상에서 가장 치열한 시장이라고 말할 수 있다. 일본, 미국, 유럽에서 온 다국적기업과 더불어 현지기업까지 가세해 경쟁하고 있다." 로레알 차이나의 파올로 가스파리니도 화장품 산업에서 매우 변동성이 큰 경쟁을 벌이고 있다고 말한다. "미국, 프랑스, 독일 기업 등 전 세계 모든 화장품 기업이 여기서 경쟁을 벌이고 있다. 여기에 현지 경쟁기업도 빠른 기술 습득과 성장으로 점점 더 강해지고 있다."

중국에서 다국적기업은 여러 측면에서 다른 다국적기업과 경쟁하고 있다. 고객뿐만 아니라 정부의 허가 인력 확보, 핵심 인력 유지, 현지기업과 파트너십의 제휴 형성, 토지와 시설, 장비,

공급자 확보 등에서 경쟁하고 있다.

브라이언 후앙이 설명하듯이 지난 20년간 베어링 포인트는 중국에서 다국적기업의 경쟁이 성숙되고 있는 모습을 보아왔다. 경제 개혁 초기에 많은 다국적기업들이 돈 보따리를 들고 서둘러 중국에 진출했지만 운영 방법에 관해 거의 지식이 없었다. 1990년대 초반에 다국적기업은 비용 절감을 위해 중국으로 생산시설을 이전했다. 1990년대 후반에 다국적기업은 산업재와 소비재 판매를 노리고 중국 내수 시장을 공략했다. 현재 다국적기업이 중국에 진출하는 목표는 다시 변하고 있다. 후앙은 "이제 대중국 외국인 투자는 전환기를 맞고 있다. 다국적기업은 국제 전략의 일부로서 중국을 고려한다."라고 말한다. 다시 말해서 더 많은 다국적기업들이 중국을 기업 전략의 핵심 요소로 파악하고 제조에서 R&D, 내수까지 모든 영역의 전략적 기회를 추구하고 있다.

보스턴 컨설팅 그룹은 다국적기업 고객에게 이런 사고의 변화가 일어나고 있음을 주목해 왔다. 중국 총괄 담당자인 존 웡이 1995년에 중국에 도착했을 때 업무 대부분이 다국적기업의 중국 진출 전략을 수립하는 것이었다. 현재 다국적기업 고객은 이미 중국에서 기반을 닦았고 이제는 지역적 확대와 비즈니스 범위를 넓히려 하고 있다. 웡은 "이제 다국적기업은 중국 내부 시장에 중점을 두고 비즈니스를 확장하고 있다."라고 말한다.

중국에 진출한 다국적기업은 경험을 획득하고 네트워크 구축과 현지화에 성공하면서 앞으로 많은 분야에서 경쟁이 더 치열해질 것으로 생각한다. 그리고 중국은 2001년 WTO에 가입하면

"

여기서 우리는 점점 더 국제화되어가는 현지기업과 점점 더 현지화되어가는 다국적기업의 틈바구니에 있다."
- 엘마르 스타첼스 박사, 바이엘 차이나의 CEO

서 3년간 규제를 완화할 유예기간을 부여받았다. 유예기간이 끝난 2004년 12월에 상당히 많은 시장이 개방되었다(특히 소매와 유통 분야). 게다가 WTO 가입 때 약속한 대로 2007년까지 더 많은 시장을 개방해야 한다.

그러나 다국적기업 외에 빠르게 성장하고 여러 가지 측면에서 경쟁하기 더 어려운 강력한 경쟁자가 등장하고 있다. 잘 알려져 있지 않기 때문에 두려움도 크다. 이 경쟁자는 젊고 공격적이며 예측할 수 없는 경쟁자인 중국 현지기업이다.

부상하는 현지 경쟁자

중국에서 활동하는 많은 다국적기업들은 양면 공격을 받고 있다. 한편으로 다른 다국적기업이 중국에 진출해 빠르게 성공을 거두며 위협하고 있고, 다른 한편으로 국내기업이 새로운 시장경제에 빠르게 적응하며 도전장을 내밀고 있다. 다국적기업이 현지기업에 비해 월등히 우월한 지위를 누리던 좋은 시절은 이미 지나갔다. 매우 전문화된 기술 분야에서 현지기업은 빠른 속도로 발전하고 있다.

결과적으로 중국에 진출한 다국적기업은 '협공'을 받고 있다. 바이엘 차이나의 엘마르 스타첼스 박사는 "여기서 우리는 점점 더 국제화되어가는 현지기업과 점점 더 현지화되어가는 다국적기업의 틈바구니에 있다."라고 말한다. 그는 최근 변화를

"많은 영역에서 중국기업은 품질을 향상시키고 발전하고 있다. 피할 수 없는 현실이다."라고 설명한다. 따라서 고객에게는 좋은 시장이 되어가고 있지만 다국적기업에는 매우 어려운 시장이 되어간다.

이 책을 쓰면서 한 가지 놀라운 사실은 다국적기업이 가장 힘들게 생각하는 경쟁자가 다른 다국적기업이 아닌 현지기업이라는 점이다. 동료 다국적기업은 이미 확립된 규칙을 존중하고 그에 따라 경쟁한다. 그리고 다국적기업 사이에는 비슷한 배경을 보유하고 있다. 즉, 서구적 비즈니스 이론과 전략을 따르고 임원들은 경영학 석사(MBA)나 다른 교육 과정에서 비슷한 이론을 배웠다(포터의 5요인 이론Porter' s Five Forces, BCG 매트릭스, PEST 또는 SWOT 분석). 그러나 현지 경쟁자는 완전히 생소한 세력으로 알 수 없고 혼란스러우며 때로는 비논리적인 비즈니스 전략을 펼친다. 따라서 다국적기업이 정규전을 펼친다면 현지기업은 게릴라 전술을 펼치는 셈이다.

듀폰 차이나의 찰스 브라운은 중국에서 벌어지는 양면 공격을 다음처럼 설명한다. "우리는 다른 다국적기업을 아주 잘 알고 있다. 우리는 그들과 미국과 유럽에서 경쟁을 해왔기 때문이다. 그들도 우리를 알고 우리도 그들을 아는 상황이다." 그러나 중국기업은 외국인 관리자가 평가하기 어려운 측면이 많다. 듀폰은 경쟁이 아닌 협력하고자 하는 현지기업조차도 분석하기 힘들다고 브라운은 말한다. "중국기업과 관계를 구축하고 신뢰를 형성하며 비즈니스를 하는 방법을 이해하기에는 많은 시간이 걸린다."

코카콜라 또한 현지기업의 강력한 도전을 경험했다. 중국에서 코카콜라는 탄산음료 시장에서 기존 라이벌인 펩시와 치열한 경쟁을 벌였고 생수 시장에서는 다농(Danone)과 네슬레(Nestlé)와 경쟁했다. 그러나 차와 주스 시장에서 코카콜라 차이나는 대형 타이완 생산자 2개 업체와 주요 중국 생산자 1개 업체와 경쟁해야 했다. 코카콜라 차이나의 사장인 폴 에첼스는 병입 생수 시장에서 '가공할 만한' 중국 경쟁자와 대결하고 있다고 말한다. 그는 현지 생산자와 경쟁하기 가장 어려운 점이 예측 불가능함이라고 지적한다. 가장 강력한 중국 음료기업 두 개는 공격적으로 마케팅을 펼치다가도 갑자기 수세적인 자세를 취하는 등 일관된 전략을 펼치지 않기 때문에 분석하기 어렵다. 따라서 변화가 무쌍한 경쟁자에 맞서 효과적인 전략을 만들어 내기가 아주 어렵다.

현지 경쟁자(home advantage) : 낮은 가격, 높은 품질

다국적기업의 관리자가 꼽은 가장 심각한 문제는 중국 현지 경쟁자가 이제는 품질의 빠른 향상과 낮은 가격이라는 양날의 칼을 휘두르고 있다는 사실이다. 지멘스 차이나의 사장이며 CEO인 언스트 베렌스 박사가 1997년에 중국에 왔을 때 이 회사는 두 개 범주의 분명한 경쟁에 직면했다. 하나는 고가 제품을 주력으로 하는 다국적기업이었고, 다른 하나는 저가 제품을 주력으로 하는 현지 경쟁자였다. 하지만 이제는 저가 제품을 주력으로 했던 현지의 전자·통신 제조업체가 가격은 낮추면서도 품질은 향상시켜 대중 시장에서 경쟁력을 강화하고 있다. 베렌스는 "우리도 제품 가격을 낮춰야 한다. 저가 제품의 시장 규모가 정말로 크기 때문이다. 이제 현지기업은 고가 제품 시장에도 진출하고 있다. 후아웨이(Huawei), 하이얼(Haier), 레노보(Lenovo)를 보면, 이들 기업은 이제 매우 강력한 경쟁자가 되었고 다국적기업으로 변신하고 있다. 우리는 정말 심각한 도전에 직면한 것이다."라고 말한다.

전통적으로 중국 제조업체는 다국적기업에 비해 낮은 품질의 제품을 저가로 판매해 왔다. 1980년대 중반 중국이 시장을 완전히 개방한 이후, 외국 브랜드는 부유층 고객을 공략했고 중국 현지기업은 나머지 시장을 차지했다. 하지만 현재, 다국적기업들은 현지기업 제품의 품질이 국제 표준에 근접하고 있으며 해외 브랜드와 가격 격차를 줄이고 있는 모습을 목격하고 있다.

베어링 포인트의 브라이언 후앙은 중국에 진출한 많은 다국적기업 고객들이 초창기에는 최고급 제품 시장에 진출하는 전략을 취했다고 말한다. "특히 일본 기업들은 가격 경쟁을 할 수 없다고 생각해서 고급 제품 시장으로 이동했다. 이들 기업은 일본과 동시에 신제품을 중국에서도 출시했다." 하지만 궁극적으로 후앙은 다국적기업이 장기적으로 고급 제품에 전념하는 전략을 지속할 수 없다고 확신한다. 그는 현지기업도 빠르게 품질을 개선하며 고급 제품 시장에 침투하고 있다는 점에 동의한다. 후앙은 많은 중국기업들이 이제는 '풍부한 현금 보유'를 바탕으로 제품을 업그레이드시킬 기술을 취득할 수 있다고 지적한

> "
> *외제의 가격은 하락하고 국산제품의 가격은 상승했다. 두 제품의 가격 격차가 줄어들고 있었다. 이런 변화에 적응하느라 고통스러운 조정 과정을 겪었다."*
> *- 앨런 브라운, 유니레버 차이나의 회장*

다. 사실, 현지기업이 국제시장에서 통용될 수 있는 제품으로 적응하는 리드타임(lead time)은 '몇 개월'에 불과하다.

결과적으로 중국기업은 품질 격차를 줄이면서도 아직은 저렴하게 제품을 공급한다. 소비자는 품질은 국제 유명 브랜드에 못지않으면서도 가격이 저렴한 제품에 매력을 느끼고 있기 때문에 다국적기업은 이들 현지기업과 힘든 경쟁을 할 수밖에 없다. 이러한 경쟁 상황은 일부 분야에서 외국기업이 효과적으로 중국 시장에 진입하는 것을 어렵게 한다. 중국기업인 하이얼이 시장을 지배하는 가전 분야를 살펴보자. 외국기업은 더 이상 높은 품질에 가격이 싼 제품으로 넘쳐나는 중국 내수 시장에 발을 들여놓을 수 없다. 2001년에 외국기업 8개는 가전시장에서 15%의 점유율을 보였고 각 업체가 차지하는 비중은 그리 인상적이지 못했다. 하지만 하이얼은 혼자서 27%의 점유율을 달성했다. (차이나-유럽 국제 경영대학 사례 연구)

소니 차이나의 세이치 가와사키는 품질을 높이면서도 가격을 낮게 유지하는 현지 경쟁자를 생생히 경험했다. 전통적으로 많은 현지 IT 제조업체들이 가능한 가격을 낮춰 많은 제품을 판매하는 전략을 펼쳐왔다. 이런 전략은 오히려 중국 IT 산업을 약화시키는 결과를 초래해 많은 업체가 수익성을 올리지 못했다. 하지만 박리다매 전략 때문에 외국기업은 도저히 중국기업과 경쟁을 할 수 없는 상황이다. 대표적인 사례가 컬러텔레비전 시장이다.

중국 업체와 가격 전쟁을 피하기 위해서 소니는 새로운 기능을 추가해 제품의 가치를 높이면서 가격을 유지하는 방침을 따랐다. 그러나 가와사키에 따르면 이 전략은 중국에서 그다지 성공적이지 못했다. '또 다른 형태' 의 경쟁자가 출현하기 때문이다. 그는 변화를 다음처럼 설명한다. "소니가 제품에 새로운 기능을 추가하면 중국기업은 이 기능을 빠르게 학습해 저렴한 유사제품을 출시한다." 결과적으로 현지 IT 기업은 유사제품을 빠르게 출시하면서도 가격을 크게 낮추는 것이다.

현재 소니는 제품을 더 빠르게 개발하고 공격적인 마케팅 정책을 펼쳐 경쟁 우위를 유지하고 있다. 현지기업은 여전히 개발과 마케팅에 약점을 보이고 있다. "우리는 마케팅을 통해 제품에 더 많은 가치를 추가해야 한다. 끊임없이 싸우고 변해야 살아남는다."

많은 다국적기업의 관리자들이 현지기업과 다국적기업 제품의 품질과 가격 격차가 줄어들고 있어 '압박' 을 받고 있다고 말한다. 유니레버 차이나의 앨런 브라운은 2001년에 중국에 부임한 직후 소비재 산업에서 급격한 변화를 목격했다. "외제의 가격은 하락하고 국산제품의 가격은 상승했다. 두 제품의 가격 격차가 줄어들고 있었다. 이런 변화에 적응하느라 고통스러운 조정과정을 겪었다."

맥킨지에 따르면 새로 개방된 시장에서 다국적기업의 비싼 제품이 출시되면서 오히려 현지기업의 매출이 증가하는 현상이 종종 발생한다. 맥킨지 상하이 지사의 고든 오어는 이를 시장 개방으로 다국적기업이 희생자가 되는 현상이라고 말한다. 보호되던 시장이 개방되자마자 유수의 외국기업들이 중국 시장에 진출하며 '점유율 20%를 달성하겠다' 는 목표를 세운다. 하지만

❝

이들 기업은 첨단 제품과 국제 경쟁력을 갖춘 새로운 중국기업이다."

- 도미니크 드 보아시종, 알카텔 차이나의 회장이며 CEO

외국기업 대부분이 목표가 너무 높았음을 깨닫는다. 오어는 "목표를 달성하지 못한 외국기업은 큰 실망을 하게 된다."라고 말한다.

빠른 학습

우리가 인터뷰한 다국적기업의 최고경영진 20명 대부분은 현지기업의 빠른 기술적 발전에 상당한 우려를 표시했다. 유선통신 인프라 시장을 살펴보자. 알카텔 차이나의 도미니크 드 보아시종은 이 산업에서 발생할 시나리오를 다음처럼 설명한다. 현재 알카텔의 가장 큰 경쟁자는 중국 업체이다. 선전에 위치한 가장 강력한 경쟁기업인 후아웨이 테크놀러지(Huawei Technologies)는 직원 3만 명을 고용하고 계약 기준으로 2004년에 56억 달러의 매출액을 달성했다. 후아웨이는 국제 기준으로 평가해도 대기업이지만 매우 빠른 성장세를 보이고 있다. 예를 들어, 품질을 빠르게 향상시킬 목적으로 후아웨이는 1999년에 IBM과 함께 리엔지니어링 프로젝트를 수행했다. 이 프로젝트를 통해 일부 IBM 엔지니어가 중국에 와서 후아웨이와 함께 일했다. 보아시종은 "후아웨이는 첨단 제품과 국제 경쟁력을 갖춘 새로운 중국기업이다."라고 말한다.

제약처럼 매우 전문성이 강한 산업에서도 중국기업은 상당히 빠르게 발전하고 있다. 엘리 릴리의 크리스토퍼 쇼는 제약 산업에서 급격한 변화가 일어났다고 말한다. 전통적으로 중국에서 릴리의 주 경쟁자는 다른 유명 다국적 제약사였다. 현지 제약 업체는 소규모 병원에 공급하는 저렴한 복제약품 생산에 주력 했다. 쇼는 "중국기업과 경쟁하기는 했지만 그들은 주로 가격 경쟁을 했고 우리는 품질 경쟁을 했다."라고 말한다. 엘리 릴리 는 의약 마케팅, 소비자 교육, 특허 출원을 통한 최고급 제품에 주력하는 전략을 추구했다. 중국 제약 산업에 여전히 이런 전략 적 분리가 존재하고 있지만 그 격차가 점점 줄어들고 있다. 쇼 는 "선두 제약 기업은 점점 시장을 넓혀가고 있다. 이들 기업은 빨리 학습하고 다국적기업의 인력을 채용하고 있다."라고 말한 다. 그는 현지 제약업체 서너 개가 중국 전역에 의약품을 공급 하며 영업 기반을 넓히고 있다고 지적한다.

쇼는 중국의 빠른 성장 속에서 현재 제약 산업이 '과도기'에 있다고 말한다. 제약 분야에서 현지기업의 거센 도전을 받고 있 지만 다국적기업은 중국 시장을 쉽게 포기할 수 없다. 앞으로 수년 간 중국 제약 시장이 빠르게 성장할 것으로 기대되기 때문 이다. 중국은 1997년에 세계에서 열 번째로 큰 의약품 시장이었 지만 2003년에 그 순위가 여덟 번째로 높아졌다. 제약 산업 분 석가에 따르면 2010년이 되면 중국은 인구 증가와 수명 연장으 로 세계에서 네 번째 시장으로 발돋움할 것이다.

쇼는 지금 중국의 제약 산업이 발전 초기 단계에 불과하다고 말한다. 현재 외국 제약업체들은 신약을 등록했을 때 이 연구 데이터가 적절히 보호되지 못한다는 불만을 토로한다. (암참 차 이나와 암참 상하이가 발간한 〈2005년도 중국 내 미국 비즈니스 백서〉 자 료 참조) 현지기업은 특허 데이터를 사용해 중국에서 새로운 특허를 출원할 수 있다. 또한 다국적기업은 신약의 오랜 개발 기간과 특허 허가 기간에 비해 중국에서 특허 사용권이 '비정상적으로 짧다'는 점을 들어 중국 정부에 특허권 보호 기간을 늘려 달라고 압력을 넣고 있다. 이런 다국적 제약사의 요청이 받아들여진다면 중국에 신약을 소개해도 너무 짧은 특허 보호 기간 때문에 개발 비용을 회수하지 못하는 상황을 방지할 수 있다.

전문가들은 10년 안에 중국에서 제약 시장이 서양 시장과 두 가지 측면에서 유사해질 것이라고 예상한다. 신약의 R&D가 활성화되고 더 이상 특허로 보호받지 못하는 복제 의약품의 출시가 활발하게 진행될 것이라는 예상이다. 이런 시기가 도래하면 제약 산업에서의 갈등이 줄어들고 다국적기업과 현지기업이 더 많이 협력하며 직접적인 경쟁을 피하게 될 것이다.

서비스 산업의 경쟁 심화

제조업체만 중국 현지기업과 치열하게 경쟁하는 것은 아니다. 현지기업과의 치열한 경쟁 추세는 서비스 분야도 마찬가지다. 이 현상은 중국기업은 제조 프로세스를 복제하는 데 뛰어나지만 고객 서비스나 마케팅과 같은 '소프트웨어' 측면을 향상시키는 데는 서투르다는 기존 관념을 반박한다. 현재 서비스 분야에 종사하는 외국기업들 또한 현지기업의 정면 도전을 받고 있다.

우리가 인터뷰한 일부 서비스 분야 외국인 관리자는 제조업체가 직면한 동일한 모방 문제를 겪고 있다고 말했다. 즉, 현지 기업들은 외국기업의 서비스를 모방해 더 싼 가격으로 제공한다. 출판업계의 거물인 베텔스만 다이렉트 아시아는 1997년에 온라인 서적을 출간했다. 이 회사의 사장인 에케하르트 라스게버는 온라인 출판에서 거둔 초기 성공이 커다란 피해로 바뀌었다고 말한다. "온라인 출판은 시장에 큰 영향을 미쳤다. 그래서 많은 출판사들이 우리의 온라인 출판을 모방하려 했다. 그들은 정말 모방을 잘한다." 18개월도 안 되어 일부 경쟁 출판사가 온라인 출판을 운영하기 시작했다. 이들 업체는 소비자에게 서비스 수를 줄이면서 낮은 가격으로 온라인 출판을 제공했다. 라스게버는 "언제나 중국 업체는 가격 경쟁을 시도한다."라고 말한다. 이런 중국 업체의 모방에서 베텔스만이 혜택을 본 것이 하나 있다. 다른 외국 경쟁 출판사는 중국 시장에서 가격 경쟁이 너무 치열해 중국 진입을 포기한 것이다. 그는 "외국기업은 중국 시장에 진출할 가치가 없다고 생각한다."라고 말한다.

호텔 산업도 서비스 분야에서 현지기업과 심한 경쟁에 부딪힌 분명한 사례다. 예를 들어, 상하이에는 5성급 호텔이 20개나 있다. 그러나 이 도시에는 주로 현지기업이 운영하는 4성급 호텔 27개와 3성급 호텔 118개도 있다.

상하이 힐튼의 폴크마 뢰벨은 지난 11년 동안에 중국 호텔 비즈니스가 크게 변하는 모습을 목격했다. 1990년대 초반, 중국 호텔은 저예산을 바탕으로 낮은 가격에 낙후된 시설과 최소한의 서비스를 제공했다. 1990년대에 이런 호텔은 중국 비즈니스맨과 관광객을 상대로 영업을 펼치면서 갑자기 공실률이 줄어들고 이윤이 높아지기 시작했다. 현금 흐름이 좋아지자 이 호텔 상당수가 시설을 개선하고 숙박료를 100~300위안(12~37달러)에서 400~500위안(39~45달러)으로 높였다. 결과적으로 중국의 2~3 성급 호텔은 '상당히 강력한 경쟁자'로 등장하게 되었다. 뢰벨은 이 호텔들이 깨끗한 최신 시설을 중국 관광객에게 제공하며 수익을 높이기 시작했다고 말한다. 호텔의 수익성이 높아지자 호텔을 건설하려는 붐이 일어났다. 2003년까지 상하이에는 48,000개의 호텔 룸이 있으며 2010년이 되면 이 숫자는 60,000 개까지 증가할 예정이다.

전문성을 갖추려는 노력

우리가 인터뷰한 중국 전문가들은 상당히 다양한 산업에 종사하고 있지만 그들은 중국기업에서 새로운 추세가 나타나고 있다는 점에 의견을 모았다. 중국이 시장경제로 전환하면서 전문성을 갖추려는 뚜렷한 추세가 등장한 것이다. 지멘스 차이나의 언스트 베렌스 박사는 이 변화를 다음과 같이 설명한다. "누가 무엇을 해야 할지 정부에서 정해주는 시대는 갔다. 5년 전에 중국 정부는 '당신은 자전거를 만들고, 당신은 세탁기를 만들라'고 지정했다. 현재 기업들은 스스로 발전하고 있다. 이는 커다란 변화이고 이제 중국에 경쟁이 존재한다."

많은 전통적인 현지 비즈니스는 문을 닫고 있지만 지난 15년간 진행된 개혁 과정에서 살아남은 비즈니스는 오히려 더 시장에 친화적이고 효율적으로 변했다. 한 가지 증거로 중국기업이 경쟁력을 갖추고 있다는 점이다. 더 많은 기업들이 서비스 향상을 위해 전문 컨설턴트에게 기꺼이 비용을 지불한다. 우리가 인터뷰한 컨설팅 업체인 맥킨지, 보스턴 컨설팅 그룹, 베어링 포인트, 휴잇 어소시에이츠는 이제 중국 비즈니스가 주로 중국 고객을 대상으로 비즈니스를 펼치고 있다고 말한다. (주로 중국에 진출한 다국적기업을 고객으로 삼는 헤드헌팅 업체인 콘/페리조차도 2001년 이후 중국 현지기업에게 서비스를 제공하는 횟수가 증가하고 있다)

우리가 만나본 컨설턴트 8명은 현지기업이 컨설팅 서비스를 이용하려는 높은 관심에 놀랐다고 말한다. 다국적기업 고객에 중점을 두고 중국에 진출했던 휴잇 어소시에이츠를 예로 들어보자. 2000년 중반에 이 회사 경영진은 중국 현지 고객을 받아들인다는 결정을 내렸다. 휴잇의 임원인 사이먼 킬리는 당시 이 시도가 다소 '무모해 보이기도 했다'고 기억한다. 첫해에 휴잇은 매출의 20%를 중국 현지 고객에게서 달성하고자 했다. 그런데 1년 후에 매출액 중 70%가 중국 현지 고객에게서 발생했다.

몇 년이 흐른 현재 킬리는 여전히 현지기업이 헤드헌팅에 '폭발적인' 관심을 보이고 있다며 중국기업만으로도 인적 자원 컨설팅 서비스를 100% 수주할 수 있지만, 다국적기업과 현지기업 고객의 비율을 적절히 혼합해서 유지하기로 결정했다고 말한다. 그는 "현재 컨설팅 분야에서 진정한 성장을 이룰 수 있는 분야는 바로 중국 고객이다."라고 말한다. 중국 고객이 요구하는 인적 자원 컨설팅 서비스 대부분은 역할과 책임을 구체화하고 연봉을 정하며 인력의 성과를 관리하는 등 '전반적인 개선' 작업이다. 킬리는 "그들은 해야 할 일이 너무 많다. 다국적기업은 이미 인력 시스템을 구축하고 있다. 그러나 중국기업들은 기본적인 구조도 갖추지 못한 경우가 많다."라고 말한다.

킬리는 중국 현지 고객을 네 가지 형태로 구분한다. 첫 번째는 중국 국영 해외석유공사(CNOOC)와 같은 국영기업으로 '정말로 경쟁력을 갖추고 국제화' 되고 싶어 한다. 두 번째는 '경쟁력을 높이라고 강요받아 많은 인력이 정리되어 고통을 겪고 있는' 국영기업이다. 세 번째는 후아웨이처럼 규모도 크고 성공적인 민간기업으로 상당수가 폭발적인 성장을 보이며 국제 시장에 진출하려는 야심찬 계획을 세우고 있다. 네 번째는 저장성이나 장쑤성과 같은 농촌 지역에 설립된 가족 소유 기업이다. 킬리는 전직 농부나 공장 노동자가 설립한 많은 가족기업들이 백만 달러를 벌어들이는 비즈니스로 성장했지만 국제화될 능력이 부족하다고 말한다. 그는 빠르게 성장하는 가족기업의 잠재성을 과소평가하지 말라고 조언한다.

킬리는 2001년에 중국이 WTO에 가입하면서 많은 중국기업들이 국제적 컨설팅 회사의 서비스를 추구하기 시작한 계기가 되었다고 말한다. "많은 기업들이 WTO 가입으로 무엇이 일어날지 걱정스러워 했다. 그래서 이들 다국적기업 경쟁자에 맞서 빠르게 전문성을 갖추려고 노력하고 있다." 콘/페리의 헬렌 탄타우는 WTO 가입으로 많은 중국기업들이 국내외적으로 공격적인 경쟁을 시작하게 되었다고 말한다. 콘/페리는 현지기업이 야심찬 고객으로서 특히 다국적기업 출신 고급 인력의 채용에 대단한 관심을 보이는 모습을 목격했다. 탄타우는 상하이에 있는 식품 기업이 최근 자사 인력의 3분의 1을 다국적기업 출신자로 충원했다는 일례를 전한다.

탄타우는 공격적으로 국제화와 경쟁성 제고를 추구한 중국기업이 다국적기업과의 경쟁에서 큰 승리를 거두고 있다는 사실을 강조한다. "중국 내부에서 성공한 많은 중국기업들이 국제 경쟁에서 더 큰 성공을 거두고 있다." 컴퓨터와 가전제품 산업에서 일부 국내기업은 이제 규모가 충분히 커져 경쟁적 우위를 유지하고 있다. 그녀는 "이들 기업은 많은 자금을 지출하며 경쟁력 강화에 힘쓰고 있다."라고 말한다.

맥킨지 차이나는 국영기업과 많은 민간기업을 고객으로 두고 있다. 이 회사의 상하이 지사장인 고든 오어는 주로 '경쟁이 심한' 산업에 속한 기업이 고객이라고 말한다. 그는 특히 가전과 보험 산업에 초점을 맞추고 있다. 지난 몇 년 간 오어는 고객이 요청하는 도움의 형태가 빠르게 변하고 있음을 보아왔다. 처음에 많은 고객들이 조직 재편이나 전략 설정에 컨설팅 서비스를 요청했다. 그러나 최근에는 전반적인 경쟁력 제고를 위한 조직 정비 작업을 요청한다. 맥킨지는 이제 중국기업들에게 원활한 공급망 관리, 공장 설비 업그레이드, 시장 진입 방법 분석, 마케팅 전략 등 선진국 시장에서 고객들이 요청했던 사안에 관한 컨설팅 서비스를 제공하고 있다. 오어는 "중국 시장에서 요구되는 컨설팅 서비스가 세계 어느 곳에서나 요청되는 서비스라는 사실이 놀랍다."라고 말한다.

보스턴 컨설팅 그룹의 중국 총괄 책임자인 존 윙은 또한 컨설팅 서비스를 이용하는 중국기업의 능력과 자세에서 큰 변화가 생겼다고 언급한다. 이제 현지기업은 컨설턴트가 어떤 역할을 하는지 이해하고 최고급 컨설팅 서비스를 위해 기꺼이 높은 비용을 지불할 자세가 되어 있다. 현재 보스턴 컨설팅 고객 중 절반은 중국 현지기업이다. 윙이 목격한 변화는 중국기업과 외국기업 고객이 요구하는 서비스 차이가 줄어들고 있다는 사실이다. "현재 다국적기업과 중국기업 사이에는 차이가 존재한다. 그러나 앞으로 5년 후면 이런 차이는 크게 줄어들 것이다. 중국기업은 가능한 빨리 다국적기업이 보유한 역량을 갖추려고 노력한다. 따라서 중국기업과 다국적기업의 격차는 크게 줄어들 것이다."

베어링 포인트 차이나의 고객 85%가 현지기업이다. 이 회사의 중국 총괄 담당자인 브라이언 후왕은 1990년대 후반에 현지기업들이 경영 컨설팅을 인식하기 시작했다고 말한다. 그러나 2002년이 돼서야 경영 컨설팅 수요가 크게 늘기 시작했다. 그는 "현재 중국은 컨설팅 서비스를 점점 더 중요하게 인식하는 큰 변화 과정에 있다."라고 말한다.

베어링 포인트의 중국 고객 대부분이 현대화와 국제화를 추구하는 국영기업이다. 후왕은 "국영기업은 절실하게 경영 컨설팅과 실행 컨설팅을 원하고 있다. 이들 대부분은 계획경제 시스템에서 벗어난 지 10년밖에 되지 않았다. 따라서 시장경제에서 많은 도전에 직면하고 있다."라고 말한다. 예를 들어, 후왕의 일부 제조업체 고객은 판매가 아닌 생산 수량으로 성과를 측정한다. 그는 "이런 모습을 보면 아직도 많은 기업들이 계획경제 시대의 잔재에서 벗어나지 못하고 있다는 사실을 확인할 수 있다."라고 말한다.

사회주의적 잔재가 남아 있지만 후왕은 많은 국영기업들이 빠르게 현대화되고 있다고 말한다. 그와 함께 일하는 중국인 관리자들은 매우 공격적으로 회사를 개혁하고 있다. 사실 고객사의 많은 최고경영진들은 여가 시간을 쪼개어 저녁이나 주말에 EMBA 코스를 밟는다. 후왕은 "그들은 새로운 경영 지식을 습득하는 데 매우 열심이다."라고 말한다. 변화를 열심히 추구하는 중국의 모습을 다음에서도 찾을 수 있다. 중국기업에서 컨설팅 요청을 받았을 때 베어링 포인트의 컨설턴트들은 해당 업체의 최고경영진과 직접 작업을 수행하기도 한다. 후왕은 "우리는 언제나 회장이나 CEO와 함께 ERP(전사적 자원관리) 프로젝트를 수행한다. 이들 최고경영진은 이따금 '잘 되어갑니까?' 라고 묻기보다는 직접 프로젝트에 참여해 매우 심도 있는 토론을 나눈다."라고 말한다. 그는 이제 많은 중국기업들이 서양이나 일본기업과 같은 수준으로 컨설팅 비용을 지불하고 있다는 말을 덧붙였다.

중국 시장을 목표로 하는 다국적기업에게 싸울 만한 가치가 없는 경쟁이 있다. 현지기업과 가격을 놓고 경쟁하지 말아야 한다.

곧 출현할 중국 다국적기업

중국 전문가들은 중국 시장경제의 다음 단계가 중국 국적의 다국적기업이 출현하는 것이라고 말한다. 후아웨이(통신), 하이얼(가전제품), 레노보(컴퓨터)를 포함한 국내기업은 이미 자사 브랜드를 붙여 해외에 제품을 판매하고 있다. 우리가 인터뷰한 전문가들은 이런 해외 판매가 시작에 불과하고 앞으로 더 많은 중국 브랜드가 국제 시장에 모습을 드러낼 것이라는 공감대를 형성했다. 보스턴 컨설팅의 존 웡은 이 발전 단계를 '불가피한' 대세라고 부른다.

GE 차이나의 스티브 슈나이더는 이런 변화를 준비하는 다국적기업의 CEO이다. GE가 생산하는 '단기 사이클' 비즈니스(컴퓨터 제품, 플라스틱) 시장에서 이미 주요 경쟁자는 중국기업이다. '장기 사이클' 비즈니스(비행기 엔진, 교통 시스템) 시장에서 주요 경쟁자는 유럽과 미국 기업이지만, 슈나이더는 장기 사이클 시장에서도 주요 경쟁자가 곧 바뀔 것이라고 말한다. "20년 후에 중국기업은 다국적기업과 차이가 없어질 것이다. 모두 중국 시장에서 똑같이 경쟁하게 된다." 그는 중국 시장에서 외국기업과 국내기업 모두 세계 최고 수준의 제품과 서비스를 제공하며 경쟁하게 될 것이라고 설명한다.

석유와 가스처럼 진입 장벽이 높은 산업에서도 중국 다국적기업은 국제 시장에서 주요 경쟁자로 등장하게 될 것으로 예상된다. BP 차이나의 개리 더크스 박사는 "중국 다국적기업이 우리 시장에 진출하지 못할 이유를 찾을 수 없다. 석유 산업에 진입한 중국기업에게 가장 큰 도전은 '경쟁에 늦게 참여' 했다는 점이다. 따라서 새로운 유전과 가스전을 확보하기는 어렵다."고 말한다. 하지만 그는 중국기업이 치열한 경쟁에서 살아남는다면 막대한 중국 시장에서 큰 이익을 볼 수 있다고 덧붙인다.

중국기업의 발전 정도가 가장 느리다고 여겨지는 서비스 분야에도 세계적 수준의 중국기업이 조만간 출현하게 될 것이다.

예를 들어, 호텔 비즈니스에서 힐튼 상하이의 폴크마 뢰벨은 다른 아시아 국가에서 그런 선례를 찾을 수 있다고 지적한다. "일본이나 홍콩 호텔들이 국제적으로 비즈니스를 벌이고 있다. 그리고 말레이시아의 샹그리라 그룹(Shangri-la Group)이 아시아와 유럽에서 호텔을 운영하고 있는 사실을 감안한다면 미래에 중국이 세계 도처에서 호텔 비즈니스를 하지 못하리란 법은 없다." 뢰벨은 중국 비즈니스맨이 해외로 출장을 떠나는 횟수가 증가하고 중국 일반계층도 점점 더 많이 해외여행을 하고 있다. 따라서 중국 호텔의 비즈니스 기반이 마련된 셈이라고 덧붙였다. 그는 "이런 수요를 감안한다면 중국 호텔을 태국이나 독일로 옮기지 못할 이유가 없지 않겠는가?"라고 반문한다.

우리가 인터뷰한 중국 전문가들은 2005년에 레노보가 IBM의 컴퓨터 부문을 인수한 일이 중국기업의 해외 진출을 알리는 시발점이라고 강조한다. 전문성을 갖춘 매우 야심찬 중국기업은 중국 시장을 놓고 벌인 경쟁에서 승리하고 있으며 이제 눈을 밖으로 돌리고 있다. 지멘스 차이나의 언스트 베렌스 박사는 "중국은 어떻게 되어야 하는지 알고 있다. 그들은 세계에서 기술 선도국이 되고 싶어 하며 그런 길을 걷고 있다."라고 설명한다. 또 다른 전문가는 "서양기업이 20년 후에도 세상을 주도하리란 생각은 순진하기 그지없다."라며 좀 더 노골적으로 표현한다.

최선의 생존 전략은 계
속 변화하는 것이다. 경
쟁자에 앞서기 위해서
끊임없이 제품과 서비
스를 개선하라.

중국 경쟁자와 맞설 전략

현지기업의 도전이 거세지는 상황에서 우리가 인터뷰한 중국 전문가 28명은 오늘날 중국 시장에서 살아남기 위해 필요한 조언을 다음과 같이 제시한다.

- 이길 수 있는 경쟁을 선택하라.
- 혁신하라.
- 혁신만이 능사가 아니다.
- 싸우지 말고 인수 또는 합병하라.

전략 #1: 이길 수 있는 경쟁을 선택하라

중국 전문가들은 중국기업이 지배하는 일부 분야는 다국적기업이 제시할 수 없는 아주 저렴한 가격으로 제품과 서비스를 출시한다. 따라서 특별한 목적이 없다면 외국기업이 이런 시장에 진입하기는 불가능하다. 콘/페리의 헬렌 탄타우는 "가전 시장에서 경쟁하기를 원하는 외국기업에게 세탁기, 에어컨, 냉장고 시장은 현지기업이 박리다매 전략을 취하기 때문에 경쟁에서 승리를 거두기 매우 힘든 시장이다."라고 말한다.

전략 #2: 혁신하라

많은 중국기업들은 외국기업의 개발 속도에 맞춰 제품과 서비스를 개발하는 데 매우 능숙하다. 따라서 외국기업의 최선의 생존 전략은 계속 변화하는 것이라고 말한다. 즉, 현지기업보다 앞서기 위해서 끊임없이 제품과 서비스를 업그레이드하라는 의미다.

듀폰 차이나의 찰스 브라운은 "현지 경쟁자는 우리와 같은 다국적기업의 제품, 제조 방법을 연구한다. 그들은 우리가 하는 일을 연구하고 시도하며 무엇이 시장에 효과가 있을지 파악하는 데 능숙하다."라고 말한다. 그는 이런 적응력이 현지 시장에 대한 깊은 이해와 맞물려 중국기업에게 강력한 경쟁력을 제공한다는 말을 덧붙인다. "결국, 현지기업은 우리보다 현지 문화를 잘 알고 있다. 따라서 그들은 매우 상대하기 어렵고 강력한 경쟁자이다." 브라운은 듀폰이 이런 중국기업에 맞서 싸우기 위해서 신제품과 새로운 기능을 끊임없이 추가하는 해결책을 추구했다고 말한다. "지속적인 혁신은 필수다. 우리는 이 비즈니스에 오래 몸담은 결과 신제품과 기술을 그들보다 빨리 개발할 수 있는 능력을 보유했기 때문에 지금까지 성공을 거둬왔다. 그러나 현지기업이 빨리 따라오기 때문에 우리는 제자리에 머물 수 없다. 우리는 계속 변화를 추구하며 제품과 서비스를 개선하고 고객의 니즈를 빨리 파악해야 한다."

지나친 고사양 제품을 피하라. 수요에 맞는 품질과 기능을 제공해야 하지만 가격을 무시해서는 안 된다.

전략 #3: 혁신만이 능사가 아니다

중국 시장을 목표로 삼은 외국기업에게 나타나는 위험한 경향 하나는 현지 시장이 수용할 수 없는 가격을 책정하고 현지 소비자가 원하지 않는 기능을 포함한 높은 사양의 제품을 도입하는 것이다. 특히 베어링 포인트의 브라이언 후앙은 IT 분야의 고객에게 지나친 고사양의 제품이나 서비스를 제공하지 말라고 패배시킬 수 없다면 협력하라(또는 인수, 합병하라).

권고했다. 그는 최근 휴대폰 보증기간을 10년으로 설정하고 배터리는 20년 동안 보증하겠다는 한 휴대폰 제조업체를 예로 들며 "도대체 누가 휴대폰을 2년 이상 사용하겠는가? 이런 제품은 지나치게 불필요한 기능과 부품이 포함된 것이다."라며 반문한다. 후왕은 외국기업들이 이런 제품을 중국에 출시했을 때 현지기업은 제품 수명을 제외하고 비슷한 기능과 성능을 지닌 제품을 훨씬 저렴한 가격으로 출시해 경쟁했다고 설명한다.

지나친 고사양 제품을 내놓으려는 분야로 후왕은 텔레비전과 가전제품 시장을 거명한다. 이 분야에서 현지기업은 해외에서 출시된 제품 중에 불필요한 기능을 제거하고 가격을 낮추는 방식을 취하고 있다. 후왕은 "여러분은 기능과 품질을 높여야 하지 비용을 높여서는 안 된다."라고 말한다.

전략 #4: 싸우지 말고 인수 또는 합병하라

경쟁자를 패배시킬 수 없다면 그들과 협력해야 한다. 중국 현지기업의 거센 도전에 맞서는 한 가지 방법은 계속 싸우기보다는 협력하는 것이다. 우리가 인터뷰한 다국적기업 20개가 즐겨 사용하는 전략은 현지기업을 인수하거나 합병하는 것이다. 컨설턴트들은 이 전략이 앞으로 중국에서 즐겨 사용되리라 전망한다. 인수와 합병(M&A)은 위험과 위협을 줄이며 합작기업의 이익을 제공한다.

결론

우리가 인터뷰한 중국 전문가 한 명은 중국에서 '난투극'이 벌어지고 있다고 말했다. 또 다른 사람은 중국이 세상에서 '가장 경쟁이 심한' 시장이라고 말했다. 많은 다국적기업들은 다른 곳에서와 마찬가지로 중국에서도 경쟁하고 있으며 일부 기업은 이곳에서 20년 넘게 경쟁하고 있다. 그러는 사이에 현지 경쟁자가 품질과 기술, 속도에서 다국적기업을 빠르게 따라오고 있다. 이제 외국기업들은 그들의 제품을 빨리 모방하면서도 가격을 낮추는 중국 현지기업의 거센 도전을 받고 있다. 중국에서 살아남기 위해 필요한 역량으로는 혁신, 민첩성, 융통성, 마케팅, 소비자 선호의 정확한 파악 등이 있다.

요약: 경쟁자의 극복

1. 이길 수 있는 경쟁을 선택하라

중국 시장을 목표로 하는 다국적기업에게 싸울 만한 가치가 없는 경쟁이 있다. 현지기업과 가격을 놓고 경쟁하지 말아야 한다는 것이다.

2. 혁신하라

최선의 생존 전략은 계속 변화하는 것이다. 경쟁자보다 앞서기 위해서 끊임없이 제품과 서비스를 개선하라.

3. 혁신만이 능사가 아니다

지나친 고사양 제품을 피하라. 수요에 맞는 품질과 기능을 제공해야 하지만 가격을 무시해서는 안 된다.

4. 싸우지 말고 인수 또는 합병하라

패배시킬 수 없다면 협력하라(또는 인수, 합병하라).

제6장

지적재산권 침해와의 싸움

"중국에서 더 큰 성공을 거둘수록 더 많은 지적재
산권 다툼을 벌일 것이다."
- 데이비드 창, 필립스 차이나의 CEO

- 중국에서 지적재산권 침해의 오랜 역사

- 지적재산권 다툼을 벌인 실제 사례

- 지적재산권 침해에 맞서 싸울 전략

- 결론

서문

중국을 방문하는 사람들 대부분은 하루나 이틀만 지내다 보면 이곳에서 지적재산권 침해가 어느 정도 발생하는지 알 수 있다. 묵고 있는 호텔에서 나와 거리를 조금만 걸어도 여행자는 가짜 구찌 가방, 노스페이스 재킷, 나이키 신발 등을 파는 시장과 미국 할리우드나 인도, 유럽의 최신 영화를 복제한 CD나 DVD를 팔고 있는 행상을 발견할 수 있다. 해적판은 다양한 선택 기회를 제공한다는 측면에서 쉽게 없애기 힘들다. 즉, 일부 영화는 공식적으로 개봉되기 이전에 이미 중국 행상을 통해 구입할 수 있을 때도 많다(해적판 제작자는 시사회용 필름을 입수하거나 시사회에 직접 참여해 녹화해서 시장에 내보낸다). 또한 해적판은 쉽게 구할 수 있고 가격도 저렴하다. 예를 들어, 상하이에서 해적판 판매상은 술집을 돌아다니거나 고객을 직접 데려와 인기

영화나 텔레비전 시리즈 DVD를 1달러도 안 되는 가격에 판매한다.

중국이 음악, 영화, 소프트웨어를 불법 복제하는 행위는 이미 잘 알려져 있지만 이 불법 복제는 DVD에 그치지 않는다. 이 나라의 지적재산권 침해는 제약, 살충제, 자동차 분야에서도 성행하고 있다. 지난 25년 동안 줄곧 중국은 지적재산권을 가장 심각히 침해하는 국가로 지정되어 왔다. 1989년부터 지속적으로 미국 정부는 미국무역대표부가 발간하는 연례 공식 보고서를 통해 중국을 최악의 무역 대상국으로 등급을 매기고 있다. 그 이후로 중국은 우선협상대상국이나 우선감시대상국에 명단이 올라 미국무역법 아래서 지속적으로 감시가 필요한 상태가 되었다. 2005년 5월, 중국은 인도와 브라질과 함께 WTO 및 다른 국제 협정을 제대로 이행하지 않는다는 심각한 우려 속에서 우선감시대상국 순위가 다시 올라갔다. 미국과 유럽 연합이 조사한 바에 따르면 중국에서 판매되는 소비재의 15%에서 20%가 불법 복제물로 추정된다. (미국 상무부 웹사이트와 유럽연합이 발간한 〈2004년도 EU-중국 비즈니스 정상회담 보고서〉 참조)

유럽 국가들과 기업들 또한 중국의 지적재산권 침해에 심각한 우려를 표명한다. 유럽 세관에 압수된 불법 복제품의 수량은 빠르게 증가하고 있다. 2002년에 불법 복제품이 8천5백만 유로어치 압수되었고 2003년에는 상반기에만 5천만 유로어치 압수되었다. 이 불법 복제품 중에서 60%는 중국산이다. 사실 2001년 이후로 다국적기업들은 중국에서 수출되는 가짜 상품이 늘어나는 추세에 주의를 기울이고 있다. 이제는 복제품이 진품 못지않

"
에어버스를 제외한
이 책에서 소개한 다
국적기업 모두 중국
에서 지적재산권 침
해를 겪었다."
- 이 책의 저자

게 정교하고 국제적 유통망까지 갖춰가는 실정이다.

그렇다면 중국은 어떻게 복제품을 생산하고 지적재산권을 광범위하게 침해하고 있는가? 비즈니스 세계에서 자주 회자되는 말 중에 중국 경제 5분의 1은 위조품에 의존한다는 추정이 있다. 기업들은 피해 규모를 정부나 관련 기관에 제공하지 않기 때문에 불법 복제물 시장의 규모를 파악하기는 힘들다. 베이징에 있는 중국 외국인투자기업 협회의 우수브랜드 보호위원회(QBPC, Quality Brand Protection Committee) 회장인 잭 창은 신뢰할 만한 데이터의 부족으로 중국의 위조품으로 인한 금전적 손실, 일자리 손실, 조세 수입 손실을 계산하기 힘들다고 말한다.

에어버스를 제외한 이 책에서 소개한 다국적기업 모두 중국에서 지적재산권 침해를 겪었다. 에어버스 차이나의 가이 맥로드가 "모든 에어버스 항공기는 우리 회사가 직접 만든다. 후난 지역이나 다른 곳에서 만들지 않는다."라고 천명했지만 항공기 산업도 지적재산권 침해 문제에서 완전히 자유롭지 않다는 지적이 있다. 한 중국 전문가는 1980년대 중반에 일어난 한 사고를 우리에게 말해줬다. 중국은 비행기와 비행기 엔진을 주문하면서 비행기 동체보다 많은 수의 엔진을 주문했다. 그는 "그들이 왜 그리 많은 엔진을 구입했을까?"라고 반문하며 "그들은 비행기 자체를 분석하려 했기 때문이다. 아쉽게도 그들은 알루미늄이 아닌 철강으로 비행기 동체를 제작했기 때문에 이 비행기는 하늘을 날지 못했다."라고 말한다. 중국에서 경제 발전이 진행되던 지난 20년 동안에 외국기업은 다음과 같은 교훈을 얻었다. 복제될 수 있는 것은 모두 복제되고 있다. 복제할 수 없는 것도 복제하려고 노력하고 있다.

인터뷰한 다국적기업 중에 위조품으로 가장 큰 고통을 겪은 분야는 말할 것도 없이 고가 제품을 생산하는 제조업체와 복제가 쉬운 소프트웨어와 명품 산업이다. 하지만 복제품의 범위는 청량음료에서 노트북 컴퓨터, 화장품, 자동차까지 매우 광범위하다. 필립스 차이나의 데이비드 창은 중국에서 더 큰 성공을 거둘수록 더 많은 지적재산권 다툼을 벌일 것이라고 말한다.

그러나 한 가지 명심해야 할 점이 있다. 우리가 만나본 모든 중국 전문가들은 지적재산권 침해가 중국에서 성공을 거두는 데 방해가 되지만 치명적인 위협은 아니라고 말한다.

중국에서 판매되는 자사 제품의 90%가 복제품이라고 추정되는 마이크로소프트조차도 여전히 중국에서 큰 성장을 달성하고 있으며 장기적 전망도 낙관적이다. 2004년에 QBPC가 실시한 조사에서 중국에 진출한 100개가 넘는 다국적기업 중 다섯 기업만이 지적재산권 침해 때문에 손실이 이익보다 크다고 보고했다. 조사에 응한 다국적기업 대부분은 불법 복제로 인해 이익의 5~15%를 손해 보고 있지만 치명적인 수치는 아니라고 응답했다. 우리가 인터뷰한 최고경영진과 전문가들 누구도 중국의 지적재산권 보호 부족이 적극적인 중국 투자를 가로막지 않는다고 말했다. 베이징과 상하이에 있는 미국상공회의소가 실시한 〈2005년도 비즈니스 환경 조사〉에 따르면 조사에 응한 450개 기업 중 80%는 중국의 지적재산권 보호 조치가 '비효율적' 또는 '완전히 비효율적' 이라고 응답했지만, 이들 기업은 전반적인 비즈니스 전망이 상당히 긍정적이라는 응답도 역시 제시했다.

> **"**
> *지난 20년 동안에 외국기업은 다음과 같은 교훈을 얻었다. 복제될 수 있는 것은 모두 복제되고 있다. 복제할 수 없는 것도 복제하려고 노력하고 있다."*
> *- 이 책의 저자*

응답 기업 86%는 2004년에서 2005년까지 수입이 증가했고, 87%는 중국에서 비즈니스 활동을 늘릴 계획이며, 79%는 중국을 '최우선적 외국인 직접투자 목표지'로 꼽았다. 따라서 지적재산권 문제가 일부 산업에서는 상당히 심각하지만, 여전히 중국

지적재산권의 기초

지적재산권은 정확히 무엇을 의미하는가? 이 용어는 1995년에 세계무역기구가 무역관련 지적재산권 협정(TRIPS, Trade-Related Aspects of Intellectual Property Rights)을 채택하면서 널리 알려지기 시작했다. WTO의 웹사이트가 소개한 내용에 따르면, 국제 교역에서 아이디어와 지식을 보호할 필요가 증가하는 추세에 맞춰 1986년에서 1994년까지 진행된 WTO 우루과이 라운드에서 협의되었다.

TRIPS는 WTO 회원국이 준수해야 할 지적재산권 보호의 형태를 5가지로 규정한다.

1. 교역 시스템의 원칙과 다른 국제 지적재산권 협정이 적용되는 방법
2. 지적재산권을 적절히 보호하는 방법
3. 자국 영토에서 지적재산권을 법으로 보호하는 방법
4. WTO 회원국 사이에 발생하는 지적재산권 분쟁을 해결하는 방법
5. 새로운 시스템이 도입될 때 특별한 이행 규정

이 협정은 저작권, 상표권, 지리적 표시권, 공업의장권, 특허권, 직접회로배치설계권, 영업비밀권을 규정한다.

은 매우 매력적인 시장으로 간주될 수밖에 없다.

이 장은 중국의 오랜 지적재산권 침해 역사를 간단히 살펴보는 것으로 시작한다. 그리고 현장에서 지적재산권 침해 문제를 겪었던 중국 전문가들의 경험과 그들의 대처 방안을 소개한다.

저작권과 저작인접권은 문학과 예술 작품(서적 및 기타 저작품, 음악 작품, 그림, 조각, 컴퓨터 프로그램, 영화)의 저자에게 사후 50년까지 그 권리를 보호한다. 상표권 또한 배우, 가수, 음악가와 다른 공연예술가, 음악과 방송 제작자의 권리를 보호한다. 저작권과 저작인접권을 보호하는 주목적은 창의적 작업을 권장하고 보호하기 위해서다.

산업재산권은 상호 차별성의 보호를 포함하며 특히, 상표권(한 상품이나 서비스를 다른 상품이나 서비스와 구별시키는)과 지리적 표시권(어떤 상품이 특정 지역의 산물임을 표시하는 권리)을 보호한다.

지적재산권을 보호하기 위해서, 특허권, 공업의장권, 직접회로배치설계권, 지리적 표시권, 상표권은 공식적으로 등록되어야 한다. 이 등록에는 무엇이 보호되어야 하는지를 명시한다. 즉, 발명, 디자인, 브랜드 명칭, 로고 등 구체적으로 보호해야 할 내용을 밝히고 공개적으로 공표해야 한다. 저작권과 영업비밀은 명시한 조건에 따라 자동적으로 보호된다. 이는 별도로 등록할 필요가 없다.

보호의 조건, 즉 권리가 보호되는 기간 등은 권리에 따라 다를 수 있다.

실행과 관련해 WTO는 웹사이트에 다음처럼 밝히고 있다. "현재 지적재산법이 불충분하기 때문에 제반 법 규정이 강화되어야 한다." TRIPS는 WTO 회원국 정부가 지적재산권이 각국의 법 체계 아래서 강화될 수 있고 침해를 방지하기 위해서 충분한 제제가 따라야 한다고 명시한다.

중국에서 지적재산권 침해의 오랜 역사

다음과 같은 인용문을 생각해 보자. "중국인은 모방에 매우 뛰어나다. 그들은 유럽에서 생산된 제품을 보기만 하면 무엇이든 완벽하게 모방해 낸다. 광둥 지역에서 그들은 몇 가지 제품을 아주 완벽하게 위조해서 유럽에서 수입한 것처럼 국내에 판매한다." (조나단 스펜스Jonathan D. Spence의 저서 《위대한 대륙, 중국 The Chan's Great Continent》에서 인용)

이 말은 우리가 인터뷰한 중국 전문가들이 위조품과 다른 지적재산권 침해에 관해 느끼는 경외감과 좌절을 잘 표현하고 있다. 그러나 위 인용문을 말한 도밍고 나바레테(Domingo Navarrete)와 우리가 인터뷰한 다국적기업 최고경영진과 컨설턴트 28명 사이에는 한 가지 커다란 차이밖에 없다. 바로 나바레테가 1659년에 중국을 방문했다는 시간적 차이다.

우리의 요점은 다음과 같다. 첫째로 복제품의 생산은 중국에서 매우 오랜 역사를 지니고 있다는 것이다. 또한 널리 퍼진 관행이고 많은 측면에서 다소 존중받는 행동이기도 하다. 한 사람이나 기업이 어떤 제품에 대해 독점적이고 배타적인 권리를 보유한다는 생각은 중국 문화와 사회에 어울리지 않는 개념이다. 전통적인 중국 예술은 스승의 작품을 모방하는 제자의 능력에 크게 의존해 왔다는 사실을 생각해 보면 이해할 수 있다.

둘째로 넓은 의미에서 중국 문화는 개인보다는 집단을 중시하는 개념에 기반하고 있다. 특히, 공산주의 시절에 개인의 권리나 재산은 엄격히 제한되어 거의 존재하지 않았다고 볼 수 있다. 따라서 현재 지적재산권의 개념은 많은 측면에서 잘못 이해되거나 존중받고 있지 못하다.

셋째로 법적 규제가 여전히 중국에서는 생소하다. 전통적으로 중국 사회는 법보다는 정부의 정책으로 통제되어 왔다. 프레시필즈 브룩하우스 데린저 법률회사의 중국 상하이 지사 수석 파트너인 노먼 지번트는 "이곳은 전통적으로 개인적 관계와 권력 문제가 논쟁의 결과를 좌우하는 나라이다."라고 말한다. 다시 말해서 중국에서는 법률의 존엄성이 존재하지 않는다는 의미다. 예를 들어, 한 중국 전문가는 중국에서 계약이 '별다른 생각 없이 불이행되는 경우가 많다'고 지적한다. 이런 중국인의 자세는 다음과 같은 말로 가장 잘 요약할 수 있다. "중국에서 사람들은 법이 아닌 사람을 따른다." 다시 말해서 중국은 수세기 동안 서양식의 법 지배가 아닌 꾸안시의 지배(관계의 지배)를 받아왔다.

> "1949년에서 1979년까지 중국 공산당은 법과 법정에 아무런 관심도 없었다. 그들이 관심을 두었던 것은 정부 정책과 권한의 행사였다."
> - 노먼 지번트, 프레시필즈 브룩하우스 데린저 법률회사의 중국 상하이 지사 수석파트너

정착되는 법 통치

1940년대에서 1970년대까지 대혼란 시기 동안에 중국에는 사실상 법률 시스템이 없었다. 모든 법적 권한은 정부 정책에 따라 달라졌다. 지번트는 "1949년에서 1979년까지 중국 공산당은 법과 법정에 아무런 관심도 없었다. 그들이 관심을 두었던 것은 정부 정책과 권한의 행사였다."라고 말한다. 덩샤오핑이 권력을 잡은 1980년대에 변화가 시작되었다. 이 시절 정부는 문화혁명

"

사법기관과 지적재
산권 침해자는 여전
히 네트워크를 유지
하고 있다. 그들은
상부상조하는 관계
이다."
- 데이비드 창, 필립
스 차이나의 CEO

기간에 생겨난 자의적인 규제를 바로잡고 투자를 유치하기 위한 법률 시스템을 만들기 시작했다. 최근에 중국 입법기관인 전국인민대표자회의(NPC)는 외국인 투자를 유치하고 WTO가 요구하는 조건을 맞추기 위해 수많은 법을 제정하고 있다. 지번트는 "이제 법률 시스템이 자리를 잡아가는 모습이다."라고 말한다. 사실 전국인민대표자회의는 완전한 법률 구조를 만들기 위해 지나치다 싶을 정도로 바쁜 입법 일정을 보내고 있다.

현재 문제는 중국의 비즈니스 관련 법령에 있지 않다고 법률 전문가와 기업 임원들은 말한다. 중국 비즈니스법은 최근에 외국인 투자를 유치하고 WTO 규정을 준수하기 위해서 상당히 개혁되고 있다. 정작 문제는 주로 법의 집행에서 일어난다.

지번트는 상황을 다음처럼 설명한다. "중국에는 비즈니스 활동을 안내하는 많은 법이 있다. 하지만 사람들이 이 법을 구속력이 있다고 생각하는가? 그리고 이 법을 실행할 효과적인 메커니즘이 존재하는가?" 중국인들의 법을 향한 자세의 한 예로서 상하이 교통 상황을 든다. 자신의 거주지 근처에 있는 교통 신호등 앞에 경찰관이 서 있으면 모든 사람들이 벌금을 내지 않으려고 교통 법규를 준수한다. 그러나 교통 경찰관이 사라지면 교차로는 혼란에 빠진다. 운전자는 함부로 유턴을 하고 오토바이는 정해진 차선 방향의 반대쪽에서 다가오며 행인은 교통신호를 무시하고 도로를 횡단한다.

지적재산권의 실행

지적재산권의 경우, 중국에서 강력한 법과 느슨한 실행의 격차는 특히 크다. QBPC의 회장인 잭 창은 중국은 광범위한 지적재산권 관련법과 규정을 제정하고 문제가 생겼을 때 민사 법정에서 시시비비를 가린다는 사실을 강조한다. 그는 "중국은 교역 상대국의 요청을 받아들여 제도를 개혁했다."라고 말한다. 그러나 위조 상품 대부분이 '지하'에서 거래된다. 따라서 브랜드를 소지한 기업은 위조품을 제조한 당사자를 식별하기조차 힘들다. 그렇기 때문에 위조범을 찾아내고 그들의 위조품을 압수해 소송을 걸기가 힘든 실정이다.

중국에서 지적재산권 보호의 실행에서 나타나는 한 가지 문제점은 이 나라의 사법 시스템이 매우 열악하고 부패가 만연해 있다는 사실이다. (중국 사법 시스템에 관한 자세한 내용은 제8장 참조) 법률 전문가인 노먼 지번트는 "우호적인 판결을 받기는 아주 힘들다. 더군다나 판결이 나오더라도 이를 집행하는 것은 판결을 얻기보다 두 배로 힘들다."라고 말한다. 예를 들어, 중앙정부의 결정이 성이나 시 정부로 제대로 전달되어 시행되지 않는다. 게다가 지방 관리나 사법기관은 지리적으로나 사회적, 문화적으로 위조범과 가깝고 외국기업이나 지적재산권의 법적 소유자보다 위조범에게 동정적인 태도를 보일 수 있다. 지번트는 "지방정부는 낯선 외국기업의 지적재산권을 보호하기보다는 현지인에게 우호적인 태도를 보인다."라고 말한다.

우리와 인터뷰한 전문가들은 입법기관과 중앙정부는 지적재

> 우리는 가짜 제품을 적발할 때마다 일련의 조치를 취했다. 하지만 얼마 되지 않아 다시 가짜 제품이 시장에 나돈다. 제조 규모는 매우 작고 이 큰 나라에서 그 제조 공장을 찾아내기란 정말 힘들다."
>
> ─폴 에첼스, 코카콜라 차이나의 사장

산권을 보호할 필요가 있다고 생각하지만, 많은 지방정부의 사법기관이 아직 그런 필요성을 느끼지 못한다고 말한다. 베텔스만 다이렉트 아시아의 에케하르트 라스게버는 "정부는 가짜 비디오 CD 시장을 폐쇄할 수 있다. 모든 외국인들이 위조품을 어디서 사야 할지 안다면 경찰이 그곳을 모를 리가 없지 않겠는가?"라고 말한다. 문제는 지적재산권 침해자가 종종 경찰과 결탁하고 보호받는 것이다. 라스게버는 "부패가 문제의 일부다. 많은 사람들이 위조 비즈니스를 통해 돈을 번다."라고 말한다.

필립스 차이나의 데이비드 창은 관련법도 존재하고 법정도 지적재산권을 보호하는 판결을 내리기도 하지만, 법적 결정을 실행하는 프로세스가 제대로 진행되지 못한다고 말한다. 사법기관과 지적재산권 침해자는 여전히 네트워크를 유지하고 있다. 그들은 상부상조하는 관계다.

지적재산권 다툼을 벌인 실제 사례

에어버스 차이나의 가이 맥로드는 위조범에 대한 중국의 태도를 알 수 있는 사례를 제공한다. "친한 친구 한 명이 코카콜라에서 일하고 있다. 그는 중국에서 가짜 코카콜라를 만드는 사람을 적발했다. 어떻게 가짜 코카콜라를 만들 수 있었느냐고 물으니 그 남자는 '물론 이것은 가짜다. 코카콜라는 제조 비법을 비밀로 하기 때문에 내가 알 수 없다. 따라서 내가 만든 것이 진짜 코카콜라가 아니니 문제 될 게 없지 않느냐? 라고 대답했다."
이런 사례를 통해 보면 중국에서의 지적재산권은 여전히 생소
하며 이에 대한 아무런 개념도 존재하지 않는다는 사실을 알 수
있다.

코카콜라 차이나는 지속적으로 가짜 제품으로 곤란을 겪고
있다. 코카콜라 차이나의 폴 에첼스는 "우리 브랜드는 세계적으
로 유명하다. 그래서 가짜를 만들고 싶은 유혹이 많다."라고 말
한다. 가짜 콜라가 차지하는 비중이 10% 미만이어서 코카콜라
비즈니스에 중대한 영향을 미칠 정도로 문제가 심각하지는 않
다. 그러나 에첼스는 가짜 콜라를 적발하는 일에 중국 지방정부
가 협조적이었다고 말한다. 에첼스가 직면한 가장 큰 문제는 적
발되어도 다시 위조품 생산을 시작하기가 너무 쉽다는 점이다.
그는 "우리는 가짜 제품을 적발할 때마다 일련의 조치를 취했
다. 하지만 얼마 지나지 않아 다시 가짜 제품이 시장에 나돈다.
제조 규모가 매우 작기 때문에 이 큰 나라에서 그 제조 공장을
찾아내기란 정말 힘들다."라고 말한다. 그는 중국에서 위조품
때문에 생기는 손해를 '비즈니스 운영 비용' 정도로 생각하게
되었다.

위험이 높은 산업: 소프트웨어와 음악, 영화

소프트웨어는 불법 복제품 가운데 가장 큰 영향을 받는 산업
임이 분명하다. 미국의 비즈니스 소프트웨어 연합(Business

"
여러분은 DVD나 비디오 CD를 어디서든 수천 장 구입할 수 있다."
- 에케하르트 라스게버, 베텔스만 다이렉트 그룹 아시아의 사장

Software Alliance) 추정에 따르면, 2005년에 중국에서 사용된 모든 소프트웨어의 90%는 불법 복제물이었다. 우리가 이 책에서 소개한 20개 기업 중 당연히 마이크로소프트가 가장 큰 고통을 겪고 있다. 마이크로소프트에 다행인 소식은 중국의 컴퓨터 사용 인구가 8천만 명이 넘어서고 있고 대부분 마이크로소프트 제품을 사용한다는 것이다. 나쁜 소식으로는 그중 10%만이 정품이기 때문에 컴퓨터 사용자가 늘어난다고 해도 그에 맞춰 소프트웨어 판매가 증가하지는 않는다. 마이크로소프트 차이나의 준 탕은 "지적재산권 문제는 우리 성장을 가로막는 가장 큰 장애물이다."라고 인정한다.

MS 오피스 소프트웨어를 비롯해 여러 마이크로소프트 제품 중 낮은 비율만이 정품이고 사용자 대부분이 값싼 불법 복제품을 구입하고 있다. 사람들은 거리에서 사는 소프트웨어가 불법이라는 사실을 알고 있다.

탕은 단기간에 불법 복제물이 크게 줄어드는 급격한 개선이 일어날 것으로 기대하지 않는다. 마이크로소프트는 불법 복제물을 추적하고 막기 위해서 많은 인력을 채용했다. 하지만 창은 중국기업이 지적재산권을 보호해야 한다는 인식을 가져야만 진정한 해결책이 나올 것으로 생각한다. 그는 이런 인식의 변화는 이미 진행 중이라고 말한다. 탕은 "현지 소프트웨어 기업은 우리와 마찬가지로 지적재산권 문제로 곤란을 겪고 있다. 그리고 고위 정부 관리도 이 사실을 알고 있다. 마이크로소프트는 그런 희생자 중 하나다. 다만 피해 규모가 중국 현지 소프트웨어 업체보다 클 뿐이다."라고 말한다.

불법 복제로 고통을 받는 또 다른 분야는 영화와 음악을 CD
나 DVD로 출시하는 엔터테인먼트 산업이다. 베텔스만 다이렉
트 그룹 아시아는 음악 CD를 주 생산품으로 삼는 기업으로 불
법 복제의 목표가 되고 있다. 이 회사의 사장인 에케하르트 라
스게버는 중국 시장에서 가장 큰 경쟁자가 '불법 복제물 판매
자'라고 말한다. 정품과 불법 복제품 사이에 가격 차이가 커서
많은 소비자들이 이런 불법 복제물을 찾고 있다. 베텔스만의 정
품은 80~100위안(2~10달러)으로 팔린다. 그러나 불법 복제품은
정품의 10분의 1 가격밖에 되지 않는다. 게다가 2003년에서
2005년까지 불법 복제물의 가격은 10위안에서 7위안까지 떨어
졌다.

베텔스만에게는 설상가상으로, 디지털 기술의 발달로 불법
복제물의 품질은 정품과 거의 차이가 없다. 라스게버는 "가격
차이가 너무 크다. 정품을 사는 것이 오히려 이상해 보일 지경
이다."라고 말한다. 불법 복제품이 정품에 비해 우위를 나타내
는 또 다른 부분은 쉽게 구할 수 있다는 점이다. 중국 정부는 수
입 음악과 영화에 오랫동안 규제를 가해 WTO 가입 이전에는
해마다 외국 영화 10편만이 수입되었고 이후에는 20편으로 제
한했다. 이와 대조적으로 불법 복제물 판매상은 원하는 것이면
무엇이든 복제해 지하철이나 거리 또는 초등학교 교문 앞에서
판매할 수 있다. 라스게버는 "여러분은 DVD나 비디오 CD를 어
디서든 수천 장 구입할 수 있다."라고 말한다. 이런 가짜 음악이
나 영화 CD의 3분의 1은 질이 너무 낮아 듣거나 볼 수 없을 정도
지만 그래도 사람들은 가격이 너무 싸니까 속는 셈치고 구입하

려고 한다.

소프트웨어나 음악과 영화에 대해 중국 소비자나 관계 당국자 사이에서 정품 판매자가 너무 많은 이익을 취한다는 생각이 널리 퍼져 있다. 라스게버는 DVD의 생산 비용이 1위안이고 판매가격이 80위안이라면 79위안은 중국 밖에 있는 다국적기업의 본사로 돌아간다고 지적한다. 이런 경우에 사법 관계자는 '부유하고 강력한 외국 지적재산권 보유자'를 적극적으로 보호하는 행동을 취하지 않을 수도 있다.

결과적으로 다국적기업이 판매하는 많은 지적재산권 관련 상품들은 중국에서 큰 수익을 거두지 못한다. 예를 들어, 베텔스만은 전 세계적으로 유명한 미국 재즈 뮤지션인 케니 지(Kenny G)의 음악을 담은 CD를 중국에서 판매해 큰 재미를 보지 못했다. 라스게버는 중국에 있는 상점, 호텔 등 모든 곳에서 케니 지의 음악이 들린다고 말한다. 하지만 베텔스만은 5만 장의 앨범밖에 판매하지 못했다. 2003년 현재 이 회사는 수백만 장의 불법 음반이 판매되었다고 믿는다.

그렇다면 어떻게 해야 소프트웨어나 음반 산업이 중국에서 살아남을 수 있을까? 마이크로소프트처럼 베텔스만의 전략은 현지 시장이 성숙될 때까지 기다리는 것이다. 라스게버는 "우리는 사람들이 불법 복제하는 것을 막을 수 없다. 그러나 정품을 구입하는 규모가 늘어나고 있다."라고 말한다. 이 회사는 높은 품질의 합법적 제품과 편리한 온라인 구매, 배달 판매의 수요가 결국 늘어날 것이라고 기대를 한다.

소니 차이나의 세이치 가와사키는 "저작권 위반은 정말로 중요한 사안이다."라고 말한다. 소니도 소프트웨어, 게임, 음악 제품에서 저작권 침해를 겪고 있기 때문에 베이징과 홍콩에 지적재산권 보호를 위한 특별 부서를 설치했다. 이 부서는 지역의 관계 당국과 협조하여 지적재산권 보호 활동을 펼친다.

가와사키는 중국에서 팔리는 가짜 소니 제품의 비율을 추정하지 않았지만 배터리처럼 저가 제품을 비롯해 소니의 모든 제품이 복제에 취약하다고 말한다. 이런 가짜 복제품이 소니의 이익과 브랜드 가치를 손상시킬 뿐만 아니라 소비자의 건강을 위험하게 만들 수도 있다.

위험한 복제품과의 싸움 : 화학과 제약업계

불법 복제물이 이익뿐만 아니라 잠재적인 환경 문제나 인간의 건강 문제를 일으킬 수 있는 분야는 바로 농약 산업이다. 듀폰 차이나의 사장인 찰스 브라운은 불법 복제자가 가짜 듀폰 제품, 특히 농약을 팔아 '단기간에 막대한 수입'을 올릴 수 있을 뿐만 아니라 가짜를 구입했는지 모르는 소비자에게 듀폰의 이미지를 흐리게 만들 위험이 있다고 지적한다. "우리는 어떤 비용을 치러서라도 우리 상표와 평판을 지켜야 한다. 농부는 결함이 있는 가짜 농약을 구입하고 그것이 진짜라는 생각에 우리에게 매우 강력한 항의를 한다." 가장 곤혹스러운 일은 안전하지 못한 가짜 살충제, 곰팡이 제거제나 제조제가 구매 소비자의 건강을 위험하게 만들 수도 있다는 점이다.

현재 중국이 직면한 가장 심각한 지적재산권 문제는 가짜 의약품이다. 중국 소재 유럽연합상공회의소(EUCCC)는 중국에서 판매되는 의약품의 10~15%를 가짜라고 추정한다. 이런 가짜 의약품 규모는 공공 건강에 매우 재앙적인 결과를 초래할 수 있다. 우리가 인터뷰한 제약 다국적기업의 경영진은 중국 정부도 가짜 의약품의 심각성을 인식하고 이 문제를 해결하기 위해 다국적기업과 협조하고 있다고 말한다.

가짜 의약품이 유발하는 건강 문제에 덧붙여 다국적 제약기업은 특허권 사용을 허가받지 않고 제조한 의약품이 개발 제약사의 매출을 감소시킨다는 사실에 우려를 표시한다. 결과적으로 신약 개발을 위한 R&D 투자가 위축될 수밖에 없다. 바이엘 차이나의 엘마르 스타첼스 박사는 제약 산업에서 공통적으로 느끼는 좌절을 다음처럼 말한다. "제약 산업에 종사하는 모든 사람들은 투자 수익을 달성하는 것을 좋아한다. 그렇지 않다면 연구와 개발을 할 이유가 없을 것이다. 신약 개발에는 많은 시간이 걸린다. 그리고 신약이 개발되면 제조 비용이 가격에서 차지하는 부분은 아주 적다. 누군가 이 신약의 성분을 모방한다면 엄청난 개발 비용을 줄여 싼 가격에 이 약품을 팔 수 있다. 따라서 가격 인하의 압력은 연구와 개발을 중심으로 하는 기업에 엄청난 부담이 된다."

제약 산업에서 엘리 릴리 차이나의 크리스토퍼 쇼는 새로운 특허법을 통과시킬 뿐만 아니라 실행을 강화하는 등 발전이 일어나고 있다는 점을 강조한다. 그는 "새로운 정책은 매우 긍정적이다"라고 말한다. 엘리 릴리는 서구 국가에서와 마찬가지로 중국에서 의약품에 대해 20년간 특허를 보장받을 수 있다고 설명한다. 또한 새로운 법은 일부 유럽 국가가 보장하듯이 의약품 데이터를 6년간 독점적으로 사용할 권한을 부여한다. 그리고 중국의 특허 관련 법령은 관계 당국이 특허를 출원하지 않은 신약은 허가하지 않도록 명시했다.

쇼는 "이는 상당한 발전이고 중국 정부의 노력을 인정해 줘야 하지만 아직도 개선의 여지가 많다."라고 말한다. 특히 그는 약품을 시장에 내놓기 위해 허가를 받는 기간이 상대적으로 오래 걸린다고 지적한다. 중국에서의 허가 프로세스는 다른 나라에 비해 3년이 더 걸린다. 허가 프로세스를 단축시키는 것이 제약 산업 규제에서 중국의 성숙도를 높이는 다음 단계다.

가장 빈번한 지적재산권 문제

산업에 따라 상황이 다르지만 우리가 인터뷰한 다국적기업의 최고경영진은 중국에서 지적재산권 보호 과정에서 모두 다음과 같은 문제에 직면했다.

- 정부의 지원 부족
- 적은 벌금, 큰 이익
- 정교해진 위조
- 국제화된 지적재산권 침해

문제 #1: 정부의 지원 부족

> *이곳 주민들은 가난하다. 중국 서부 지역 사람들은 한 달에 200위안을 번다. 이제 많은 외국인들은 내게 그들의 구찌 핸드백을 보호하라고 요청한다. 나는 그 요청을 받아들일 수 없다."*
>
> *- 에케하르트 라스게버, 베텔스만 다이렉트 그룹 아시아의 사장(중국 지방 관리의 태도를 설명하면서)*

중국에서 근무하는 외국인 관리자는 지적재산권 침해에 관해 미묘하지만 널리 퍼진 중국인의 용인 태도를 발견한다고 설명한다. 이런 자유방임적 태도는 특히 지방정부에 널리 퍼져 있고 우리와 인터뷰한 컨설턴트들은 이런 현상이 개발도상국에서 일반적으로 나타난다고 말한다.

결국, 중국 정부의 주목적은 가능한 빨리 경제 개발을 달성해 번영을 누리는 것이다. 따라서 고급 외국 제품을 '모방하는 행동'은 제조업 발전을 위해 논리적인 방법일 수 있다. 기본적인 생각은 한 제품을 구입해 모방한 다음에 다시 팔겠다는 것이다. 이 생각은 여전히 중국에서 유효하다. 중국은 무엇이든 모방할 수만 있다면 그들은 이 제품을 현지에서 제작한 후 수출해 수익을 창출한다.

에케하르트 라스게버는 많은 중국 관리들의 사고, 특히 농촌 지역에서 근무하는 관리의 사고를 다음처럼 설명한다. "이곳 주민들은 가난하다. 중국 서부 지역 사람들은 한 달에 200위안을 번다. 이제 많은 외국인들은 내게 그들의 구찌 핸드백을 보호해 달라고 요청한다. 나는 그 요청을 받아들일 수 없다."

중국의 심각한 실업 문제 또한 지적재산권 침해를 묵인하는 데 일조한다. 공식적인 목표 실업률은 4.7% 내외이지만 이 수치는 과소평가되었다. 첫째, 공식 실업률은 중국 인구의 반 이상을 차지하고 있는 농민계층의 실업을 포함하지 않는다. 둘째, 이 실업률은 실업자라고 공식 등록한 도시 거주민만을 포함한다. 기초적인 생계를 꾸리기 위해 농촌에서 도시로 온 이주 노동자를 고려하지 않는다. 이런 요소를 고려할 때 중국 분석가들은 중국의 실업률이 8~10%라고 보고 있다. 지적재산권의 중요성을 그리 중요하게 생각하지 않는 많은 관리들과 사법 당국은 위조품 생산이 지역 경제에 도움이 된다고 생각한다.

노먼 지번트는 지적재산권 보호를 강화하기가 쉽지 않다고 말한다. 여러 가지 이유로 위조품을 보호하고 유지하려는 기득권 세력이 있다. 예를 들어, 잉여 노동력의 고용, 이윤 창출과 조세 수입, 그리고 수출 시장의 활성화 등이 그 이유가 될 수 있다.

그는 한 가지 사례를 제공한다. "여러분은 중국 내륙지역에 공장을 갖고 있다. 이 지역은 시장이 전혀 없는 시대에 뒤떨어진 제품을 만든다. 또한 이 지역에는 잉여 노동력이 아주 많아 골칫거리다. 그런데 갑자기 위조품을 만들어 팔 수 있다는 사실을 발견했다. 이제 이 지역은 국내시장에 이 위조품을 팔 수 있을 뿐만 아니라 지적재산권 보호에 관심이 없는 국가에 수출을 할 수도 있게 되었다. 이전에 빈둥거리며 집에서 놀고 있던 잉여 노동력은 일까지 하면서 지방정부에 세금을 낼 수 있게 되었다." 이 모든 요소 때문에 중국으로 하여금 지적재산권 보호를 게을리 하게 만든다.

제너럴 모터스 차이나의 필립 머터프는 일부 벽지에 위치한 소규모 도시에서 인구 대다수가 생계를 위해 위조품 제작을 하고 있다고 언급한다. 이런 상황에서 지적재산권 보호를 위한 단속은 해당 지역 주민과 정부에 치명적인 영향을 미친다. 머터프는 "도시 전체에서 유일한 생계 수단인 위조품 제작을 단속할 수는 없다. 단속한다면 이 도시는 조세 수입의 95%를 잃을 것이다. 여러분이 정부를 운영하고 있다면 그런 일을 하지 않을 것이다."라고 말한다.

중국 전문가들은 일반적으로 지방정부의 지적재산권 보호 활동이 최악이라는 점에 동의를 표시한다. 우수브랜드 보호위원회(QBPC)의 회장인 잭 창은 일부 성과 도시의 관리들은 '싸울 의지가 없다'고 말한다. 경제 환경이 변화하고 단속 활동을 펼칠 동기가 등장할 때까지 지적재산권 침해는 여전히 다국적기업에게 어려움을 초래할 것이다.

그러나 중국에서 지적재산권을 보호할 정부의 지원이 부족하지만 많은 전문가들이 관계 당국의 태도가 나아지고 있다고 말한다. 특히, 중앙정부의 개선 정도가 두드러진다. 우리와 인터뷰한 중국 전문가 대부분은 지적재산권 침해를 맞아 싸우는 과정에서 정부 관리가 협조적인 태도를 취했다고 말한다. BP 차이나의 개리 더크스 박사는 가짜 윤활유를 적발했을 때 정부가 적극적으로 나섰다고 말한다. "우리가 적발한 내용에 대한 증빙자료를 정부에 제시했을 때 그들은 단속을 통해 적극적으로 불법 윤활유 제조업자를 소탕했다."

바이엘 차이나 또한 정부의 협조를 받았다. 이 회사의 CEO인 엘마르 스타첼스는 "지적재산권 침해를 단속하려는 중국 정부의 관심이 높아졌다. 예를 들어, 정부는 가짜 심장병 약을 적발하는 대규모 단속에 매우 적극적으로 나섰다. 우리는 가짜 약을 적발했고 법정에 기소했다. 그리고 법정은 우리에게 우호적인 판결을 내려 가짜 의약품 제조업자를 소탕했다."라고 말한다.

문제 #2: 적은 벌금, 큰 이익

중국에서 지적재산권 침해 사범에 대해 가벼운 처벌을 내리는 관행은 가장 큰 문제 중의 하나다. 벌금은 대부분 1만 위안에서 10만 위안(1,200달러에서 12,000달러)에 불과하다. 이 벌금액은 위조품을 만들어 벌어들이는 수익에 비하면 정말 미미한 수준에 불과하다. 중국 통상산업청(AIC)은 위조범에게 불법 비즈니스에서 얻은 수익의 세 배에 달하는 벌금을 부과할 수 있지만 최저 벌금액을 정하지 않았다. 또한 불법 비즈니스의 가치를 정할 수 없다면 통상산업청은 자의적으로 벌금을 부과한다. 이런 경우에 최저 벌금액은 정해지지 않고 최고 벌금액만 10만 위안이 된다. 한 컨설턴트는 중국의 지적재산권 규제는 일반적으로 법정이나 행정 관청이 부과할 수 있는 최대 벌금액만 규정하고 실제 벌금을 자의적인 판단에 따르도록 한다고 지적한다. "우리가 지금까지 관찰한 실제 벌금이나 처벌은 그리 무겁지 않았다."

벌금이 높아지거나 처벌이 강화된다고 지적재산권 침해 문제가 모두 해결되지는 않는다. 한 중국 전문가는 최근의 기습적 단속 사례를 들려준다. 단속을 통해 위조범을 잡았지만 그들은 판매할 의도가 없었다고 변명해 처벌을 피하고 가짜 상품을 압수해 파기하는 데 그쳤다.

문제 #3: 정교해진 위조

지난 15년간의 경제 호황 속에서 이제 위조나 다른 지적재산권 침해는 날로 정교해지고 있다. 중국의 중앙정부는 지난 10년간 지적재산권 침해를 더 강력히 단속하고 있지만 위조범의 활동을 막기가 더 힘들어지고 있다. 경제가 성장하면서 위조품을 생산하고 유통하며 감시를 피하는 기술도 발전하고 있다. 현재 위조 산업은 상당히 복잡한 대규모 비즈니스로서 R&D와 제품 디자인은 도시 지역에서 하고 상대적으로 당국의 감시가 소홀한 시골에서 여러 곳으로 나누어 생산한다. 일부 위조업자는 여러 지역에서 생산을 함으로써 한 곳이 당국에 적발되더라도 계속 비즈니스를 할 수 있는 방법을 취한다. 그리고 어떤 위조업자는 합법적인 비즈니스를 하는 것처럼 위장해 당국의 감시를 피하기도 한다.

로레알 차이나의 파올로 가스파리니는 위조품 생산 현황을 다음처럼 설명한다. "문제는 여러분이 한 곳의 위조범을 적발하더라도 다른 곳에서 새로운 위조범이 쉽게 나타난다는 것이다." 변호사인 노먼 지번트는 "한 위조업체를 적발하면 곧이어 여기서 기술을 배운 두 명이 새로운 위조업체를 만든다. 때때로 한 사람이 두 개의 이름으로 위조업체를 운영하는 경우도 있다. 그리고 어떤 위조범을 적발해 그 업소를 폐쇄시키면 적발된 위조범은 생산 시설을 친척에게 양도해 길 건너에서 새로운 공장을 운영하는 실정이다."라고 말한다.

문제 #4: 국제화된 지적재산권 침해

최근에 주목할 만한 변화로서 중국에서 생산된 위조품이 주요 국제 시장으로 수출되는 비율이 증가하고 있는 추세다. 우수 브랜드 보호위원회(QBPC)의 보고서에 따르면 이제 위조범들은 위조품 국제박람회까지 열어 수출을 시도하는 등 합법적인 경쟁자를 위협하고 있다.

QBPC 회장인 잭 창은 중동이나 남아시아에서 주문을 받아 위조 비즈니스를 국제적으로 운영하는 사례가 늘고 있다고 말한다. "우리는 많은 위조품들이 중국에서 수출된다고 파악하고 있다. 중국 농촌 지역에서 기습 단속을 벌여 보니 프랑스제나 이탈리아제를 표시한 라벨을 발견할 수 있었다." 현재 국제 위조 조직이 중국 위조품 생산자와 결탁하고 있다. 그들은 샘플을 중국에 가져와 이를 위조할 생산자를 찾고 있는 실정이다.

상하이와 베이징에 있는 미국상공회의소가 발간한 〈2005년도 비즈니스 환경 조사〉에 따르면 조사 기업의 9%는 중국에서 지적재산권 침해가 '국제 비즈니스에 물질적 피해'를 초래한다고 응답했다. 두 미국상공회의소는 〈2005년도 중국 내 미국 비즈니스 백서〉에서 중국, EU, 미국 정부는 위조품을 적발하기 위해서 세관 감시 활동을 증가시키고 3국이 긴밀히 협조해 이 위조 범죄 단체를 적발해야 한다고 주장했다.

잭 창은 지적재산권 침해의 국제화를 진정시키거나 해결할 조짐이 보이지 않는다고 말한다. 많은 공장들이 위조 비즈니스를 축소하기는커녕 확대하고 있다. 무역의 자유화와 높아지는 제조 기술과 전문성의 증가로 위조 제품의 판매는 국제적으로 확대되고 있다. 창은 높은 이익 때문에 더 많은 사람들이 이 지하경제 시스템에 매력을 느끼고 있다고 말한다.

중국 공안과 세관은 지적재산권을 보호하려고 노력하지만 위조범 또한 이 새로운 환경 변화에 빠르게 적응하고 있다. 따라서 창은 중국에서 지적재산권을 둘러싼 다툼이 적어도 10년 동안 지속되리라 예상한다.

QBPC가 중점을 두는 사업은 위조범과 맞서 싸우기 위해서 국제적인 공조를 높이는 일이다. 창은 국제사회가 위조를 국제적 문제라고 인식하고 개별 대응보다는 국제적 공조를 통해 문제를 해결하는 방식을 채택해야 한다고 주장한다. 위조범들이 국경을 넘어서 서로 협력하고 있는 반면에 관계 당국은 제한적인 협조밖에 이뤄내지 못하는 실정이다. 창은 아직 국가간에 체계적이고 효과적인 협조를 하지 못하고 있다고 말한다. 그는 첫 단계로서 아시아 전역의 관계 당국 사이에 정보를 공유할 채널을 마련하고 있는 WTO와 인터폴(INTERPOL)의 노력을 높게 평가한다.

지적재산권 침해에 맞서 싸울 전략

우리가 인터뷰한 최고경영진 20명 중 19명은 중국에서 지적재산권 침해를 직접 경험했고 대부분 이 문제를 해결할 전략을 보유하고 있다. 일부 기업은 지적재산권 보호를 위한 시스템을 확립했다. 여기에 덧붙여 비즈니스 컨설턴트들은 지적재산권 침해를 다룰 방법을 조언한다. 이 책에 소개한 중국 전문가들이 지적재산권 침해와 맞서 싸운 여섯 가지 주요 전략을 소개한다.

전략 #1: 정부와 긴밀한 협조

이 책에서 소개한 중국 전문가 28명 중 한 사람은 중앙정부가 지방정부보다 다국적기업의 지적재산권 보호 문제에 공감을 표시하고 효율적인 해결을 위해 노력한다고 말한다. 로레알 차이나의 파올로 가스파리니는 "중앙정부는 지적재산권의 중요성을 이해한다. 여기서 핵심은 중앙정부에 그치지 않고 모든 지방정부도 그 중요성을 이해해 지적재산권 침해 근절을 위한 공동의 노력을 벌여야 한다는 점이다."라고 말한다.

지적재산권 보호 문제에 가장 큰 영향을 받을 기업이라면 두말할 나위 없이 마이크로소프트이다. 중국에서 사용되는 이 회사의 제품 90%가 불법 복제물이기 때문이다. 마이크로소프트 차이나의 준 탕은 지방정부의 협조를 얻어낼 한 방법으로 위조품을 구매하지 않겠다는 지방정부의 합의를 이끌어내는 것이다. 마이크로소프트는 상하이 시 정부가 사용하는 모든 마이크로소프트 제품을 정품으로 사용하겠다는 합의를 이끌어냈다. 이렇게 상하이라는 주요 지방정부가 정품 사용 의지를 보인다면 다른 지방정부 역시 정품을 사용해야 한다는 압박을 받을 수 있다.

탕은 일단 정부가 정품을 사용한다는 합의를 받아들인다면 중국의 개별 기업 또는 개인 사용자 사이에도 정품을 사용해야 한다는 인식이 확산된다고 믿는다. "우리는 이 방법이 성공하리라 확신한다. 시간은 걸리겠지만 정품 사용 비율이 늘어날 것이다."라고 말한다. 탕은 이런 싸움이 중국에만 국한되지 않는다고 덧붙인다. "서양에서도 지적재산권이 100% 보장되지 않는

> 우리가 참을성 있고 협조적인 태도를 취하면 중국 정부도 우리의 의견에 귀 기울이며 협조적으로 변한다. 이제 중국 정부는 좀 더 적극적인 태도를 취하며 QBPC 회원사가 직면한 어려운 문제를 해결하는 데 도움을 주려고 한다."
> - 잭 창, 중국 외국인 투자기업 협회의 우수브랜드 보호위원회 회장

다. 많은 개인과 조그만 조직은 여전히 불법 복제 소프트웨어를 사용하고 있다."

잭 창은 QBPC 회원사에게 지적재산권 보호를 위해 중국 정부와 성공적으로 협력하는 구체적인 조언을 제공한다. 무엇보다도 QBPC는 출범 직후에 매우 소중한 교훈을 얻었다. 잭 창은 직접적인 경험을 통해, 다국적기업은 지적재산권 침해 문제에 관해 대결하겠다는 태도를 취하지 말 것을 강력히 권고한다. 이런 태도는 중국 정부를 불편하게 하고 수세적으로 만들 수 있다. 창은 "우리는 참을성이 있어야 한다는 교훈을 얻었다. 우리는 중국 정부와 협조해 지적재산권을 보호하기로 방침을 정했다. 결국 대결적 태도가 아무런 도움이 되지 않는다는 것을 깨달았다."라고 말한다.

창은 QBPC가 대결적 태도를 버리면서 즉시 이익을 봤다고 말한다. "우리의 태도를 좌절에서 협조로 바꿨기 때문에 정부의 태도도 점차 변하고 있다는 것을 확인했다. 우리가 지나치게 밀어붙이는 태도를 취하면 중국 정부는 수세적인 태도를 취하게 된다. 그러나 우리가 참을성 있고 협조적인 태도를 취하면 중국 정부도 우리의 의견에 귀 기울이며 협조적으로 변한다. 이제 중국 정부는 좀 더 적극적인 태도를 취하며 QBPC 회원사가 직면한 어려운 문제를 해결하는 데 도움을 주려고 한다." 창은 '우리와 함께 이 문제를 해결하도록 노력합시다' 라는 메시지를 중국 정부에 주라고 기업에게 조언한다.

QBPC가 중국 사법 당국과 선의의 관계를 구축하고 협조를 강화하는 데 사용한 가장 효과적인 방법은 지적재산권 보호에 훌륭한 성과를 낸 사람에게 상을 수여하는 것이다. 예컨대 뇌물을 거부한 경찰이나 세관과 효과적으로 협조하거나 지적재산권 침해 범죄를 해결한 경찰관에게 상을 주는 방법이다.

QBPC는 2002년부터 지적재산권 침해 범죄에 맞서 훌륭한 업적을 낸 10가지 사례를 선정해 표창해 오고 있다. 수상자로 선정된 정부 관리는 베이징에 와서 통상산업부 장관이나 차관에게 표창을 받고 승진 심사에서 큰 가산점을 부여받는다. 2005년에 25가지 사례가 경쟁해 10가지 사례가 선정되었다.

지방정부의 협조를 얻어내는 과정에서 QBPC는 침해 사건을 적발하는 행동 못지않게 보호하는 행동도 중요하다는 사실을 인식하고 지적재산권 보호 활동도 수상 대상자에 포함시켰다. 창은 중국의 저개발 지역(쓰촨이나 산시와 같은 지역)에서 이 수상 제도에 대한 관심이 높아지고 있다고 말한다. 현재 저개발 지역은 외국인 투자를 유치하기 위해 매우 적극적인 활동을 벌이기 때문이다.

마지막으로 QBPC는 세관, 검역소, 검사소 등 지적재산권과 관련이 있는 정부 기관의 협조를 강화하기 위해서 '탁월한 업적상'을 수상할 정부 기관 4곳을 선정해 상을 수여한다. 창은 이런 포상의 목적은 훌륭한 역할 모델을 보이기 위해서이며, 지적재산권 보호에 앞장선 기관이나 관리를 표창했을 때 변화가 생긴다고 말한다. QBPC는 포상 활동을 통해 정부가 적대적인 태도에서 완전히 우호적인 태도로 변하는 모습을 목격했다. 중국 부총리인 우 이(Wu Yi)는 2004년에 국제 비즈니스 지도자와 만난 자리에서 QBPC를 '내 유능한 오른팔'이라고 부를 정도였다.

전략 #2: 연합세력 구축

지적재산권 침해에 맞서 싸울 가장 효과적인 방법은 실행하기에 가장 어려울 수 있다. 즉, 같은 산업에 속한 기업이 서로 연합해 변화를 위한 로비를 벌이는 것이다. 공통의 문제를 해결하려고 경쟁자와 협조하고 해결책에 관한 정보를 공유하는 일은 중국처럼 경쟁이 매우 치열한 시장에서는 쉽지 않다. 그러나 우리가 인터뷰한 전문가들은 협조를 통해 문제를 해결하도록 노력해야 한다고 강조한다.

파올로 가스파리니는 로레알 차이나도 위조품 문제에 직면하고 있다고 인정한다. 로레알의 유명 브랜드 화장품은 위조범이 선호하는 대상이다. 가스파리니는 로레알이 위조품과 싸우는 과정에서 다른 화장품 회사나 피부 관리 제품을 출시하는 기업의 협조가 도움이 되었다고 말한다. "우리는 다른 기업과 아주 적극적인 협조를 하고 있다. 위조품 문제는 우리 산업에서 아주 심각하기 때문이다."

기업 간 협조를 통해 문제를 해결하려는 대표적인 사례는 40여 개 회원사를 둔 연구와 개발 중심 제약업 협회(RDPAC, Research & Development-based Pharmaceutical Association in China)이다. RDPAC는 지적재산권을 포함한 제약업계의 문제를 중점적으로 취급한다.

산업별 조직의 또 다른 기능은 정부와 사법 당국이 지적재산권 보호 조치를 강화하도록 돕는 일이다. 예를 들어, QBPC는 관계 당국과 함께 경제 범죄를 전문적으로 다루는 경찰관 교육을 매년 개최한다. 잭 창은 이 교육 프로그램이 처음에는 순조롭지 않았지만 점차 원활하게 진행되고 있다고 말한다. "QBPC가 처음에 경찰관에게 이 교육 프로그램을 실시했을 때 어떤 경찰관도 우리 조직을 알지 못했다. 처음에는 경찰관 반 정도가 '우리는 20년 넘게 경찰관을 하고 있는데 그들 말을 들어야 할 이유가 무엇인가?'라며 QBPC의 프레젠테이션 도중에 자리를 떴다. 그러나 경찰관들이 우리말에 귀 기울이기 시작하면서 그들은 우리를 알게 되었고 우리가 전하려는 메시지가 무엇인지 이해하며 서로 협조할 수 있다는 사실을 깨닫게 되었다."

현재 QBPC의 목표 한 가지는 지적재산권 침해 범죄가 발생했을 때 사법 당국의 법 집행 정도를 높이는 것이다. 전통적으로 중국은 행정 지도를 통해 지적재산권 침해 문제를 해결해 왔으며, 그렇기 때문에 처벌이 가벼웠다. 그러나 위조를 경범죄 취급하던 태도에서 벗어나 2004년 12월에 나온 한 판례는 위조를 '형사상 범죄'로 간주했다.

QBPC나 다른 산업별 단체가 사용한 또 다른 전술은 중국 소비자의 인식을 변화시키는 것이다. 창은 소비자 중 5~10%가 위조품에 대한 마음을 바꾼다면 큰 변화가 생길 것이라고 말한다. 그러나 소비자의 태도를 변화시키는 일은 매우 어렵다. 2000년에 중국 소비자 2,500명을 대상으로 지적재산권 인식에 대한 조사를 해보았더니 상당히 실망스러운 결과를 얻었다. 중국인들은 품질이 아주 나쁘지 않다면 위조라도 별 상관없다는 반응을 보였다. 그리고 위조품 구매가 외국 브랜드를 소유한 기업에만 피해를 주기 때문에 별로 개의치 않는다는 반응이었다.

창은 중국에서 위조품을 구입하는 사람이 중국 소비자만이 지적재산권 보호를 위해 내부 자원과 인력을 배정하라. 회사 전체에 지적재산권 보호의 중요성을 인식시키고 지원을 강화하라.

아니라고 지적한다. 많은 외국 관광객들과 다국적기업에서 일하는 직원들이 현지 시장에서 기념품으로 가짜 상품을 구입한다. 창은 브랜드를 보유한 다국적기업의 직원들이 중국에 출장와서 위조품을 구입하는 상황은 유감스럽기 그지없다고 아쉬움을 표한다. 이런 상황에서 중국 소비자에게 지적재산권 관련법을 존중하라고 설득하기는 아주 어렵다. 그는 사회 유명인사가 직접 공공 캠페인을 펼쳐 위조품 구입이 아동 노동 착취나 다른 범죄 행위를 저지르는 것과 다름없다는 메시지를 대중에게 전달해야 한다고 주장한다. 구매 수요가 있다면 위조 산업은 존재할 수밖에 없다.

전략 #3: 내부 자원의 최대 활용

이 책에 소개한 다국적기업들은 각자 직면한 문제의 심각성에 따라 상당히 다른 내부 지적재산권 보호 전략을 채택한다. BP 차이나는 지적재산권 '보안 그룹'을 운영하며 침해자를 추적해 적발한다. BP 차이나의 개리 더크스 박사는 "우리 인력은 위조 제품을 전문적으로 추적할 수 있도록 훈련받았다. 우리는 위조범 추적에 매우 적극적으로 나선다."라고 말한다. 로레알 차이나는 지적재산권 침해를 전담할 인력을 채용했다. 그리고 유니레버 차이나는 12명으로 구성된 팀을 운영하며 지적재산권을 담당하는 정부 기관과 협조한다. 이 회사의 회장인 앨런 브라운은 슈퍼마켓과 할인점이 늘어나면서 지적재산권 침해가 줄어들었다고 말한다. 그는 "위조범과의 싸움은 지속적으로 진행되어야 한다. 브랜드가 커질수록 더 많은 상표권 위반 사례를 겪게 된다."라고 말한다.

　QBPC의 잭 창은 다국적기업에게 국제 브랜드 보호 시스템을 확립하라고 조언한다. 즉, 전담 인력을 배치해 세계 곳곳에서 발생하는 침해 사례에 관한 정보를 공유하라는 말이다.

　QBPC 100개 회원사를 상대로 조사를 해본 결과, 30개 기업

우수브랜드 보호위원회(QBPC)

　중국 외국인 투자기업 협회의 우수브랜드 보호위원회(Quality Brand Protection Committee)는 2000년 3월 2일에 공식 발족했다. 2005년 현재, 지적재산권 보호에 관심이 있는 다국적기업 120개가 이 협회의 회원으로 가입했다. QBPC 회원사는 중국에 총 400억 달러 이상을 투자한 기업들이다.

　이 위원회의 임무는 '중국에서 지적재산권 보호 노력을 강화하기 위해서 중앙 정부, 지방정부, 그리고 지역 산업, 기타 조직과 협력하는 것'이다. 이 협회는 중국에서 지적재산권 보호가 개선되도록 회원사를 대변해 로비 활동을 벌이고 지적재산권에 관한 중국과 국제적 기준의 차이를 줄이는 활동을 벌이고 있다.

　QBPC는 지적재산권 보호 법령 개선과 실행의 강화를 위해 중국 정부와 공동의 노력을 기울이며 지적재산권에 대한 대중적 인식 확대에 힘쓴다. 또한 이 위원회는 회원사가 지적재산권 보호 시스템을 향상시키도록 도움을 제공한다. QBPC의 활동은 9개 산업별 그룹과 다음과 같은 사안에 초점을 둔 하부 위원회로 나뉘어 진행된다. 하부 위원회에는 최고 관행/실행, 의사 소통, 세관, 정부 협조, 법적 문제, 회원 서비스, 특허 위원회가 있다.

만이 위조를 전담할 인력을 배치했고 40개 기업은 아시아 태평
양 지역에서 위조와 싸우기 위해 내부 자원을 활용하고 있다고
응답했다. 창은 회원 기업에게 위조 범죄와 싸우기 위해 자금과
인력을 증가시키라고 강력히 권고한다.

전략 #4: 예방에 주력

QBPC는 중국에 진출한 다국적기업에게 지적재산권 전략을
'화재 진압'에서 '화재 예방'으로 바꾸라고 조언한다. 잭 창은
개별 지적재산권 침해범을 적발하고 방지하기란 아주 어렵다고
지적한다. 대신에 미래에 일어날 지적재산권 침해를 예방하는
데 초점을 맞추면 상당한 효과를 거둘 수 있다.

첫째, 그는 '지적재산권 감사'를 실시하라고 추천한다. 많은
기업들이 어떤 분야가 취약한지 제대로 파악하고 있지 못하기
때문이다.

둘째, 창은 중국에서 외국기업이 지적재산권 침해를 놓고 다
툼을 벌일 때 최고경영진의 단호한 의지가 매우 중요하다고 강
조한다. 즉, 최고경영진이 직접 나서서 중국 관계 당국과 침해
문제를 논의해야 한다는 의미다.

또한 최고경영진은 지적재산권 문제가 회사 전체에 걸쳐 매
우 중요한 사안임을 인식시켜야 한다. 그러면 직원들은 파수꾼
역할을 하며 지적재산권 침해 사례를 발견할 때마다 보고하게
된다. 또 다른 전술로 납품처나 하청업체 모두가 지적재산권 침
해를 감시하도록 장려한다. 중국 전문가들은 기업이 지적재산
권을 다루는 명백한 윤리 규칙을 제정해야 한다고 강조한다. 즉,

모든 직원과 관련 기업에 윤리 교육을 제공하고 지적재산권과 관련된 윤리 규정을 어겼을 때 응분의 처벌을 가해야 한다.

위조범을 잡기 위해서는 증거를 수집하고 경찰의 협조 하에 현장을 단속해야 한다. 창은 불법 위조범들이 합법적인 업체를 통해 원자재와 포장재를 구입하고 제품을 유통시키는 우려할 만한 추세가 나타나고 있다고 말한다. 제품과 관련된 모든 공급망을 철저히 감시해 위조범이 끼어들 만한 여지를 주어서는 안 된다.

또 다른 예방책으로 창은 일반인에게 380볼트의 전압으로 전기를 공급하지 못하도록 정부에 로비를 벌여야 한다고 말한다. 여러 단속 현장에서 그는 위조품 생산 시설 대부분이 380볼트 전압을 사용해야 하는 시설임을 발견했다. 따라서 이런 전력 공급만 차단해도 지하의 위조 공장 80%는 설비를 가동할 수 없다.

핵심 기술에 접근할 수 있는 인력이나 비즈니스 파트너를 제한하라. 기업은 자사 인력이 핵심 지적재산권 정보를 남용하지 못하도록 분명한 단속 수단을 확립해야 한다.

전략 #5: 계약상의 안전장치 활용

중국에서 사무직 인력 시장은 고용주가 아닌 피고용자가 주도하는 시장이다. 연간 사무직 노동자의 이직률이 20%가 넘는 산업이 적지 않다. 많은 기업들이 전문 인력을 채용하고 보유하는 데 어려움을 겪고 있으며, 기업 사이에 수단과 방법을 가리지 않고 인력을 확보하려는 경쟁이 치열하다.

인력 부족은 지적재산권 문제와 직접적인 연관을 맺는다. 직원이 회사를 떠날 때 지적재산권 정보를 포함해 이전 직장에서 습득한 지식을 갖고 가기 때문이다. 분명히 경쟁 비즈니스, 특히 지적재산권 비밀에 관한 지식은 경쟁기업에게 아주 매력적인 요소다. 또 다른 잠재적 위협으로서 직원이 회사를 그만두고 경쟁사로 이직할 때 그 사람은 이전 직장의 지적재산권 시스템에 관한 내부 지식을 사용해 비즈니스를 새로 시작할 수 있다.

다국적기업이 직원이 이직하면서 회사 기밀을 팔아먹지 못하도록 막는 것은 매우 힘들지만, 관리자는 일부 예방적인 조치를 취할 수 있다. 투자 유치를 위해서 베이징과 상하이 같은 지방 정부는 상표권 보유 기업에게 이직 후 3년간 경쟁기업에 취업을 금하는 조건이나 사직 6개월 이전 사전 공지 조항을 노동 계약에 포함시킬 수 있는 권한을 부여했다. 잭 창은 이런 규정이 얼마나 효과적일지는 확신하지 못하지만 이런 규정을 통해 적어도 상하이나 베이징이 투자자에게 더 많은 혜택을 주려는 의지를 표시한다고 강조한다. 이 지역은 지적재산권을 보호하기 위한 더 많은 법적 수단을 제공하기 때문이다.

합작기업 파트너, 공급자, 특히 기술이나 다른 특별한 노하우에 접근할 수 있는 당사자와 계약할 때 유사한 안전 장치를 명시할 수 있다.

전략 #6: 민감한 기술의 보호

우리가 인터뷰한 전문가들은 기업의 중요 기술을 보호할 수 있는 또 다른 방법을 제시한다. 즉, 중국 외부에서 기술을 보관하는 방법이다. 중국에는 안타깝지만 일부 컨설턴트는 이 방법을 고객에게 추천한다. 상하이와 베이징에 있는 미국상공회의소가 발간한 〈2005년도 중국 내 미국 비즈니스 백서〉에 따르면 미국상공회의소의 회원사는 이 방법을 사용해 지적재산권을 보호한다. 두 상공회의소가 회원사를 대상으로 실시한 조사에 따르면 미국 기술기업 중 75%는 중국의 지적재산권 보호 미비가 대중국 R&D 투자에 영향을 미쳤다고 응답했다. 다시 말해서 이들 기업은 지적재산권이 제대로 보호되지 못하는 환경 때문에 투자를 재고하거나 유보한다는 말이다.

프레시필즈 브룩하우스 데린저 법률회사의 노먼 지번트는 중국으로 기술을 유입할 때 각별한 주의를 기울이라고 고객에게 조언한다. "기술이 기업의 장기적 생존 전망에 큰 영향을 미칠 수 있다면 해당 기술을 중국 내로 반입하지 않는 편이 낫다. 기술이 복제된다면 중국 내 비즈니스에도 악영향을 미칠 뿐만 아니라 기업 존재 자체가 위협받을 수 있다."

어쩔 수 없이 중국 내로 기술을 반입해야 한다면 해당 특허, 상표, 저작권 등 중국 내로 반입할 모든 사항을 등록하고 보유 관계를 명확히 해야 한다. 본국이나 다른 나라에 특허가 등록되었다는 것만으로 중국에서 그 특허가 보장되리라고 생각해서는 안 된다.

일단 핵심 기술이 중국 내로 반입되면 관리자는 일부 허락을 받은 인력만이 해당 기술에 접근할 수 있도록 해야 한다. 또한 민감한 기술을 분산시켜 어떤 한 사람이 모든 기술을 파악할 수 없도록 해야 한다. 그리고 전문가들은 핵심 기업 정보에 접근할 수 있는 인력의 배경을 면밀히 파악하는 것도 중요하다고 강조한다.

직원이나 비즈니스 파트너가 핵심 기술에 접근할 수 있는 권한을 제한하는 안전 장치를 마련하라. 일부 경우에 핵심 기술을 중국 내로 반입하지 않아야 한다.

중국의 지적재산권 미래: 밝은가 아니면 어두운가?

중국 지하경제에서 벌어지는 지적재산권 침해 비즈니스의 활동 범위와 정교함을 고려할 때, 다국적기업은 미래에 상황이 나아지리라 기대할 수 있을까? 우리가 만나본 전문가들은 이 질문에 대답하기 위해서 다른 아시아 국가의 경우를 살펴봤다.

3M 차이나의 케네스 유는 "현재 지적재산권 보호와 관련해 중국에서 목격한 문제는 1980년대 타이완의 상황과 매우 비슷하다. 1980년대에 타이완에서 롤렉스처럼 보이는 시계를 20달러에 구입할 수 있었다. 이런 모습은 중국 또는 다른 개발도상국가와 다르지 않다. 경제가 빠르게 발전할 때 사람들은 지름길을 택하는 경향이 있다. 그러나 경제가 이 단계를 넘어서면 정부는 위조품의 단속을 강화할 것이다."라고 말한다.

지멘스 차이나의 언스트 베렌스 박사도 비슷한 말을 한다. "나는 현재 중국 상황을 25년 전 일본이나 타이완의 상황과 비교한다. 내가 생각하기에 지적재산권 침해는 시간이 흐르면서 줄어들 것이다. 더 많은 현지기업들도 우리와 마찬가지로 지적재산권 보호에 관심을 기울여야 하기 때문이다."

우리가 인터뷰한 중국 전문가 대부분은 많은 중국기업들이 지적재산권 보호의 필요성을 절감하고 법령이 강화되리라 믿는다. 프레시필즈 브룩하우스 데린저의 법률 전문가인 노먼 지번트는 말한다. "중국 관계 당국이 국내 산업이 위조 비즈니스 때문에 악영향을 받는다고 생각할 때, 그리고 현지 산업이 지적재산권 보호에 발 벗고 나서기 시작할 때, 중국 정부는 엄격한 지적재산권 보호가 장기적으로 국익에 부합한다는 사실을 깨달을 것이다."

베텔스만 다이렉트 그룹 아시아의 에케하르트 라스게버는 비슷한 의견을 제시한다. "언제 이 문제가 해결될까? 현지 음악, 소프트웨어, 영화 산업이 마찬가지로 지적재산권 침해로 고통을 겪을 때 문제가 해결될 가능성이 높다. 정부가 국내 산업을 발전시키기 원한다면 바로 조치를 취해야 한다."

중국에서 이미 변화의 조짐이 일고 있다. 미국 특허청 데이터에 따르면 2000년에서 2004년까지 중국은 9만1천 건의 지적재산권 침해 단속 중 91%가 자국 기업의 권리 보장을 위해서였다. 현지기업이 지적재산권 침해와 싸우는 경우가 많아질수록 단속은 강화되고 지적재산권 보호 환경은 크게 향상될 것이다.

결론

지적재산권 침해는 중국에서 오랜 역사를 지닌 대규모 산업이다. 최근 2001년에 WTO에 가입한 이후로 중국은 지적재산권 보호 법령을 강화했지만 실제적인 법 시행 정도는 미약하다. 중국에 진출한 거의 모든 다국적기업들은 자사 제품이 불법 복제되는 경험을 했다(에어버스만이 유일하게 예외다). 제약이나 화학 산업에서 불법 복제는 특히 민감한 사안이다. 공공 안전이 위협받을 수 있기 때문이다. 지적재산권 관련법을 실행하기 어려운 이유는 중국에서 아직 법이 충분히 정착되지 못했고 많은 지역에서 위소 산업이 중요한 역할을 담당하고 있기 때문이다. 다국적기업이 직면한 문제는 다음과 같다. 정부의 지원 부족(특히 지방에서), 위조로 받을 처벌보다 이익이 더 큰 상황, 그리고 정교해지고 국제화되는 위조 비즈니스이다. 중국에서 지적재산권 침해 비즈니스는 경제 발전에 따라 줄어들 가능성이 높다(다른 개발도상국가의 경우가 그랬다). 진정한 해결책은 중국이 자국의 지적재산권을 보호하려는 노력을 기울이기 시작할 때 나올 것이다.

요약: **지적재산권 침해와의 싸움**

외부 조치

1. 정부와 긴밀한 협조: 지적재산권 보호를 위해 중국 정부의 협조를 구할 때 대결적인 태도를 취해서는 안 된다. 지적재산권 침해와 싸우는 중국 정부에 협조적 태도를 취해야 한다.

2. 연합세력 구축: 다른 기업이나 협회와 연합으로 지적재산권 분쟁에 관한 좋은 대처 방안을 공유하고 중국 정부와 협조해야 한다.

내부 조치

1. 내부 자원의 최대 활용: 지적재산권 보호를 위해 내부 자원과 인력을 배정하라. 회사 전체에 지적재산권 보호의 중요성을 인식시키고 지원을 강화한다.

2. 예방에 주력: 최고경영진이 직접 나서서 지적재산권 보호의 중요성을 직원과 정부에게 전달해야 한다. 회사 전체적으로 취약한 부분을 파악하도록 지적재산권 감사를 실시한다.

3. 계약상의 안전 장치 활용: 핵심 기술에 접근할 수 있는 인력이나 비즈니스 파트너를 제한하라. 기업은 자사 인력이 핵심 지적재산권 정보를 남용하지 못하도록 분명한 단속 수단을 확립해야 한다.

4. 민감한 기술의 보호: 직원이나 비즈니스 파트너가 핵심 기술에 접근할 수 있는 권한을 제한하는 안전 장치를 마련하라. 일부 경우에 핵심 기술을 중국 내로 반입하지 않아야 한다.

제7장

중국 고객의 확보

"중국에서 이류 기술을 판매하는 것은 불가능하다. 중국은 최고를 원한다. 때때로 중국은 신기술을 소개할 첫 번째 국가이기도 하다. 중국인은 매우 까다로운 소비자이다."

- 도미니크 드 보아시종, 알카텔 차이나의 회장이며 CEO

- 13억 고객의 유혹

- 규제의 문제

- 물류의 어려움

- 까다로운 고객

- 중국 고객에 접근하는 최선의 방법

- 결론

서문

장소: 중국 중부 지역의 후베이 성 우한 시

상황: 최신형 흰색 벤츠 SLK230 컨버터블 주위에 호기심 많은 구경꾼과 뉴스에 목마른 기자들이 빼곡히 모여 있다. 두 남자가 커다란 망치를 들고 차에 다가선다. 텔레비전 카메라가 작동하기 시작하자 두 남자는 차를 향해 망치를 휘두르며 앞 유리창과 운전대를 박살낸다. 몇 분 만에 8만5천 달러나 되는 고급 승용차는 만신창이가 된다.

이유: 이 차의 소유주인 왕 솅(Wang Sheng)은 메르세데스 벤츠가 자신에게 기대에 못 미치는 자동차를 판매한 것에 화가 났다. 왕은 기자에게 구입한 지 며칠 만에 이 자동차에 문제가 생기기 시작했다고 말했다. 다섯 번이나 수리하고 서너 번이나 반품을 요구한 끝에 왕은 극단적인 조치를 취했다. 이 소식은 중

국 저녁 뉴스에 방영되었고 전 세계 뉴스에 나왔다.

이런 왕의 행동에 대해 메르세데스는 자동차의 품질에 문제가 있어서가 아니라 왕이 부적절한 연료를 사용했기 때문에 고장이 생겼다고 주장했다. 이 사건이 있은 후에 메르세데스는 왕을 고소하겠다고 위협했지만 나중에 양자는 화해했다. 자동차에 문제가 없었더라도 메르세데스 벤츠는 한 가지 실수를 한 것처럼 보인다. 왕을 비롯한 다른 무수한 중국 고객의 욕구를 과소평가해 벤츠에 대한 불신을 키웠다는 점이다.

새로운 중국 고객을 만나보자. 그들은 까다롭고 솔직하며 허세가 강하다. 일부 중국 고객은 왕 쉥처럼 극단적인 경우도 있지만 중국 소비자에 익숙한 외국인 관리자는 메르세데스 벤츠 사건에 큰 충격을 받지 않는다. 이 책에서 소개한 다국적기업의 최고경영진 대부분은 중국 소비자를 매우 까다로운 고객이라고 설명한다. 특히 도시 지역에서 까다롭고 세속적이며 참을성이 적고 가격에 민감하며 무엇보다도 변덕스런 소비자가 늘어나고 있다.

이 장은 다국적기업의 외국인 관리자가 현재 중국에서 고객을 확보하면서 겪는 어려움을 논의한다. 우리는 먼저 인구 규모, 지출 능력, 기대 측면에서 소비자 인구의 확대를 자세히 설명할 것이다. 그런 다음에 소비자에게 접근할 때 일어나는 어려움을 논의한다. 마지막으로 중국 전문가들이 제시하는 중국의 변화하고 까다로운 소비자에게 도달할 최선의 방법을 전하면서 결론을 맺을 생각이다.

> *많은 사람들이 중국 소비자의 기대가 낮다고 생각하며 이곳에 온다. 하지만 나는 중국 소비자의 기대가 일본 등 어느 다른 나라보다 높다는 사실을 발견했다. 나는 중국 소비자가 세상에서 가장 다루기 힘든 소비자라는 인상을 받았다."*
> - 필립 머터프, 제너럴 모터스 차이나의 CEO

13억 고객의 유혹

많은 다국적기업들에게 중국 시장의 확보는 국제 비즈니스 전략에서 매우 중요한 부분을 차지한다. 이 국가의 잠재 성장률 이 전 세계 어느 국가보다 높기 때문이다. 세계에서 가장 많은 인구를 보유한 이 나라는 이제 엄청난 소비자 계층을 제공한다. 인구수도 많을뿐더러 부유하고 세속적이며 기꺼이 지출할 준비 가 되어 있는 소비자도 많다. 이런 모든 상황이 중국에 더 많은 제품과 서비스를 판매하려는 다국적기업에게 좋은 소식이다. 중국의 1인당 국민소득은 1994년에 267달러에서 2003년에 1천 달러로 증가했고(2004년도 이코노미스트 인텔리전스 유닛의 데이터) 머리말에 언급했듯이 2007년이 되면 상하이 지역의 1인당 국민 소득은 8천 달러에 이를 전망이다. 그리고 지난 10년 동안 소비 자 1인당 지출 또한 급격히 증가했다. 사람들이 정부가 제공해 준 집에서 벗어나 자신의 아파트를 구입하거나 임대하면서 주 택 지출은 폭증했다. 전국적으로 1인당 주택 지출은 1994년에 12달러에서 2004년에 50달러로 늘어났다. 같은 기간 동안에 교 통비와 통신비 지출도 17달러에서 90달러로 크게 늘어났다. 아 울러 교육과 여가비 지출도 연간 16달러에서 56달러로 증가했 다. (2004년도 중국통계연보)

중국 도심지에서 사람들이 아파트를 구입하고 여가와 통신과 같은 고급 소비재에 지출을 늘리면서 도시 거주민의 소비자 지 출은 국가 평균보다 크게 늘어났다. 내구재의 경우, 중국 도시 가계의 95%는 고가의 컬러텔레비전, 냉장고, 세탁기를 보유하고 있다. 이 수치는 농촌 지역의 경우 30%로 떨어진다. (2004년도 이코노미스트 인텔리전스 유닛의 데이터) 중국 도시 가계의 컴퓨터 보유율은 현재 30%이고 휴대전화 보유율은 90%이다. (2004년도 중국통계연보) 또 다른 통계 수치를 살펴보면, 중국에서 도시 인구 100명 당 컬러텔레비전 보유 대수는 1999년 11대에서 2002년 25대로, PC는 1.9대에서 6.8대로, 인터넷 사용자는 0.7명에서 5.3명으로, 휴대전화 가입자는 3.4명에서 16명으로, 자동차 보유자는 0.1명에서 0.3명으로 증가했다. (중국 인터넷 네트워크 정보 센터, 2004년도 중국통계연보, 맥킨지 분석)

늘어나는 소비자 지출은 연간 9%에 달하는 중국의 경제 성장에 따라 장기적으로 지속될 전망이다. 그리고 예금 이자율이 1994년 11%에서 2004년 2.1%로 하락했다. 이것은 정부가 소비 지출을 장려한 결과이기도 하다. 소비 지출을 장려한 한 사례로 중앙정부가 두 번의 '황금 연휴'를 실시하기로 한 결정이다. 1999년 이후 중국 시민으로 하여금 5월과 10월에 7일간 연휴를 맞아 여행이나 쇼핑, 외식을 하도록 장려한다.

여기에 덧붙여 중국의 한 자녀 갖기 정책으로 부모나 조부모가 하나밖에 없는 자녀를 위해 지출을 마다하지 않게 되었으며 자녀가 소비 지출을 결정하는 중요한 세력이 되었다. 아울러 영양과 보건 수준의 향상으로 퇴직자의 수도 크게 증가하게 되었다. (2004년에 중국 전체 인구에서 64세 이상의 인구가 차지하는 비중은 7.6%이다) 그러는 사이에 많은 분야에서 직장인의 급여가 빠르게 올라 새로운 비스니스 기회를 창출하고 있나.

중국에서 소비자의 부가 증가하면서 다국적기업이 이들을 대

> 66
>
> *향후 20년 간 중국은 GE가 생산하는 발전설비, 항공기 부품, 소비자와 상업금융 서비스의 최대 구매자가 될 것 같다. 중국은 우리 전략에서 매우 중요한 부분이다."*
>
> *- 스티브 슈나이더, GE 차이나의 회장이며 CEO*

상으로 비즈니스를 펼칠 기회가 늘어나고 있다. 경제 개방 초기인 1970년대 후반, 외국 투자는 주로 해외 수출을 목적으로 한 제조업 생산에 국한되었다. 이런 외국인 투자 모델은 1990년대 중반 변화하기 시작해 WTO 가입 이후에 중국 내수 시장에도 투자가 허용되었다. 중국 내수 시장이 개방되고 관세가 하락하면서 다국적기업은 중국을 세계의 공장으로 보던 시각을 바꿔 세계의 쇼핑몰로 보기 시작했다. 이런 추세 변화는 베이징과 상하이에 있는 미국상공회의소가 회원사를 대상으로 한 〈2005년도 비즈니스 환경 조사〉에서 찾아볼 수 있다. 이 조사에서 중국에 진출한 미국기업 450개 중 62%는 중국 비즈니스 목표 1순위가 '중국 시장에 판매할 목적으로 중국에서 재화와 서비스를 생산하는 것' 이라고 대답했다. 14%만이 중국에서 재화와 서비스를 생산하는 최우선순위가 미국 시장에 수출하기 위한 것이라고 대답했다.

결과적으로 중국의 방대한 시장 규모와 빠른 소비자 계층의 확대로 인해 중국은 다국적기업들의 국제 전략에서 최우선시해야 할 국가는 아니더라도 대단한 관심을 집중해야 할 중심 국가가 되었다. 특히 우리가 인터뷰한 20개의 다국적기업에게 중국의 중요성은 새삼 강조할 필요가 없을 정도다.

제너럴 모터스가 그런 기업 중 하나다. GM 차이나의 필립 머터프는 "중국은 우리에게 최우선순위다." 라고 말한다. 아직 중국에서 달성한 매출 규모가 전 세계 매출 규모에 비하면 상대적으로 적은 편이지만, 중국 시장에서 GM의 매출은 빠르게 성장하며 막대한 잠재성을 제공하고 있다. 더 중요한 사실로 이 회

사는 중국에서 건실한 성장세를 보이고 있다. GM은 중국에서
비즈니스를 시작한 후 4년 동안, 자동차 판매 대수를 0대에서 매
년 258,000대로 늘렸고, 세계 어느 곳에서도 이런 매출 증가를
달성하지 못했다. "중국 비즈니스는 회사 전체의 이익에 많이
기여한다. 하지만 유럽이나 라틴 아메리카의 비즈니스는 어려
움을 겪고 있다. 따라서 GM 차이나는 매우 빠르게 성장하고 회
사의 전체 비즈니스에서 차지하는 비중이 더 커질 것이다. 중국
비즈니스의 규모가 빠르게 커짐에 따라 어떻게 이 큰 비즈니스
를 관리해야 할지가 내 다음 관심사이다."

서비스 산업에 속한 기업들 역시 새롭게 부상하는 중국 소비
시장을 준비하고 있다. 힐튼 상하이의 폴크마 뢰벨은 중국 내외
부에서 늘어나고 있는 중국인 고객의 수요를 맞추기 위한 준비
를 하고 있다고 말한다. "중국은 우리에게 매우 큰 시장이 되고
있다. 중국 내부 고객뿐만 아니라 해외로 나가는 중국인 관광객
도 크게 늘어나고 있다. 10년 이내에 중국은 세계에서 가장 큰
관광객을 받아들이고 내보내는 곳이 될 것이다."

중국 시장의 발전과 성숙은 기업 간 거래를 주로 하는 기업에
게도 영향을 준다. 9개 산업에 다양한 부품을 판매하는 GE가 그
런 경우이다. GE 차이나의 스티브 슈나이더는 "향후 20년간 중
국은 GE가 생산하는 발전 설비, 항공기 부품, 소비자와 상업 금
융 서비스의 최대 구매자가 될 것 같다. 중국은 우리 전략에서
매우 중요한 부분이다."라고 말한다. 슈나이더가 2001년에 중
국에 왔을 때 GE는 4개 비즈니스 부문을 운영했지만 2003년에
는 9개 부문으로 늘어났다. 이 기간 동안에 중국 전역에서 자회

사는 26개에서 36개로 늘어났다. 슈나이더는 GE 차이나의 운영이 증가하면서 시너지 효과가 발생해 2005년에는 성장률이 더 높아질 것으로 예상한다. 현재 매출액과 인력의 수, 자회사의 수가 늘어나고 있다. 그리고 이런 성장은 약간의 문제를 창출할 것이다.

중국 시장이 빠르게 성숙하고 성장하고 있지만 법적인 문제와 유통의 문제가 불확실성을 던져주고 있다. 다음 두 개 부분에서 이 문제를 살펴보기로 하자.

규제의 문제

중국 고객에게 접근하려는 다국적기업은 법적으로 중국 시장의 진출이 허용되는지를 확인하는 일을 가장 먼저 해야 한다. 규제 문제는 보기보다 훨씬 복잡한 문제이다. 비즈니스 관행과 시장 접근성 측면에서 상당한 개선이 있었지만 중국의 규제 환경은 여전히 변화 과정에 있다. 1970년대 후반 이후로 이 나라는 점진적으로 외국 투자자에게 시장을 개방해 왔고 2001년에 WTO에 가입하면서 많은 법이 개정되고 새로 제정되었지만 특정 법률 규정에는 아직도 외국인 투자자에게 모호한 부분이 남아 있다. 우리가 인터뷰한 다국적기업의 최고경영진은 새로운 법들이 모호하고 불완전하거나 지방정부에 따라 해석이 제각기라고 설명한다. 결과적으로 외국인 관리자는 분명치 못한 법령

사이에서 어려움을 겪기도 한다.

대부분의 산업에서 중국 국내 시장에 대한 접근성은 최근에 향상되고 있다. 전문가들은 이런 접근성 확대가 기회뿐만 아니라 문제도 창출한다고 말한다. 탄산음료 시장에서 외국기업이 겪은 급격한 변화를 살펴보자. 2002년까지 외국 음료 회사는 중국에서 매우 엄격한 규제를 받았다. 첫째, 청량음료업계의 거물인 코카콜라와 펩시의 경우, 중국 정부는 두 업체가 원하는 새로운 공장 건립을 일관된 방침 없이 사안별로 허가했다. 특정 도시에 두 업체 공장 중 한 곳만 허락하고 두 곳을 모두 허가하지 않는다는 비공식 방침을 세웠다. 둘째, 두 업체는 생산량 할당을 받아야 했다. 즉, 이들 기업은 여름에 판매량이 최대치에 도달해도 수요에 맞게 즉시 생산량을 늘릴 수 없고 정부에 생산량 증액을 신청해 허가받아야 했다. 셋째, 국내 음료 산업을 발전시키기 위해서 중국 법률은 외국 음료업체가 생산량의 일정 비율로 중국 브랜드 음료를 생산하도록 명시했다. 따라서 외국 음료업체는 현지 브랜드 음료 제품을 개발하고 생산하며 마케팅을 펼치기 위해 기업 자원의 일부를 사용하도록 강요받은 것이다.

이런 모든 규제는 2002년에 폐지되고 두 거대 음료업체에 갑작스런 자유가 찾아왔다. 2003년 이후로 코카콜라와 펩시는 치열한 경쟁에 돌입했고 이전에 경쟁자가 독식하던 도시에 진입해 비즈니스를 펼칠 수 있게 되었다. 규제가 완화되고 2년 후에 두 회사는 공격적으로 광고를 내보내고 신제품을 서둘러 출시하기 시작했다. 코카콜라는 네슬레와 합작기업을 설립해 2003년에 네스티를, 2004년에 아이시 민트 스프라이트를, 그리고

2005년에 바닐라 코크를 출시했다. 반면에 펩시는 2004년에 레몬 펩시를 내보냈다.

WTO 체제 아래서 가장 중요하고 파급 효과가 큰 두 가지 규제 변화는 2004년에 상업 분야에서 외국인 투자 법령이 제정되고 외국 무역법이 개정되면서 왔다. 이 두 법령은 소매, 도매, 수입품 비즈니스를 외국기업에게 완전히 개방한다는 내용을 담고 있다. 여기에 덧붙여 이전 법에 따르면 외국인 투자기업은 중국 내에서 생산한 제품만을 중국 시장에 판매할 수 있었지만 새로운 법령에는 수입품을 판매할 수 있게 되었다. 마지막으로 새로운 법령으로 외국인독자기업(WFOEs) 형태의 소매업자나 도매업자도 2004년 12월 이후로 중국 어느 곳에서나 비즈니스를 할 수 있게 되었다. 이런 규제 변화는 WTO 가입으로 생긴 많은 변화 중 일부분에 불과하고 중국 시장을 목표로 삼은 다국적기업에게 상당한 새로운 기회를 제공한다.

빠른 규제 변화는 앞으로 어느 정도 둔화될 가능성도 있다. 중국이 WTO에 가입하면서 약속한 많은 변화는 3년 내, 즉 2004년 12월까지 이행되어야 했다. 다국적기업에게 다행히도 중국은 일정에 따라 규제 개혁을 이행하고 있다. 상하이와 베이징에 있는 미국상공회의소가 공동으로 발간한 〈2005년도 중국 내 미국 비즈니스 백서〉는 "중국은 일반적으로 2001년에 WTO에 가입하면서 한 약속을 충실히 이행하고 있다."고 밝혔다. 이 백서는 중국이 농산품과 공산품에 대한 관세를 낮추고 이전에 폐쇄했던 시장을 개방하는 등 긍정적인 조치를 취했다고 칭찬하며 "개방으로 미국 수출은 2001년에서 2005년까지 80% 증가했고, 우호적인 투자 환경으로 기록적인 숫자의 미국기업이 중국에 진출하게 되었다."고 썼다. 하지만 이 백서는 예정된 개혁이 마감 시간을 넘겨 이행되지 않거나 특정 분야, 특히 물류와 직접 판매 산업이 외국인 투자자에게 개방되는 것을 늦출 가능성에 대해 우려를 표시했다.

또한 미국상공회의소는 많은 중국의 비즈니스 관련 법령이 새롭게 제정되고 개혁되었지만 이행이 불충분하다고 지적한다. 특히 지적재산권 보호가 미흡하다(지적재산권에 관한 자세한 내용은 제6장을, 비즈니스 이익 보호에 관한 내용은 제8장 참조).

물류의 어려움

모든 규제 문제가 해결되고 중국 시장이 개방된 다음에 다국적기업은 고객에게 상품을 전달하는 물류상 어려움에 직면한다. 특히 제품과 서비스의 유통 문제는 심각하다. 이 부분은 제품과 서비스를 최종 사용자에게 전달하는 과정에서 생기는 어려움을 극복하는 데 유용한 전문가의 조언을 다룬다.

'유통'은 우리가 인터뷰한 다국적기업 최고경영진 20명이 꼽은 가장 빈번한 물류 문제이다. 다국적기업의 경영진이 지적하듯이 중국 시장은 다국적기업이 판로를 개척하는 속도보다 빠르게 개방되고 있다. 어느 기업보다도 코카콜라 차이나가 유통망을 확대해야 할 필요성이 절실하다. 이 회사의 사장인 폴 에첼스는 "중국에는 미지의 기회가 존재한다. 하지만 나라가 너무 커서 기회가 어디 있는지 정확히 파악하기가 아주 힘들다. 이것이 가장 큰 도전이다."라고 말한다.

중국 전문가들은 중국의 인프라가 빠르게 개선되고 있어 주요 도시뿐만 아니라 중소 도시도 기반 시설을 갖춰가고 있다고 말한다. 유니레버 차이나의 앨런 브라운은 이 나라의 인프라 발전 속도를 칭찬한다. "인프라 발전 속도는 믿기 어려울 정도다. 공항, 철도, 특히 도로망을 갖춰가고 있다. 인도나 인도네시아처럼 국토가 큰 나라와 비교하면 중국은 비교 대상이 없을 정도로 정말 놀라운 속도로 발전하고 있다."

그러나 중국에서 나름대로 잘 갖춰진 도로에만 의존해 제품을 유통시키는 데는 한계가 있다. 베텔스만 다이렉트 그룹 아시아의 에케하르트 라스게버는 물류와 유통에서 발생하는 어려움을 다음처럼 설명한다. "중국은 거대한 시장이고 국토가 광활하기 때문에 매우 다변화된 유통 네트워크를 구축해야 한다. 따라서 제품을 적절한 방식으로 유통시키기가 매우 어렵다." 라스게버는 유통 채널에 영향을 미치는 문제가 끊임없이 발생하기 때문에 유통망 통제가 아주 힘들다고 설명한다.

외국인 관리자들은 일부 유통 문제가 최근 완화되었다는 데 동의했다. 예를 들어, 우리가 만나본 제조업체 관리자들은 새로운 지역이나 시장에 자사 제품을 판매하려고 하면 현지의 심각한 보호주의 장벽을 만난다고 말했다. 이런 경우에 외국기업이 해당 지역에서 제품을 유통시킬 법적 권리가 있더라도 현지 지방정부는 유통을 저지시키거나 지연시킬 방법을 찾아 외국기업의 진입을 막는다.

현재 이런 문제는 감소하고 있다. 특히, 개발된 지역에서 그 변화 정도가 두드러진다. 한 미국 제조업체는 중앙정부가 '지역의 보호주의 장벽'을 없애려고 매우 노력한다며, 현재 7년 전만큼 지역의 보호주의가 심각하지는 않다고 말한다. 대신에 외국 기업은 좀 더 교묘해진 진입 장벽을 경험하고 있다. 예를 들어, 지방정부는 해당 지역에서 이미 자리를 잡은 기업에게 특혜를 베푸는 경향이 있다. 한 독일 제조업체는 "이미 어떤 기업이 해당 지역에 합작기업을 통해 상당한 투자를 했다면 여러분은 그 기업과 경쟁에서 불이익을 당한다."라고 말한다.

유통 문제

외국기업에게 있어서 지역 보호주의보다 심각한 문제는 중국 전역에 제품을 효과적으로 운송하는 문제이다. 로레알 차이나의 파올로 가스파리니는 유통을 회사의 공격적인 성장 계획을 가로막는 주요 장벽이라고 부른다. 그는 로레알의 중국 비즈니스가 경쟁사에 비해서 제품 개발과 마케팅에서는 우수한 성적을 거뒀지만 안정적이고 효율적인 운송 부분에서는 현지기업에 뒤지고 있다고 강조한다. 가스파리니는 "유통은 현지 지식에 의존하는 비중이 크고 중국 주변 상황과 밀접한 연관을 맺고 있다."라고 말한다.

유통에서 드러나는 외국기업의 약점은 대부분 그동안 산업이 개방되지 않고 보호되었기 때문에 생겨난다. 외국기업이 유통 분야의 합작기업에 다수 지분을 획득할 수 있게 된 때는 2003년 부터다. 그 후로 외국기업이 유통에 투자할 수 있는 지역과 규모에 관한 규제가 해제되었다. 2004년 12월 현재, 소매, 도매, 프랜차이즈 분야에서 외국인독자기업도 유통 권한을 획득했지만 정부는 권한 획득을 위한 명확한 지침을 밝히지 않고 있다. 따라서 2005년에 유통 권한을 신청한 외국기업의 수는 상대적으로 소수에 불과하다.

적어도 현재, 다국적기업 대부분이 혼란스럽고 번거로운 중국 유통 네트워크를 활용해 제품을 운송한다. 유니레버 차이나의 앨런 브라운이 설명하듯이, 중국의 기존 유통망은 도매상과 중간 판매 대리점을 거쳐 소매상으로 제품을 유통시키는 복잡한 시스템으로 수십 년 또는 수백 년이나 된 낡은 시스템이다. 브라운은 "중국은 실크로드 시대부터 시작된 아주 오래되고 뿌리 깊은 도매 네트워크를 보유하고 있다. 이 유통 네트워크를 올바로 이해하는 것이 중요하다. 그리고 현지인만이 이 네트워크를 구축할 수 있다. 여러분은 이 네트워크를 이해하는 현지 인력이나 파트너에게 의지해야 한다."라고 말한다.

중국에서 유통은 분명한 '계층 구조'를 띠고 있다고 브라운은 설명한다. 상품은 도매상에서 소매상으로 넘어가는 과정에 중간 유통 단계가 존재하며, 이 시스템은 외국기업에게 혼란스럽고 접근하기 불가능한 것처럼 보인다. 상품이 도매시장에서 단계적 유통망을 거쳐 유통되는 매우 특이한 방법이다. 간단히 설명하자면, 첫 번째 계층인 도매상은 두 번째 계층인 중간 도매상에게 제품을 판매한다. 그리고 이 중간 도매상은 세 번째 계층인 중간 배급자에게 제품을 판매하고, 이 중간 배급자가 최종적으로 소매상에게 제품을 판매한다. 브라운은 "이 복잡한 구조를 이해할 수 있는 사람은 현장에서 직접 관여하는 유통상들이다. 결국 외국기업은 이 과정을 쉽게 이해하지 못하기 때문에 현지 유통망에 의존할 수밖에 없다. 중국에서 유통은 외국기업에게 도저히 이해할 수 없는 블랙박스와 같다."라고 말한다.

흔히 일어나는 또 다른 문제로 다국적기업이 도매상을 통해 제품을 유통시킬 때 제품이 판매되어도 판매 대금 회수가 상당히 늦어진다는 것이다. 한 독일 다국적기업의 CEO는 "도매상과 소매상은 판매 대금의 지불을 꺼려할 때가 종종 있다. 그들은 판매 대금을 빨리 지불해야 한다고 생각하지 않는 것 같다. 외국기업은 도매상에 많은 투자를 하는 경향이 있지만 쉽게 돈을 되돌려 받지 못한다. 중국에서 지불을 늦게 하는 관행은 큰 문제이다."라고 지적한다.

결국 소비재 기업에게 유통과 판매는 중국에서 직면한 '가장 심각한 도전'이라고 앨런 브라운은 말한다. 그러나 유통과 판매 상황이 개선되고 있다. 중국의 소매 분야가 과거의 재래시장, 행상, 도깨비 시장의 형태에서 근대적인 소매점 형태로 탈바꿈하고 있기 때문이다. 중국에서 현대적인 상거래 방식이 도입되는 속도는 그 어느 곳과도 비길 데가 없다. 유럽에서조차 이런 속도로 상거래 방식이 바뀐 경우는 없었다.

그는 AC 닐슨(AC Nielsen)의 보고서를 인용해 중국 대도시에서 소비자 판매의 50%가 슈퍼마켓이나 대형 할인점, 연쇄점, 백화

> 66
>
> *중국에서 현대적인 상거래 방식이 도입되는 속도는 그 어느 곳과도 비길 데가 없다. 유럽에서조차 이런 속도로 상거래 방식이 바뀐 경우는 없었다."*
>
> *- 앨런 브라운, 유니레버 차이나의 회장*

유통망의 획득: 코카콜라 차이나의 사례

중국에서 어렵기 그지없는 유통 문제를 가장 성공적으로 극복한 기업은 코카콜라이다. 코카콜라는 문화혁명 이후인 1979년에 중국에 재진출했다(30년간 중국을 떠났었다). 펩시는 1981년에 중국에 들어왔다. 2005년까지 두 회사는 10억 달러 이상을 중국에 투자했다. (코카콜라는 합작음료회사를 통한 직접 투자 형식을 취했다) 하지만 코카콜라는 훨씬 빠르게 비즈니스를 확장해 32개 공장을 가동하고 20,600명의 인력을 채용하고 있다. 이에 비해, 펩시는 14개 공장을 운영하고 1만 명의 인력을 채용하고 있다. 2005년에 코카콜라는 중국 탄산음료 시장에서 53%의 점유율을 달성했다. 펩시의 점유율은 22%였다. 음료업계의 두 거물은 매출액과 이익 정보를 외부에 공개하고 있지 않지만 비공식 집계에 따르면, 코카콜라 차이나는 1995년 이후로 흑자를 달성하고 있지만 펩시는 2003년까지 적자 상태였다. (2003년도 이코노미스트 인텔리전스 유닛 데이터와 기타 기업 관련 자료)

코카콜라와 펩시는 25년간 중국에서 한 치의 양보도 없이 치열한 경쟁을 벌였지만, 코카콜라는 유통 전략을 통해 펩시를 상당히 앞서 갈 수 있었다고 여긴다. 우리와의 인터뷰에서 코카콜라 차이나의 폴 에첼스는 비용을 증가시키지 않고 유통망을 확대했다고 설명했다.

이 회사의 유통 전략에서 첫 번째 단계는 주요 시장 근처에 공장을 건설하는 것이다. 코카콜라는 중국 전역으로 비즈니스를 확대하면서 직접 투자가 아닌 3곳의 파트너 기업을 활용한다. 파트너 기업 3곳은 홍콩의 스와이어 음료(Swire Beverages)와 케리 음료(Kerry Beverages), 그리고 중국의 COFCO이다.

이 전략에서 투자와 운영 비용은 파트너가 부담해야 하지만 코카콜라는 상당한 영향력을 행사할 수 있다. 세 파트너 기업은 각자 코카콜라와 긴밀하고 강력한 유대 관계를 형성하기 때문이다. 예를 들어, 스와이어는 국제적으로 코카콜라와 파트너십을 맺고 있다.

코카콜라 차이나의 성공적인 유통 전략에 영향을 미친 다른 요소는 '유통 파트너의 관리' 방식이다. 코카콜라는 직접 유통 담당 인력을 채용하기보다는 개별 '파트너'와 계약을 통해 제품을 유통시킨다. 파트너와 계약하기 전에 코카콜라는 해당 파트너가 경쟁자의 제품을 다루지 않겠다는 독점계약을 확인시킨다. 이런 방식을 통해 코카콜라는 유통 인력을 고용하는 비용을 줄이고 제품을 유통할 수 있다. 25년간 중국 청량음료 시장을 주도한 코카콜라는 공장이나 유통업체가 특별한 계약 조건을 준수할 때만 함께 비즈니스를 할 수 있다.

점 등 근대적인 소매상에서 발생하고 있다고 말한다.

그는 이런 변혁이 상하이 등 대도시에서 매우 빠른 속도로 발생하고 있으며 중국의 넓은 국토를 고려할 때 '매우 이례적인' 변화라고 확신한다. 2003년도 중국 소매 매출액은 거의 5천억 달러에 달했고 2008년이 되면 7,230억 달러로 늘어날 전망이다.

(2005년도 이코노미스트 인텔리전스 유닛 추정)

까다로운 고객

중국 소비자에게 제품과 서비스를 활용할 기회를 제공하는 일은 외국인 관리자에게 중국 시장을 놓고 벌이는 싸움의 절반에 불과하다. 나머지 절반은 소비자가 실제로 제품을 구매하게 만드는 일이다. 우리가 인터뷰한 외국인 관리자와 컨설턴트 28명은 유통에서 발생하는 어려움이 완화되고 있지만(중국 인프라의 확충과 시장 접근성 확대를 고려하면) 소비자의 취향을 만족시키는 일은 갈수록 어려워지고 있다는 견해를 전한다.

이 부분은 외국인 관리자가 중국 소비자와 구매자를 유인하고 유지하면서 부딪치는 주요 어려움을 다룬다.

- 까다로운 수요
- 가격 제한
- 적절치 않은 제품
- 한 개의 중국, 수많은 시장
- 낮은 브랜드 충성도
- 신뢰할 만한 소비자 시장의 정보 부족

어려움 #1: 까다로운 수요

이 책에서 소개한 외국인 관리자 가운데 아무도 자사의 제품이 파괴되는 현장이 전국적으로 방송되는 위기를 겪지 않았지만(우한에서 메르세데스 벤츠가 당했던 일처럼) 현재 외국기업이 한결같이 중국 소비자의 까다로운 기대를 과소평가한다고 지적했다. GE 차이나의 스티브 슈나이더는 많은 서양인들이 중국 고객이 시대에 뒤떨어진 낮은 품질의 제품을 받아들일 것이라는 잘못된 인상을 지니고 있다고 말한다. 슈나이더는 오히려 중국 소비자가 매우 까다롭고, 특히 외국 제품에 대해서는 그 정도가 더 심하다고 말한다. 사실, 다국적기업은 해외 브랜드 제품에 관한 중국 소비자의 비이성적 기대에 부딪힐 때가 많다.

슈나이더는 외국산 브랜드 차량을 향한 중국 소비자의 자세는 불가능한 기대를 보여주는 단적인 사례라고 지적한다. 그는 미국이나 일본, 독일에서 고객은 모든 자동차 회사가 문제가 있는 차량을 생산할 수도 있다는 사실을 이해한다고 말한다. 그러나 중국에서는 소비자의 경험 부족으로 인해 구매자는 외국산 브랜드 제품이 100% 완벽해야 한다고 기대한다. 중국에서 고객은 가족 역사상 처음으로 자동차를 구매하는 사람일 수 있다. 중국 고객들은 자동차가 매우 복잡한 제품이고 결함이 있을 수 있다는 사실을 이해하지 못한다. 또한 매우 큰돈을 들여 외국산 자동차를 구입했는데 그 차가 완벽하지 못하다면 아주 크게 화를 낸다. GE는 자동차 비즈니스를 하고 있지 않지만 이 회사도 자동차 회사와 마찬가지로 중국 고객의 비이성적 기대를 경험했다. 사실, 슈나이더는 GE가 중국에서 마주친 가장 큰 문제는 '고객의 기대를 충족시키는 것'이라고 말한다.

소니 차이나의 세이치 가와사키 또한 중국 소비자가 높은 품질을 기대한다고 말한다. 가와사키는 텔레비전이 중국 소비자의 높은 기대를 반영하는 한 사례라고 지적한다. 가와사키는 "중국인은 아주 높은 컬러텔레비전 화질을 기대한다. 일본에서

> "
> 중국인은 아주 높은 컬러텔레비전 화질을 기대한다. 일본에서도 그만큼 높은 화질을 기대하지 않는다. 그리고 중국 고객은 제품 디자인에서 화질보다 더 높은 기대를 한다. 우리는 이런 고객의 의견에 귀 기울이고 있다."
> - 세이치 가와사키, 소니 차이나의 사장

도 그만큼 높은 화질을 기대하지 않는다. 그리고 중국 고객은
제품 디자인에서 화질보다 더 높은 기대를 한다. 우리는 이런
중국 고객의 의견에 귀 기울이고 있다.”라고 말한다.

전자제품과 같은 소비재 기업에게 중국은 새로운 기능을 시
험해볼 첫 번째 시장으로 꼽는다. 알카텔 차이나의 도미니크 드
보아시종은 “중국에 이류 기술을 판매하기란 불가능하다. 중국
은 때론 새로운 기술을 소개하는 첫 번째 국가가 되기도 한다.”
고 말한다. 예를 들어, 그는 한창 중국에서 인기를 끌고 있는 휴
대전화의 문자메시지 서비스(SMS)를 지적한다. 2005년, 중국의
휴대폰 사용자는 하루에 휴대전화를 이용해 거의 10억 건에 달
하는 문자메시지를 전송했다. 드 보아시종은 인터넷 포털이
SMS로 수익성을 올리기 시작한 첫 번째 나라라고 강조한다.

현재 중국의 휴대폰 시장은 호황을 누리고 있지만 매우 차별
성이 큰 시장이다. 드 보아시종은 “젊은 세대는 교육 수준이 높
고 최신 제품을 원한다. 우리는 중국이 매우 선진 시장이라고
생각한다. 중국 고객은 최신 스타일과 기술, 애플리케이션, 최신
서비스를 원한다.”라고 말한다.

우리가 인터뷰한 컨설턴트들은 중국 소비자의 변화하는 니즈
와 욕구에 부응하도록 고객사를 돕는 데 중점을 둔다. 베어링
포인트의 브라이언 후앙은 외국 제품에 대한 중국 소비자의 높
은 기대가 고급 제품에 국한되지 않는다고 말한다. 그는 “중국
소비자는 저가품이라고 해도 언제나 까다로운 요구를 한다. 중
국인의 특성 때문이다.”라고 말한다.

맥킨지는 고객에게 중국 소비자가 ‘충분한 정보’를 보유하고

있다는 조언을 한다. 맥킨지의 상하이 지사장인 고든 오어는 고객에 관한 정보는 충분하다고 말한다. 다만 다국적기업이 이 정보를 구하고 활용하는 방법과 고객에게 영향을 미치게 하는 것이 어려울 뿐이다. 그는 현재 중국 소비자가 많은 원천에서 정보를 수집해 구매 판단에 적용시킨다고 강조한다. 즉, 소비자 스스로 시장을 만들어가고 있다. 이런 이유로 소비자의 구매 의사 결정에 영향을 미치는 것은 서양 못지않게 중국에서도 어렵다. 오어는 브랜드 이미지를 구축하는 작업은 CCTV(중국국영방송)에 광고를 내보내는 것보다 많은 노력을 필요로 한다고 말한다.

소매 비즈니스뿐만 아니라 비즈니스 간 거래에도 중국 고객은 까다롭고 차별화되었다. 듀폰 차이나는 중국 제조업체에게 자동화기기, 섬유, 플라스틱 등 다양한 제품을 판매한다. 이 회사의 찰스 브라운은 자신의 고객을 다음처럼 설명한다. "중국 고객은 매우 높은 기대를 보인다. 그들은 제품 품질을 까다롭게 요구한다."

다국적기업에게 다행스럽게도 중국에서 늘어나는 까다로운 고객의 수는 새로운 제품 시장을 창출하고 있다. 국제화와 제품 인식의 증대로 중국 소비자는 10년 전에는 안중에도 없었던 제품에 관심을 보이기 시작한다. 바이엘은 이런 변화를 직접 체험했다. 바이엘 차이나의 엘마르 스타첼스는 "우리 중국 고객은 국제적 품질을 요구한다. 국제화가 진행될수록 우리가 이곳에서 고급 제품을 판매할 가능성이 높아지고 있다. 그리고 고급 제품을 요구하는 추세가 중국에 나타나고 있다."라고 말한다.

다국적기업의 외국인 관리자에게 나쁜 소식으로는 중국 소비자와 구매자의 까다로운 요구가 때로는 지출을 줄이는 요소로 작용할 때도 있다는 사실이다.

어려움 #2: 가격 제한

듀폰 차이나의 찰스 브라운은 중국 고객이 매우 기대가 높고 까다롭다는 자신의 견해를 다른 관찰을 통해 확인했다. 그들은 또한 가격 흥정에 매우 뛰어나다. 중국 소비자의 까다로운 기준과 예산 제약은 매우 어려운 시장을 창출한다. 설상가상으로 중국에 진출한 다국적기업 간의 치열한 경쟁으로 많은 분야의 제품 판매에서 낮은 수익률을 올리고 있다.

외국인 관리자들은 최고 수준의 제품과 서비스를 다른 나라보다 저렴한 가격으로 판매해야 한다는 압박을 받고 있다. 중국에서 평면 텔레비전, DVD 플레이어, 디지털 카메라와 같은 고급 전자제품이 전기면도기와 같은 일반 가전제품의 수익률밖에 올리지 못하고 있다.

가격을 인하해야 한다는 압력에 시달리는 제품은 고급 제품뿐만이 아니다. 제5장에서 소니 차이나의 세이치 가와사키가 설명했듯이 외국 업체가 중국 내수 시장에서 컬러텔레비전을 팔아 수익을 올리기는 거의 불가능하다. 다국적기업은 현지의 까다로운 품질 요구뿐만 아니라 가격 조건도 맞출 수 없다.

큰 기술력이 필요치 않은 산업에서도 가격 압력이 존재한다. 코카콜라 차이나의 폴 에첼스는 상당히 많은 중국인들이 우리 제품을 사용할 경제적 능력이 없다고 말한다. 그는 이런 문제를 인도, 아프리카, 동유럽에서도 마찬가지로 겪고 있으며 해결책이 동일하다고 말한다. 즉, 품질과 기준을 유지하면서 가격을 낮춰 대량 판매를 통해 생존하는 전략이다. 머리말에서 언급했듯이, 코카콜라에게 중국은 2005년도 매출액 기준으로 세계에서 다섯 번째로 큰 시장이고, 2008년이 되면 세 번째 시장이 될 전망이다(미국과 멕시코 다음으로).

어려움 #3: 적절치 않은 제품

다국적기업이 중국에서 저지르는 가장 흔한 실수 하나는 목표 시장에 적절치 않은 제품을 판매하려는 행동이다. 한 중국 전문가는 다국적기업이 치즈를 먹지 않는 중국에 수입가공 치즈나 저렴한 현지 맥주가 많은 상황에서도 고가의 고급 맥주를 수입하는 등 '적절치 않은 제품'을 소개하는 심각한 실수를 저지른다고 지적한다. 시장에서 이런 제품이 성공을 거두지 못하면 신속하게 해당 제품을 철수해 실수를 바로잡아야 한다. "중국에서 실수를 저지르면 빨리 잘못을 깨달아야 한다. 중국 시장의 피드백은 매우 빠르다."

3M 차이나의 케네스 유는 자신의 경험으로 보아 적절치 못한 상품을 도입했다는 사실을 깨달았을 때에는 이미 너무 늦었을 때가 많다고 설명한다. 유는 3M이 중국 진출 초기에 많은 어려움을 겪었다고 말한다. 이 회사는 구매자의 니즈를 먼저 파악하지 않고 무작정 최고급 제품을 도입했기 때문이다. 유는 당시를 생각하면서 중국 구매자가 새로운 제품에 적응할 것이라는 기대가 잘못되었다고 말한다. 사포처럼 저렴한 제품이라도 고급 제품의 소개는 소비자가 그만한 값어치를 지불할 가치가 없다

고 생각한다면 중국 시장에서 실패한다. 유는 "때때로 제품이 지나치게 고사양일 때도 있다. 사람들은 필요하지 않은 물건에 돈을 지불하지 않는다."라고 말한다. 그렇다고 중국에 값싼 제품만 도입하라는 것은 아니다. '현지 고객의 요구'를 충족시켜야 한다.

어려움 #4: 한 개의 중국, 수많은 시장

중국 고객에게 접근하는 데서 느끼는 또 다른 어려움은 중국의 지역과 선호, 문화적 기준의 광범위한 차이다. 결과적으로 다국적기업은 한 나라 안에서도 시장을 세분화하는 판매 전략을 취할 수밖에 없다. 필립스 차이나의 데이비드 창은 외국인 관리자들의 견해를 다음과 같이 요약한다. "중국은 동질적인 국가가 아니다. 한 국가 안에서도 차이가 심한 상황에서 올바른 전략을 어떻게 찾아야 하는가?" 그는 중국 시장이 모든 종류의 고객 그룹을 포함한 시장이라고 설명한다. "여러분은 중국에서 모든 가치 사슬(value-chain)을 볼 수 있다. 저개발, 개발 중, 개발된 시장뿐만 아니라 노동 집약적 시장에서 자본 집약적, 두뇌 집약적 시장을 목격할 수 있다. 중국에서 이런 시장은 동시에 존재한다." 이런 다양성 때문에 다국적기업은 다양한 고객의 니즈를 동시에 충족시킬 제품을 공급해야 한다. 창은 "중국 시장을 충분히 활용하려는 다국적기업은 지역적인 경제 상태에 맞춰 그에 알맞은 제품을 공급해야 한다. 이는 매우 어려운 도전이다."라고 말한다.

다양한 지출 행태에 덧붙여 다국적기업은 다양한 지리와 기후, 언어(지역 방언), 교육 수준, 종교와 문화, 국제화 정도를 파악해 대응 방안을 마련해야 한다. 제너럴 모터스 차이나의 필립 머터프는 자신의 회사는 지역별로 나타나는 '다양한 취향, 고객기대'를 충족시켜야 했다고 말한다. 남부 지역은 에어컨이 달린 자동차를 선호하지만 북부 지역은 에어컨이 필요 없듯이 고객취향은 여러 조건에 따라 다양하게 나타난다. 머터프는 "중국은 매우 이질적인 시장이다. 베이징에서는 빨간색 자동차가 가장 잘 팔린다. 이렇게 선호하는 자동차 색깔도 지역별로 차이가 난다. 아울러 지역별 소득 격차도 고려해야 한다."라고 말한다.

유니레버 차이나도 역시 지역별 고객 선호를 추적해 판매 전략을 변화시킨다. 앨런 브라운은 피부 관리 제품을 예로 든다. "베이징 소비자는 보습 기능을 원한다. 반면에 광둥 소비자는 피부 유연제나 깨끗하고 산뜻한 느낌이 드는 제품을 선호한다."

건조한 지역과 열대 지역에 맞는 제품이 달라야 한다는 사실은 굳이 설명하지 않아도 될 정도로 분명하다. 다국적기업은 고객 선호의 미묘한 차이를 식별하고 충족시켜야 한다. 올바른 마케팅 캠페인을 펼치기 위해서 목표 시장의 선호, 생활 방식, 구매 동기를 자세히 분석하고 이해할 필요가 있다. 브라운은 "비즈니스에서 목표한 소비자에게 맞는 아주 구체적인 메시지를 전달해야 한다. 이는 매우 어려운 작업이다. 청두 지역 사람들은 상하이 지역 사람들과 매우 다르기 때문이다."라고 말한다.

그리고 도시와 농촌, 북부와 남부, 세대 사이에는 매우 큰 문화적 차이가 존재하기 때문에 같은 계층 사이에도 차이가 생긴다. 예를 들어, 노년 세대는 구매 결정을 할 때 가격에 꽤 민감한

> "
> 여러분은 중국에서 모든 가치 사슬을 볼 수 있다. 저개발, 개발 중, 개발된 시장뿐만 아니라 노동 집약적 시장에서 자본 집약적, 두뇌 집약적 시장을 목격할 수 있다. 중국에서 이런 시장은 동시에 존재한다."
> - 데이비드 창, 필립스 차이나의 CEO

반면에 젊은 세대는 '체면'과 위신에 영향을 받는다. 베어링 포인트의 브라이언 후앙 박사는 휴대전화 구입을 예로 들며 일부 젊은 중국인은 두 개 이상의 휴대전화를 구입하는 경우도 있다고 강조한다. 서양인과 비교해서 중국인은 경제적인 방법으로 사고하지 않는다. 후앙은 20대 초반의 젊은이들에게 사실상 휴대전화가 그렇게 필요한 제품이 아니지만 단지 원하기 때문에 구입한다고 설명한다. 그들은 새로운 단말기를 다른 사람에게 과시하고 싶어 한다. 바로 자신을 나타내는 이미지 때문이다. 바로 이런 모습이 중국 문화의 일부이다.

어려움 #5: 낮은 브랜드 충성도

또 다른 중국 시장의 특성으로 브랜드를 중시 여기는 관념이 아직 충분히 발달되지 않아 중국 소비자 대부분은 지속적으로 특정한 브랜드를 구입하는 충성도가 약하다. 여전히 중국 소비자는 브랜드가 없는 제품이나 상표가 없는 제품에 익숙해 있다. 맥킨지의 고든 오어는 "서양과 달리 그들은 지난 50~60년 동안 브랜드가 없는 제품을 사용해 왔다."라고 말한다.

결과적으로 중국 고객은 구매 의사 결정을 할 때 브랜드에 큰 우선순위를 두지 않는다. 보스턴 컨설팅 그룹의 존 웡은 "여러분은 미국에서와 같은 브랜드 충성도를 여기서 볼 수 없다."라고 말한다. 그는 미국에서 많은 고급 소비재 브랜드가 지난 50년 동안 시장을 주도했지만 중국에서는 그런 추세를 보기 힘들다고 말한다. "중국에는 제품의 브랜드가 시장을 주도한 적이 없었다."

중국 시장은 브랜드 제품 대부분에 시장을 개방했고 명품이라고 시장에서 특별한 이익을 보지 않는다. 따라서 존 윙은 "많은 외국 브랜드 기업들이 중국 도시 소비자에게 물량 공세를 퍼붓는다. 그렇다면 소비자는 어떤 반응을 보일까? 그들은 특정 제품을 고집하기보다는 모든 제품을 사용해 보려고 한다."라고 말한다.

유니레버 차이나의 앨런 브라운도 중국 소비자가 호기심과 모험심이 강하다는 점에 동의한다. "좋은 소식으로 여러분은 좋은 실험 기회를 가질 수 있다. 중국 사람들은 거의 모든 것을 한 번씩 사용하려고 한다. 유럽에서는 이런 기회를 찾기 힘들다. 유럽 사람들은 이미 특정 브랜드에 익숙해지면 다른 제품으로 바꾸려 하지 않기 때문이다."

구매 호기심이 낳는 단점으로는 여러분이 이번 주에 홍보를 통해 소비자의 관심을 끌 수 있었다 해도 다음 주에 다른 브랜드가 홍보 행사를 열면 여러분 제품에 쏠렸던 관심이 딴 곳으로 옮겨갈 수 있다는 점이다.

여기서 낮은 브랜드 충성도는 가격에 큰 관심을 두는 결과로 나타난다. 보스턴 컨설팅의 존 윙은 "브랜드 충성도가 약하기 때문에 많은 소비자들이 가격을 중심으로 쇼핑을 한다."라고 말한다. 중국의 임금이 상대적으로 낮기 때문에 중국 소비자는 외국 브랜드 제품을 쉽게 구입하지 못한다. 중국 시장을 목표로 삼는 외국기업은 제품에 관한 많은 정보를 수집하고 조심스럽게 구매 결정을 내리는 중국 소비자를 고려해야 한다. 윙은 "중국 사람들은 제품을 구매하기 전에 '이 제품이 어떤 기능을 갖

> **"**
> 시장의 빠른 변화 속도와 소비자 행동의 급격한 변동성 때문에 시장조사를 수시로 해야 한다."
> - 고든 오어, 맥킨지의 상하이 지사장

여러분 기업의 국제적 이미지와 브랜드 파워를 유지하면서 제품을 현지 취향과 선호에 맞게 현지화하라.

고 있는가? 라는 질문을 많이 한다."라고 말한다.

맥킨지의 고든 오어는 낮은 브랜드 충성도가 다국적기업에 이익이 될 수도, 손해가 될 수도 있다고 말한다. "브랜드 충성도가 낮은 시장에서는 뒤늦게 시장에 참여해도 소비자에게 제품을 판매하기 어렵지 않다. 하지만 제품의 특성보다는 가격으로 경쟁해야 하는 단점도 있다."

하지만 중국에서 브랜드 가치를 구축하고 싶은 외국기업에 희망은 있다. 앨런 브라운은 낮은 고객 충성도는 개발도상국에서 일반적인 현상이라고 강조한다. 그는 유니레버가 타이완에서 이런 추세가 변하는 모습을 목격했다고 지적한다. "내가 생각하기에 낮은 브랜드 충성도는 현재 중국이 처해 있는 낮은 개발 단계에서 나타나는 특징이다. 타이완에서 우리는 비슷한 현상을 보았다. 그러나 강한 브랜드를 확립하면 여러분은 충성도를 창출할 수 있다." 10년 전에 타이완에는 유니레버의 도브(Dove)라는 상표의 비누 브랜드가 존재하지 않았지만, 지금은 현지에서 가장 큰 브랜드 중 하나가 되었다고 브라운은 말한다.

보스턴 컨설팅의 존 웡도 중국에서 느리지만 브랜드화가 진행되고 있다는 점에 동의한다. 그는 일부 현지 중국기업은 이미 강력한 브랜드를 구축해 그 혜택을 누린다고 지적한다. 예를 들어, 하이얼(Haier) 냉장고는 평판이 좋아 구매 의사 결정에 영향을 미친다. 하지만 웡은 당분간 중국에서 다국적기업이 '서양처럼 높은 고객 충성도를 기대하기는 어렵다'고 경고한다.

어려움 #6: 신뢰할 만한 소비자 시장의 정보 부족

중국 전문가들이 언급한 또 다른 어려움은 믿을 만한 시장 정보를 구하기 힘들다는 것이다. 국내 언론이나 정부 통계와 같은 공개 정보 원천은 전통적으로 신뢰성이 떨어지거나 접근하기가 힘들다. 시장조사 기업은 정보 수집을 잘하지 못하고 정부 기관은 좋은 정보를 제공하지 않는다.

그러나 컨설턴트와 관리자들은 신뢰할 만한 정보에 대한 접근이 개선되고 있다는 점에 동의한다. 맥킨지의 고든 오어는 현재 상황이 '이전보다 훨씬 나아졌다'고 말하며 자신의 시장조사 팀이 중국에서 시장 연구 활동을 온전히 펼칠 수 있게 되었다고 덧붙인다. 하지만 좀 더 시급한 문제는 시장의 빠른 변화 속도와 소비자 행동의 급격한 변동성 때문에 시장조사를 수시로 해야 하는 것이다.

중국 고객에 접근하는 최선의 방법

지금까지 우리는 까다롭고 변덕스러우며 가격에 민감한 중국 소비자에게 제품을 판매하면서 생기는 어려움을 다루었다. 이 장의 나머지 부분은 우리가 인터뷰한 다국적기업의 관리자들이 전하는 최선의 방법에 관한 내용이다. 중국 전문가들이 전하는 주된 메시지는 다음과 같다. 중국 구매자를 획득하기 위해서는 성공적인 현지화, 즉 제품의 현지화, 마케팅의 현지화, 전략의 현지화에 달려 있다는 것이다. 결국, 다국적기업들은 맨 먼저 생산을, 그 다음에는 판매와 마케팅을 그리고 R&D를 중국으로 옮기는 경로를 택하고 있다.

전략 #1: 시장에 따른 제품을 출시하라

중국 전문가들은 제품과 서비스에 관한 국제적 기준과 지침을 유지하면서도 적절한 범위 내에서 중국 시장에 맞게 제품의 일부를 변화시켜야 한다고 제안한다. 로레알 차이나의 파올로 가스파리니는 랑콤 화장품 계열을 예로 들며 제품의 기본 속성을 유지하면서 아시아 실정에 맞는 제품을 내놓는다고 설명한다. "우리의 스타 브랜드는 세계 어디서나 같다. 랑콤은 랑콤일 뿐이다. 그러나 같은 브랜드에서도 일반적인 제품은 중국인의 피부 특성에 맞게 변화를 준다." 예를 들어, 아시아에서 인기가 좋은 화이트닝 로션이 유럽에서는 존재하지 않는 제품이다. 메이크업 제품 대부분은 전 세계적으로 동일하지만 아시아에서 팔리는 일부 색조 화장품은 다른 나라에서 판매되지 않는 경우가 있다.

이렇게 현지 사정에 맞게 제품을 내놓기 위해서는 고객 취향을 면밀히 분석하고 빠르게 제품을 출시할 필요가 있다.

전략 #2: 마케팅을 현지화하라

마케팅 캠페인은 반드시 현지화되어야 한다. 유니레버 차이나의 앨런 브라운은 중국 소비자가 특정 상품을 구입하게끔 유도하는 '감정의 연결고리'가 서양 사람과 상당히 다르다고 설명한다. 예를 들어, 그는 중국의 한 자녀 갖기 정책으로 광고 전략을 다르게 해야 했다고 지적한다. 브라운은 "한 자녀 정책은 우리 마케팅 전략에 큰 영향을 미쳤다. 어머니와 자녀 사이의 유대감은 다른 나라의 유대감과 같지 않다."라고 말한다. 젊은 중국 세대는 부모나 조부모에게서 맹목적인 사랑을 받아왔다. 중국에서 '소황제(小皇帝)'라 불리는 가족에서 하나밖에 없는 자녀는 '6개 주머니 신드롬(six pocket syndrome)'을 일으켰다. 즉, 이 소황제는 부모 2명, 친조부모 2명, 외조부모 2명의 극진한 보살핌을 받아왔고, 이 여섯 명은 하나밖에 없는 자식의 요구를 맞추기 위해 돈을 아끼지 않는다는 것이다.

또한 브라운은 중국에서 구매를 부추기는 요인이 다른 나라에서는 효과를 보지 않을 수도 있다고 경고한다. 중국의 다양한 지리, 기후, 역사, 문화적 차이를 고려할 때 마케팅 프로그램 역시 다양해야 한다. 기능적일 수도 있고 감정적일 수도 있지만 일반적으로 중국에서 나타나는 다양한 차이에는 하나의 논리나 역사적 배경이 자리 잡고 있다.

중국의 다양한 지리, 기후, 역사, 문화적 차이를 고려할 때 마케팅 프로그램 역시 다양해야 한다.

전략 #3: 목표를 선택하라

다국적기업이 중국에서 내려야 할 또 다른 중요한 전략적 의사 결정은 목표 고객이 누구냐이다. 올바른 시장을 결정하는 것은 어렵다. 경제 수준, 취향, 관습이 지역별로 매우 다양하기 때문이다. 베이징, 상하이, 광저우, 청두와 같은 중국의 대도시들은 지난 20년 동안 다국적기업의 목표 시장이었다. 이 도시들은 여전히 고객의 부가 가장 집중되는 곳이다. 하지만 다국적기업

중국에서 지역적 변화
가 빠르게 발생하고 있
다. 많은 도시가 빠르게
부유해지면서 소비계층
이 확대되고 있다. 그동
안 주목받지 않던 도시
를 잠재 가능성이 높은
새로운 시장으로 관찰
하라.

들은 새롭게 부상하는 도시에 주목하고 있다. 이 새로운 도시는
성장 잠재력이 크고 부가 증가하고 있지만 경쟁자가 상대적으
로 적은 곳이다. 고든 오어는 "시장은 지리적으로 주목을 받지
않던 중소 도시로 옮겨가고 있다. 정말 빠르게 시장이 확대되고
있다."라고 말한다.

일반적으로 새롭게 부상하는 도시들은 백색가전, 전자제품,
고급 식료품 등 일차 소비 제품을 위한 뛰어난 신규 시장을 제공
한다. 고든 오어는 소득이 일정 수준을 넘어섰고 많은 도시에서
상당한 구매력을 갖춘 시장이 빠르게 형성되고 있다고 말한다.
어떤 도시들이 있는가? 오어는 고객들이 주강삼각구의 개발지
역, 장저우나 멘양과 같은 쓰촨성 도시들을 잠재 가능성이 높은
시장으로 추천한다.

파올로 가스파리니는 특정 로레알 제품을 어떤 도시에서 출
시해야 할지 주의 깊게 연구한 경영자이다. "우리는 어떤 브랜
드를 출시할 때 많은 경우 전국에서 동시에 해당 제품을 출시하
는 방식을 택하지 않는다. 우리는 한 도시에서 시작하고 그 다
음 다른 도시로 넘어간다." 이 회사는 다양한 시장의 집합체로
서 중국을 관찰하고 지속적으로 변화 상황을 반영한다. 한 도시
가 로레알 제품을 구매할 수 있는 최소한의 경제 수준에 도달하
면 이 도시는 로레알의 주목 대상이 된다.

현재 기업들은 새로운 시장을 잘못 평가해 너무 성급하게 진
입하거나 또는 너무 느리게 진입해 기회를 놓치는 일이 없도록
노력하고 있다. 지멘스는 중국에서 이중 전략을 구사한다. 즉,
인구 밀도가 높고 고급 소비자가 많은 도시 지역에 진출을 증가

시키면서 중국 서부의 저개발 지역을 개척하고 있다. 언스트 베렌스는 "여러분은 여러 지역에 진출할 필요가 있다. 다양한 지역에서 제품을 출시해야 한다는 말이다."라고 말한다. 그러나 그는 이런 계획이 너무나 다양한 시장에서 동시에 마케팅을 펼치라는 의미가 아님을 강조한다.

보스턴 컨설팅 그룹의 존 윙은 고객에게 개발 지역에서 마케팅과 광고 활동을 펼치며 경쟁하는 것보다 중국의 신흥 시장에 진출하는 빈도를 높이는 것이 더 나은 전략이라고 조언하기도 한다. "중국에 진출한 일부 다국적기업은 제품을 브랜드화하고 언론에 광고를 하느라 지나친 비용을 사용하는 경향이 있다. 그러기보다는 유통망을 구축하고 중소 도시를 공략하는 편이 낫다." 일부 기업이 신흥 시장 진출을 통해 성공을 거둔 것처럼 신규 시장을 공략하는 전략이 광고에 엄청난 비용을 들여 수익을 올리려는 도박과 같은 전략보다는 훨씬 효과적일 수 있다.

전략 #4: 중국 시장을 위한 R&D를 실시하라

앞서 언급했듯이 이 책에서 소개한 기업들은 수출 제품을 위해 제조업을 중국에서 벌이다가 이제는 중국 내수 시장을 겨냥한 제조업을 운영하고 있다. 이런 발전 단계는 중국이 2001년 후반에 WTO에 가입한 이후 나타난 다국적기업의 일반적 추세다. 그리고 외국기업에게 중국 내수 시장을 '확보'하는 것이 핵심 전략이 된 후에는 중국 시장을 좀 더 효과적으로 공략하기 위해 중국 시장을 위한 R&D를 실시하는 외국기업이 늘고 있다. 이는 현지 고객을 효과적으로 이해하고 욕구를 충족시키는 기

중국에서 R&D는 효과
적으로 현지 소비자를
이해하고 그들의 욕구
를 충족시키는 중요한
수단이다.

본적인 방법이다.

중국 정부의 지원 강화와 더불어 다국적기업의 관심 증대로 외국에서 자금 지원을 받은 R&D 센터의 수는 2002년 200개에서 2004년 600개로 늘어났다. 이 센터에 투자한 금액은 총 40억 달러에 이른다. 2004년 말 현재, 상하이에만 131개 기업 후원 연구센터가 있으며, 많은 다국적기업들이 2005년에 연구센터를 추가로 건설하기로 발표했다. 이 책에서 소개한 다국적기업 20개 가운데 중국에 R&D 센터를 건립한 기업은 알카텔, 바이엘, 듀폰, 엘리 릴리, 제너럴 일렉트릭, 로레알, 마이크로소프트, 지멘스, 그리고 소니다. 이들 기업 대부분이 중국 시장을 위해 제품 개발을 수행하고 있다. 또한 일부는 기업의 국제 비즈니스에 사용될 세계 수준의 기본적인 연구도 중국 연구센터에서 수행한다.

바이엘은 연구 기능을 중국으로 이전한 대표적인 다국적기업이다. 이 회사는 유럽, 미국, 일본에서도 여전히 R&D를 수행하지만, 2002년에 중국에 폴리머(polymer) 연구를 중점적으로 수행할 연구센터를 준공했다. 이 회사의 CEO인 엘마르 스타첼스는 "이 시설은 '매우 고객 지향적'인 연구를 수행하며 제품 디자인이나 개발에 고객을 참여시킨다."라고 말한다. 그는 바이엘이 중국에서 R&D 활동을 강화하고 중국 대학이나 베이징에 있는 과학원과 협조 관계를 구축하고 있다고 덧붙인다.

로레알은 또 다른 사례이다. 2005년 9월, 이 회사는 상하이에 중요한 R&D 센터를 열었다. 이 센터는 중국인의 모발과 피부 구조와 변화를 더 잘 이해하기 위한 기초 과학적 연구를 수행하는 임무를 맡고 있다. 가스파리니는 "연구를 통해 얻은 지식과 아이디어를 통해 우리는 아시아 시장의 미적 욕구를 더 잘 충족시킬 혁신적인 신제품을 개발할 수 있다."라고 말한다.

2004년 6월, 소니 차이나는 1백만 달러를 투자해 짱장 첨단기술 단지에 1만2천 평방미터 규모의 소니 상하이 기술 센터를 열었다. 2005년 현재, 이 센터는 연구원 100명을 채용해 디지털 오디오와 비디오 장치를 위한 소프트웨어와 전자부품을 연구하고 있다.

세이치 가와사키는 소니의 효율성이 중국을 위한 제품 연구에 달려 있다고 설명한다. "중국에서 비즈니스를 하기 위해서는 신제품을 개발해야 한다. 우리는 기술력과 디자인 능력을 모두 투입해야 한다. 여기서 핵심은 얼마나 빨리 제품을 개발하느냐이다."

언스트 베렌스 박사는 지멘스 차이나가 중국 R&D에 투자를 하는 이유를 다음처럼 설명한다. "중국과 세계 시장에서 경쟁력을 갖추기 원한다면 여러분은 생산뿐만 아니라 연구와 개발도 중국에서 해야 한다. 여러분은 유럽이나 미국에서만 제품을 연구하고 개발할 수 없다." 베렌스는 다국적기업에게 중국 시장은 많은 투자를 통해 연구 시설을 열 만큼 충분히 큰 시장이라고 지적한다. 지멘스는 원격 통신 분야의 연구를 위해 중국에 연구소를 개설한 이후에 그 범위를 의료 제품까지 확대했다. 결국 이 회사는 중국에서 거의 모든 비즈니스 부문의 (정보와 통신, 자동화, 제어, 전략, 교통, 의료, 조명, 가정용 기구를 포함해) 연구를 수행할 것이다.

2002년, 알카텔은 상하이에 대규모 R&D 센터를 열었다. 2005년 현재, 이 센터는 2천 명의 인력을 고용하고 있으며 운영이 매우 성공적이다. 따라서 알카텔은 '더 많은 R&D 센터를 중국으로 이전시킬' 계획이다. 도미니크 드 보아시종은 "우리는 중국인 요구 조건에 맞게 디자인을 변경했다. 일부 분야에서 최신 개발품이 중국에서 먼저 출시된다. 시장이 다른 곳보다 선진적이기 때문이다."라고 말한다.

일부 기업은 중국에 있는 R&D 센터에서 중국 시장에 맞게 제품을 변경하는 것 이상의 기능을 수행한다. 어떤 기업들은 근본적이고 핵심적인 기술 연구를 중국으로 이전시키고 있다. 다시 말해서 다국적기업은 핵심 전략 연구를 중국으로 이전시키기 시작했다는 의미다(이런 공격적인 움직임은 마이크로소프트 차이나와 GE 차이나를 통해 볼 수 있다). 이런 움직임을 보이는 주요한 이유는 중국이 세계 수준의 연구를 수행하는 데 필요한 자원을 제공하기 때문이다. 즉, 뛰어난 엔지니어와 전문가를 많이 배출하고 임금도 싸기 때문이다.

마이크로소프트의 준 탕은 중국이 국지적 또는 국제적 연구 단지로서 명성을 얻고 있다며 "우리는 아직 인도에 뒤져 있지만 따라잡고 있다."라고 말한다. 2002년 현재, 중국은 전국에 소프트웨어를 집중적으로 가르치는 대학을 35개 설립했다. 탕은 이런 대학 출신자들에 더해서 다른 대학의 컴퓨터 공학과 졸업자들이 해마다 1만5천 명씩 배출되어 중국에 진출한 기업에게 풍부한 인적 자원을 제공한다고 지적한다. 2005년까지 중국에 있는 거의 모든 종합대학은 컴퓨터공학과를 운영하고 있다. 또한 탕은 인도가 영어를 잘 구사한다는 장점을 보유하고 있지만 중국도 영어를 학교 필수과목으로 지정해 교육을 강화하고 있기 때문에 인도가 보유한 언어적 강점도 약화될 것이라고 전망한다. 탕은 중국 정부로부터 어떻게 하면 소프트웨어 강국이 될 수 있느냐는 질문을 받기도 한다. 그는 소프트웨어와 관련된 교육을 확충하고 소프트웨어 단지를 개발하고 외국인의 자본 투자를 허용하라고 권고한다. 결국, 중국의 방대한 소비자 시장이 지닌 강점과 규모는 이 나라의 소프트웨어 R&D 역량을 크게 발전시킬 것이다. "우리는 시장에서 장점을 지니고 있다. 인도는 우리처럼 시장 규모가 충분히 크지 않다."라고 탕은 말한다. 그는 2007년이 되면 중국이 미국에는 뒤지지만 인도보다 앞서는 세계에서 두 번째로 규모가 큰 소프트웨어 생산자가 될 것이라고 확신한다.

다른 전문가들도 중국 소비자가 새로운 분야의 R&D를 위한 이상적인 환경을 창출한다고 강조한다. 예를 들어, 휴대전화 산업은 유럽이나 미국보다 여러 측면에서 훨씬 발전되어 있다.

마이크로소프트의 중국 R&D:
패배시킬 수 없다면 주도하라

마이크로소프트 차이나의 사장인 준 탕만큼 지적재산권의 위험을 분명히 인식한 사람은 없다. 그는 중국에서 사용되는 마이크로소프트 제품의 90%가 불법 복제물이라고 밝힌다. 컨설턴트들은 중국에 진출한 다국적기업 고객에게 지적재산권 침해로 막대한 피해를 입지 않았더라도 기술과 연구를 이 시장에 도입할 경우에는 매우 주의를 기울이라고 경고한다. 중국에서 지적재산권이 적절하게 보호되지 못하는 상황에서 핵심 연구 시설을 중국으로 이전하는 일은 너무 위험할 수 있기 때문이다.

그러나 마이크로소프트는 이 충고를 따르지 않았다. 세계 소프트웨어 업계의 리더인 마이크로소프트는 1998년, 베이징에 마이크로소프트 리서치 아시아(MSRA)를 설립함으로써 중국에 국제적인 연구소를 설립한 초창기 기업 중 하나가 되었다. 곧이어 이 회사는 이 연구소를 '세계에서 가장 뛰어난 컴퓨터공학 연구소'라고 홍보하기 시작했다. 2004년 말까지 MSRA는 연구원 170명을 고용하고 학술지에 논문 750편을 게재했으며 시그래프트(Sieggraft)와 같은 저명 국제학술회의에 연구 성과를 발표하고 있다.

마이크로소프트는 MSRA가 중국 소비자를 위한 제품 변형보다는 회사 전체가 사용할 기본적인 연구를 수행하고 있다는 사실을 강조한다. 이 회사는 중국에서 연구 영역을 제한하기보다는 국제 제품 개발을 위한 핵심 연구 영역을 포함해 MSRA의 활동을 확대하고 있다. 예를 들어, 이 센터는 중국 문자 입력이 국제적으로 사용될 수 있도록 마이크로소프트 기술 대부분을 적용한다. 여기에 덧붙여 이 연구소는 게임 소프트웨어, 사진과 그래픽 처리, 데이터마이닝, 평판 PC와 휴대전화를 위한 소프트웨어를 개발한다. 탕은 "우리는 중국에서 개발한 핵심 기술 일부를 수출한다."라고 말한다.

중국에서 지적재산권 침해를 가장 심하게 겪고 있는 마이크로소프트가 중국에서 핵심 연구를 수행하면서 위험을 감수하는 이유는 무엇인가? 탕은 위험보다 이익이 더 크기 때문이라고 대답한다. 첫째, 중국에 연구소를 운영하는 것이 재정적으로 유리하다. 엔지니어와 연구원이 국제적인 수준의 기술을 보유하고 있지만 임금은 서양 인력에 비해 낮기 때문이다. 둘째, 마이크로소프트의 신흥시장 고객 중에 가장 규모가 큰 중국에서 연구를 수행하는 것은 당연하다. 이 연구소가 수행한 연구 성과 상당 부분이 중국 시장에 출시할 제품에 초점을 두고 있다. 설립된 후 5년 동안, 이 연구소가 개발한 72건의 기술은 중국이나 아시아 시장에 출시할 제품을 개선하거나 현지화하는 데 사용되었다. 탕은 중국을 위해 개발한 마이크로소프트 제품의 절반은 기업 고객용이고 나머지 반은 개인용이라고 말한다. 기업 고객을 위한 MSRA의 연구 사례는 중국 내에서 제작한 수출용 냉장고에 장착할 소프트웨어 개발이다. 연구소 기술이 개인 소비자 제품에 적용된 사례는 손으로 쓴 글씨를 인식하는 프로그램인 디지털 잉크(Digital Ink)이다. 마이크로소프트에서 얻을 수 있는 메시지는 중국 시장에서 점유율을 확보하는 일은 소프트웨어 시장을 지속적으로 주도하고 불법 복제가 일어나는 속도보다 빠르게 신제품을 개발하며 정품을 사용할 경제적 능력이 있는 소비자를 대상으로 시장을 구축하는 것이다.

GE 차이나의 기술 센터: '고객이 있는 곳으로 가라'

2002년에 제너럴 일렉트릭은 중국에 진출한 어느 다국적기업보다 대규모로 비즈니스를 운영했다. 이 회사의 중국 비즈니스는 매출액이 20억 달러에 종업원이 10,200명이고 항공기 엔진, 의료 시스템, 발전 설비, 교통 시스템까지 9개 부문을 운영했다.

그러나 GE 차이나의 CEO인 스티브 슈나이더는 무엇인가 놓치고 있는 부분이 있다고 생각했다. 이 회사는 빠르게 성장하며 주요 부문의 시장 점유율도 높아지고 있었지만 프로세스가 생각만큼 효율적이지 못했다. GE 차이나는 미국이나 유럽에서 서양인이 요구하는 규격과 성능으로 디자인한 제품을 중국 시장에 판매하면서 생기는 '제품 격차 문제'로 어려움을 겪었다. 슈나이더는 "우리는 신제품을 출시해야 했으며 그러기 위해서는 시장이 무엇을 요구하는지 파악해야 했다. 여러분 회사가 미국이나 유럽에서 중국인을 위한 제품을 생산하려 한다면 그리 성공적이지 못할 것이다. 여전히 지역적 격차를 무시할 수 없다."라고 말한다.

당시 슈나이더는 새로운 제품은 중국이 원하는 요구 조건을 맞춰야 한다고 생각했다. 이는 신제품을 개발하면서 근본적인 조사 활동을 벌여야 함을 의미했다. 그리고 중국에서 R&D에 투자해야 한다는 의미이기도 했다.

2003년 4월, GE는 47,000평방미터 규모의 제너럴 일렉트릭 차이나 기술센터(CTC)를 상하이 외곽에 있는 짱장 첨단기술 단지에 열면서 본격적인 중국 R&D를 시작했다. 이 센터는 중국뿐만 아니라 전 세계 GE 제품을 위한 연구 기능을 수행한다. GE는 본사가 있는 뉴욕 주, 인도의 방갈로어(Bangalore), 독일의 뮌헨에도 연구센터를 보유하고 있다.

2004년 말, CTC에는 연구원 700명이 일하고 있으며 2006년이 되면 그 숫자가 1,100명까지 늘어날 전망이다. 30명을 제외한 모든 인력이 중국인이다. 이 센터의 관리자는 GE는 연구 능력을 확장할 계획이지만 중국 내 기술 인력의 부족으로 어려움을 겪고 있다고 말한다. 중국은 연구 능력을 보유한 수많은 대학 졸업자를 해마다 배출하지만 15년 이상의 경험을 지닌 상급 연구 인력을 찾기는 쉽지 않다. 그래서 GE 차이나는 미국과 유럽에서보다 필요 이상으로 많은 R&D 인력을 훈련시키고 있다.

슈나이더는 '고객이 있는 곳으로 가라'는 아이디어가 중국에서 빨리 결실을 맺었다고 말한다. CTC는 운영을 시작한 첫해에 중국 시장을 겨냥한 제품을 향상시킨 연구 성과를 제공하기 시작했다. 두 가지를 예로 들자면, 전원 공급기에서 커다란 발전이 있었고 더 강력한 MRI(엑스레이에 사용되는 자기공명영상) 장치를 개발했다. 그러면서 제조 기술의 발전은 중국 전역에 있는 GE 공장의 효율성을 높였다. 이 센터는 GE 차이나 고객을 위한 전시장 역할도 하며 고객들은 이곳에 와서 맞춤형 제품과 시스템을 주문할 수 있다.

R&D 외에도 CTC는 매출액이 50억 달러나 되는 GE 차이나 비즈니스를 시험하는 주요 테스트 장소 역할도 한다. 여기에 덧붙여 GE의 중국 비즈니스를 교육하는 장소 기능도 제공하고 있다. 슈나이더는 CTC의 교육 기능이 GE가 중국에서 현지화를 추진하는 데 도움이 되었다고 말한다.

현재 CTC는 기본 연구, 제품 개발, 제품 전시장 기능과 더불어 리더십 훈련을 제공하고 있으며, 그 덕분에 둔화된 성장률이 2002년 수준으로 회복될 수 있었다고 말한다. 간단히 요약해 슈나이더는 CTC가 '고객이 있는 곳으로 가라'는 신조를 이행하려는 GE에게 도움이 되었다고 말한다.

결론

빠르게 부유해지고 있는 (특히 도심 지역의) 중국 소비자는 다국적기업에게 까다롭고 변덕스러우며 가격에 민감한 소비자로 유명하다. 중국인들은 외국 브랜드를 구입할 때 지나칠 정도로 완벽한 품질을 요구한다. 다국적기업에게 또 다른 심각한 어려움은 중국이 한 개의 국가이지만 내부적으로 수많은 시장이 존재한다는 사실이다. 전국적으로 소비자 계층은 지역, 교육 수준, 국제화 정도에 따라 큰 차이를 보인다. 중국은 다양한 문화와 언어를 사용하는 국가이다. 따라서 다국적기업은 제품과 서비스, 마케팅 전략을 이런 다양성에 맞춰 변형해야 한다. 여기에 덧붙여 외국기업은 자신이 속한 산업에서 일어나는 규제 변화를 끊임없이 주시해야 하고 고객에게 다가서기 위해 유통의 어려움을 극복해야 한다. 중국 고객에게 다가서는 최선의 해결책은 현지 R&D 투자일 수 있다.

요약: 중국 고객의 확보

1. 시장에 따른 제품을 출시하라

제품과 서비스에 관한 국제 기준과 지침을 유지하면서도 적절한 범위 내에서 중국 시장에 맞게 제품의 일부를 변화시킨다.

2. 마케팅을 현지화하라

중국의 다양한 지리, 기후, 역사, 문화적 차이를 고려할 때 마케팅 프로그램 역시 다양해야 한다.

3. 목표를 선택하라

중국에서 지역적 변화가 빠르게 발생하고 있다. 많은 도시들이 빠르게 부유해지면서 소비계층이 확대되고 있다. 그동안 주목받지 않았던 도시를 잠재 가능성이 높은 새로운 시장으로 관찰한다.

4. 중국 시장을 위한 R&D를 실시하라

중국에서 R&D는 효과적으로 현지 소비자를 이해하고 그들의 욕구를 충족시키는 중요한 수단이다.

제8장

중국 정부와의 협상

"중국에는 '누구도 어떤 일을 승인할 수 없지만 누구나 반대는 할 수 있다'는 속담이 있다. 여러분은 프로젝트를 이해시키고 그들의 승인을 받기 위해서 다양한 직급의 정부 관리와 접촉해야만 한다."
- 노먼 지번트, 프레시필즈 브룩하우스 데린저 법률회사의 상하이 지사 수석 파트너

- 변화의 조짐: 정부의 태도 변화
- 새로운 중국 관료 체제
- 특별한 꾸안시의 필요성
- 정부와의 협상
- 기업과 정부의 최선 사례
- 결론

서문

중국에 처음 오는 관리자에게 중국 정부와 상대하고 협력해야 하는 일은 아주 난감한 문제이다. 국제 비즈니스맨들은 다국적기업이 중국 정부를 상대하면서 직면했던 혼란과 좌절, 부패와 같은 무서운 이야기를 들어왔다. 특히, 많은 사람들이 관리와의 성공적인 협상을 위해서는 꾸안시 또는 특별한 관계나 인맥이 큰 영향을 미치지 않을까 염려한다.

이러한 인상은 외부인으로 하여금 중국에서 기업과 정부 관계를 너무 부정적으로 이끌게 할 수도 있다(다음의 '꾸안시의 정의: 파트 II' 참조). 우리는 정부와의 관계에 관한 다국적기업의 최고경영진과 컨설턴트의 조언 가운데 아주 현실적인 부분만 가려서 제8장에 실었다. 과거에는 영향력 있는 관리와 특별한 관계를 구축하지 않고는 기업 경영진(특히 다국적기업의 외국인 경영진)은 인허가나 핵심 인력의 노동 허가처럼 필요한 공식적인 지원을 받지 못할뿐더러 비즈니스를 발전시킬 수 없다는 믿음이 널리 퍼져 있었다.

현재, 우리가 인터뷰한 중국 전문가들은 이런 특별한 관계의 필요성이 줄어들고 있다고 말한다. 정부 관리와의 꾸안시 구축이 과거처럼 그렇게 중요하지는 않다. 따라서 이제 그들은 정부와 긍정적인 관계를 구축하고 유지하는 데 더 많은 시간과 노력을 들이고 있다. GE 차이나의 스티브 슈나이더는 자신의 업무 시간 65%를 정부 관리 또는 고객사인 국영기업의 사장과 만나 협의를 하는 데 사용한다고 추정한다. 슈나이더는 이런 협의 업무 시간 대부분이 실제적인 의사 결정과 협상에 관한 내용이지만 10% 정도는 관계 구축 또는 상호 이해와 신뢰를 높이기 위해 사용한다고 말한다.

이 장은 기업과 정부 사이의 꾸안시에 관한 중국 전문가들의 견해를 제시하고 긍정적인 관계 유지와 부패를 논의할 것이다. 아울러 회사의 행동 규정을 준수하면서도 효과적인 비즈니스 관계를 구축하기 위한 조언을 제공할 것이다.

> "
> 나는 중국이 매우 복잡한 나라라고 생각한다. 여러분은 다양한 수준의 정부를 다뤄야 하기 때문이다. 여러분이 '정부'와 대화를 나눠야 한다면 그것은 중앙정부일 수도 있고 성 정부, 또는 지역 정부일 수도 있다. 내 경험에 따르면 우리는 적어도 두 가지 수준의 정부와 원활한 관계를 유지할 필요가 있다. 바로 지방정부와 중앙정부이다."
> - 쟝 룩 세로, 까르푸 차이나의 사장

변화의 조짐: 정부의 태도 변화

정부와의 원활한 관계가 얼마나 중요한지 이해하기 위해서 현재 외국기업이 겪고 있는 어려움은 수백 년 동안 지속되었던

꾸안시의 정의: 파트 II

우리가 인터뷰한 중국 전문가 가운데 아무도 중국에 부패가 없다고 말하지는 않았다. 사실, 대부분이 뇌물, 리베이트, 개인을 위한 불법적인 편의 제공 등 경쟁기업이 (현지나 국내를 막론하고) 사용하는 수단에 기대지 못하도록 직원을 단속하는 데 노력을 기울이고 있다고 말했다.

중국에 진출한 외국인 관리자라면 누구나 뇌물 문제에 직면하게 된다. 2004년도 부패방지지수(Corruption Protection Index)에 따르면 중국은 145개 국가 중 71위를 차지했다. (국제투명성기구Transparency International, www.transparency.org 참조) 많은 다국적기업의 임원에게 더 안 좋은 일로 중국에서 수용할 만한 수준의 꾸안시와 부패 꾸안시는 다른 나라와 그 정의에서 차이를 보인다. 예를 들어, 고객에게 선물을 제공하고 함께 식사를 하는 행동은 중국에서 오랜 비즈니스 관행이다. 그러나 미국 법으로는 엄격히 제한되고 있다. 연고와 학연, 지연 등 인맥을 활용하는 행동 또한 어느 나라보다 중국에서 일반적인 관행으로 취급된다. 그러나 이런 개인적인 또는 비즈니스 관계는 퇴색될 가능성이 있기 때문에 외국인 관리자는 현지 인력이 회사의 행동 규정을 철저히 준수해야 하고 용납될 수 있는 행동과 그렇지 못한 행동을 명확히 이해하도록 훈련시켜야 한다. 중국기업에서 흔히 사용되는 관행을 따라하다가 본의 아니게 회사의 정책을 위반하는 직원이 있을 수도 있기 때문이다.

아울러 꾸안시는 경쟁자나 불만족스런 비즈니스 파트너(또는 직원)가 다국적기업에게 해를 미칠 수 있는 수단일 수 있다. 외국인 비즈니스맨 사이에 유명한 한 사례를 살펴보자. 2005년 후반에 한 덴마크 가구업체는 형편없는 품질의 가죽을 제공한 공급자에게 대금 3백만 위안의 지급을 거절했다. 몇 달 후, 현지 관리가 이 회사의 은행 잔고 3백만 위안(24만 달러)과 회사 자산 4백만 위안 이상을 압수하는 법원 영장을 가지고 들이닥쳤다. 이 책이 출간될 시점에도 이 가구 회사는 여전히 이 사건을 놓고 법정 싸움을 벌이고 있으며 회사 임원들은 전 공급자와 현지 관리의 강한 꾸안시 때문에 자신의 회사가 희생되었다고 믿는다. 여기서 얻은 교훈은 다음과 같다. 꾸안시는 외국기업에게 해가 되는 방향으로 작용할 수 있다. 특히, 여러분 기업이 경쟁기업이 누리고 있는 관계를 보유하고 있지 못할 경우에는 꾸안시가 불리하게 작용할 수 있다.

부패를 방지하려고 노력하고 있지만 중국에 진출한 다국적기업은 윤리 규정의 범위 내에서 현지 관행을 채택하는 방법을 쓰고 있다. 예를 들어, 기업들은 추석이나 설날에 선물을 주고받는 중국 관행에 따라 정부나 개인에게 이 시기에 맞춰 감사 표시를 한다. 일부 기업은 주고받을 수 있는 선물 가치의 상한선을 정해 놓는다. 새로운 관계 구축 방식으로서 기업들은 지역사회에 자선 활동을 벌이거나 교육 또는 비즈니스 훈련을 제공하는 방식으로 정부기관의 역할을 대신하며 관계를 구축할 수도 있다. 예를 들어, GE 차이나는 자사의 중국 기술 센터에서 국제 비즈니스 관행을 주제로 중국 관리에게 교육 기회를 제공한다.

(중국 현지 관행을 무시하지 않으면서도 기업의 윤리 규정을 위반하지 않는 범위 내에서 용납할 수 있는 기업과 정부 사이의 꾸안시 구축에 관한 자세한 내용은 이 장 후반에 나올 '기업과 정부의 최선 사례'를 참조하기 바란다)

중국 개혁의 아버지

지난 30년간 진행된 중국의 급격한 문화적, 사회적, 경제적 개혁을 논의하면서 그 개혁의 설계자인 덩샤오핑을 빼놓을 수 없다. 시장경제를 채택해 중국을 발전시키겠다는 이 개혁 정책은 공산당 1세대(그는 마오쩌둥 집권 시 두각을 나타냈고 두 번이나 권력에서 축출된 경험이 있다)에게는 매우 과감한 정책이었다.

덩샤오핑의 일생을 살펴보면 중국을 뒤흔들었던 정치적 혼란을 이해하는 데 도움이 된다. 그는 스무 살이 되던 1924년에 중국공산당에 입당했고 중국 남부에서 중요한 당 간부로 성장했다. 그는 1934~35년에 있었던 대장정에 참가했고 1950년대 중반에 마오쩌둥의 지휘 아래서 지식인을 숙청하는 일을 도왔다. 1966년, 문화혁명 중에 그는 '자본주의 추종자'로 당에서 숙청당했다. 하지만 그는 재기에 성공해 1973년에 부총리가 되었지만, 1976년에 강청 4인방의 주도 아래 다시 숙청당했다. 다음해, 덩샤오핑은 다시 재기에 성공해 중앙인민위원회와 공산당 중앙군사위원회 부주석이 되었다. 그는 1997년 사망할 때까지 중국의 최고 정치 지도자로 권력을 유지했다.

1981년에 덩샤오핑은 농업 분야에서 '책임 체제'를 실시해 수확의 일부를 국가에 헌납한다는 조건으로 키울 작물을 선택할 수 있는 권한을 농부에게 부여했다. 이 시스템을 통해 농부는 시장 수요에 맞는 작물을 재배할 수 있었다. 농산물 판매가 증가하고 빈곤에 시달리던 농촌에 부를 축적하는 계층이 성장하며 희망이 보이기 시작했다. 이 개혁 중에 덩샤오핑은 농촌 인구 2억 명을 절대 빈곤에서 구했다. 1999년 10월호 〈아시아위크AsiaWeek〉는 "덩샤오핑이 어느 시대, 어느 나라, 어느 지도자보다 많은 사람들을 빈곤에서 구했다."고 칭찬을 아끼지 않았다.

1980년대 중반, 덩샤오핑은 모든 인민이 번영을 누려야 사회주의가 완성된다는 자신의 믿음을 공개적으로 주장하기 시작했다. 그는 세상의 주목을 중국에 모은 새로운 경제 개발 계획을 실시했다. 1985년 3월의 한 연설에서 그는 "우리의 첫 번째 목표는 이 세기 말이 되면 인민이 안락한 삶을 살 수 있도록 만드는 것이다. 즉, 누구도 부자가 아니고 누구도 가난하지 않은 상태에 도달하는 것이다. 우리의 두 번째 목표는 30~50년 안에 선진국 수준으로 경제를 발전시켜 우리 인민이 상대적으로 행복한 삶을 살도록 만드는 것이다."라고 말했다.

1980년에 네 지역을 경제 특구로 지정해 외국에 개방한 일은 어느 법령보다도 덩샤오핑의 중국 경제 부흥 목표를 분명히 보여준다. 광둥과 푸젠 지역에 지정한 경제 특구인 선전, 주하이, 산터우, 샤먼은 중국에서 외국인 직접투자가 처음으로 일어난 지역이다.

덩샤오핑은 경제 개혁을 중국의 두 번째 혁명이라고 불렀다. 그의 지도 아래 중국은 경제 개발을 국가의 주요 목표로 삼았다. 1985년 6월에 있었던 한 연설에서 그는 "경제가 발전한다면 우리는 무엇이든 달성할 수 있다. 경제 개발은 가장 중요한 일이고 다른 모든 일은 경제 개발보다 중요치 않다."라고 경제 개발 의지를 천명했다. 경제 개발에 전념하는 과정에서 그는 마오쩌둥주의로 돌아가야 한다는 반대파의 거센 도전을 받았다. 하지만 1990년대 초반이 되자 덩샤오핑의 승리는 분명해졌다. 1992년, 그는 유명한 남순강화(南巡講話)에서 "부자가 되는 것은 영광스러운 일이다."라고 선언했다. 시장경제 체제를 확립하고 강화하면서 중국 대도시와 동부 지역, 그리고 양쯔강 삼각주 지역에는 갑자기 번영이 찾아왔다.

1997년 사망할 때까지 덩샤오핑은 통치 방식에 무자비한 측면이 없지 않았으나(1989년에 발생한 천안문 시위에 진압 명령을 내린 사람이 바로 덩샤오핑이기 때문) 경제 개혁의 주창자로 기억된다. 그의 통치 방식과 사상적 신념이 무엇이든 덩샤오핑이 중국의 경제 발전에 막대한 영향을 미쳤다는 사실은 아무도 부인할 수 없다.

것이란 사실에 주목할 필요가 있다. 1792년, 대영제국은 맥카트니(Macartney) 경에게 통상 관계 개설을 위해 중국과 협상하라는 지시를 내렸다. 맥카트니가 마침내 청나라 황제인 건륭제와 만났을 때 청나라 황제는 중국이 자급자족할 능력이 되고 다른 나라와 무역할 필요가 없다는 통보를 했다. 중국은 외국과 친선 관계를 유지한다는 측면에서 제한적인 교역만을 허락했다. (조나단 스펜스의 저서 《위대한 대륙, 중국》 참조)

분명히 중국은 쇄국으로, 다시 개방으로 공식 방침을 변경하면서 지난 200년 동안에 서너 번이나 외국 교역에 대해 급격히 입장을 변경해 왔다. 그러나 1990년대 초반 이후로 정부의 공식 입장이 경제 특구를 중심으로 외국인 투자 '수용'으로 확실히 정착되고 있다. 실제로 외국인 직접투자가 2000년에 400억 달러에서 2004년에 535억 달러로 크게 증가했다. (2001년, 2004년도 중국통계연보 참조) 지난 40년 동안 중국 정부의 입장에 얼마나 큰 변화가 있었는지를 유념할 필요가 있다. 50세 이상의 모든 중국 관리는 문화혁명을 직접 겪은 세대이다.

중국의 경제 개혁: 오리무중

지난 15년 동안 중국의 경제 개혁은 시행착오를 겪으며 상당히 진전되었다. 이런 경제 개혁 과정은 특히 다국적기업의 관리자에게 어려운 비즈니스 환경을 창출했다. 지금도 진행 중인 이 과정을 중국 속담을 빌려 표현하자면 '오리무중(五里霧中)'이다.

중국 경제 개혁의 주요 일지

1976년: 9월에 마오쩌둥 사망. 10월에 강청 4인방 체포

1977년: 중국공산당 10기 3중전회의에서 덩샤오핑은 중앙인민위원회 부주석과 중국공산당 중앙군사위원으로 복권되었다. 8월에 11차 전국공산당 대회는 공식적으로 문화혁명의 종식을 선언했다.

1978년: 중국공산당 11기 3중전회의에서 정부 정책을 경제 개혁에 초점을 두기로 결정했다. 경제 현대화는 공산당 임무의 중심 과제로 설정되었다. 새로운 정부의 운영 방침은 '과거를 잊고 미래에 집중하라'였다.

1980년: 덩샤오핑은 경제 특구를 지정해 선전, 주하이, 산터우, 샤먼을 외국인 직접투자 자유지역으로 개방했다.

1983년: 농업 분야에서 '책임 체제'가 마침내 공식적으로 시행되어 농부는 스스로 경작할 작물을 결정할 수 있게 되었다. 이 책임 체제는 정부가 작물의 선택을 결정하던 방식을 대체해 중국 농촌 지역에 새로운 번영을 가져다주었다.

1984년: 중국 중앙정부는 농촌 지역에서 그 효과가 입증된 시장 중심의 방식을 공업에도 적용하기 위해서 '경제구조 개혁에 관한 결정'을 채택했다. 이 결정의 목표는 사업체 운영에 기업가의 책임을 강화하고 이윤을 보유할 수 있게 하며 세제 혜택을 부여하는 것이다.

1987년: 중국공산당 13기 회의는 경제 개혁을 지속하기로 결정했다.

1988년: 4월에 기업법이 통과되어 중국공산당이 국영기업에 간여할 수 있는 범위를 제한했다. 이 법으로 공산당과 국영기업의 운영이 분리되었다.

1989년: 6월에 천안문 시위가 발생했다. 덩샤오핑은 시위대 진압을 명령했다.

1990년: 천안문 시위 이후에 투자자의 관심을 되돌리기 위해서 덩샤오핑은 상하이

푸동 지역에 투자 센터를 건설하도록 지시했다. 상하이를 빠르게 개발하기 위해서 외국인 투자에 많은 인센티브를 제공했다.

1992년: 덩샤오핑은 남순강화에서 경제 개혁을 가속화하라는 주문을 했다. 덩샤 오핑은 지속적인 경제 개혁이 당의 운명에 매우 중요하며, 중국의 경제 개혁이 좌 절된다면 당은 인민의 지지를 잃을 것이라고 말했다.

1993년: 중국공산당 14기 회의는 '시장 사회주의 경제 체제의 확립'이라는 문건을 채택했다.

1997년: 2월에 중국 최고지도자인 덩샤오핑이 사망했다. 그는 중국공산당 중앙위 원회와 중앙군사위원회 의장이었다. 장쩌민이 그의 자리를 승계했다.

1998년: 새로 수상에 임명된 주룽지는 정부의 주택 지원 삭감, 중앙은행의 새로운 규제 권한 강화와 독립성 보장, 국가 의료 체제의 개혁 프로그램 시작, 조세 징수 제도의 개혁 등 주요한 개혁 조치를 선언했다.

2001년: 12월에 중국은 WTO에 가입했다. 가입을 조건으로 중국은 외국 투자자들 에게 시장을 개방하기 위해서 수많은 법안을 새로 제정하거나 개정했다. WTO 가 입을 위한 법률 대부분은 2005년 12월까지 이행되어야 했다. 그러나 실제 이행 시 기는 2007년까지다.

중국에 진출한 다국적기업의 관리자에게 경제 시스템이 계속 발전하고 변화하는 환경에서 비즈니스를 발전시키는 일은 매우 혼란스런 과정이다. 그리고 새로 제정된 규제는 모호하고 일관 성이 없으며 모순되기조차 하다. 관리자들은 게임의 규칙을 이 해할 수 없을 뿐만 아니라 어디서 출발하고 멈추어야 할지 알 수가 없다고 불만을 늘어놓는다.

필립스 차이나의 데이비드 창은 시장에 새로 참가하는 신참에게 다음과 같은 조언을 한다. "첫째, 중국에 투자할 여부를 결정할 때 여러분은 일반적인 비즈니스 계획 프로세스를 활용할 수 없다. 비용과 비즈니스 기회를 고려해 투자 규모를 결정하는 방식을 활용할 수 없다는 말이다. 매출에서 비용을 빼면 이익이다. 그러나 이곳은 중국이다. 이곳에서는 다른 곳에서 분명해 보이지 않는 요소를 고려해야 한다." 관리자는 중국에서 '산술적인 계산' 만으로 비즈니스 기회를 계산할 수 없다고 창은 말한다. 비즈니스에 영향을 미치는 일부 요소를 쉽게 미리 예측할 수 없기 때문이다. 왜 이런 보이지 않는 위험이 존재하는가? 간단한 이유로 중국은 여전히 계획경제에서 시장경제로 이행하는 시기에 있기 때문이다. 중국은 과도기에 처해 있다. 그래서 많은 회색 지역이 존재한다. 다시 말해서 표준적인 비즈니스 의사결정 프로세스가 중국에서는 효과가 없다는 의미다. 대신에 창은 새로 중국에 진출할 다국적기업에게 '국제적인 비즈니스 계획이 아니라 중국에 적합한 비즈니스 계획' 을 세우라고 말한다.

다른 다국적기업의 경영자도 불확실성과 변화를 주의하라는 경고를 했다. 환경이 비즈니스 운영에 어떻게 영향을 미치는지 보여주는 사례로서 에어버스 차이나의 가이 맥로드는 사업 인허가를 받기 위해 중국 정부와 협상했던 경험을 다음처럼 말한다. "매우 길고 수고스러우며 시간이 많이 드는 프로세스이다. 그러나 어떤 때는 매우 간단하게 끝날 수도 있다. 모든 경우가 같다고 볼 수는 없다."

외국인 관리자는 불확실한 조건에서 어떻게 하면 성공적으로 비즈니스를 운영할 수 있을까? 우리가 인터뷰한 경영진은 이 질문에 두 가지 대답을 했다. 첫째, 흐름에 맡기라는 것이다. 둘째, 장기적 목표에 초점을 맞추라는 것이다.

중국 경제는 공산주의에서 사회주의와 시장경제 체제로 변화하는 과정에서 많은 혼란을 가져왔지만 빠르게 발전하고 있다. 변호사 노먼 지번트는 '흐름에 맡기라' 는 메시지를 다음과 같이 설명한다. "중국은 많은 모순을 보유하고 있지만 그래도 문제 없이 경제 개발을 추진할 수 있다. 중국인들은 '시간이 흐르면 문제가 해결되지 않겠는가? 라는 생각을 하고 있다." 그는 상하이의 놀라운 성장을 예로 든다. "창문 밖을 봐라. 지난 20년간 눈부신 발전을 이룬 역동적인 도시를 볼 수 있다. 이 도시는 모순을 무시하고 경제 발전에 초점을 두었기 때문에 성장할 수 있었다."

필립스 차이나의 데이비드 창 또한 중국에 진출한 다국적기업이 모든 회색 지대가 제거될 때까지 기다릴 수는 없다고 말한다. 그는 일부 회색 지대는 여러분이 붙잡을 필요가 있는 기회를 제공한다고 지적한다. 다시 말해서 외국기업은 가능한 규제를 따르고 정부와 긴밀한 관계를 유지해야 한다. 그러나 불확실성이라는 안개가 기회를 보이지 않게 만들 수 있기 때문에 주저하지 말고 비즈니스를 계속 발전시켜야 한다는 의미다.

두 번째 조언은 긍정적이고 장기적인 관점에서 생각하라. 여러분 산업에 적용되는 규제가 현재 불확실하다면 앞으로 그런 불확실성은 제거될 것이다. 중국 전문가들은 중국이 2001년 11

월에 WTO에 가입한 이후로(14년간의 협상을 거친 후에) 많은 규제
가 명확해지고 국제 표준에 맞춰지고 있다고 지적한다. 중국의
WTO 가입은 자유무역의 승리로서 전 세계로부터 환영받았다.
이것은 경제 개방과 국제화, 그리고 사실상 시장 자본주의를 추
구하겠다는 정치적 신념을 확인한 것으로 받아들여진다. WTO
가 중국의 가입을 승인하면서 많은 산업에서 규제 철폐가 일어
나고 새로운 국내 시장이 외국기업에게 개방되고 있다. WTO에
가입하면서 의무 이행 사항을 준수하기로 약속한 지 4년이 흐른
2005년까지 국제 비즈니스 사회는 중국이 시장을 개방하기 위
해 새로운 법을 제정하는 등 상당 부분 약속을 지켰다고 인정한
다. 그리고 시장 개방을 약속하지 않은 산업에서도 중국의 법과
규제는 국제화되고 있으며 정부가 기업에 우호적인 자세로 돌
아섰다고 평가한다.

　결론적으로 중국 정부를 상대하는 일은 다국적기업에게 여전
히 어려운 도전이지만 상황은 개선되고 있다. 상하이와 베이징
에 있는 미국상공회의소가 실시한 〈2005년도 비즈니스 환경 조
사〉에 따르면 응답 기업 450개는 '중국에서 비즈니스를 하는 데
가장 어려운 도전'으로 다음과 같은 항목을 꼽았다. 첫 번째 도
전은 경영자급 인적 자원의 부족으로 정부와 직접 연관이 없다.
나머지 도전은 (2)관료 제도 (3)불투명한 규제 (4)투명성 부족
(5)일관적이지 못한 규제의 해석 (6)부패 (7)계약 이행의 어려움
(8)지역 보호주의다. 다행히도 1999년 이후로 이 연례 설문 조사
결과를 검토해 보면 응답자들은 정부와 관련된 어려움이 해마
다 '개선'되고 있다고 본다.

새로운 중국 관료 체제

중국 정부와 일하면서 외국인 관리자가 느끼는 많은 도전은 새로운 법과 정책을 도입하는 관료들이 시장경제 체제와 완전히 다른 이데올로기를 배우고 훈련받았다는 사실에서 생긴다. 앞서 언급했듯이 50세가 넘은 중국 관료는 문화혁명 기간 중에 교육이 중단되는 경험과 함께 직장생활을 시작했고, 그 이후 공산주의 이념을 신봉하며 직장에서 승진했다. 반면에 30~40대 관료는 어렸을 때부터 공산주의 이데올로기를 교육받았다. 그렇기 때문에 현재 많은 중국 관리들이 상당히 진보적이고 국제화 감각을 갖추고 있다고 해도 기업과 정부 사이의 관계는 여전히 이념의 충돌을 피할 수 없는 경우가 있다.

프레시필즈 브룩하우스 데린저의 노먼 지번트는, 진짜 문제는 사회주의적 명령 경제가 자본주의적 시장 정신과 서로 맞부딪힐 때 양측이 오해할 가능성이 매우 높다는 것이다. 경제 개혁 과정에서 발생한 일부 변화가 겉치레나 '새 부대에 담긴 헌 술 담기' 식이라고 경고한다. 정부는 여전히 국내 산업을 세부 사항까지 관리하고 있다. 예를 들면, 많은 관청이 최근 들어 '민간기업화' 되어 사기업처럼 운영되고 있지만 개혁은 때때로 피상적일 때가 있다. 몇몇 경우에 기업은 새 이름으로 출발하지만 기존의 운영 모델을 따른다. 새로 민영화된 기업 집단은 이전에 관료였던 인력을 직원으로 충원한다. 따라서 관료 체제는 여전히 공장을 실질적으로 통제하고 생산량을 결정하며 경영진 임명에 관여한다. 지번트는 "이전에 외부에서 공장을 통제하던 사람들이 내부로 들어와 경영진을 맡고 있다. 모양은 바뀌었지만 내용은 그대로이다."라고 말한다. 그는 비효율적인 국영기업의 개혁 문제는 주요 경제 중심지에서는 많이 사라지고 있다고 덧붙인다. "상하이에서 공장의 관리자는 기술적 역량이 있는 사람이 맡고 있으며, 그런 경향이 커지고 있다. 하지만 다른 지역에서는 여전히 공장의 관리자 임명에 전문적 역량보다는 정치적 요인이 큰 영향을 미칠 때가 있다."

경제 개혁에도 불구하고 여전히 남아 있는 계획경제의 잔재는 다국적기업이 인허가를 받기 위해서 거쳐야 할 복잡한 중층구조이다. 즉, 지방정부를 거치고 성 정부를 거쳐 중앙정부까지 도달해야 인허가가 나올 때가 많다. 따라서 투자 프로젝트를 하나 추진하려 해도 여러 정부기관과 동시에 접촉할 필요가 있다. BP 차이나의 개리 더크스 박사는 다양한 수준의 정부기관이 서로 다른 우선순위에 따라 움직일 수 있다고 말한다. 따라서 모든 정부기관을 만족시키는 것은 매우 힘들 수밖에 없다. 더크스는 "다양한 정부기관은 프로젝트의 특성, 시기, 참여자에 따라 서로 다른 이해관계를 지니고 있다. 정부기관에 따라 이해관계가 충돌하는 일은 전혀 변하지 않았다."라고 말한다.

중국 정부 관리와 다국적기업의 관리자 사이에 비즈니스 위험을 대하는 태도가 크게 차이 나기 때문에 이데올로기 충돌이 일어날 수 있다. 지번트는 "서양의 비즈니스 환경은 어느 정도 위험을 감수한다. 반면에 중국 모델은 통제 시스템이다."라고 말한다. 공산주의 체제 아래서는 정치적 모험을 피하려는 경향이 강하게 나타난다. 지번트는 중국 기업가의 경우, 상당히 위험을 감수하려는 성향을 보이지만 정부 관리의 경우에는 위험 기피적인 성향이 매우 강하다고 말한다. "보통의 관료들은 실수를 매우 두려워한다. 따라서 의사 결정에 매우 보수적인 태도를 취한다. 이곳에서는 아무도 성공적으로 일을 했다고 칭찬하지 않는다. 하지만 실수한다면 직장에서 쫓겨날 수도 있다. 그러니 위험을 감수할 동기가 어디 있겠는가? 그들은 주의를 게을리 하지 않고 보수적인 행동을 한다. 그들은 가급적 스스로 의사 결정을 내려 책임지는 것을 원하지 않는다."

인터뷰에 응한 다른 중국 전문가들도 중국 시스템이 변하고 있지만 정부가 여전히 '오리무중'이라는 점에 동의한다. 예를 들어, 많은 비즈니스 단체들과 중국의 여러 상공회의소는 허가를 받지 않고 활동하고 있다. 그러나 지명도가 높은 단체들은 허가를 받으려고 수년간 정부와 협상을 벌였다. 이 단체들은 운영을 허가받지 못했지만, 정부기관들은 이 '불법' 단체들이 주최한 행사에 참여하거나 연설자를 보내는 등 직접 교류하고 있다. 또 다른 사례는 중국에서 영어로 된 인쇄물의 출판이다. 예컨대 상하이를 방문하는 사람은 영어로 발간된 비즈니스나 엔터테인먼트 잡지를 흔히 볼 수 있지만 이 중 어느 것도 허가받은 게 없다. 정부는 일정 한계를 넘어서지 않는다면 출판을 허가하지만(대부분 우편으로 호텔이나 레스토랑에 배포된다) 정해진 곳을 벗어나 배포하면 즉시 단속하고 압수한다.

지번트는 "법의 허가를 받지 않고 만든 상업적 구조물들이 많다. 그러나 불법이라도 일단 구조물을 만들어 놓으면 적법한 것이 되어 버린다."라고 말한다. 다시 말해서 관리들은 효율성과 전체 비즈니스 환경에 미치는 영향을 고려해 영업을 허가한 다음에 적법성 여부를 따진다. 지번트는 "중국에서는 일단 일을 실시해 보고 효과가 있으면 그 후에 규정이나 법을 제정한다." 라고 말하며, 바로 이런 융통성이 최근의 놀라운 경제 발전에 핵심적인 역할을 했다고 강조한다.

줄어드는 태도 차이

전반적으로 중국 전문가들은 정부와 국제 비즈니스 사이에 이념적 충돌이 약화되고 있으며, 중국이 규제 환경을 개선하고 법 체계의 안정성을 높이고 있다는 사실을 인정했다. 바이엘 차이나의 엘마르 스타첼스 박사는 "과거에 중국은 빠른 경제 성장에 기초해 투자를 유치했다. 투자자는 새로운 기회를 놓치고 싶지 않았기 때문에 중국에 투자했다. 그러나 이제 투자자는 성장 잠재성뿐만 아니라 이 나라의 책임감과 안정성에 매력을 느껴 투자를 한다."라고 말한다. 그는 지난 20년 동안 중국에서 경제 발전이 진행되었고 WTO 가입 이후로 국제 기준에 맞게 법과 규정을 정비하려는 노력이 있어 왔음을 강조했다. 스타첼스는 이런 변화가 '외국 투자자가 안심하고 투자할 수 있는 기초'를 제공한다고 말한다.

국제 비즈니스 사고와 중국 정부의 사고에 차이가 있어서 다국적기업의 관리자들이 어려움을 많이 겪었지만 이제 이런 태도의 차이가 줄어들고 있다. 중국통인 제너럴 모터스의 필립 머터프는 "내가 이곳에 왔을 때 계획경제가 여전히 중국을 통제하고 있었다. 정부는 거의 모든 것을 통제하고 모든 의사 결정을 내렸다. 정부는 무엇을 얼마나 많은 사람들을 동원해 만들어야 하는지 결정했다." 그러나 1994년에 중국에 온 이후로 그는 '느리지만 지속적으로 시장경제로 이동하는 모습'을 목격했다. 머터프는 현재 중국이 변화했다고 말한다. "지금까지 내가 만난 정부 관리 대부분은 거시경제와 일자리 창출, 이윤의 중요성을 잘 이해하고 있다. 그들은 시장경제의 중요성을 인식한다. 과거에는 이윤 추구가 나쁘고 기업은 이윤을 내지 못하도록 만들어야 한다고 생각했다. 그러나 이런 생각이 완전히 바뀌어 사람들은 일자리를 창출하고 생활 수준을 향상시키기 위해서 이윤 추구가 필요하다는 사실을 이해하고 있다." 이제 많은 관리들이 경제를 확장시키기 위해서는 투자자가 수익을 거두도록 허용해야 한다는 점을 이해한다는 것이다. "경제와 투자, 그리고 수익성의 중요성에 관한 관점이 크게 변했다. 이제 정부는 수익성을 놓고 기업과 많은 논의를 한다."

알카텔의 도미니크 드 보아시종은 알카텔이 2002년에 상하이 벨의 지분 과반수를 취득했을 때 일어난 정부의 사고 변화를 예로 든다. 이 거래는 중국 정부 최고지도자와도 관련이 있었다. 도미니크 드 보아시종은 "우리는 장쩌민의 승인을 기다려야 했다."라고 당시를 기억한다. 그러나 2년 후 이 회사가 청두 (Chengdu)에 연구센터를 설립했을 때에는 법 규정에 따라 알카텔 임원이 지방정부와 협상을 하면 되었다. 보아시종은 "물론 베이징도 이 사실을 알고 있었지만 주요 협상 파트너는 지방정부, 즉 청두 시장이었다."라고 말한다. 정부의 태도가 기업에 친화적으로 크게 변한 것이다.

새로운 태도 변화를 보이는 또 다른 사례가 있다. 현재 정부 관리들은 비즈니스 리더와 적극적으로 교류하려는 경향이 있다. 보아시종은 이제는 관료들이 기업 관련 회의나 행사에 적극적으로 참여하고 연설하는 등 과거에 비해 크게 다른 자세를 보인다고 지적한다. "과거에 정부는 규정이나 법률에 따라 기업을 운영해야 한다는 점을 강조했다. 이제 그들은 기업의 요구에 따라 규제를 변화시키려는 노력을 한다. 가능한 기업을 도우려는 입장을 보인다. 과거와 확연히 다른 역할과 모습이다." 그는 외국인 투자가 지방정부에 도움이 된다는 사실을 인식하면서부터 이런 변화가 일어났다고 말한다. "그들은 외국인 투자가 가져올 이익을 이해했다. 이제 그들은 지역에 투자를 유치하려고 많은 노력을 기울인다."

새롭게 나타난 발전적이고 기업 친화적인 정부의 태도는 상하이시 외국인 경제협력 및 무역위원회(SMERT)에서 찾아볼 수 있다. 이 단체는 상하이에 외국기업이 진출하도록 돕고 수입과 수출 면장을 접수하며 다른 정부기관과 협력하도록 돕는 역할을 한다. SMERT는 외국인 기업 사이에서 현대적이고 효율적인 조직으로 널리 알려져 있다. 2004년, 이 위원회는 특정한 무역 파트너로부터 투자를 유치하는 데 중점을 둔 특별팀 다섯 개를 출범시켰다. 북미 비즈니스 팀은 교육 수준이 높고 영어 구사능력이 훌륭한 인력으로 구성되어 있으며, 잠재적 투자자가 방문했을 때 투자 기회에 대한 프레젠테이션을 제공한다. 이들

> 중국은 경제를 성장
시키려고 노력하고
있다. GDP 성장률을
7~8%로 유지하기 위
해서 정부는 많은 외
국인 투자가 필요하
다."
- 준 탕, 마이크로소
프트 차이나의 사장

SMERT 인력은 명함에 휴대폰 번호를 넣어 투자자가 필요할 때 직접 통화함으로써 도움을 제공한다. 외국인 투자자는 중국 정부의 복잡한 전화번호 체계 때문에 의문 사항이 있거나 도움이 필요해도 전화로 접촉할 엄두를 내지 못하는 경우가 많다.

소니 차이나의 세이치 가와사키는 중국이 WTO에 가입한 이후 중국 정부의 태도에 가장 큰 변화가 일어났다고 말한다. "몇년 전과 비교해서 현재는 비즈니스하기가 훨씬 편하다. 중국 정부는 WTO 가입 이후 비즈니스를 이해하는 정도가 높아지고 국제 기준에 따라 업무를 진행하려고 노력한다."

마이크로소프트의 준 탕은 외국인 투자를 보는 중국 정부의 태도를 매우 긍정적으로 평가한다. "일반적으로 중국 정부는 외국기업이 진출할 때 매우 협조적이고 지원을 아끼지 않는다. 그들은 가능한 모든 부분을 제공하려고 한다. 나는 상하이뿐만 아니라 베이징과 같은 다른 도시에서도 만족스런 경험을 했다. 중국 정부는 외국인 투자자에게 편안한 환경을 제공하려고 정말로 노력한다." 최근에 일어난 많은 규제 변화는 규제를 강화하기보다는 외국인 투자를 활성화하려는 취지에서 일어났다. 탕은 "중국은 경제를 성장시키려고 노력하고 있다. GDP 성장률을 7~8%로 유지하기 위해서 정부는 많은 외국인 투자를 필요로 하고 있다."라고 말한다.

특별한 꾸안시의 필요성

비즈니스와 관련이 깊은 정부기관과 관계를 구축하고 발전시키는 것이 중요하다. 중국 전문가들은 중국이 비즈니스 환경을 국제화하고 표준화시키면서 꾸안시의 속성이 변하고 있다고 강조한다. 그래도 대부분은 정부 관리와의 원활한 관계 구축과 유지가 비즈니스의 '성패'를 좌우하는 요소는 아닐지라도 기업에게 이익이 된다고 생각한다.

사람들 대부분이 정부와의 관계 구축이 부패 영역까지 침범해서는 안 된다는 유니레버의 앨런 브라운의 지적에 공감한다. "정부가 경제 문제에 크게 관여하고 투자 결정에 큰 영향력을 행사하고 있는 상황에서 중국에서 꾸안시는 중요한 역할을 한다. 따라서 정부와 원활한 관계를 맺는 일은 중요하지만 기업의 행동 규칙이나 윤리 규정을 어기면서까지 꾸안시를 추구해서는 안 된다. 꾸안시를 과거의 부패적인 관행으로 해석해 그대로 따라서는 안 된다는 말이다."

다른 외국인 경영자들도 다국적기업에게 정부와의 꾸안시가 도움은 되지만 반드시 필요한 요소는 아니라고 설명한다. 듀폰 차이나의 찰스 브라운도 이런 견해에 동의를 표시한다. "나는 정부와의 관계가 중요하다고 생각하지만 도를 지나쳐서는 안 된다. 정부와의 관계를 통해 모든 일을 해결하려는 태도를 버려야 한다. 물론, 꾸안시가 도움이 될 수 있다. 중국에서 문제를 해결하기 위해서 법이나 규정에만 의존한다면 법 자체가 때때로 모호하고 여러 가지 방식으로 해석될 수 있기 때문에 문제 해결에 어려움이 따를 것이다."라고 말한다. 에어버스 차이나의 가이 맥로드 또한 꾸안시가 정부의 업무 처리 속도를 높이는 데 도움이 된다고 말한다. "여러분은 정부 관계자와 매우 긴밀한 관계를 유지할 필요가 있다. 관계자가 여러분을 알고 있다면 해당 업무의 처리나 인허가 속도는 빨라진다. 여기서 나의 주요 역할이 바로 정부와 긴밀한 관계를 유지하는 일이다. 어떤 비즈니스를 하던 로비를 할 필요가 있는 관청이 아주 많다."

중국에서 활동하는 외국인 관리자들 역시 중국에서 정부와의 관계 구축이 다른 나라와 그렇게 많이 다르다거나 어렵지는 않다고 강조한다. GE 차이나의 스티브 슈나이더는 "관계는 어느 곳에서나 중요하다. 미국에서도 중국만큼 관계가 중요한 역할을 한다. 하지만 결국에는 제품의 성능, 훌륭한 서비스 등 기업의 본질적인 부분이 비즈니스의 성패를 좌우할 것이다."라고 말한다.

중국 전문가들이 전하는 또 다른 요점은 규제나 정책이 모호하고 불완전할 때 꾸안시가 더 중요한 역할을 한다는 사실이다. 마이크로소프트의 준 탕은 꾸안시가 중요성을 유지하는 주요 이유로 중국의 비즈니스 법이 모호한 규정을 담고 있어서 관리에 따라 해석을 달리할 수 있다는 점을 든다. "중국 법률은 많은 부분에서 구체성이 부족하다. 관리가 여러분에게 우호적이라면 여러분은 좋은 판단을 얻을 수 있다. 그렇기 때문에 중국에서 꾸안시가 매우 중요한 것이다." 예를 들어, 정부와 원활한 관계를 맺지 못한 기업은 인허가를 받는 데 6개월 이상이 걸릴 수 있지만, 좋은 꾸안시를 보유한 기업은 2주 만에 허가를 받을 수도 있다.

스탠다드 차타드의 스탠리 웡은 법률이 모호할 때 꾸안시가 도움이 된다는 사실을 인정한다. "동일한 규정을 적용받는 은행 산업에서도 여러분은 정부와 좋은 관계를 유지할 필요가 있다. 꾸안시는 매우 중요하다." 예를 들어, 중국에서 은행 지점의 개설에 관해 분명한 법률이나 규제가 있지만 여전히 많은 종류의 허가가 필요하다. "아주 많은 경우에 이런 허가는 정부 관리의 해석에 따라 결과가 달라진다. 따라서 중국에서 정부와 원활한 관계를 수립하지 못했다면 모든 허가 과정이 느려질 수 있다."

하지만 법률이 구체화되고 표준화되면서 관계의 중요성이 약화되고 있다. 맥킨지의 고든 오어는 고객에게 이 점을 강조한다. "꾸안시 문제는 중국이 외국기업에게 문호를 개방했던 초기에 빈번히 일어나던 문제였다." 예를 들어, 정책과 절차가 모든 투자자에게 표준화되면서 중국에 투자하는 기업에게 꾸안시의 중요성이 점차 약화되고 있다.

(적법한 꾸안시를 구축하는 전략과 조언은 다음에 나올 '정부와의 협상'과 '기업과 정부의 최선 사례' 참조)

> "
>
> *아주 많은 경우에 이런 허가는 정부 관리의 해석에 따라 결과가 달라진다. 따라서 중국에서 정부와 원활한 관계를 수립하지 못했다면 모든 허가 과정이 느려질 수 있다."*
>
> *- 스탠리 웡, 스탠다드 차타드 차이나의 CEO*

정부와의 협상

정부기관과 긍정적인 협력 관계를 구축하는 일이 과거보다 쉬워졌다. 그러나 상하이와 베이징에 있는 미국상공회의소가 조사한 '2005년도 기업 애로사항 조사(2005 Top Business Challenges)'에 따르면 다국적기업은 여전히 정부와의 관계에 어려움을 겪고 있다. 표 8.1을 참조하라.

우리가 인터뷰한 경영진들도 아래 표에 열거한 애로사항을 마찬가지로 겪었다. 인터뷰에 응한 다국적기업의 최고경영진 28명이 파악한 주요 어려움은 법 집행의 부족, 허점 많은 법률 체계, 일관성 없는 법 해석, 지연이다. 아래는 이런 약점에 대한 설명과 중국 전문가들이 제시한 극복 방안이다.

애로사항 #1: 법 집행의 부족

다국적기업의 최고경영진이 정부와 일하면서 경험한 가장 큰 애로점은 중국의 규제와 법률 체계가 미성숙하다는 점이다. 다양한 산업에 종사하는 외국인 관리자는 중국이 아직 법 체계를 갖추지 못한 상황에서 생기는 문제에 직면했다. 3M 차이나의 케네스 유는 "중국은 5천 년의 역사를 지닌 유서 깊은 나라지만 우리가 생각하기에 중국은 신생국가와 다름없다. 아직도 중국 정부가 배워야 할 사항이 많다. 분명히 이 나라는 하루가 다르게 개선되고 있다. 다른 나라의 정부와 비교할 때 중국 정부는 정말 놀라운 일을 해내고 있다. 중국 정부는 비즈니스 관련법을 매우 존중하고 긍정적으로 바라보고 있지만 아직도 법을 충분

히 갖추지 않았고 결함도 많다." 다시 말해서, '의지'는 있지만
그 의지를 실천할 '방법'을 제대로 갖추지 못한 상태이다. 유는
이런 '결함'이 기업의 투자를 가로막지는 않지만 필요 이상으
로 신경을 써야 하고 불필요한 어려움을 낳는다고 강조한다. 심
각한 법적 문제가 발생했을 때 기업들은 중국의 법률 체계에 의
존해 문제를 해결해야만 하지만 그 해결이 원활하지 못할 때가
많다. "나는 중국 정부가 의도적으로 기업 관련법을 무시하고
있다고 생각하지 않는다. 예컨대 누군가 여러분에게 돈을 빌리
고 갚지 않는다면 중국에서 그 돈을 되돌려 받을 방법은 존재한
다. 구매 계약을 맺거나 합작기업을 세우려 한다면 해당 법령은

2005년도 기업의 애로사항, 개선 정도

	2004	2005
1. 경영진급 인적 자원	+	-
2. 관료주의	+	+
3. 불명확한 법 규정	+	+
4. 투명성 부족	+	+
5. 일관성 없는 법 해석	+	+
6. 부패	+	+
7. 계약 이행의 어려움	+	+
8. 지역 보호주의	+	-

(**+** : 개선, **-** : 악화)

표 8.1
2005년도
기업의 애로사항
자료: 상하이와 베이
징에 있는 미국상공회
의소가 450개 회원사
를 대상으로 조사한
〈2005년도 비즈니스
환경 조사〉

잘 갖춰져 있다.”

필립스 차이나의 데이비드 창은 법률 환경이 아직은 미숙하고 충분히 개발되어 있지 않다고 설명한다. “정치와 경제의 발전 관점에서 본다면 중국은 자신만의 고유한 길을 가고 있다. 즉, 다른 나라와 다른 방식으로 정치와 경제 발전을 추구하고 있다. 중국은 실패와 성공을 통해 성공 신화를 만들어가고 있다.” 그는 중국 정부가 지속적으로 발전을 추구할 것으로 예상하며 외국기업이 중국 정부가 직면한 어려움을 이해해야 한다고 주장한다. 그는 현재 중국 정부가 직면한 주요 어려움은 법을 제정하고 실행하면서 나타나는 격차라고 말한다. “이 격차는 아주 크다. 중국 정부는 WTO 가입 때 약속한 대로 많은 법률을 개정했지만 이 개정된 법률을 실행하는 데 어려움을 겪고 있다.”

애로사항 #2: 허점 많은 법률 체계

많은 다국적기업들의 경영진이 언급한 취약점은 중국의 법률 체계이다. 일부는 법률 체계에서 법원이 가장 취약하다고 꼽으며 중국 법률 체계에서 명확한 기준과 절차가 부족하다고 설명한다.

프레시필즈 브룩하우스 데린저 차이나의 노먼 지번트는 “법원은 효율적이지 못하고 편파적이다. 법과 규정의 시행은 올바른 방향으로 발전하고 있지만 법정에는 여전히 문제가 많고 개선의 여지가 많다.” 그는 지속적으로 개선되고 있지만 중국의 법률 체계는 역사적으로 남용된 사례가 많다고 설명한다. “첫째, 덩샤오핑은 권력 분립을 신봉하지 않았다. 둘째, 덩샤오핑이 군대를 감축하려고 했을 때 군대에서 배출될 잉여 인력의 일자리를 찾아야 했다. 그래서 그는 퇴직 군인을 법정으로 배치했다. 1980년대 법원에는 법적 배경이 없고 지역 공산당의 지시에 순응하는 군인 출신 인력이 배치되었다."

현재 법원은 비전문 인력을 해소하고 있지만 그 속도는 느리다. 지번트는 "지금 중국은 법관 양성 기관을 보유하고 있으며 판사의 질을 향상시키려고 노력한다. 그러나 상당한 시간이 걸려야 되는 일이다."라고 말한다. 그는 법률 체계가 빨리 향상되고 있지만 법원 시스템은 그보다 느리게 변화한다는 사실을 강조한다. "요즘 법과 대학을 졸업하는 신세대 법조인은 개방적인 태도를 지니고 있기 때문에 미래가 희망적이다. 그러나 법원은 여전히 문제가 많다. 아직도 전문적인 법적 판결을 내리지 않고 지역의 이해관계나 정치적 영향력에서 독립적이지 못하다."

법원 시스템이 아직도 후진적인 모습에서 벗어나지 못하고 있기 때문에 외국인 관리자들은 문제 해결 시 법원을 최후의 수단으로 간주한다. BP 차이나의 개리 더크스 박사는 "전반적으로 법과 규정은 나쁘지 않지만 실제로 그 법을 집행할 때 많은 문제가 일어난다."라고 말한다. BP는 가급적 문제 해결의 수단으로서 법원 시스템을 이용하지 않으려고 한다. 더크스는 "우리 회사는 그다지 법적 다툼을 많이 벌이지 않는다. 그래도 문제가 생기면 가급적 법원까지 가지 않고 협상을 통해 문제를 해결하는 편이 낫다."라고 말한다.

듀폰 차이나의 찰스 브라운도 이런 견해에 동의한다. "지역 법원에서 그다지 불쾌한 경험을 하지는 않았지만, 우리도 법원보다는 문제를 직접 해결하는 방식을 선호한다. 여러분은 협상을 통해서 거의 언제나 문제를 해결할 수 있다. 이상적인 결과를 얻지 못하더라도 법원에서 다툼을 벌이는 것보다는 여전히 나은 결과를 얻을 수 있다."

우리가 인터뷰한 다국적기업의 최고경영진은 법률 체계, 법원, 법의 집행이 개선되고 있다고 의견을 모은다. GE 차이나의 스티브 슈나이더는 "2년 전만 해도 매일 여러 법률이 개정되고 있었다. 매주 나는 이곳에 진출한 로펌에서 법의 변화 상황을 파악해야 했고, 법률 전문가들은 이런 변화가 지속될 것이라고 이야기했다. 여기서 이런 법적 변화가 얼마나 빨리 법률적으로 체계화되고 중국 전체에 확산되느냐가 의문이다. 아울러 이런 변화가 어떻게 받아들여지고 어떻게 집행될 것인가도 의문이다."라고 말한다. 슈나이더는 이제 법원과 사법 당국이 새롭게 정비한 법을 제대로 시행하는 것이 다음 단계라고 지적한다. "시대 변화에 맞도록 아주 많은 법이 제정되었다. 그리고 법원 시스템도 지속적으로 개선되고 있다. 중국은 법적 판단이 내려지는 곳이 바로 법원이라는 사실을 깨닫고 법원의 개선 작업에 지속적인 관심을 두고 있다. 따라서 다음과 같은 질문에 관심이 모아진다. 판결이 내려지면 이 판결을 어떻게 집행해야 하는가? 이 질문이 바로 현재의 가장 큰 화두다. 법정 다툼에서 승리를 거둬도 이 판결을 어떻게 집행하느냐가 현재의 가장 큰 문제인 것이다."

슈나이더는 GE가 많은 법원 시스템을 경험하지는 못했지만 아직까지는 결과가 긍정적이었다고 덧붙인다. 이 회사는 중국 법정에서 공정하게 대우받고 있다. 그는 "준비를 철저히 하고 비즈니스를 하면서 잘못된 일을 하지 않았다면 중국 법정은 여러분의 말에 귀를 기울일 것이다."라고 말한다.

애로사항 #3: 일관성 없는 법 해석

WTO 가입 이후에 아주 많은 기업 관련 법률과 규정이 제정되었지만 이들 법과 규정이 혼란스럽고 불완전하기 때문에 또 다른 애로사항이 생긴다. 우리가 인터뷰한 다국적기업의 최고경영진은 기업 활동을 자유롭게 만드는 새로운 법과 규정을 환영하지만 이 새로운 규정을 실제로 따르는 데는 어려움이 있다고 설명한다.

WTO 가입 이후로 일부 개선이 있었다. 듀폰 차이나의 찰스 브라운은 2001년 이후로 새로운 법에 관한 정보를 쉽게 얻을 수 있다고 말한다. "이전에는 어떤 법과 규정이 존재하는지 알기 어려웠다. 이제 법과 규정은 인쇄되어 나오고 인터넷에도 게시된다."

그러나 법의 접근성은 개선되었지만 여전히 법 내용이 불명확하고 혼란스럽다. 보스턴 컨설팅 그룹의 존 윙은 중국 정부가 외국기업 고객에게 투명하지 않다는 것을 경고한다. "개방 이후 중국 정부와 일하기가 쉬워졌지만 여전히 과거와 같이 알 수 없는 부분이 많다. 중국 정부는 투명한 시스템이 아니다."

법에 관한 가장 큰 애로점은 같은 법 내용도 정부기관이나 지역에 따라 해석이 달라진다는 사실이다. 알카텔의 도미니크 드 보아시종은 "법은 어디나 동일하다. 하지만 적용하는 방법이 다

" "

성은 각자 조금씩 다른 방법으로 법률을 시행한다. 그리고 이 조그만 차이가 기업에게 적용될 때 상당한 영향을 미칠 수 있다."

- 크리스토퍼 쇼, 엘리 릴리 차이나의 사장

르다."라고 설명한다.

엘리 릴리 차이나의 크리스토퍼 쇼는 중앙정부가 '큰 지침' 만 내리고 해석의 여지를 남겨두는 경향이 있다고 설명한다. "성은 각자 조금씩 다른 방법으로 법률을 시행한다. 그리고 이 조그만 차이가 기업에게 적용될 때 상당한 영향을 미칠 수 있 다." 여러 지역에서 비즈니스를 하는 기업에게 이런 법 적용 방 식의 차이는 혼란을 가중시킨다. 일관성 없는 법 집행을 낳는 또 다른 요소로 중국에서 생소한 지적재산권에 대한 전문지식 과 경험 부족을 꼽는다. 그는 "많은 중국 법원이 다양한 법 해석 과 판결을 내리도록 충분히 훈련받지 못했다."라고 덧붙인다.

다국적기업에게 어려움을 가중시키는 현상으로 중앙정부와 지방정부가 법을 해석하면서 의견의 차이를 보이는 경우가 있 다. 지멘스 차이나의 언스트 베렌스는 이런 경우에 기업이 중앙 정부와 지방정부의 의견과 지시 사이에서 어쩔 줄 모르는 상황 에 처할 수 있다고 말한다. '다른 나라에서도 마찬가지겠지만 중앙정부와 지방정부가 각자에게 가장 이익이 되는 방향으로 문제를 다루기 때문에 이런 당혹스런 상황이 발생한다고 생각 한다."

다국적기업의 경영진은 기업 관련 규정이 모호할 때 중앙정 부의 의견이 지방정부의 견해보다 우세할 것으로 가정하지 말 라고 엄중히 경고한다. 다시 말해서, 중앙 관청에서 투자 프로젝 트에 관해 확실한 보증을 받은 기업도 지방정부의 관리가 반대 를 한다면 어려움을 겪을 수 있다. 반대로 지방정부에서 보증을 받았더라도 중앙정부가 반대 의사를 표시하면 마찬가지로 어려

움을 겪게 된다(다음에 나올 사례 연구인 '까르푸: 중국에서 겪은 분
규' 참조).

문제의 소지는 여전히 남아 있지만 우리가 인터뷰한 경영진
대부분은 전반적인 비즈니스 환경이 정부의 지원 강화에 따라
안정되고 있다고 말한다.

애로사항 #4: 지연

어느 곳에서나 일어날 수 있는 일이지만 중국에 진출한 다국
적기업의 경영진은 정부의 인허가 프로세스가 너무 느리고 혼
란스럽다고 불평한다. 듀폰 차이나의 찰스 브라운은 "협상 프로
세스는 예상보다 시간이 많이 걸린다."라고 말한다. 그는 중국
에서 인허가가 지연되면 미국 본사에서는 매우 조급해하는 경
향이 있다고 덧붙인다. 하지만 일반적으로 인허가가 지연된다
고 해서 회사의 비즈니스 계획에 심각한 차질을 빚지는 않는다
고 말한다. "우리는 인허가가 지연되기는 했지만 정말로 원하는
일을 허가받지 못해서 할 수 없었던 경우는 없었다."

로레알 차이나의 파올로 가스파리니도 중국 정부와의 협상
과정에서 종종 인내가 필요하다고 말한다. 그는 중국 관리와 협
상하면서 큰 어려움을 겪었던 경우가 서너 번 있었다. "많은 시
간이 필요하다. 거의 결론에 이르렀다고 생각했지만 처음부터
다시 시작해야 할 때도 있다. 마지막 단계에 이르렀다고 생각했
는데 다음 날이 되면 처음부터 다시 논의하자는 말을 들을 때도
있다." 그는 '참을성 있게 협상에 임하라'는 조언을 한다. 그는
핵심 관리의 신임을 얻는다면 일이 빠르게 진행될 수 있다며

"정부와의 협상에서는 혼자서 빠르게 진행할 수 없다. 우선 상대방이 여러분을 신뢰해야 한다. 신뢰를 받는다면 갑자기 해결책을 찾을 수도 있다."라고 말한다.

기업과 정부의 최선 사례

외국기업이 중국에서 성공을 거두기 위해서는 정부 관리와 맺는 꾸안시가 여전히 중요하다. 그렇다면 경영진은 어떻게 부패한 관계를 피하면서 꾸안시를 구축할 수 있을까? 이 질문에 대해 우리가 인터뷰한 다국적기업의 최고경영진은 다양한 대답을 내놨다.

우선, 회사의 임직원은 중국 법뿐만 아니라 본국의 법도 준수해야 한다고 강조한다. (예를 들어, 미국 기업은 미국의 '독점금지법'을 준수해야 한다.) 여기에 덧붙여, 국제적인 기업 행동 규정을 준수해야 한다. 하지만 규정 안에서 정부 또는 개별 관리와 신뢰와 선의의 관계를 구축할 필요가 있다고 강조한다.

이 부분은 최고경영진 28명이 전하는 적법한 수단을 통해 정부와 군건한 꾸안시를 구축하는 방법에 관한 조언이다.

까르푸: 중국에서 겪은 분규

2001년 2월, 설날 연휴 와중에 까르푸 차이나는 불쾌한 소식을 들었다. 로이터 통신은 프랑스 대형 할인점이 중국 중앙정부의 허가도 받지 않고 매장을 열어 중국 법을 무시했다는 국가무역경제위원회(STEC)의 한 관리의 발언을 보도했다. 2월 20일, 〈파이낸셜타임스〉는 국가무역경제위원회가 까르푸 차이나에게 정부의 요건에 맞게 27개 매장을 개편하라는 요구를 했다고 보도했다.

까르푸는 1959년에 설립된 기업으로 유럽에서 최대 할인점이며 전 세계에서도 월마트 다음으로 2위 자리를 고수하고 있다. 까르푸는 1995년에 중국의 최대 소비 시장인 베이징과 상하이에 매장을 열면서 중국 시장에 진출했다. 중국 소매시장의 폭발적인 성장에 힘입어 이 회사의 연간 매출액은 1997년에 2억4천만 위안(2천9백만 달러)에서 2002년에 25억 위안(3억 달러)으로 급성장했으며 매장 수도 24개에서 169개로 늘어났다. 까르푸는 중국에서 늘어나는 할인점 쇼핑 수요를 성공적으로 공략해 2000년에는 중국 내에서 최대 외국계 할인점으로 성장했다.

1992년 7월 이전에 외국기업은 중국에서 도매나 소매 분야에 진출할 수 없었다. 중국-외국 합작기업법(1983)과 외국자본기업법(1990)에 따라 외국 제조업체가 중국에서 제품 일부를 제조하면 해당 제품을 중국에서 판매할 수 있다는 예외 조항이 있었다.

1992년 7월, 중국 국무원은 베이징, 상하이, 텐진, 광저우, 다롄, 칭다오의 6개 지역과 선전, 주하이, 산터우, 샤먼, 하이난의 5개 경제 특구에 합작기업의 형태로 두 개까지 외국 소매점의 진출을 허가했다. 지방정부는 중앙정부에 이 합작기업을 승인해 달라고 요청했다. 이 합작기업의 영업 범위는 소매와 수입과 수출에 국한되었다.

이 법령은 국무원이 베이징에 시범으로 두 개의 외국계 할인점 영업을 허가한 1995년 10월까지 실시되지 못했다. 그것도 현지 파트너가 합작기업의 지분 51%를 보유한다는 조건이었다. 이런 방식으로 외국계 할인점은 처음으로 중국에 발을 내디뎠다.

시장 기회를 확보하고 선두주자의 이익을 누리기 위해서 1990년대 후반에 중국에 진출한 많은 외국 소매업체들은 지방정부와 투자 협상을 마치고 나서도 중앙정부의 승인이 나지 않아 비즈니스에 차질을 겪기 시작했다. 지역 경제를 활성화시키려는 지방정부 관리는 외국 업체에게 토지 사용권, 주식 보유 비율 등 여러 관대한 조건을 제시했다. 까르푸도 당시 중국 전역에서 지방정부와 합의를 통해 영업망을 공격적으로 확대하던 기업이었다.

지방정부는 중앙정부의 승인 절차를 밟지 않은 까르푸에게 허가를 내줄 만한 충분한 이유를 보유했다. 예를 들어, 할인점은 지역 경제를 활성화시키고 국제적인 소매업 기준과 관행을 도입해 현지 소매 비즈니스를 한 차원 발전시키는 데 적합했다. 중앙정부의 규정을 엄격히 준수한 월마트는 광저우 지방에만 진출하고 있었지만 까르푸는 상하이와 우한을 포함해 주요 도시에 진출한 상태였다.

1999년 후반까지 까르푸는 중국에서 상하이 리앤화 슈퍼마켓(Shanghai Lianhua Supermarkets)에 이어 두 번째로 큰 소매업체로 매출액이 73억 위안(8억8천만 달러)에 이르렀다. 2000년에 까르푸 차이나의 연간 매출액은 81억 위안(9억7천5백만 달러)을 기록했다.

2001년, 중앙정부는 소매 산업에서 외국기업의 통제권을 잃었다고 판단했고, 그 결과 까르푸가 단속의 대상이 되었다. 중앙정부는 〈중국 소매업에서 까르푸의 위법 행위 처벌에 관한 공람〉을 발행했다. 까르푸 본사의 사장은 사과를 하러 베이징으로 급히 달려왔다. 까르푸와 중앙정부 사이에 수개월간 협상이 벌어진 끝에 합의에 이르렀다. 중앙정부의 절차를 따르지 않은 처벌로서 이 회사는 27개 매장의 사업 허가를 중국에서 다시 받기로 했다. 아울러 협상이 진행되는 동안 이 회사는 중국에서 새롭게 매장을 개설하지 못하도록 제재를 받았다.

6개월간 지속된 협상을 벌인 후에 까르푸는 2001년 7월에 모든 제재에서 벗어났다. 2005년 말 현재, 까르푸는 중국 전역에서 65개 매장을 운영하고 있다. 매장을 확장할 소중한 시기를 놓쳤지만 이 할인점은 현재 중국에서 다섯 번째로 큰 규모이다.

전략 #1: 최고경영진의 참여

중국에서 활동하는 다국적기업의 관리자들은 무엇보다도 최고경영진이 직접 중국 정부와의 관계나 협상을 다루는 것이 최선이라고 말한다. 즉, 다른 나라에서보다 많은 시간을 투자해 정부와의 교류에 나서야 한다는 말이다. 사장이나 CEO는 정부가 주최하는 회의나 행사에 참여해 선의를 표시하고 정부 관리와 '안면'을 익혀야 한다. 스탠다드 차타드의 CEO인 스탠리 윙은 중국에 진출한 외국기업의 최고경영진 대부분은 업무 시간의 30~40%를 정부기관을 상대하는 데 사용한다고 추정한다. 그는 "중국에서 CEO는 법적 대표자로 보인다. 따라서 관리는 어떤 문제나 협의할 일이 생기면 항상 이 법적 대표자를 찾는다."라고 말한다. 이전 근무지인 홍콩과 비교해 볼 때 홍콩 관리들은 중국 당국은 '체면' 문제로 조직의 최고경영진과 직접 상대하기를 원한다. 여러분의 업무 시간 중 상당 부분을 정부와 상대하는 일에 헌신할 준비를 하라.

중간 관리자와 접촉하려고 하지만, 중국에서는 최고경영진과 직접 일하려는 경향이 크다.

GE 차이나의 스티브 슈나이더는 좀 극단적인 형태이다. 서문에서 언급했듯이 슈나이더는 업무 시간의 65%를 정부를 상대하는 일에 쓴다. 이 회사의 가장 큰 고객은 정부와 긴밀한 연관을 맺는 국영기업이기 때문이다. "나는 많은 시간을 고객이나 정부 기관과 접촉하는 데 사용한다. 여러분도 그래야 한다."

로레알 차이나의 파올로 가스파리니는 중국 관계 당국과 접촉하는 방식을 다음처럼 설명한다. "나는 직접 정부 관계를 다룬다. 나는 이 방법이 옳다고 생각한다. 여러분이 변호사나 다른 대리인을 통해 정부와 관련된 일을 처리하려 한다면 중국 당국자는 그리 달가워하지 않을 것이다. 여러분이 직접 나타나야 일이 처리된다. 다른 사람에게 맡기지 말고 직접 처리해야 한다. 그들은 여러분의 얼굴을 보기 원한다."

베텔스만 다이렉트 그룹 아시아의 에케하르트 라스게버는 최고경영진이 직접 나서서 정부를 상대하는 것이 일반적으로 그만한 가치가 있다고 말한다. 그는 1994년에 사장 자리를 맡은 이후로 "내 업무 시간 대부분은 정부와 관계를 구축하는 데 사용되었다. 직접 기업의 홍보 활동을 한 셈이다. 여러분이 이 부분에 신경을 쓰지 않는다면 회사 비즈니스에 영향을 미칠 수 있는 많은 어려움에 직면할지도 모른다."라고 말한다.

전략 #2: 중국 정부에 정통한 현지 전문가의 고용

외국인인 최고경영진이 중국 정부와의 협상에 참여한다고 성공이 보장되지는 않는다. 우리와 인터뷰한 경영자들은 정부와의 관계 구축에 전문가(또는 정부 출신 인력)인 현지인을 고용하는 것이 관계 구축의 성공 가능성을 높여준다고 강조한다.

다국적기업이 정부 관계를 전담할 인력을 활용하는 방법은 매우 다양하다. 한 가지 방법은 비싼 비용을 지불하더라도 정부 관계 구축에 전문적인 능력을 지닌 특별한 컨설턴트를 고용하는 것이다. 보스턴 컨설팅 그룹의 존 윙은 "'정보산업부 장관을 만나고 싶다면 나는 그를 잘 안다. 7만5천 달러를 컨설팅 비용으로 지불하면 만날 기회를 주선하겠다'라고 말하는 컨설턴트들이 있다. 이런 사람들이 베이징에는 아주 많다. 그들은 관리의 직급에 따라 다양한 비용을 책정한다. 고위직일수록 비용이 높아진다."라고 말한다. 윙은 많은 비용을 지불해서라도 이런 알선 서비스를 이용하는 수요가 아직도 많다고 지적한다. 하지만 1990년대 후반보다 정부 관리를 접촉하는 일이 많이 쉬워졌다. 현재 다국적기업은 만날 필요가 있는 관리를 결국은 접촉할 수 있다. 결국, 꾸안시가 없어도 업무와 관련된 관리를 만날 수 있다는 것이다. 단지 시간이 오래 걸리고 결과를 확실히 보장받기 힘들 뿐이다.

우리가 인터뷰한 외국인 관리자들은 이런 '알선' 서비스를 이용하지 않았다고 대답했다. 대신에 그들 대부분은 정부 관계를 전담할 전문 인력을 채용하라고 추천했다. 그렇다면 어떤 사람이 이 역할을 할 수 있을까? 많은 외국기업들은 퇴직 관료나 다른 기업에서 정부 관계 업무를 전담했으나 이직을 원하는 사람을 채용해 이 일을 맡기고 있다. 필립스 차이나의 데이비드

정부와의 관계 구축에 정통한 현지 중국인 전문가를 채용하는 것은 기업의 성공에 결정적인 영향을 미친다.

창은 "여러분은 훌륭한 현지 인력이 필요하다. 그들은 다양한 정부 관계자와 좋은 네트워크를 구성하고 있기 때문이다. 기업에 최선인 선택 방안을 찾기 위해서는 적절한 의사 결정자와 대화해야 한다. 정부 관리에 따라 의견이 상당히 다르기 때문이다. 적절한 의사 결정자를 찾지 못한다면 기회를 잃을 수도 있다."라고 말한다. 유니레버 차이나의 앨런 브라운은 창의 조언에 동의한다. "어쩌면 아주 간단한 일이다. 여러분 기업을 위해 정부 관계를 전담할 훌륭한 현지 인력을 찾으면 된다. 이 현지 인력은 지속적으로 정부와 관련된 일을 적절하게 처리할 것이다. 이 일을 수행할 유일한 방법은 적절한 현지 인력을 채용하는 것이다."

정부 관련 업무를 전담할 인력을 구성하는 방법은 기업의 규모와 업무 영역, 진출한 지역에 따라 차이가 난다. 일부 기업은 베이징에 정부를 전담할 부서를 설치해 운영한다. 예를 들어, 소니 차이나는 중앙정부를 전담할 전문가들을 베이징 사무소에 배치하고 있다. 세이치 가와사키는 "베이징 사무소가 정부와의 관계를 전담하고 있다. 소니의 베이징 사무소가 정부와 관련된 모든 방침을 결정한다."라고 말한다.

다른 기업도 주요 비즈니스 근거지에 소규모지만 전담 부서를 설치해 운영하고 있다. 특정 산업에 초점을 맞춰 특정 팀을 구성해 운영하는 또 다른 방법도 있다. 예를 들어, 교통 산업이나 전력 산업을 전담해 해당 관리와 협상하는 전문가로 팀을 구성해 운영할 수도 있다. GE 차이나는 이런 방법을 사용하고 있다. 이 회사의 비즈니스 영역이 발전에서 가전제품, 의료장비까지 너무 광범위하기 때문이다.

전략 #3: 정부 태도의 이해

중국 정부와의 성공적인 협상은 정부의 태도를 제대로 이해하느냐에 달려 있다. 관계 당국이나 담당 관리가 직면한 압력과 도전을 이해하면 잠재적인 문제점을 줄이거나 예방하는 데 큰 도움이 된다.

무엇보다도 외국인 관리자들은 중국 정부가 시장경제 체제로 전환을 추진하면서 겪고 있는 어려움을 이해하는 것이 중요하다고 강조한다. BP의 개리 더크스는 경제 개발이라는 중국 정부의 목표에 얼마나 잘 부합될지를 생각해 사업 계획을 제출하라고 다국적기업의 CEO에게 조언한다. "어떤 전략적 조치를 취할 때에는 해당 시나 성에게 이 조치가 어떤 의미가 있고 국가 이익에 어떻게 반영이 되는지를 고려해야 한다."

알카텔 차이나의 도미니크 드 보아시종은 "우리는 아주 빠른 속도로 변화를 이끄는 사람들을 존중해야 한다."라며, 많은 서양 국가들도 비슷한 과정을 거쳤다고 말한다. 다만 서양은 몇 년이 아닌 수십 년에 걸쳐 이런 변화 과정을 겪었다는 점이 다를 뿐이다. 그는 "우리는 불평만 하지 말고 적응해야 한다. 약속을 지키고 세금을 납부하며 법을 준수해야 한다. 그리고 필요하다면 현지화해야 한다. 법을 준수하면 여러분은 중국 정부와 매우 굳건하고 오래 지속되는 파트너십을 구축하게 될 것이다."라고 덧붙였다.

중국 정부와 원활한 관계를 수립하는 또 다른 비결은 중국 정부처럼 거시적이고 장기적인 관점에서 투자를 고려하라는 것이다. 엘리 릴리의 크리스토퍼 쇼는 다음과 같은 메시지를 중국 정부에 보낸다고 설명한다. "우리는 중국 병원, 정부, 환자에게 도움이 될 제품을 생산할 것이다. 그리고 우리는 이곳에서 오랫동안 머물 예정이다. 이런 메시지는 매우 중요하다. 여러분이 돈을 벌어 가버리겠다는 태도를 가지고 있다면 그것은 올바르지 않다. 사람들은 여러분 기업이 중국의 미래에 관심을 기울이고 있는 모습을 원하기 때문이다."

GE 차이나는 정부와 교류하면서 협상이 아닌 협력적인 모습을 보이려고 노력한다. 스티브 슈나이더는 "중국에서 정부와 협력하는 모습이 중요하다. 여러분은 자신의 방법이 정부의 방법보다 나을 것이라고 속단할 수 없다. 사실, 정부는 여러분의 비즈니스에 막대한 영향력을 미칠 수 있다. 자신의 이익만 챙기려 하지 말고 합리적인 수준에서 주고받을 줄 알아야 한다."라고 말한다.

슈나이더는 1998년에 GE의 중국 비즈니스를 총괄하게 되면서 정부와 수백 건의 협상을 감독해 왔다. 그는 GE의 비즈니스가 중국에서 여러 번 지연되고 후퇴하기도 했지만 정부의 입장에서 상황을 판단하려고 노력하면서 이익을 봤다고 말한다. "때때로 우리는 탁자에 함께 앉아 일부 의사 결정을 했다. 그러나 6개월 후에 정부 관리는 마음을 바꿔 다른 것이 더 낫다고 결정해 버렸다. 물론, 매우 당황스러웠지만 여러분은 그들의 의도를 이해해야 한다. 그들은 시민의 삶과 도시를 발전시키려고 노력하고 있다. 나는 정부가 비즈니스를 일부러 어렵게 만들려고 결정을 바꾼다고는 생각하지 않는다. 그들의 우선순위는 우리와 다르다."

바이엘의 엘마르 스타첼스 박사는 중국 정부를 상대하는 자신의 철학을 다음처럼 설명한다. "여러분은 로비를 할 뿐만 아니라 여러분 프로젝트가 윈-윈(win-win) 프로젝트로서 기업과 국가 모두에게 이익이 된다는 사실을 모두가 이해하도록 노력해야 한다. 가장 중요한 일이다. 프로젝트가 윈-윈 상황을 만들어내지 못한다면 이 프로젝트는 중국에 도움이 되지 않고 여러분은 그 일을 해서는 안 된다." 다국적기업은 관련 정부 당국이 중요하게 생각하는 모든 관심사를 포괄하는 '현실적인' 태도를 지녀야 한다고 조언한다. "여러분은 추진하려는 프로젝트가 그만한 가치가 있고 해당 산업의 발전에 도움이 된다는 점을 중국 관리에게 확신시켜야 한다. 환경적인 문제와 사회적인 문제를 모두 해결해야 한다."

BP의 개리 더크스 박사 또한 관리에게 윈-윈 상황임을 확신시키는 전략을 추천한다. "가장 중요한 사항으로, 여러분이 하려는 일이 일부 주요 정치적 인사의 관심을 끌어야 한다. 정부 인사 중에 어느 누구도 여러분 프로젝트에 관심을 보이지 않거나 중국 측 주요 파트너가 해당 프로젝트를 좋은 아이디어라고 생각하지 않는다면 여러분은 그 프로젝트를 추진하기가 쉽지 않을 것이라고 확신한다. 아무도 여러분을 도우려 하지 않는다면 여러분 프로젝트는 우선순위에서 가장 뒤처지게 된다. 어떤 정부 인사가 관심을 보인다면 일반석으로 일의 처리가 수월해진다. 빠르게 처리되지는 않아도 계속 진척될 수는 있다."

> "
> 가장 중요한 사항으로, 여러분이 하려는 일은 일부 주요 정치적 인사의 관심을 끌어야 한다. 정부 인사 중에 어느 누구도 여러분 프로젝트에 관심을 보이지 않거나 중국 측 주요 파트너가 해당 프로젝트를 좋은 아이디어라고 생각하지 않는다면 여러분은 그 프로젝트를 추진하기가 쉽지 않을 것이라고 확신한다."
> - 개리 더크스 박사, BP 차이나의 사장이며 CEO

변화를 추진하는 정부의 노력을 이해하라. 대결적인 태도보다 협조적인 태도가 바람직하다.

맥킨지의 고든 오어 또한 정부의 시각에서 프로젝트의 중요성을 고려하라고 고객에게 조언한다. 그는 성공적인 협상, 특히 지방정부와 성공적으로 협상을 하기 위해 필요한 핵심 요소가 '공동체 사회에서 여러분의 역할을 깨닫는 것'이라고 말한다. 그는 여러분 회사가 '해당 지역에서 가장 큰 투자자'라면 여러분은 더 많은 정부 지원을 기대할 수 있다고 지적한다. "여러분이 수저우 과학단지에서 투자 규모가 100위 정도밖에 안 된다면 솔직히 아무도 여러분이 하는 일에 관심을 기울이지 않는다." 다시 한 번 강조하지만 다국적기업은 정부의 시각에서 프로젝트를 고려하면 이익을 볼 수 있다.

(정부의 태도를 이해하면서 얻게 될 혜택에 관해서는 제6장의 '지적재산권 침해에 맞서 싸울 전략' 참조)

전략 #4: 모든 수준의 정부기관으로부터 지원 획득

중국 전문가들은 중앙정부에서 지방정부까지 모든 수준의 정부 관계자와 관계를 구축하라는 조언을 한다. 바이엘 차이나의 엘마르 스타첼스 박사는 "여러분은 모든 수준의 관계자에게서 지원을 받을 필요가 있다. 위에서 아래로, 아래서 위로 접근하는 두 가지 방식을 모두 사용해야 한다."라고 말한다. 그는 정부와의 협상에서 성공하는 핵심은 광범위한 지원을 받는 것이라고 말한다. "여러분은 단계적으로 모든 사람을 확신시킬 필요가 있다."

GE 차이나의 스티브 슈나이더도 이런 견해에 동감한다. "여러분은 정부의 모든 수준의 관계자와 관계를 구축해야 한다. 국가개발개혁위원회 위원에서 외무부 장관, 그리고 실질적인 의사 결정권이 있는 주무부서 실무자까지 다양한 관리와 관계를 구축해야 한다."

필립스 차이나의 데이비드 창은 기업들이 의사 결정권이 있고 해당 기업에 관심을 보이는 모든 핵심 관리와 서로를 이해할 수 있는 관계를 구축해야 한다고 말한다. "정부의 허가를 받는 데 도움을 받기 위해서 여러분은 모든 책임자와 의견을 나눠야 한다. 그리고 직접 연관은 없지만 관심을 보이는 당국자와도 관계를 구축해야 한다." 직접적인 담당자가 아닌 관리는 도움을 줄 수 없을지 몰라도 그들은 여러분의 비즈니스를 방해할 수는 있다. 이런 관계 구축 작업은 너무 복잡하고 외국인에게는 낯선 일이다. 창은 "이 나라는 한 개의 정부가 아닌 수백 개의 정부로 구성되어 있다. 여러분은 모든 잠재적 이해관계자가 여러분 의도를 충분히 이해하고 그들이 존중받고 있다는 느낌이 들도록 해야 한다. 이런 방식은 나중에 여러분 프로세스에 큰 도움이 될 것이다."라고 말한다.

일부 중국 전문가는 한 정부기관이나 담당자에게 받은 승인만으로 충분치 않다고 경고한다. 까르푸 차이나의 쟝 룩 셰로는 "타이완에서 우리는 지방정부가 중앙정부만큼 중요하다는 사실을 배웠다. 유럽에서 중국으로 온 사람들은 중앙정부만으로 충분하다고 생각하지만 옳지 않다. 여러분은 중앙과 지방정부 모두와 원만한 관계를 구축해야 한다."라고 말한다. 사실, 중국에 진출한 다국적기업 사이에서 까르푸는 모든 수준의 정부기관으로부터 허가를 받아야 한다는 사실을 뼈저리게 체험한 기

> "
> 이 나라는 한 개의 정부가 아닌 수백 개 정부로 구성되어 있다. 여러분은 모든 잠재적 이해관계자가 여러분 의도를 충분히 이해하고 그들이 존중받고 있다는 느낌이 들도록 해야 한다. 이런 방식은 나중에 여러분 프로세스에 큰 도움이 될 것이다."
> - 데이비드 창, 필립스 차이나의 CEO

여러분은 모든 수준의 정부 관계자에게 추진하려는 계획을 충분히 알려 여러분이 그들을 존중하고 있다는 모습을 보여야 한다.

업으로 유명하다(이전의 사례 연구 참조).

중국 전문가들은 어느 한 관계에 지나치게 의존하지 말라는 조언을 한다. GE의 스티브 슈나이더는 "사람들은 한 정부기관에 있는 관리 한 명에게 모든 것을 의존한다. 그러나 그 관리가 그만두거나 다른 곳으로 옮겨가는 등 상황이 바뀔 수 있다. 따라서 여러분은 해당 관청의 여러 인사와 두루 관계를 구축해야 한다."라고 말한다.

전략 #5: 철저한 준비와 규정 준수

다국적기업은 정부와 어떤 협상을 하더라도 철저하게 준비해야 한다. 정부의 허가를 받으면서 충분히 조사하고 정해진 절차를 따른다면 불필요한 지연을 상당부분 피할 수 있다. 듀폰 차이나의 찰스 브라운은 "우리는 사람들에게서 어려움이 많다는 불평을 듣는다. 그들은 정확한 절차를 알지 못하기 때문에 불평하는 것이다. 중국은 아직도 시장경제 체제로 이행하는 과정에 있기 때문에 승인 절차를 미국보다 이해하기 쉽지 않다."라고 말한다. 일부 기업은 절차를 충분히 이해하기도 전에 승인 신청서를 제출하는 실수를 저지른다. 브라운은 "여러분은 순서를 바꿔서 일할 수 없다. 나는 결과보다는 절차 때문에 그들이 혼란스러워한다고 생각한다."라고 지적한다.

BP의 개리 더크스는 동료 외국기업의 임원에게 다음과 같은 단계를 따르라고 조언한다. "먼저 실제 승인 프로세스가 어떤지 확실히 이해하라. 여러분은 올바른 시기에 올바른 부서의 올바른 사람을 찾을 필요가 있다." 승인을 신청한 이후에도 진행 상황을 주시해야 한다. "현재 누가 그 일을 담당하는지 파악해 전담 인력을 배정하라. 정부 담당자가 제기할 수 있는 질문과 필요할지 모르는 추가 정보를 준비하라. 담당 관리를 이해하고 일이 계속 진척되도록 신경 써야 한다."

또 다른 중요한 조언으로 정부 규정과 규칙을 반드시 준수해야 한다. 알카텔 차이나의 도미니크 드 보아시종은 약속을 지키라고 다국적기업에게 조언한다. "무엇보다도 거짓말을 해서는 안 된다. 무엇인가 하겠다고 약속하면 해야 한다. 그러면 여러분은 정부로부터 신뢰를 받는다. 신뢰를 얻은 후에는 항상은 아니겠지만 대부분 비즈니스를 할 수 있는 더 좋은 기회를 찾을 수 있다. 그들은 여러분을 신뢰할 수 있고 자신을 이용하지 않을 것이라고 믿기 때문이다."

전략 #6: 협상에서 자신의 입장 고수

외국인 관리자는 중국 정부의 시각을 파악해 이해하고 준비를 철저히 해야 한다. 그리고 시간을 투자해 지원과 신뢰를 얻어야 한다. 아울러 중국 전문가들은 협상에서 자신의 입장을 고수하라고 조언한다. 원활한 관계 유지도 중요하지만 다국적기업은 중국 정부와 협상을 벌일 때 입장을 후퇴하거나 너무 수세적일 필요는 없다.

베텔스만 다이렉트 그룹의 에케하르트 라스게버는 다국적기업은 요구 사항에 관해서 강경한 입장을 취할 수 있고 또 그래야 한다고 말한다. 정부가 협상에서 강경한 입장을 취할 것이라고 예상하고 다국적기업은 이를 반박할 준비를 해야 한다. 끝까지

실제 행정 절차가 어떤지 확실히 파악하라. 올바른 시기에 올바른 부서에 있는 올바른 사람을 파악하라. 전문가로 구성된 팀이 이런 일에 아주 중요한 역할을 한다.

밀어붙이는 행동이 중국 정부와의 협상에서 사용할 수 있는 일
반적인 전술이다. 외국인 관리자에게 가장 어려운 부분은 중국
관리들이 우회적인 방법으로 영향력을 행사하는 방식이다. 즉,
프로젝트의 특정 부분에 대해 분명한 반대의사를 표명하지 않
고 프로젝트가 마음에 들 정도로 변할 때까지 지연시키거나 다
른 어려움을 일부러 만들어낸다. 라스게버는 "중국인들은 협상
에서 확실히 매우 강경한 방법을 사용한다. 그러나 공개적으로
대립하기보다는 간접적인 방법을 활용해 매우 교묘하지만 강경
한 입장을 전달한다."라고 말한다.

그렇다면 외국인 관리자는 이 전술에 어떻게 대응해야 할까?
라스게버는 "마찬가지로 정말 강경한 모습을 보이며 두려워하
지 말고 원하는 것을 분명하고 구체적으로 말해야 한다. 협상
초기에 그렇게 하라."라고 조언한다. 그리고 협상이 갑자기 중
단되는 것에 대비해야 한다고 경고한다. 중국 측은 협상을 중단
시키고 다국적기업의 인내심을 시험할지도 모른다. 라스게버는
"겁쟁이 게임(chicken game)을 두려워하지 마라. 중국 측은 언제
나 여러분 인내심의 한도를 시험하려 할 것이다. 이것도 프로세
스의 일부다. 협상이 거기서 끝나 버리지 않을까, 라는 걱정은
하지 마라."라고 조언한다.

라스게버는 중국에서 확산되고 있는 개방적이고 투명한 법
체계가 다국적기업이 강경한 입장을 취하는 데 도움이 된다고
덧붙였다. 단, 법이 다국적기업에게 유리할 때 그렇다. 그는 외
국기업은 분명한 정보를 요청해 자신의 프로젝트를 방어하는
데 이 정보를 활용할 수 있다고 강조한다. "여러분은 협상 테이

블에서 법 규정과 사실을 살펴보자고 주장해야 한다. 여러분에게 도움이 될 많은 규정과 데이터가 있다. 그러면 대답을 기다리느라 3개월씩 허비할 필요가 없다. 이제는 요청한다면 규정이나 자료를 얻을 수 있다. 관계 당국자와 대화를 나눠보면 그들도 역시 일을 투명하게 처리하고 싶어 한다. 그들 역시 투명치 못한 관행에 실망하고 있다."

GE 차이나의 스티브 슈나이더는 현재 기업이 충분히 준비하고 중국 정부와 원만한 꾸안시를 구축했다면 법적 권리를 당연히 요구할 수 있다고 말한다. "나는 언제나 직설적이었다. 내가 옳다고 생각하지 않는 일을 정부가 제안한다면 나는 그 사실이 틀렸다고 그들에게 말할 것이다. 내가 할 수 있는 일이 무엇인지 말하고 내가 생각하기에 옳은 일을 하라고 그들에게 요청할 수 있다." 그는 중국 관리와 기업가 사이에 존재하는 격차가 줄어들고 있다며 "나는 비즈니스맨에게 하는 똑같은 일을 정부 사람들에게도 한다."라고 덧붙인다.

결론

　성공적으로 중국 정부와 협상하는 능력은 중국에 진출한 다국적기업 모두에게 매우 중요한 요소다. 중국의 법 체계는 여전히 불완전한 부분이 많고 그 역사가 짧기 때문에 기업들은 비즈니스와 관련 있는 많은 정부기관들과 밀접하고 긍정적인 관계를 구축하라는 조언을 받는다. 중국의 복잡한 행정 체계 때문에 기업들은 때때로 서로 이해가 충돌하는 중앙, 성, 지방 정부 사이에서 혼란을 경험한다.

　다양한 정부기관과 원만한 꾸안시를 구축하면서 관리자와 기업의 인력들은 부패 관행을 피하고 기업의 행동 규정을 준수해야 한다. 국가 계획경제 체제 아래서 교육을 받은 구세대 관리를 상대하기는 특히 어려울 수 있다. 그리고 새로운 법과 규정의 집행 부족, 법원의 비효율성, 일관성 없는 법 해석, 정부 절차의 지연을 포함해 여러 어려움이 존재한다.

요약: 중국 정부와의 협상

1. 최고경영진의 참여

중국 당국은 '체면' 문제로 조직의 최고경영진과 직접 상대하기를 원한다. 여러분의 업무 시간 중 상당부분을 정부와 상대하는 일에 헌신할 준비를 하라.

2. 중국 정부에 정통한 현지 전문가의 고용

정부와의 관계 구축에 정통한 현지 중국인 전문가를 채용하는 것은 기업의 성공에 결정적인 영향을 미친다.

3. 정부 태도의 이해

변화를 추진하는 정부의 노력을 이해하라. 대결적인 태도보다 협조적인 태도가 바람직하다.

4. 모든 수준의 정부기관으로부터 지원 획득

여러분은 모든 수준의 정부 관계자에게 추진하려는 계획을 충분히 알려 여러분이 그들을 존중하고 있다는 모습을 보여야 한다.

5. 철저한 준비와 규정 준수

실제 행정 절차가 어떤지 확실히 파악하라. 올바른 시기에 올바른 부서에 있는 올바른 사람을 파악하라. 전문가로 구성된 팀이 이런 일에 아주 중요한 역할을 한다.

6. 협상에서 자신의 입장 고수

두려워하지 말고 여러분이 원하는 것을 분명하고 구체적으로 말하라.

제9장

중국 생활

"외국기업은 중국을 떠나고 싶어 하지 않는다. 이 나라의 발전 가능성은 세계 어느 나라보다 크기 때문이다. 지금 미국에 진출하려는 기업이 어디 있겠는가? 누가 유럽에 가려고 하겠는가? 중국인 관리자조차도 외국으로 가고 싶어 하지 않는다. 그들은 중국에서 계속 일하고 싶어 한다."
- 헬렌 탄타우, 콘/페리 인터내셔널 차이나의 수석 파트너

"중국에 왔다고 남편의 생활이 크게 변하지는 않았다. 그는 이전과 다름없는 사람들을 만나고 동일한 업무를 하며 교육 수준이 높고 영어를 구사할 줄 아는 중국 사람들과 거래한다. 하지만 아내는 매우 다른 사람을 상대해야 한다. 슈퍼마켓에서 교육 수준이 낮고 영어를 할 줄 모르며 외국인을 낯설어하는 주부나 운전사 등 낯선 사람들과 접해야 한다."
- 빅토리아 하인, 상하이에서 외국인을 위한 상담 전화 단체인 라이프라인(Lifeline)의 설립자

• 외국인 관리자의 중국 생활

• 외국인 가족의 중국 생활

• 외국인 가족이 중국 생활에 적응하는 최선의 방법

• 결론

서문

앞에서 소개한 두 가지 대조적인 인용문이 바로 이 장의 주제이다. 업무상 중국에 와본 적이 없는 사람에게 중국은 최상의 또는 최악의 생활 환경을 제공할 수 있다. 어떤 사람이 중국 생활을 좋아할지 여부는 그 사람의 성격, 태도, 마음가짐에 따라 달라진다.

외국인이 중국 생활에 적응할 때 흔히 일어나는 문제점이 몇 가지 있다. 중국 전문가들은 업무 능력이 뛰어난 일부 임원이 해외 근무가 적성에 맞지 않아 성과를 올리지 못하는 경우가 있다고 지적한다. 사실, 중국에서 행복하게 사는 법을 배우기 위해서는 근무하는 데 필요치 않거나 오히려 방해가 될 수도 있는 자질이 필요하다. 예를 들어, 융통성, 적응성, 겸손함 등이다.

해외 근무를 하게 된 경영진에게 흔히 일어나는 문제로, 가족 일부는 중국에 적응을 잘하지만 나머지 일부가 적응을 제대로 하지 못하는 경우이다. 일부 기업들의 해외 근무 통계를 살펴보면 해외 파견 중 15~20%가 조기에 임무를 포기하고, 개발도상 국가로 해외 파견을 나갔을 경우에 그 실패율은 70%에 이르기도 한다. (1999년판 〈계간 맥킨지〉의 〈해외 파견 직원을 신중히 골라야 하는가?〉 참조) 1999년, 프라이스워터하우스쿠퍼스(PWC)가 270개 기업에서 해외 근무를 하는 65,000명을 대상으로 조사한 내용에 따르면 80%가 넘는 기업에서 '경력 문제와 가족 문제'로 해외 근무를 거부한 직원이 있었다. (프라이스워터하우스쿠퍼스가 발간한 〈유럽 기업의 해외 파견 정책과 관행: 주요 추세 1999/2000〉 참조) 게다가 조사에 응한 기업 절반이 아내나 남편의 반대로 직원을 해외에 파견하지 못했다고 한다. 분명히 기업은 임원을 중국에 파견할 때 해당자가 해외 생활에 적합한지 여부를 고려해야 한다. 아울러 그 가족의 적합성도 중요한 요소로 생각해야 한다.

이 장은 우리가 인터뷰한 최고경영진 20명과 컨설턴트 8명이 제시한 중국에서 행복한 삶을 꾸리기 위한 조언을 다룬다. 그런 다음에 외국인 임원의 가족이 겪는 가장 흔한 문제를 소개한다. 그리고 이 장은 기업이 관리자와 그 가족을 중국에 파견할 때 최선의 방법을 제시하면서 결론을 내릴 것이다.

외국인 관리자의 중국 생활

우리가 인터뷰한 최고경영진 20명은 중국 생활의 질에 대해
서 다수가 긍정적인 반응을 보였다. 거의 모든 경영진은 중국이
업무뿐만 아니라 생활하기에도 매력적이고 보람 있는 곳이라고
응답했다. 많은 사람들이 고국에서 누릴 수 없는 부분이 있다고
대답했으며, 아무도 중국 생활이 불행하거나 불만족스럽다고
대답하지 않았다.

사실, 이 책을 쓰면서 가장 놀라운 일은 외국인 관리자에게 언
제 고국으로 돌아갈 예정이냐는 질문을 할 때였다. 인터뷰에 응
한 다국적기업의 최고경영진 20명 중 아무도 귀국 날짜를 정해
놓고 있지 않았다. 더 놀라운 일은 GE 차이나의 CEO에서 소니
차이나의 CEO까지 그 누구도 가까운 미래에 중국을 떠나고 싶
어 하지 않았다. 사실, 많은 사람들이 오랫동안 중국에 남아 있
기를 바랐고 회사에서 본국 귀환을 요청한다면 현재 직장을 그
만두고 중국에 남아 있을 수 있는 새 직장을 알아보겠다고 한 사
람까지 있었다. 까르푸 차이나의 쟝 룩 셰로를 보면 중국에서
근무하는 외국인 관리자들이 어떤 반응을 보이고 있는지 알 수
있다. "나는 원래 3년을 넘기지 않는다는 조건으로 아시아에 왔
다. 현재 13년째 아시아에서 근무하고 있다. 아내와 나는 이곳
생활에 매우 만족한다. 나는 오랫동안 여기 머물고 싶다."

외국인 관리자 대부분은 자신이나 동료, 친구들을 살펴보면
중국이 긍정적인 생활 환경을 제공한다고 말한다. 에어버스 차
이나의 가이 맥로드의 견해가 일반적이라고 볼 수 있다. 그는

주위의 많은 비즈니스맨들이 실제 와서 살아보니 예상보다 중국이 좋다고 말한다. "임무를 마치고 중국을 떠난 많은 사람들이 다시 중국으로 돌아왔거나 돌아오고 싶다고 말한다."

중국 전문가들의 반응을 검토하면서 그들이 중국 생활에 만족하는 데는 두 가지 주요한 이유가 있다는 사실을 발견했다. 도전적이고 보람찬 업무와 완벽하지는 않지만 즐거운 생활 방식이다. (우리가 인터뷰한 최고경영진 가운데 아무도 가족이 적응에 어려움을 겪었다고 응답하지 않았다. 하지만 컨설턴트 중에는 가족의 현지 생활 적응에 어려움이 있다는 반응이 공통적이었다. 자세한 내용은 '외국인 가족의 중국 생활' 참조)

> " 나는 원래 3년을 넘기지 않는다는 조건으로 아시아에 왔다. 현재 13년째 아시아에서 근무하고 있다. 아내와 나는 이곳 생활에 매우 만족한다. 나는 오랫동안 여기 머물고 싶다."
> - 쟝 룩 세로, 까르푸 차이나의 사장

높은 업무 만족

중국 생활에서 가장 즐거운 부문에 대해 물으니 많은 외국인 관리자들이 우선 업무의 보람을 언급했다. 대부분 중국에서 수행하는 업무가 매우 흥미롭고 만족스럽다고 설명했다. 엘리 릴리 차이나의 크리스토퍼 쇼는 자기 업무의 매력을 다음처럼 말한다. "나는 중국 비즈니스의 운영 측면을 좋아한다. 변화 속도가 아주 빠르다." 고위 임원이 본사에 앉아 '전 세계에 영향을 미칠' 의사 결정을 내리고 있는 사이에 그는 중국 비즈니스에 초점을 맞춰 구체적인 업무를 현장에서 지휘한다. 수평적이고 복잡하지 않은 중국 현지의 운영 구조 속에서 그는 더 많은 자율성을 누리며 빠르게 발전하고 보람도 큰 업무를 수행하고 있다.

일반적으로 중국에서 활동하는 외국인 관리자는 그 어느 곳보다 흥미롭고 즐거우며 자율적인 업무 환경을 누리고 있다고 믿는다. 유니레버 차이나의 앨런 브라운은 "중국을 떠나면 무슨 일을 해야 할까? 나는 유니레버에서 최고의 업무를 보고 있다고 생각한다."라고 말한다. 중국을 떠나는 것을 어떻게 생각하는지 묻자 그는 "감정적으로 매우 힘들 것이다. 중국에서 내 업무는 매우 힘들었지만 놀라운 경험이었다. 나는 중국이 살기에 아주 매력적인 곳이라고 생각하지 않지만 일하기에는 정말 좋은 곳이다."라고 대답한다. 브라운에게 업무의 질은 약간 떨어지는 삶의 질을 충분히 보상한다.

콘/페리 상하이의 헬렌 탄타우가 배치한 고위 경영진들도 상당히 일반적으로 중국이 다른 곳에서는 찾을 수 없는 흥미로운 업무 경험을 제공한다는 데 동의한다. "다른 곳에서는 여러분 위에 상사가 또 그 상사 위에 더 높은 상사가 존재한다. 그러나 중국에서 여러분은 의사 결정권을 보유한다. 자신의 통제 아래 자신의 업무를 추진하는 것이다. 관리자들은 이곳에서 많이 성장한다. 그들은 비즈니스 운영, 정부, 모호한 상황, 법률, 규제 등 거의 모든 사항을 다루기 때문이다." 결과적으로 업무에 대한 책임감이 커지고 다양한 상황에 접하게 되어 업무는 더 어려워지지만 그만큼 보람도 커진다. 탄타우는 "여러분은 어느 다른 나라에서 일할 때보다 중국에서 훨씬 큰 영향력을 보유하게 된다. 따라서 업무 만족도도 아주 크다."라고 말한다.

그녀는 다른 요소도 역시 언급한다. 그중 하나로 중국에서 일하는 외국인 관리자는 다른 나라에서 근무하는 관리자보다 출장을 많이 다닌다. 중국은 다양한 시장이 존재하는 큰 나라이기 때문이다. 잦은 출장은 경영진에게 어렵고 성가신 일로 간주될 수도 있지만 업무를 흥미롭게 만드는 요소다. 게다가 미국과 유럽, 일본은 경제 상황이 그다지 좋지 않아 비즈니스 성과를 내기 힘든 반면에 중국에서는 경제 호황으로 훌륭한 성과를 달성할 기회를 제공한다.

따라서 한 번 중국에서 일해 본 외국인 관리자들은 계속 중국에 머물고 싶어 한다. 탄타우는 "외국인 관리자는 중국을 떠나고 싶어 하지 않는다. 중국은 세상에서 가장 잠재 가능성이 높은 시장이기 때문이다. 현재 누가 미국이나 유럽으로 가고 싶어 하겠는가. 중국인 관리자조차도 외국으로 가기 원하지 않는다. 그들도 중국에서 일하기를 원할 정도다."라고 말한다. 이렇게 중국을 매우 긍정적으로 평가하기 때문에 많은 기업들이 중국에서 일했던 관리자가 본사로 되돌아왔을 때 곤란을 겪게 된다.

외국인 관리자들에게 일반적으로 나타나는 또 다른 관점은 그들이 중국에서 성공하기 위해 많은 시간과 노력을 투자했다는 생각이다. 그렇기 때문에 그들은 고국으로 돌아가야 한다는 이유로 이 소중한 경험을 잃고 싶지 않은 것이다. 로레알 차이나의 파올로 가스파리니는 유럽으로 재배치될 전망에 대해 다음처럼 대답한다. "여러분은 성장하는 중국 시장을 개척한 사람이다. 본국으로 돌아가면 삶의 질은 좋아질 것이다. 그러나 중요한 것을 잃게 된다." 10년간 중국에서 근무한 그는 유럽 생활이 더 이상 매력적으로 보이지 않는다고 말한다. "유럽으로 돌아간다면 나흘 만에 중국으로 되돌아오고 싶은 마음이 생길 것

"
유럽으로 돌아간다면 나흘 만에 중국으로 되돌아가고 싶은 마음이 생길 것이다."
- 파올로 가스파리니, 로레알 차이나의 사장

이다."

까르푸 차이나의 쟝 룩 셰로도 비슷한 감정을 표출했지만 그 이유를 나이 문제로 돌렸다. "파리에 있는 본사로 돌아가는 것은 한 지역을 총괄했던 CEO에게는 힘든 일이다. 나이에 따라 달라진다고 볼 수 있다. 여러분이 35세 또는 40세라면 고향으로 되돌아가도 새로운 환경에 적응하며 일할 수 있겠지만 나이가 들수록 일해 왔던 곳에서 머물기를 원할 것이다."

그러나 젊은 관리자도 중국에 남기를 강력히 원한다. 1965년생인 베텔스만 다이렉트 차이나의 에케하르트 라스게버는 "내게 중국을 떠나는 일은 아주 힘들다. 10년간 이곳에서 일하며 살아왔기 때문에 이미 중국에 상당히 익숙해져 있다. 나는 프로젝트 관리자로 이곳에 와서 승진했고 자기 개발을 상당히 잘 했다. 그래서 감정적으로 중국을 떠나 본국으로 가는 것이 상당히 힘들다. 돌아간다면 상당한 문화적 충격을 받을 것이다."라고 말한다. 사실, 라스게버는 유럽으로 되돌아갈 마음이 없으며 본국이 아닌 다른 국가로 배치될 경우 중국을 떠날 수도 있다고 말한다. 단 새롭게 배치될 국가가 중국만큼 '흥미로워야 한다'는 조건이 있다.

(상당 부분) 즐거운 생활 방식

우리가 인터뷰한 중국 전문가 대부분은 완벽하지 않고 때때로 문제도 있었지만 업무 후 일상 생활이 즐거웠다고 말한다.

이런 평가는 우리가 만나본 다국적기업의 최고경영진 20명 대부분이 어느 기준으로 보나 현대적이고 국제화된 상하이나 베이징에서 살고 있기 때문일지도 모른다. (이 두 도시는 세계 수준의 쇼핑, 외식 문화, 현대적 통신, 도로나 지하철을 통한 편리한 교통을 제공한다. 상하이에는 외국인을 위한 초등학교, 국제 수준의 병원, 교회와 성당, 스포츠 시설, 서양인이 운영하는 헬스클럽, 영어로 수업을 진행하는 MBA나 EMBA 코스가 있다.)

엘리 릴리 차이나의 크리스토퍼 쇼는 그와 아내가 중국 생활을 즐기는 이유를 다음처럼 설명한다. "내 아내는 이곳에 잘 적응했다. 그리 어려운 과정이 아니었다." 쇼는 국제 수준의 주택, 레스토랑, 다양한 상품을 갖추고 있는 상하이를 높이 평가한다. 또한 그는 주요 관광지가 상하이에서 비행기로 몇 시간 걸리지 않는다는 점도 지적한다. "우리는 중국 여러 곳을 방문했다. 그리고 아직도 가봐야 할 곳이 많다."

사실, 콘/페리나 휴잇 어소시에이츠와 같은 인적 자원 전문 기업은 중국의 주요 도시가 더 이상 다국적기업이 '인력을 배치하기 힘든 지역'이 아니라고 강조한다.

소니 차이나의 세이치 가와사키는 "과거에 외국인에게 중국 생활은 너무 불편했다. 상하이라고 다를 것이 없었다. 하지만 지금은 어떤 어려움이 있다고 생각하지 않는다. 과거와 비교해 중국의 생활 여건이 크게 변했다."라고 말한다. 그는 자신과 아내가 다른 외국 도시에서 생활할 때와 비교해 보면 상하이 생활에 적응하는 데 별 어려움을 겪지 않았다고 한다. "사우디아라비아에서 나는 술이나 돼지고기를 먹을 수 없었다. 내 아내는 검은 옷으로 몸을 가리고 다녀야 했다. 그녀에게 중국은 훨씬 편한 곳이다. 중국에서 나는 어떤 문제도 찾아볼 수 없고 그녀도 이곳 생활을 즐기고 있다."

우리와 인터뷰한 일부 중국 전문가는 중국에서 일상 생활이 매우 흥미롭던 이전의 좋은 시절을 그리워하기도 했다. 에어버스 차이나의 가이 맥로드는 "1995년, 여기에 처음 왔을 때 나는 적당히 머물 곳을 찾기도 힘들었다. 당시에는 바도 다섯 개밖에 없었고 호텔에는 있지도 않았다. 하지만 현재 많은 호텔과 바가 생겨났다. 그때는 숙소 밖에 나가는 것 자체가 하나의 모험이었다."라고 말한다.

여전히 고향만한 곳은 없다?

중국 도심 생활을 긍정적으로 평가하고 있지만 고국 생활과 비교해 볼 때 중국 생활에는 일부 어려운 측면이 있다. 언어 장벽이 가장 일반적으로 부딪히게 되는 어려움이다. 로레알의 파올로 가스파리니는 "사람들이 무엇을 말하고 쓰는지 전혀 알 수 없는 나라에서 산다는 것은 큰 도전이다." 그는 언어 장벽이 일상 생활 모든 부분에 영향을 미친다며 "나는 이웃사람들과 또는 인근 상점에서 만나는 사람, 그리고 택시 기사와 대화를 나눈다. 하지만 의사 소통이 그리 쉽지는 않다."라고 말한다. 하지만 가스파리니는 이런 어려움이 중국 생활에 아주 큰 영향을 미치지는 않는다고 강조한다. "어려운 점은 사소한 부분이다. 나는 극장에서 영화를 볼 때 내용을 완전히 이해할 수 있고 카페에서도 카푸치노를 어렵지 않게 주문해 마실 수 있다."

또 다른 불편은 중국이 매우 인구도 많고 번잡한 나라여서 평화롭고 조용히 지내기 힘들다는 점이다. "유럽에서는 한적한 호숫가나 산에서 주말을 보낸다. 그러나 여기서는 그런 평안한 휴식을 취하기 힘들다. 나는 운전을 좋아하지만 이곳에서 운전할 수 없다. 설사 차를 몰고 나가더라도 어디를 가야 하겠는가? 상하이는 자동차를 보유하며 생활하기에는 적합하지 않다." 중국의 도로는 매우 혼잡하고 도로망이 제대로 연결되어 있지 않기 때문에 가스파리니는 상하이에 더 이상 거주하고 싶지 않다고 말한다. "나는 자연과의 접촉을 잃었다. 자연과 가까이 할 수 있는 조용한 곳에서 살고 싶다. 그러나 이 도시에는 1천만 명이 넘는 사람들이 살고 있다. 그래서 자연 속에 앉아 조용히 책을 읽을 수 있는 곳을 찾을 수 없다."

듀폰 차이나의 찰스 브라운 역시 주말이나 휴일에 인파 속에서 벗어날 수 없는 것을 가장 큰 불만으로 꼽았다. "휴일에 유명한 장소를 방문하려면 여러분은 인파를 헤쳐나갈 준비를 해야 한다. 다소 평안하고 타인의 간섭을 받지 않기를 원하지만 중국에서 휴일에 그런 장소를 발견하기란 여간 어렵지 않다."

외국인 관리자가 전하는 요지는 고국에서 가능한 생활 중 일부분을 중국에서 포기했지만 중국 생활에서 느끼는 기쁨이 그런 희생을 넘어선다는 것이다. 까르푸 차이나의 쟝 룩 셰로는 "중국은 매력적인 나라다. 생활을 질만 놓고 본다면 스페인이 최고이고 그 다음이 프랑스이지만 중국은 특별하다. 나는 이미 아시아에서 10년을 지냈지만 매일 새로운 모습과 도전을 발견한다. 그래서 이 나라가 매력적이다."라고 말한다.

유니레버 차이나의 앨런 브라운은 상하이의 악명 높은 교통에 빗대어 다소 부정적인 시각에서 자신의 중국 생활을 설명한다. "나는 상하이가 세계에서 가장 짜릿한 도시라고 생각한다. 차들이 무질서하게 오가는 가운데 길을 건너는 것부터 아주 짜릿한 경험을 제공한다."

흥미롭고 보람찬 근무지로서 중국의 명성은 국제적으로 널리 퍼지고 있다. 회사 내에서 중국에 근무하고 싶어 하는 사람이 늘고 있다고 한다. BP 차이나의 개리 더크스는 "너무나 많은 사람들이 중국에 오고 싶어 해서 파견 인력을 선정하는 데 아무런 어려움이 없다. 필요한 인력을 내부에서 언제든지 찾을 수 있다."라고 말한다.

외국인 관리자가 적응하지 못할 때

이 책에서 소개한 다국적기업의 최고경영진들은 중국 생활에 성공적으로 적응했다고 강조하지만 일부는 적응을 잘하지 못했을 것이다. 일부 외국인 관리자들이 중국의 문화와 사회에 적응하는 데 애를 먹는 이유는 다음과 같다.

우선 회사가 중국 업무에 필요한 기술적 역량은 보유했지만 참을성, 융통성, 적응성과 같은 또 다른 역량이 부족한 임원을 파견했기 때문이다. 알카텔 차이나의 도미니크 드 보아시종은 유럽에서 중국으로 임원을 파견하기 전에 "기술적 역량 외에 우리는 개방성과 국제 경험과 같은 자질을 살펴본다."라고 말한다. 기술적 역량을 지녔다고 중국에서 성공할 수 있는 것은 아니다. 해외에서 생활한 경험이 없거나 기존의 생활 방식을 고수하는 사람은 중국에 적응하기 힘들다. "젊은 사람들 대부분은 많은 곳을 여행하며 다양한 문화를 접하고 있다. 하지만 파리 근처에 거주하며 장미를 가꾸는 정원이 딸린 주택에서 거주하던 나이 든 사람들에게 외국 생활은 어렵다. 폐쇄적인 자세와 야망이 크지 않은 사람은 중국에서 어려움을 겪는다."

소니 차이나의 세이치 가와사키도 중국 생활에 적응하는 관건은 파견될 임원의 마음가짐이라고 말한다. "상하이는 일본인 학교와 같은 인프라를 갖추고 있다. 중요한 부분이기는 하지만 전부는 아니다. 나는 적응 성공 여부가 개인적 특성과 관련이 깊다고 생각한다."

제너럴 모터스의 필립 머터프도 개별 특성과 경험이 중국 생활에 적응하는 핵심 요소라고 지적한다. "이곳에서 보낸 7년 동안에 GM 차이나에 와서 적응하지 못한 외국인 관리자는 두 명뿐이다. 한 명은 한 도시에서 성장해 그 도시에서 배우자를 만나 그 도시를 떠나 살아본 적이 없는 사람이었다. 그들은 외국 경험이 충분치 않았기 때문에 상하이로 전근 오는 것이 매우 힘든 일이었다."

중국에 적응하는 능력은 개별 특성과 경험에 크게 의존하기 때문에 외국인 관리자는 중국에 도착한 이후에 빨리 적응하거나 아니면 단기간에 어려움을 경험한다. 마이크로소프트의 준

> **"**
> *상하이는 일본인 학교와 같은 인프라를 갖추고 있다. 중요한 부분이기는 하지만 전부는 아니다. 나는 적응 성공 여부가 개인적 특성과 관련이 깊다고 생각한다."*
> *- 세이치 가와사키, 소니 차이나의 사장*

" 전 세계적으로 실패율은 회사가 예상하는 것보다 높다. 나는 기업이 참을성과 같은 태도나 마음자세에 더 많은 주의를 기울이고 있다고 생각한다. 적응에 실패했다고 모든 원인을 중국에 돌리지 말아야 한다."
- 사이먼 킬리, 휴잇 아시아 리더십 센터의 대표

탕은 이 현상을 "나는 중국에서 생활하는 많은 외국인들을 보아왔다. '중국은 대단하다. 나는 중국을 좋아한다. 이곳에서 영원히 살고 싶다'고 말하며 중국 생활에 상당히 만족하는 외국인이 있다. 반면에 중국이 형편없다고 말하는 외국인도 있다. 이런 차이는 각자의 태도에 달려 있다."라고 설명한다. 탕은 미국에서 중국으로 전근 온 후에 곧 되돌아간 한 마이크로소프트의 임원을 예로 든다. "그는 중국 음식을 싫어했다. 그리고 번잡한 주변 환경도 싫어했다. 결국 그는 3개월 후에 회사를 그만뒀다."

3M의 케네스 유 역시 중국으로 배치된 외국인 관리자를 성격과 마음자세에 따라 두 종류로 구분한다. "나는 중국에서 매우 행복하게 사는 서양 사람들을 봤다. 그들은 이 나라와 사랑에 빠졌다. 그러나 이곳에 도착한 지 1~2년밖에 되지 않아서 항상 '언제 떠날 수 있습니까?'라고 말하는 사람들도 있다. 아주 극단적인 두 종류의 사람들이 있다."

적응 실패는 중국뿐만 아니라 어느 나라에서도 발생할 수 있다. 세이치 가와사키는 일본인 임원이 미국이나 유럽에서 적응에 실패하는 경우를 목격했다. 듀폰의 찰스 브라운은 "나 역시 중국에 적응하지 못하는 사람들을 봐왔고 텍사스에서도 적응하지 못하는 사람들을 보았다."

인력 전문가인 휴잇 어소시에이츠의 사이먼 킬리는 현재 다국적기업이 중국에 인력을 파견할 때에는 앞서 말했듯이 대상자의 성격과 마음자세에 많은 주의를 기울이고 있다고 한다. "전 세계적으로 실패율은 회사가 예상하는 것보다 높다. 나는 기업이 참을성과 같은 태도나 마음자세에 더 많은 주의를 기울

이고 있다고 생각한다. 적응에 실패했다고 모든 원인을 중국에
돌리지 말아야 한다."

외국인 가족의 중국 생활

우리가 인터뷰한 다국적기업의 최고경영진 20명 대부분은 자
신의 가족이나 다른 외국인 임원의 가족을 중국에 데려오면서
거의 어려움을 겪지 않았다.

적응을 위한 첫 번째 요소는 가족을 위한 '하드웨어'이다. 베
이징, 상하이, 광저우 등 대도시에서 외국인은 뛰어난 국제학교,
최고 수준의 거주 지역, 빠르게 발전하는 의료시설을 찾을 수 있
다. 또한 주요 도심은 세계 수준의 쇼핑, 외식 문화, 헬스클럽,
나이트클럽, 여흥 시설을 갖추고 있다. 여기에 덧붙여 가족들은
본국에서는 사용하기 힘든 입주 보모, 가정부, 요리사, 운전사,
가정교사를 쉽게 찾을 수 있다. 아울러 자원봉사에 관심 있는
부부는 자선단체나 교회, 학교에서 활동할 수도 있다.

3M의 케네스 유는 "여러분이 중국어를 할 줄 몰라도 삶의 질
은 좋다."라고 확신한다. 유는 많은 서양인들이 중국에서 생활
하는 것을 좋아하는 모습을 보아왔다. 그는 학교에 다녀야 할
자녀를 지닌 외국인이 국제학교가 없는 지역으로 발령을 받을
때 문제가 생긴다고 말한다. 국제학교의 수가 늘어나고 있지만
여전히 많은 도시에 이런 시설이 존재하지 않는다.

중국에서의 학교 교육을 생각해 보자. 주요 도시에는 뛰어난 수준의 국제학교가 있지만 학비가 세계 어느 곳보다 비싸다. 상하이나 베이징에 있는 국제학교의 평균 학비는 고등학교의 경우에 20,000달러에서 22,000달러로 홍콩이나 도쿄, 싱가포르보다 비싸다. 그래서 기업들은 가족과 함께 중국에 임직원을 파견할 때 학비가 주요 고려 대상이 되고 지원 없이 스스로 학비를 충당해야 하는 가족에게는 비싼 학비가 큰 걸림돌로 작용한다.

재배치 마음가짐

주요 도시는 외국인 가족을 위한 하드웨어를 비교적 잘 갖추고 있지만 생활 편의시설만으로 외국인 관리자의 가족이 중국에 적응을 잘하리라는 보장은 없다. 더 중요한 요소는 배우자와 자녀의 마음가짐이다.

다행히도 우리가 인터뷰한 다국적기업의 최고경영진 가족은 대부분 중국에 재배치되어 잘 적응했다. 제너럴 모터스의 필립 머터프는 GM 직원의 가족들이 중국 생활에 만족해하는 경향이 있다고 말한다. "우리 직원 가족 대부분은 여기 생활을 정말로 즐긴다. 사실, GE 차이나의 외국인 직원 95%는 계약을 연장해 중국에 더 머물고 싶어 한다."

머터프에 따르면 역설적이게도 중국에 배치된 GM의 외국인 직원 가족이 긍정적이고 융통성 있는 자세를 보이는 데 도움이 된 요소는 바로 서양과 크게 다른 중국 문화이다. "고국을 떠나는 것은 언제나 어렵다. 그러나 중국으로 올 서양 사람들은 미리 큰 차이가 있을 것이라고 예상을 한다. 따라서 이런 사전 각오 때문에 그들은 차이를 인정하는 준비를 하게 된다. 사실, 베이징이나 상하이로 오는 많은 외국인 가족은 이곳 생활이 어렵고 본국과 차이가 많이 날 것으로 예상한다. 그러나 도착해서 현대식 주택과 학교, 편의시설을 발견하고 '깊은 인상을 받고 만족하게' 된다."

머터프는 본국과 그렇게 다르지 않으리라 기대했던 나라로 재배치된 가족들에게서 더 큰 문화적 충격이 나타난다고 언급한다. 예를 들어, 미국인이 영국으로 옮겨가면 그들은 본국과 크게 다르지 않을 것으로 예상하는 경향이 있다. 하지만 그들은 영국이 완전히 다른 나라라는 사실을 발견하고 큰 충격을 받는다.

로레알 차이나의 사장 겸 총괄 책임자로 중국에서 9년을 지낸 파올로 가스파리니는 자신의 가족이 적응에 문제를 겪지 않았다고 말한다. 오히려 이전에 그가 브라질로 배치받았을 때 안전 문제 때문에 근심이 컸다.

배우자가 중국에 잘 적응할 것인가를 결정하는 한 가지 핵심 요소는 중국에서 자신의 관심과 역할을 찾으려는 적극적인 노력이다. 외국인 관리자와 마찬가지로 중국에서 적응을 잘하는 가족도 열린 마음과 적응하겠다는 의지를 지닌 사람들이다. 듀폰 차이나의 찰스 브라운은 자신의 아내가 중국에서 만족을 느끼는 모습을 다음처럼 설명한다. "나는 아내와 여기에 왔다. 우리 둘 다 적응을 잘했다. 나는 직장 생활 대부분을 미국 이외의 지역에서 보냈기 때문에 아내 역시 융통성과 적응성, 개방적 태

"

초창기에 우리 둘 다 한 가지 문제를 발견했다. 도착한 날부터 나는 하루에 12시간에서 14시간씩 일해야 했다. 그녀는 직장을 그만두고 친구를 떠나 낯설고 먼 곳에서 살아야 했다. 정말 두 사람 모두에게 끔찍한 상황이었다."

- 에케하르트 라스게버, 베텔스만 다이렉트 그룹 차이나의 사장

도를 지니고 있어서 근무지를 옮겨도 성공적으로 현지 생활을 했다. 우리에게 중국 생활은 대단한 학습 기회를 제공한다. 우리는 그런 기회를 아주 즐긴다."

베텔스만 다이렉트 그룹 아시아의 에케하르트 라스게버는 중국에 처음 왔을 때 그의 아내가 중국 생활에 잘 적응할지 미지수였다. "초창기에 우리 둘 다 한 가지 문제를 발견했다. 도착한 날부터 나는 하루에 12시간에서 14시간씩 일해야 했다. 그녀는 직장을 그만두고 친구를 떠나 낯설고 먼 곳에서 살아야 했다. 정말 두 사람 모두에게 끔찍한 상황이었다." 라스게버는 중국에 도착한 지 얼마 안 되어 아내와 문제를 상의했다. "우리는 상황이 악화될 수 있다는 것을 깨달았다. 나는 전념할 업무가 있었지만 그녀는 중국에 온 것이 시간 낭비였다." 라스게버는 아내가 기회의 장소로 중국을 바라보기 시작했을 때 해결책이 찾아왔다고 말한다. "아내는 '4년 후에 무엇인가 보람된 일을 할 것인가, 아니면 아무 일도 하지 않고 그냥 있어야 하는가? 라는 질문을 던졌다." 곧 그의 아내는 중국어를 공부하기 시작했다. 그리고 2년 후에 그녀는 중국 의학을 공부하기 시작했다. "이제 아내는 대학에 등록해 공부를 계속하면서 이미 병원에서 일하고 있다." 라스게버는 아내가 중국 생활을 행복해하고 만족해한다고 말한다. "아내는 자신이 한 일을 매우 자랑스럽게 여긴다."

라스게버의 아내와 마찬가지로 알카텔의 도미니크 드 보아시종은 자신의 아내가 중국에서 할 일을 찾았다고 말한다. "처음에 아내를 중국에 데려오는 일이 쉽지 않았다. 그러나 이곳에 온 지 3개월 만에 그녀는 완전히 중국에 매료되었다. 이제 그녀는 중국어를 할 줄 알고 상하이에 대해 모르는 것이 없다."

많은 외국인 관리자들은 가족이 중국에 적응하려고 많은 시간과 노력을 투자했기 때문에 고국으로 돌아가기보다는 이곳에 더 머물기를 원한다. 지멘스의 언스트 베렌스는 외국인 관리자의 아내들이 남편의 임기가 끝나도 중국을 떠나고 싶어 하지 않는다고 말한다. "외국인 관리자의 아내를 독일에서 중국으로 거주지를 옮기게 하기란 어렵다. 아내들이 중국을 이해하거나 고려해 본 적이 없기 때문이다. 그러나 결정을 내리고 중국에 와서 이곳 생활을 경험하면 아내들을 중국에서 떠나게 만들기가 더욱 어려울 때가 있다." 베렌스는 많은 아내들이 중국에서 새로운 기회를 추구하면서 즐거움을 느낀다고 말한다. "중국은 문화도 전혀 다르고 새로운 기회를 제공하는 신세계이다. 일부 아내들은 중국어를 배운다. 기본적으로 우리는 외국인 가족들을 이곳에 정착시키는 데 전혀 문제를 못 느끼고 있다."

가족이 적응하지 못할 때

우리가 인터뷰한 최고경영진 20명은 중국 생활을 긍정적으로 평가하지만, 일부 가족이 적응을 잘 하지 못해서 해당 외국인 관리자가 예정보다 일찍 중국을 떠나는 경우가 있다. 상하이에서 상담 전화인 라이프라인(LifeLine)을 운영하는 빅토리아 하인(Victoria Hine)은 중국 생활에 적응하지 못하는 외국인 문제를 해결하는 전문가이다. 그녀는 가장 흔하게 나타나는 문제로 외국인 임원이 새로운 업무와 생활 환경에 만족하는 반면에 배우자나 자녀가 그렇지 못한 경우를 지적한다. 하인은 "중국에 왔다고 남편의 생활이 크게 변하지는 않는다. 그는 이전과 다름없는 사람들을 만나고 동일한 업무를 수행하며 교육 수준이 높고 영어를 구사할 줄 아는 중국 사람들과 거래한다. 하지만 아내는 매우 다른 사람을 상대해야 한다. 슈퍼마켓에서 교육 수준이 낮고 영어를 할 줄 모르며 외국인을 낯설어하는 주부나 운전사 등 낯선 사람들과 접해야 한다."라고 말한다.

하인은 남편과 아내가 서로 다른 환경에 처해 있을 때 불화가 싹튼다고 설명한다. 고국을 떠나기 전에 임원은 업무 변화에 적합한지 적성검사를 받았지만 배우자나 자녀까지 검사를 받는 경우는 드물다고 지적한다. 또한 외국인 임원도 새로운 업무 때문에 스트레스를 받지만 그것은 가족의 생활 변화에 비하면 사소한 것이다. 하인은 외국인 관리자에게 중국 배치가 '정말로 큰 사건'이 아니라고 말한다. 하지만 아내나 자녀는 커다란 변화에 직면한다. "그들은 생활이 완전히 바뀌고 중국으로 이사하는 결정에 어떤 발언권도 행사하지 못했을 가능성도 있다."

하인은 배우자와 자녀들이 중국으로 이사하면서 믿고 의지하던 것에서 멀어지게 된다고 지적한다. "고향에서 여러분은 교회에 다니고 이웃을 만나며 선생님과 접촉한다. 이 모든 것이 당사자에게는 믿고 의지하던 든든한 버팀목(지원 네트워크)이다. 그러나 이곳으로 이사 오면서 가장 친한 친구는 미국상공회의소 아침 커피 타임에 5분간 얼굴을 보게 될 사람이 된다. 교제 관계의 깊이에서 큰 차이가 있다."

중국 배치는 맞벌이 부부에게 특히 어려운 문제이다. '동반 배우자'는 중국에서 일할 수 있는 법적 자격이 없기 때문이다. 따라서 일반적으로 아내들은 직업도 없이 낯선 나라에 와서 생소한 문화를 접하게 된다. 직업을 포기하는 대가로서 남편의 회사는 '그녀를 위해 약간의 금전적 보상'을 지급하기도 한다. 그러나 이런 부수입으로는 아내의 직업 상실로 인한 생활의 변화를 보상할 수 없다. 하인은 많은 동반 배우자의 마음 상태를 다음처럼 설명한다. "그녀는 매우 바쁜 직장 여성이었다. 그러나 이곳에 오면서 모든 것을 포기했다." 이런 급격한 생활 변화는 중국 생활의 불만족과 불행으로 귀결되기도 한다. 하인은 아내의 자존심과 자신감이 땅에 떨어진다고 말한다.

상황을 더욱 악화시키는 것으로 외국인 임원은 고국에서보다 일 때문에 훨씬 바쁠 가능성이 높다. 갑자기 업무량이 증가해 회사에서 일하는 시간이 길어지고 출장이 잦아진다. 우리가 인터뷰한 한 CEO는 중국에서 보낸 10년 동안 사생활이 얼마나 줄어들었는지 다음과 같이 설명한다. "나는 거의 사생활을 누리지 못했다. 중국에서 일과 생활의 균형은 없었다. 회사가 아주 빠르게 성장하면서 정말 할 일이 많았기 때문이다. 나는 아주 오랜 시간을 일한다. 중국에서 사생활을 즐길 겨를이 없다. 휴가를 받아도 모두 쓸 경황이 없고 실제로 휴가를 제대로 보낸 적도 없다."

많은 배우자들이 중국에서 외로움을 느끼고 남편이나 아내의 오랜 근무시간에 분노를 표출한다. 그래서 외국인 관리자와 가족 사이에 불화가 생길 수 있다. 특히 남편은 중국에서의 업무와 생활에 만족하는 반면에 아내와 자녀가 그렇지 못할 때 불화의 가능성은 높다. 이런 상황에 처하면 배우자는 소외감과 당혹감을 느낄 수 있다.

상황이 악화되면 외국인 임원(대부분 남편)은 배우자(대부분 아내)의 불만족을 이해하지 못할 수 있다. 그는 배우자에게 일할 필요가 없을 정도로 가정부와 운전기사까지 제공하며 편의를 봐줬다고 생각하기 때문이다. 그는 직장에서 너무 오랜 시간을 일하고 있기 때문에 스트레스를 받고, 배우자는 남편이 직장에서 성공을 거두며 승승장구하는 동안 자신은 아무 일도 할 수 없다고 생각하기 때문에 스트레스를 받는다. 결과적으로 결혼한 사람에게 중국 배치는 매우 어려운 일이다. 라이프라인의 하인은 많은 부부 관계가 중국에서 어려움을 겪고 임원과 동반 배우자의 갈등이 악화되어 이혼하는 경우도 있다고 말한다.

하인은 대표적인 사례를 제시한다. "새로운 보금자리에서 아내는 갑자기 하루 종일 일상적인 가사를 하는 자신을 발견하게 된다. 본국에 있을 때는 간단하고 하기도 쉬운 일을 하루 종일 하는 자신의 모습을 발견하는 것이다. 중국에서 아내가 직장을 구할 기회는 극히 제한적이다. 따라서 그녀는 무엇인가 의미 있는 일을 찾으려고 노력하고 남편이 일찍 퇴근해 들어와 함께 대화를 나누고 싶어 한다." 또한 아내들은 일반적으로 남편보다 언어 장벽으로 고생한다. "이런 경험 때문에 아내는 중국을 정착하기 어려운 곳이라고 생각한다. 반면에 남편은 중국을 흥미로운 나라로 생각한다. 따라서 아내가 불평할 때마다 남편은 그러는 이유를 이해하지 못한다. '집에는 가정부가 있어서 가사를 돌보고 원하는 곳까지 데려다 줄 운전기사도 있으며 아파트도 좋은데 불행할 이유가 무엇인가? 중국에 대한 인식 차이가 해결되지 않는다면 부부 사이에 심각한 갈등이 생길 수 있다."

또 다른 갈등은 남편의 고객 접대에서 생긴다. 하인은 "외국인 임원은 고객을 접대하느라 술을 마셔야 하는 기회가 많다. 유흥주점에 가서 접대하는 것은 중국에서 흔한 일이다. 아내는 이런 관행을 못마땅해한다." 하인은 고객을 접대하느라 사용하는 시간이 서양에서보다 많기 때문에 불미스런 일이 일어날 위험이 크고 결국 이혼으로 이어지는 경우도 있다고 말한다.

중국에 파견할 후보자를 평가하라. 개방성, 다양한 문화적 배경을 지닌 사람들로부터 신뢰를 획득하고 그들을 다룰 능력, 새로운 환경에 적응할 수 있는 능력과 같은 개인적 특성을 점검하라.

자녀의 중국 적응

부모 때문에 중국으로 이주하는 것은 자녀에게 특별한 도전이다. 빅토리아 하인은 라이프라인의 상담 전화 10% 정도가 십대에게서 걸려온다고 한다. 십대들이 상담을 요청하는 주요 이유 중 하나는 부모 문제에 관한 조언을 듣기 위해서다. "그들은 전화를 걸어 '아버지는 너무 출장이 많고 어머니는 아버지와 사이가 좋지 않다. 나는 숙제하는 데 도움을 받고 싶지만 어머니에게 부담을 주기는 싫다. 어머니는 이미 스트레스가 아주 심하기 때문이다.'고 말한다."

자녀가 중국에 와서 겪는 또 다른 어려움은 부모가 자주 근무지를 옮기면서 생기는 안정성과 지속성의 부족이다. 하인은 "자녀들은 친구를 빨리 사귀지만 이런 교우 관계가 오래 지속되지

라이프라인 상하이

오랜 근무시간, 잦은 출장, 높은 업무 스트레스, 문화적 충격, 언어 장벽, 향수병. 이는 거의 모든 외국인 임원과 가족이 중국에서 생활하면서 공통적으로 직면하는 스트레스 원인이다. 많은 외국인들이 비슷한 문제를 겪고 있지만 그들이 도움을 요청할 곳은 별로 많지 않다.

이런 요구를 해결하기 위해서 라이프라인 상하이(LifeLine Shanghai)는 2004년 3월에 문을 열었다. 이 단체의 목적은 점점 늘어나고 있는 이 도시의 외국인이 자유롭고 하지만 비밀이 보장되고 익명으로 감정적인 지원과 위기 순간에 도움을 받을 수 있도록 상담 전화를 운영하는 것이다.

라이프라인 상하이는 22개 국가에서 3만 명의 자원봉사자가 참여하는 비영리 단체인 라이프라인 인터내셔널(LifeLine International)의 하부 조직이다(세계보건기구 WHO에서 일부 자금 지원을 받는다). 상하이에서 라이프라인은 영어를 구사할 줄 아는 자원봉사자 수십 명의 교육과 지도를 감독하는 상담 전문가로 구성된 상임위원회를 통해 운영된다. 자원봉사자는 매일 오전 10시부터 오후 10시까지 교대로 근무하며 상담 전화를 받는다.

라이프라인 상하이의 설립자인 빅토리아 하인은 상담 자원봉사자가 '적극적인 청취 기술'과 '도움을 요청하는 사람에게 적절한 질문을 던져 해결책을 제시하는' 교육을 받는다고 말한다. 일부 경우에 상담자는 걸려온 전화를 전문 카운슬러나 심리학자에게 연결시켜준다. 외국인이 라이프라인 상하이에 전화를 걸어오는 가장 중요한 이유는 다음과 같다.

1. 알코올 중독과 같은 문제를 포함해 업무 관련 스트레스

2. 인간 관계 문제

3. 국제 결혼과 관련된 문화적 차이 문제

그러면 누가 라이프라인에 전화를 거는가? 십대에서 장년층까지 다양한 연령대가 전화를 걸어온다. 하인을 비롯한 이 단체의 창립 멤버들이 놀랍다고 생각한 것은 전화를 걸어오는 사람 중 대략 반 정도가 남성이다. 또 다른 놀라운 사항으로 대략 15% 정도는 영어를 구사할 줄 아는 중국인이 직장 내에서 문화가 서로 다른 사람들 사이에서 생기는 인간 관계 문제로 도움을 요청하기 위해서 상담을 원한다.

않는다."라고 말하며 부모의 근무지 변경으로 친구, 선생님, 또는 운동 코치를 떠나게 될 때 상실감을 느낀다고 지적한다. "본국에서 그들은 안정적인 공동체에 속해 있었다. 그러나 여기서 그들은 소속감을 느낄 공동체가 없다." 그리고 중국에 어렵게 적응했는데 아버지나 어머니의 근무지가 다시 바뀌어 중국을 떠나게 된다면 자녀들은 큰 고통을 받는다.

외국인 가족이
중국 생활에 적응하는 최선의 방법

라이프라인에서 얻은 경험을 기초로 빅토리아 하인은 배우자가 성공적으로 중국에 적응하는 데 필요한 핵심적인 다섯 가지 요소를 꼽았다. 바로 친구를 사귈 능력, 배우자와의 원활한 의사 소통, 충분한 사전 준비, 언어 교육, 사회 활동 참여이다.

회사는 친구를 사귈 능력이나 배우자와의 원활한 의사 소통을 돕는 데는 별다른 도움을 줄 수 없지만 나머지 세 가지 요소를 갖추도록 도와줄 수 있으며 그래야 한다. 다행히도 많은 경우에 교육과정이나 안내서처럼 기업의 간단한 노력만으로도 배우자와 자녀가 적응하는 것을 도울 수 있다. 하인은 중국에 진출한 외국기업이 임원과 그 가족을 중국에 파견하기 이전에 더 잘 준비하도록 적극적인 조치를 취해 적응 실패율을 낮출 수 있다고 믿는다. 또한 그녀는 기업이 파견 임원과 가족의 정착을 지원하는 것이 중요하다고 강조한다.

프라이스워터하우스쿠퍼스(PWC)는 이런 하인의 권고를 입증했다. 최근 250개 기업을 대상으로 조사한 결과, PWC는 기업들이 해외에 인력을 파견할 때 가족의 복지에 깊은 주의를 기울인다고 주장한다. 이 조사에서 기업은 해외 파견 인력의 안정성에 영향을 미치는 여러 가지 요소의 중요성을 평가했다. 기업이 '중요성이 떨어진다'고 응답한 다섯 가지 요소는 해외 파견을 실패로 만드는 공통적인 요인이었다. 즉, 배우자의 문화적 적응성, 자녀의 교육적 욕구, 감정적 안정성, 배우자의 경력, 생활 방식의 안정성 다섯 가지이다.

우리가 인터뷰한 중국 전문가 28명은 파견 임원과 그 가족이 중국 생활에 적응하도록 기업이 취해야 할 전략을 다음과 같이 제시한다.

중국에 임원을 파견하기 이전에 그 가족을 인터뷰하라. 배우자도 역시 개방적이고 융통성이 있는지 확인하라.

전략 #1: 파견 관리자를 위한 심리 심사

첫 번째 단계는 파견할 후보자를 주의 깊게 심사하는 것이다. 우리가 인터뷰한 많은 기업들은 이런 심사 절차를 확립하고 있다. 예를 들어, 듀폰은 1990년대 중반 이전부터 해외에 파견할 인력을 대상으로 심리 심사를 실시한다. GM 차이나의 필립 머터프는 이런 평가는 적응에 실패할 위험이 있는지 파악하는 데 도움을 준다며, 이 심사가 매우 효과적이라고 생각해 인적자원 부서에 계속 실시하라고 권장한다.

이런 평가는 해당 후보자가 정말로 새로운 문화를 받아들일 준비가 되어 있는지 파악한다. 아울러 새로운 환경에 적응하기 위해 변화할 능력이 부족하거나 다른 문화적 배경을 지닌 사람에게 신뢰감을 주지 못하는 것과 같은 문제점을 지니고 있지 않은가를 파악하는 절차라고 한다. "해외 파견 지원자가 중국 문화에 강한 편견을 지니고 있다면 그 사람을 어떻게 파견할 수 있겠는가?" 머터프는 기업이 평가 결과를 심각하게 받아들여야 한다고 강조한다. 올바로 수행된다면 평가는 파견 후보자의 문제점을 제공할 수 있다. 머터프는 최근 중국 적응에 실패한 두 가족의 평가 결과를 살펴보니, 많은 위험 징후가 있었다.

중국에 임원을 파견하기 이전에 취할 수 있는 또 다른 방법은 가족이 근무지를 사전에 방문할 기회를 제공하라. 이 여행에는 주거지, 국제학교, 병원, 여가 시설, 파견 임원이 일할 근무지 방문이 포함될 수 있다.

전략 #2: 가족 평가

우리가 인터뷰한 컨설턴트들이 제시한 또 다른 전략은 일반적으로 기업에서 활용하는 방식은 아니지만 중국에 파견할 관리자뿐만 아니라 그 배우자와 자녀도 평가하는 것이다. 라이프라인의 빅토리아 하인은 중국에 인력을 파견하기 이전에 그 가족을 평가하는 기업이 거의 없다며, 기업이 중요한 부분을 간과하는 '어리석은 행동'을 하고 있다고 지적한다.

듀폰 차이나의 찰스 브라운은 임원을 해외에 파견하기 이전에 배우자를 인터뷰하는 것을 중요한 단계로 간주한다. "배우자가 개방적이고 융통성 있는지를 확인하는 것은 아주 중요한 일이다. 부부 중 한 사람은 개방적이고 융통성이 있지만 다른 한 사람이 그렇지 못할 경우, 가정에 불화가 생겨 해외 파견이 실패로 끝날 가능성이 있다. 나는 가정 상황 때문에 본국으로 돌아와야 했던 사례를 많이 목격했다."

전략 #3: 사전 방문 기회 제공

중국에 임원을 파견하기 이전에 취할 수 있는 또 다른 방법은 가족이 근무지를 사전에 방문할 기회를 제공하는 것이다. 이 여행에는 주거지, 국제학교, 병원, 여가 시설, 파견 임원이 일할 근무지 방문이 포함될 수 있다. 이런 방문은 가족이 재배치를 준비하고 중국 생활이 자신에게 적합할지 여부를 확인하는 데 도움을 준다. BP 차이나의 개리 더크스는 "우리는 파견 인력을 결정하는 데 매우 신중하다. 우리는 파견 후보자에게 이곳에 와서 직접 둘러보라고 요청한다."라고 말한다. 로레알의 파올로 가스파리니는 중국 방문 중에 파견 후보자인 임원과 그 배우자가 현지 외국인 관리자와 동료를 만나 '궁금한 질문'을 직접 하도록 기회를 제공하면 아주 큰 도움이 된다고 말한다.

3M 차이나 역시 고위 임원을 중국에 파견하기 이전에 사전 방문을 필수 단계로 삼고 있다. 이 회사의 중국 총괄 책임자인 케네스 유는 "미국에서 임원을 데려올 때 나는 언제나 그들에게 한 가지 사항을 강조한다. '너무 서둘러 파견 근무를 받아들이지 말라. 일주일 정도 가족과 함께 중국을 방문하라.'는 조언을 한다."라고 말한다. "때때로 우리는 가족이 중국과 같은 나라에 왔을 때 받을 충격을 과소평가한다. 직원에게는 업무 환경이 본국에서와 그리 다르지 않다. 컴퓨터를 켜고 해왔던 일을 계속하게 된다. 하지만 여러분은 배우자와 자녀가 완전히 다른 환경에서 살아야 한다는 사실을 잊어버린다. 특히 배우자는 큰 변화를 경험하게 된다."

파견 임원과 가족에게 중국을 소개하거나 문화를 교육하는 강좌를 제공하라.

유는 배우자에게 파견 근무를 받아들일지 여부를 결정하는 권한을 부여해야 한다고 강조한다. "배우자가 결정 과정에 참여하지 못한다면 매우 부정적인 시각을 유지하게 되어 그때부터 문제가 생긴다. 나는 중국에 인력을 데려와야 한다면 해당 인력과 배우자를 주택이나 학교를 결정하는 과정에 참여시키라고 권한다. 특히, 배우자의 참여가 중요하다. 사전에 모든 것을 결정해 놓고 통보하는 방식을 취해서는 안 된다."

전략 #4: 사전 준비와 교육
많은 기업들이 파견 대상자를 심사한 이후에 파견 임원과 가 파견 임원의 가족이 언어 교육을 받도록 권장하라. 중국어에 유창해지지는 못하더라도 언어 교육을 통해 그들은 중국을 더 잘 이해할 수 있다.

족에게 중국을 소개하거나 문화를 교육하는 강좌를 제공한다. 라이프라인의 빅토리아 하인은 가족을 위한 사전 교육이 현지 적응에 매우 중요하다고 말한다. 그녀는 기업이 국제학교, 병원, 사회 활동을 할 수 있는 공동체 조직 등 유용한 관련 정보를 제공해 파견 가족이 중국 생활에 적응할 준비를 하도록 도와야 한다고 주장한다.

예를 들어, 듀폰, 제너럴 모터스, 바이엘, 소니는 관리자를 중국에 파견하기 이전에 사전 정보 교육을 실시한다. GE의 필립 머터프는 교육 과정에서 새로 부임할 관리자가 중국에서 근무하고 최근에 본사로 귀환한 사람을 만나볼 기회를 제공한다고 말한다. 이 만남에서 그들은 교통에서 젓가락 사용법까지 중국 생활의 여러 측면을 논의할 수 있다. 그는 파견 임원뿐만 아니라 그 가족도 교육을 받아야 한다고 강조한다.

전략 #5: 언어 교육

외국인 관리자 사이에 가족이 현지 언어 교육을 받아야 할지에 대해서는 의견이 분분했지만 중국어 교육이 중국 생활 적응에 도움이 된다는 점에는 의견이 일치했다. 바이엘 차이나는 중국에 배치될 인력과 가족에게 중국어 교육을 의무적으로 실시한다. 이 회사의 엘마르 스타첼스는 "중국에 갈 사람이라면 누구나 언어 교육에 참가해야 한다고 강력히 권한다. 나는 언어 교육이 중국을 이해하는 핵심 요소라고 생각한다. 여러분은 많은 언어를 통해 많은 것을 배울 수 있다. 언어는 문화를 이해하고 대인 관계를 개척하는 핵심 요소이다. 우리는 중국에 배치할 임원에게 문화 교육과 더불어 언어 교육도 받게 한다. 나는 언어 교육을 반드시 실시하라고 강력히 추천한다."라고 말한다.

•))))

맞춤형 혜택을 제공하고 파견 임원과 가족이 가장 필요로 하는 혜택을 선택하도록 권한을 부여하라.

전략 #6: 융통성 있는 지원과 맞춤형 혜택의 제공

가족마다 사정이 다르고 많은 기업들이 외국 임원에게 지원하는 혜택을 줄여야 한다는 압력에 시달리고 있는 상황을 감안해서, 일부 중국 전문가는 해당 파견 임원과 가족이 최대한 이익을 볼 수 있도록 융통성 있는 혜택을 제공하라고 추천한다. 예를 들어, 일부 경우에 기업은 파견 임원과 가족에게 매년 고향에 다녀올 수 있는 여행 경비 지원과 자녀의 학비 지원 중 하나를 선택하라고 요구한다.

여기에 덧붙여 기업들은 파견 임원에게 어떤 혜택이 가장 이익이 될지 결정하라고 요청할 수 있다. 예를 들어, 배우자가 파견 중에 일자리를 찾기 원한다면 다국적기업은 일자리를 찾도록 배려할 수 있다. 자녀가 스포츠와 같은 분야에 특별한 관심을 보인다면 회사는 운동 시설이 훌륭한 학교를 주선해 줄 수 있다. 배우자가 직업 교육에 관심을 보인다면 회사는 중국에서 적당한 교육 프로그램이나 원격 교육 프로그램을 알아봐 줄 수 있다. PWC의 보고서에 따르면 파견 가족은 배우자의 일자리나 원격 교육에 관심을 보이고 있다.

전략 #7: 지속적인 가족 지원

상하이에 온 동반 배우자 13명을 연구한 빅토리아 하인은 가장 큰 불행의 원인이 지원 네트워크의 부족이라는 사실을 발견 중국에 거주하는 외국인 관리자의 배우자에게 관심을 기울이라. 작은 조치도 그들이 관심을 받고 있다는 기분을 줄 수 있다.

했다. 회사가 남편의 요구에는 관심을 두고 충족시켜주는 반면에 배우자는 자신의 욕구가 무시당하고 있다고 느낀다. 그녀는 "많은 경우에 아내는 자신이 남편의 일부로 취급받는다고 느낀다. 그들도 지원받기를 원한다."라고 말한다. 하인은 기업이 조금만 노력해도 배우자가 지원을 받는다는 기분을 느낄 수 있다고 지적한다. "배우자들은 회사 경영진으로부터 '어떻게 지내십니까?'라는 전화 한 통화만 받아도 좋겠다고 말한다." 고국의 잡지 구독처럼 조그만 배려만 있어도 현지 적응이 훨씬 쉬울 것이라고 말하는 사람도 있다.

하인은 기업이 상담 전화와 같이 외국인 가족을 배려하는 네트워크를 갖춰야 한다고 주장한다. "기업은 가족을 방관해서는 안 된다. 기업이 직접 가족에게 전화를 걸어 현지 적응을 위해 무엇을 제공하면 좋을지 물어본다면 상황이 크게 개선될 수 있다. 가족은 자신의 안부를 묻는 전화를 받는다면 고마움을 느낄 것이다. 그들은 회사도 자신에게 신경을 써주고 있다는 느낌을 갖고 싶어 한다. 아무리 사소한 것이라도 그들에게는 심리적 지원이 필요하다."

결론

우리가 인터뷰한 다국적기업 최고경영진 20명은 중국에서의 삶의 질을 매우 긍정적으로 평가했다. 어느 누구도 가까운 미래에 중국을 떠나고 싶어 하지 않았다. 많은 사람들이 업무 경험의 질이 중국 생활에 만족하는 주요 이유라고 대답했다. 그들은 중국에서 업무가 아닌 생활에서는 약간의 어려움이 있지만 사소한 부분이라고 생각했다.

많은 외국인 관리자들이 중국 생활에 만족하고 있지만 가족은 어려움을 겪을 수 있다고 외국인을 전문적으로 상담하는 컨설턴트는 경고했다. 일반적으로 외국인 관리자의 '동반 배우자'는 중국에 오기 위해서 자신의 일이나 사회적 관계를 포기하는 경우가 많다. 그래서 배우자나 자녀는 외로움이나 소외감을 느낄 수 있으며, 문화와 언어 장벽을 극복하기 위한 지원 시스템이 부족한 경우가 많다. 가족 구성원 사이에 나타나는 불만족은 외국인 임원의 중국 파견을 실패로 돌아가게 만들거나 조기 귀국하게 하는 주요 이유다.

기업은 외국인 인력과 그 가족 구성원이 중국 생활에 잘 적응하도록 필요한 조치를 취해야 한다.

요약: 중국 생활

1. 파견 관리자를 위한 심리 심사

중국에 파견할 후보자를 평가하라. 개방성, 다양한 문화적 배경을 지닌 사람에게서 신뢰를 획득하고 그들을 다룰 능력, 새로운 환경에 적응할 수 있는 능력과 같은 개인적 특성을 점검하라.

2. 가족 평가

중국에 임원을 파견하기 이전에 그 가족을 인터뷰하라. 배우자도 역시 개방적이고 융통성이 있는지 확인하라.

3. 사전 방문 기회 제공

중국에 임원을 파견하기 이전에 취할 수 있는 또 다른 방법은 가족이 근무지를 사전에 방문할 기회를 제공하는 것이다. 이 여행에는 주거지, 국제학교, 병원, 여가 시설, 파견 임원이 일할 근무지 방문이 포함될 수 있다.

4. 사전 준비와 교육

파견 임원과 가족에게 중국을 소개하거나 문화를 교육하는 강좌를 제공하라.

5. 언어 교육

파견 임원의 가족이 언어 교육을 받도록 권장하라. 중국어에 유창해지지는 못하더라도 언어 교육을 통해 그들은 중국을 더 잘 이해할 수 있다.

6. 융통성 있는 지원과 맞춤형 혜택의 제공

맞춤형 혜택을 제공하고 파견 임원과 가족이 가장 필요로 하는 혜택을 선택하도록 권한을 부여하라.

7. 지속적인 가족 지원

중국에 거주하는 외국인 관리자의 배우자에게 관심을 기울이라. 작은 조치도 그들이 관심을 받고 있다는 기분을 줄 수 있다.

제10장
결 론

중국에서 활동하는 외국인 작가 사이에는 다음과 같은 말이 있다. "중국에 일주일 머물면 책을 쓸 수 있다. 한 달 머물면 단편을 쓸 수 있다. 그러나 일 년을 머물면 침묵하게 된다." 이 말의 요점은 중국을 많이 알면 알수록 너무나 배울 게 많다는 사실을 깨닫게 된다는 것이다.

《차이나 CEO》를 쓰면서 조사하고 내용을 확인하며 수정하고 편집하는 긴 과정에서 우리는 이 말이 무엇을 의미하는지 분명히 이해하게 되었다. 중국은 외국인 관리자에게 아주 복잡하고 빠르게 변화하고 혼란스럽기도 하고 때로는 모순적이기도 한 환경을 제공한다. 하지만 다행히도 우리는 이 책을 쓰기 위해서 중국 시장을 전문가처럼 이해할 정도까지 될 필요는 없었다. 우리는 전문가를 인터뷰하고 그들의 아이디어와 경험 그리고 조언을 정리해 독자에게 알기 쉽게 전달하는 일을 담당하기만 하면 되었다.

《차이나 CEO》의 집필은 오랜 시간이 걸리고 힘든 작업이었지만 그럴 만한 가치가 있었다. 우리는 중국에서 활동하는 전문가의 직업적이고 개인적인 정보를 수집해 정리한 다음 간략하고 공정하며 정확하게 전달하는 과제를 수행했다. 중국 전문가로부터 들은 내용을 이 책에 제대로 담아 독자에게 도움을 주는 것이 우리의 바람이다.

이 책을 완성하는 과정에서 부딪힌 또 다른 도전은 너무나 빨리 변하는 중국의 비즈니스 환경에 맞춰 내용을 전달하는 것이었다. 일부 경우에 인터뷰를 했던 때와 출간일 사이에 비즈니스 환경의 변화가 발생했다. 힘든 과정이었지만 모든 내용을 업데이트해서 출간 이전에 인터뷰에 응한 중국 전문가의 확인을 받았다. 그리고 인터뷰에 응했던 일부 CEO는 이 책이 출간되는 과정에서 승진하거나 회사를 옮겼다. 이는 현재 중국에서 다국적기업의 환경이 빠르게 변하고 있다는 또 다른 증거이다.

우리가 전하려는 중요한 메시지는 중국의 변화가 시작에 불과하고 아직도 놀라운 변화가 예상된다는 것이다. 인터뷰에 응한 한 CEO의 표현처럼 여러 다국적기업의 본사는 '중국 시장에 극도로 집중하고 있다.' 향후 수십 년간 중국에 대한 관심이 지속되리라 예상한다. 세계의 공장과 더불어 세계에서 가장 큰 소비자 시장이라는 매력 때문에 중국은 주요 다국적기업의 국제 전략에서 핵심적인 위치를 차지한다. 앞으로 세계에서 가장 야심찬 기업과 사업가는 중국에서 중국과 함께 발전할 것이다.

결론을 맺는 이 장에서 우리는 중국에서 성공적인 성과를 거뒀던 다국적기업의 최고경영진과 인터뷰를 하면서 제기했던 질문을 다시 정리해 보고 중국 전문가들이 제시한 대답을 요약해 보고자 한다.

- 현재 중국에서 비즈니스 운영을 관리하기 위해 필요한 역량은 무엇인가?
- 중국에 맞게 경영 방식을 바꿔야 하는가?
- 중국처럼 경쟁이 매우 심한 시장에서 어떻게 최고 수준의 전문 인력을 채용하고 보유할 수 있는가?
- 성공적인 합작기업이나 비즈니스 파트너십을 형성하는 비결은 무엇인가?
- 본사와 효과적인 의사 소통을 확립하는 방법은 무엇인가?
- 중국의 까다롭고 변덕스런 소비자를 확보할 수 있는 방법은 무엇인가?
- 지적재산권을 보호하는 최선의 전략은 무엇인가?
- 중국 정부와 원활한 관계를 유지하는 방법은 무엇인가?
- 나와 배우자 그리고 자녀가 중국에서 만족스런 생활을 할 수 있는 방법은 무엇인가?

결론의 목적은 독자에게 지금까지 각 장에서 살펴본 내용을 알기 쉽게 요약해 제공하는 것이다. 다음은 각 장의 주요 주제와 최고경영진과 컨설턴트들의 주요 인용문을 요약한 내용이다.

제1장 핵심 포인트
중국에서 성공하는 외국인 관리자의 역량

제1장에서 우리는 중국에서 외국인 관리자가 비즈니스를 운영하는 데 필요한 전문적 역량과 개인적 역량을 소개했다. 인터뷰에 응한 경영진과 전문가가 소개한 풍부한 설명과 경험을 분석한 후에 우리는 그들의 대답을 3단계 핵심 성공 역량으로 구분했다. 즉, 전문적 역량, 개인적 국제 역량, 개인적 중국 관련 역량이다. 여기서 제시한 단계별로 갖춰야 할 역량은 외국인 관리자가 기초에서 상당한 경력을 쌓을 때까지 필요한 역량들이다. 기초를 다지기 위해 중국에 처음 온 외국인 관리자는 '다양한 문화를 수용하는 자세'와 학습에 대한 헌신을 포함해 다양한 역량을 보여야 한다. 마지막으로 인터뷰한 경영진과 전문가들은 겸손함과 엄격함, 인내심과 민첩함, 중국 스타일의 네트워킹인 꾸안시 구축을 중국 관련 역량으로 제시했다.

제1장 주요 인용문

"새로 올 관리자에게 한 가지 메시지를 주어야 한다면, 나는 관계가 가장 중요하다고 강조하고 싶다. 정말 중요한 것은 사람이다. 즉, 사람 사이의 관계와 그들 사이에 존재하는 자신감이 중요하다. 중국에서 인간 관계는 유럽이나 미국에서보다 훨씬 중요하다."

- 개리 더크스 박사, BP 차이나의 사장이며 CEO

"현지인들은 외국 기업인이나 주재원이 중국에 도착하면, 그들이 필요하지만 현재 보유하지 못한 지식이나 기술처럼 무엇인가 새로운 것을 가져오리라 기대한다. 정말로 외국 기업인과 주재원이 그런 일을 해줄 것이라고 크게 기대한다."

- 사이먼 킬리, 휴잇 어소시에이츠의 휴잇 아시아 리더십 센터의 대표

"중국을 직접 경험한 외국인 관리자는 극히 소수에 불과했다. 우리 회사의 중국 현지 관리자는 모두 중국을 10년 이상 경험한 전문가였다."

- 앨런 브라운, 유니레버 차이나의 회장

"해외 경험이 없는 인력을 중국에 파견할 수 없다. 해외에서 비즈니스를 운영할 역량을 갖춘 인력을 선택해야 한다. 외국인 관리자는 중국에서 직면할 생소한 일들을 침착하고 균형 있게 대처할 수 있는 사람이어야 한다."

- 파올로 가스파리니, 로레알 차이나의 사장이며 중국 총괄 책임자

"나는 여러분이 사람을 잘못 선택한다면 아무리 교육과 훈련을 시켜도 소용없다고 확신한다. 여러분은 중국에서 매일 부딪칠 생소한 문제를 파악하고 대처할 능력을 지닌 사람을 선택할 필요가 있다. 여러분은 모험 정신을 가져야 한다. 새로운 것에

매우 개방적이고 환영하는 자세를 보여야 하고 자신의 문화나 정체성을 고집해서는 안 된다."

- 에케하르트 라스게버, 베텔스만 다이렉트 그룹 아시아의 사장

"여러분은 외국 문화와 언어를 이해하도록 노력해야 한다. 때때로 실적이나 프로젝트에 너무 연연해 문화와 언어를 이해하는 중요성을 간과할 수 있다. 고객과 직원을 이해하는 것은 정말로 중요하다. 이 부분을 과소평가해서는 안 된다."

- 찰스 브라운, 듀폰 차이나의 사장

"중국에서 리더십은 자신의 견해를 관철시킨다는 의미가 아니다. 그리고 '나는 전문가이고 모든 일을 알고 있다. 우리는 전 세계에서 이런 방식으로 업무를 수행하고 있다' 라는 말을 하지 말아야 한다."

- 엘마르 스타첼스 박사, 바이엘 차이나의 CEO

"주의를 기울이지 않고 단순히 현지 관습을 채택한다면 여러분은 많은 이익을 볼 기회를 잃게 된다. 그리고 여러분은 원하지 않는 결과를 맞게 될 것이다."

- 에케하르트 라스게버, 베텔스만 다이렉트 그룹 아시아 사장

"중국에 도착했을 때 사람들은 변화를 원한다. 그러나 잘못된 방식으로 빠른 변화를 추구하는 행동은 옳지 않다. 여러분은 참을성이 많이 필요하다. 인내심은 여러분이 중국에서 자주 들

게 될 말이다. 그러나 구태의연한 말이 아니라 현실적으로 인내가 상당히 필요하다. 여러분은 장기적 안목에서 전략을 수립하고 그 전략을 고수할 필요가 있다."

- 가이 맥로드, 에어버스 차이나의 사장

"어느 국가보다도 중국에서의 변화 속도가 너무 빠르기 때문에 의사 소통이 명확치 않다면 본사는 중국지사가 최선이 아닌 차선의 전략으로 영업을 펼치는 이유를 이해하지 못한다."

- 고든 오어, 맥킨지 컨설팅의 상하이 지사장

제1장 요약

1단계: 전문적 역량

1. 기술과 기업 활동에 관한 전문 지식: 훌륭한 경험을 보유하고 회사 업무에 대한 지식이 뛰어난 인력을 선발하라. 최고의 인력을 중국에 파견하라.

2. 국제 경험: 아시아의 다른 국가나 개발도상국가에서 경험을 쌓게 한 다음에 중국에 인력을 파견하면 성공의 가능성을 높일 수 있다.

2단계: 개인적 국제 역량

1. 다양한 문화를 수용하는 자세: 관리 업무를 담당할 임원을 선정할 때 모험심이 강하고 유머 감각이 있으며 열린 자세를 갖

춘 사람을 찾아라.

2. 학습에 대한 헌신: 주변에서 교훈을 얻을 줄 알아야 한다. 인력, 합작기업 파트너, 고객, 관련 기업의 의견을 청취하라.

3단계: 개인적 중국 관련 역량

1. 겸손함: 겸손하고 권위주의적인 스타일을 버려라. 영향력 발휘와 코칭은 중국 인력에게 최선의 결과를 얻는 방법이다.

2. 엄격함: 회사의 핵심 가치와 문화를 포기하지 마라.

3. 인내심: 참을성을 보이라. 중국에서는 한 번에 모든 것을 해결하기보다는 단계적인 접근 방식을 사용하라.

4. 민첩함: 융통성 있고 신속하라. 필요한 정보를 항시 수집하라. 중국의 비즈니스 환경은 끊임없이 빠르게 변한다.

5. 꾸안시 구축(네트워킹): 내부(부하직원, 동료, 상사)뿐만 아니라 외부(고객, 관련 기업, 정부 관리)와도 꾸안시를 구축하라. 강한 꾸안시 네트워크는 중국에서 여러분이 성공하기 위한 기본적인 요소다.

제2장 핵심 포인트
중국인 인력의 관리

　종사하는 산업에 관계없이 우리가 인터뷰한 사람들이 경험한 가장 큰 문제는 사무직 인력의 부족이다. 중국은 빠르게 성장하고 있기 때문에 외국기업이나 현지기업 모두 전문 인력이 많이 필요한 상황이다. 아울러 45세 이상의 인력은 문화혁명으로 제대로 교육받지 못하고 경험이 부족하기 때문에 중간 관리자의 부족도 심각한 편이다. 여기에 덧붙여 현재 중국의 인력들은 빠른 승진에 대해 큰 기대를 걸고 있다. 이런 모든 상황이 합쳐져 외국인 관리자는 중간 관리자와 기술 인력을 채용하고 보유하는 데 많은 어려움을 겪고 있다.

　우리가 인터뷰한 최고경영진과 전문 컨설턴트가 인력 부족 문제를 해결하기 위해 제시한 전략을 요약한 내용이다. 그들이 전한 핵심 메시지는 다음과 같다. 고용자와 피고용자 사이의 훌륭한 꾸안시는 높은 이직률을 완화시키고 긍정적이고 효율적인 업무 환경을 창출하는 데 매우 유용한 수단이 될 수 있다.

제2장 주요 인용문

　중국인을 포함해 아시아 사람들은 일반적으로 유럽과 다른 생각으로 직장에서 일한다. 우리에게 확실히 직장은 중요하지만 일하는 곳에 불과하다. 그러나 중국인에게 직장은 가족과 같다. 따라서 그들은 '나는 지멘스에 내 인생을 걸고 있다. 그러니 회사도 나를 책임져야 한다' 는 생각을 한다."

- 언스트 베렌스 박사, 지멘스 차이나의 사장

"여기에는 놀라울 정도로 뛰어난 노동력이 존재한다. 중국은 교육 수준이 낮으면서 노동력이 풍부한 나라와는 다르다. 핵심은 위임할 수 있어야 한다는 것이다. 여러분은 부하직원을 신뢰할 수 있어야 한다. 현지 중국 인력은 외부에서 오는 사람보다 해당 업무를 잘해 낼 능력이 있다. 그들이 업무를 수행하도록 맡겨야 한다."

- 가이 맥로드, 에어버스 차이나의 사장

"우리처럼 중국에 진출한 다국적기업은 다른 다국적기업뿐만 아니라 현지 중국기업의 타깃이 되고 있기 때문에 이중의 어려움을 겪고 있다. 유능한 인력에 대한 수요가 매우 높다. 현재 이곳에서 고급 인력을 알선하는 헤드헌팅 비즈니스가 성황을 이루고 있다."

- 스티브 슈나이더, GE 차이나의 회장이며 CEO

"매년 사회에 진출하는 인력은 상당히 많은 반면에 정작 필요한 중간 관리층이 부족한 실정이다."

- 존 웡, 보스턴 컨설팅 그룹의 중국 담당 총괄 책임자

"칭후아 대학이나 지아오퉁 대학 출신인 똑똑한 인력을 채용하면 그들이 내 책상으로 다가와 '3년 안에 당신의 자리까지 오르겠습니다' 라고 말하는 것을 보면서 큰 낭패감을 느낀다. 나는 이 자리에 오르는 데 25년이 걸렸고 그동안 비즈니스를 학습하고 경험하는 과정을 거쳤다. 3년 만에 이 과정을 모두 거칠 수는 없다."

- 필립 머터프, 제너럴 모터스 차이나의 회장이며 CEO

"외국어 교육은 회사나 직원 모두에게 도움이 되는 교육 강좌이다. 우리는 직원들을 계속 유지하기 원하고 그들을 승진시키기 원한다. 이는 매우 중요한 부분이다. 그들은 우리 회사에 입사하면서 '엘리 릴리는 우리의 미래를 보살펴 주고 있다' 고 말한다."

- 크리스토퍼 쇼, 엘리 릴리 차이나의 사장

"그들은 중국기업과 다른 기대를 갖고 외국기업에 들어온다. 그들은 교육받고 발전할 수 있다는 기대를 품고 있다. 그들이 성장하도록 도울 수 없다면 여러분은 그들을 잃게 될 것이다."

- 헬렌 탄타우, 콘/페리의 고객 담당 수석 파트너

"인력의 보유는 출근 첫날 직원의 기대를 관리하면서 시작된다. 중국에서 많은 사람들은 단기간에 사장까지 진급하기를 원한다."

- 스티브 슈나이더, 제너럴 일렉트릭 차이나의 회장이며 CEO

"중국 사람들은 회사를 위해 열심히 일한다. 그들은 상사를 위해 일하기 좋아하고 그 사람과 좋은 관계를 맺고 싶어 하기 때문이다. 따라서 서양과는 상당히 다른 상하 관계가 형성된다. 여러분은 직원의 직장 생활뿐만 아니라 그들의 가족과 개인적인 문제까지 보살펴야 한다."

– 브라이언 후앙, 베어링 포인트의 수석 부사장이며 중국지사장

"중국 직원들은 상사와 좋은 관계를 유지하기 원한다. 여러분은 부하직원에게 상사일 뿐만 아니라 친구이며 스승이 될 필요가 있다."

– 도미니크 드 보아시종, 알카텔 차이나의 회장이며 CEO

제2장 요약

1. 적절한 보상
성과급 체계를 도입하는 초기에는 어려움이 따를 수 있다. 하지만 젊고 야심찬 중국 전문 인력은 이 제도를 환영한다. 인력을 보유하는 것이 단지 돈만의 문제는 아니다. 그래도 중국에서 동종 산업의 다른 기업에 뒤처지지 않고 우수한 인력을 보유하기 위해서는 임금을 지속적으로 빠르게 인상시켜야 한다.

2. 현명한 인력 채용
유능한 인력의 부족은 성장을 저해한다. 현명한 기업은 미리 현재 필요한 수보다 많은 예비 인력을 채용해 훈련시켜 미래에

대비한다.

3. 보유하기 위해 훈련시킨다

전문 인력을 채용할 수 없는 기업은 젊은 인력을 채용해 추가적인 교육 프로그램을 통해 그들을 개발한다. 신규 인력에게 '소규모 MBA' 코스를 제공해 국제 비즈니스 기준과 관행을 빠른 시간 안에 습득시킨다.

중국 인력은 무엇보다 직장이 후원하는 교육 훈련 프로그램에 가치를 둔다. 따라서 교육 프로그램은 핵심 인력을 지속적으로 보유하는 '가장 훌륭한' 수단이다. 다국적기업은 중국 인력에게 해외 연수나 교육 과정을 제공한다는 약속을 통해 매우 유능한 인재를 유치하고 보유할 수 있다.

4. 빠른 승진 기회의 제공

경력 개발 기회는 중국 직원의 이직을 막는 가장 중요한 동기부여 요소다. 여러분은 어느 나라에서보다 중국 인력을 빠르게 승진시킬 필요가 있다.

5. 승진에서 생기는 문제: 체면 구김

팀원 중 한 명이 승진했을 때 승진하지 못한 직원의 체면이 구겨진다는 사실을 명심한다. 공정한 승진 규칙과 승진에 누락된 직원에 대한 개인적 관심은 문제를 완화시킨다.

중국에서 가장 다루기 힘든 문제는 중국 직원들의 경력상 높은 기대이다. 가장 유능하고 잠재력이 풍부한 직원에게 초점을 맞춘다. 중국 직원들도 차별받지 않고 승진할 수 있다는 분명한 경력 발전 경로를 보인다. 그리고 직위나 명칭이 매우 중요하다는 사실을 명심한다.

6. 고용자 - 피고용자의 꾸안시 구축

중국 직원들은 상사가 부하직원을 보살피고 지원해야 한다고 생각한다. 그들은 직장을 제2의 가족이라고 생각한다.

중국에서 사람들은 회사가 아닌 특정인을 위해 일한다. 따라서 관리자가 회사를 떠나면 부하직원이 따라서 사직하는 경우도 있다. 이는 이전 상사와 함께 직장을 옮기거나 새로운 상사의 지시를 따르고 싶지 않아서다.

제3장 핵심 포인트
비즈니스 파트너와의 협력

합작기업 또는 비즈니스 파트너십의 관리는 결혼 생활을 유지하는 것과 같다. 중국에 진출한 다국적기업은 우선 결혼할 것인가(합작기업의 설립 여부) 아니면 혼자 살 것인가(외국인독자기업의 설립)를 결정해야 한다. 이제 규제가 바뀌어 많은 분야에서 외국기업도 외국인독자기업을 설립할 수 있다. 따라서 첫 단계는 현재 규제가 어떤지 명확히 파악하는 것이다. 우리가 인터뷰한 대부분의 중국 전문가는 법이 허용한다면 외국인독자기업을 설립하라고 권고했다. 하지만 합작기업도 상당한 이익을 제공할 수 있다는 점을 인정했다. 특히, 정부와 협상할 필요가 있거나 시장에 대한 상세한 정보, 기존의 운영 기반이 필요한 경우 합작기업은 유용하다. 합작기업이나 비즈니스 파트너십을 선택한 다국적기업은 아래 요약한 핵심 조언을 참조하기 바란다.

제3장 주요 인용문

"합작기업 파트너를 선정하면서 그 파트너가 비즈니스 경험을 보유하고 있는가를 우선 고려할 수 있다. 그러나 나는 신뢰가 가장 중요한 선정 기준이라고 생각한다. 신뢰는 기본적으로 동일한 비전을 공유하고 있다는 의미다. 비즈니스 경험보다 성격이 중요하다. 합작기업은 결혼과 같다."

- 세이치 가와사키, 소니 차이나의 사장

규제가 심한 산업에 종사한다면 합작기업이 필수다. 규제가 매우 약한 산업이라면 합작기업을 설립할 필요가 없다."

- 앨런 브라운, 유니레버 차이나의 회장

"여러분이 유통망과 영업 기반을 보유한 회사와 합작을 한다면 바로 비즈니스를 시작할 수 있다. 외국인독자기업에서 여러분은 완전한 통제력을 발휘할 수 있다. 그러나 합작기업에서는 통제력 발휘가 힘들기 때문에 의사 결정에 시간이 걸린다."

- 케네스 유, 3M 차이나의 중국 총괄 담당자

"우리는 처음부터 성공적인 비즈니스를 운영했기 때문에 지역 파트너와 계속 일할 것이다. 콜라 산업은 지역 비즈니스다. 우리는 지역 파트너가 필요하다. 그들은 지역 정부와 원활하게 업무를 수행하고 어려운 행정 절차를 빨리 처리할 줄 안다."

- 폴 에첼스, 코카콜라 차이나의 사장

"중국에서 새로운 합작기업을 세울 때 우리는 공동으로 지분을 투자하지만 결코 경영 참여를 받아들이지 않았다. 사장이 두 명일 수는 없다."

- 장 룩 셰로, 까르푸 차이나의 사장

"세계 어느 곳에서든 파트너십이 성공하기 위한 핵심 요소는 회사의 전략적 이익에 초점을 맞추고 이 초점을 상당기간 유지하며 파트너가 이 전략적 이익에 기여하도록 만드는 능력이다."

- 개리 더크스 박사, BP 차이나의 사장이며 CEO

"여러분은 이 나라의 문화적 관습에 주의해야 한다. 일부 관리자는 호통을 치고 다그치는 방법을 사용하지만 이곳에서는 별 효과가 없다. 여러분과 함께 일할 직원은 여러분이 무엇을 말하는지 이해해야 한다. 하지만 여러분은 미소를 띠며 말이나 지시를 해야 한다."

- 노먼 지번트, 프레시필즈 브룩하우스 데린저 법률회사의 상하이 지사 수석 파트너

"이 나라는 '스스로 무엇이든 하지 말라'는 사상에 기초해 건

설되었다. 15년 전만 해도 자신의 의견을 내세우다가는 신상이
위태로워질 수 있었다."

- 폴크마 뢰벨, 힐튼 상하이의 총지배인

제3장 요약

1. 합작할 것인가?

중국에 처음 진출하는 기업은 여러분의 기업, 진출 대상 지역
에 어떤 규제가 있는지 철저히 조사해야 한다. 6개월 전에는 옳
았던 규제가 지금은 변해 다른 규제로 바뀌어 있을 수도 있다.

2. 합작기업을 반대하는 주장

어떤 구체적인 이익을 위해서가 아니라면 합작기업을 피하
라. 외국인독자기업은 일반적으로 운영하기가 간단하고 신속하
며 효율적이다.

3. 합작기업에 찬성하는 주장

외국인독자기업이 직접 하기 힘든 현지 관계 당국과의 연결
이 필요할 때 현지 파트너와 합작기업을 설립하라.

파트너의 선정, 파트너십 조건

1. 약하고 조용한 파트너를 선정하라

규제 때문에 비즈니스에 제한적인 가치를 창출할 합작기업을
설립해야 한다면 쉽게 통제할 수 있는 약한 파트너를 선택한다.

2. 활동적이고 가치를 더해주는 파트너를 선택하라

정부와 협상 능력, 비즈니스 네트워크, 현지 비즈니스 문화와 환경에 대한 정보, 인력과 운영 능력, 확실한 고객을 보유한 파트너를 찾아야 한다.

3. 파트너를 파악하라

파트너를 파악하기 위해서 자세한 정보와 기록을 검토하고 운영 상태를 직접 확인하고 현장을 방문해야 한다. 그리고 그 파트너를 잘 아는 산업 관계자에게 해당 파트너에 관한 정보를 수집하는 노력을 기울여야 한다.

4. 목표를 조율하라

여러분과 합작기업의 파트너는 목표와 우선순위에 동의해야 하는 것이 매우 중요하다. '동상이몽' 은 합작기업의 파트너십을 와해시키는 결과를 초래한다.

5. 올바른 '조건' 을 설정하라

합작기업을 설립할 때 새로운 조직에 기존의 기업문화가 정착되는 것을 피하려면 처음부터 새롭게 조직을 건설하는 것이 최선의 방법이다. 50:50의 지분 비율을 피해야 한다. 그리고 합병이나 인수와 같은 대안을 고려한다.

파트너 관계의 관리

1. 상호 신뢰

다국적기업이 중국에서 오랫동안 활동하고 양측이 모두 이익을 보도록 노력한다는 확신을 주고 합작기업 파트너 사이에 신뢰감을 구축해야 한다.

2. 원활한 의사 소통

중국 파트너와 의사 소통할 때 그들의 '체면'을 세워주는 것을 명심한다. 때때로 간접적인 의사 소통이 더 효과적이다.

3. 효율적인 의사 결정

중국 동료가 자신의 의견을 내도록 격려해야 한다. 정직한 실수는 용납될 수 있다는 기업 문화를 창출한다.

4. 윤리와 기준의 공유

중국 비즈니스 관행을 채택해야 하는 경우에도 기업 문화, 가치, 윤리 기준을 양보해서는 안 된다.

제4장 핵심 포인트
본사와의 의사 소통

중국 비즈니스를 총괄하는 책임자에게 본사와의 원활한 의사 소통은 큰 도전이다. 중국에서 일하는 관리자는 본사에 있는 상사와 지리적으로 멀리 떨어져 있을 뿐만 아니라 본사가 중국 비즈니스 환경을 제대로 이해하지 못한 채 직면한 문제와 빠른 발전 속도를 제대로 평가하지 못하기 때문에 문제가 생긴다. 이런 격차는 느린 의사 결정과 비즈니스 기회의 상실을 유발할 수 있다. 이런 이유로 다국적기업의 최고경영진들은 중국 비즈니스에 대한 자율성을 증가시켜 운영의 효율성을 높여야 한다고 조언한다.

우리가 만나본 다국적기업의 최고경영진 20명 중 상당수는 인간의 성장과 비슷한 발전 국면을 경험했다(또는 현재 경험하고 있다). 즉, 다국적기업도 사람과 마찬가지로 유아기, 청년기, 그리고 성인기를 거친다. 중국 현지 비즈니스가 본사와 전략적 파트너 관계를 맺게 되면 마지막 국면에 도달한다.

제4장 주요 인용문

"우리 CEO와 모든 리더들은 지난 24개월 동안 중국에 극도로 집중하고 있다. 중국은 최근 경제의 하락 추세를 보이지 않는 몇 안 되는 국가이기 때문이다.

- 찰스 브라운, 듀폰 차이나의 사장

"우리 본사는 중국이 매우 큰 시장이라고 인식한다. 그러나 중국은 장기적인 안목에서 바라봐야 할 시장이기도 하다. 여전히 잠재력이 큰 시장으로 중국을 인식해야지 바로 수익을 올릴 시장으로 봐서는 안 된다."

- 스탠리 웡, 스탠다드 차타드 차이나의 CEO

"일부 서양 사람들은 중국이 여전히 자전거 시대에 있다고 생각한다."

- 준 탕, 마이크로소프트 차이나의 사장

현재 서구 사회에 불고 있는 '중국 붐'을 중국의 시장 조건과 비즈니스 문화 또는 경제 개발을 깊이 이해한 것으로 해석하기 힘들다.

- 이 책의 저자

"유럽이나 미국에서 '예'라는 말은 말 그대로 '예'를 의미한다. 따라서 우리는 공통 목표를 달성하기 위해 협력할 수 있다. 그러나 중국에서는 '예'가 항상 '예'를 뜻하지 않고 '아니오'도 항상 '아니오'를 뜻하지 않는다. 내가 중국에 관해서 해줄 수 있는 한 가지 조언은 중국에서 모든 것이 어렵지만 또한 모든 것이 가능하다는 것이다."

- 가이 맥로드, 에어버스 차이나의 사장

"현재 시장 중심적 환경에서 여러분은 빠르게 반응해야 한다. 그러나 본사와의 의사 소통에 걸리는 시간은 매우 길 수 있다."

- 브라이언 후앙, 베어링 포인트 수석 부사장이며 중국 총괄 담당 사장

"항상 '예'라고 말할 수는 없다. 충분히 논의해 보고 아니라는 생각이 들면 '아니오'라는 말도 할 줄 알아야 한다. 바로 그런 역할을 수행하기 때문에 내가 보수를 받고 일하는 것이다. 본사는 중국에서 비즈니스를 담당하는 내 말에 귀를 기울여야 한다. 여러분은 중국에서 시장 주도권을 잡는 일이 중요하다는 점을 간과해서는 안 된다."

- 파올로 가스파리니, 로레알 차이나의 사장이며 중국 총괄 책임자

제4장 요약

1. 중국 비즈니스에 대한 본사의 헌신

본사 최고경영진으로부터 중국 비즈니스에 관한 지원을 받도록 노력한다. 의사 결정자 두세 명이 중국 비즈니스에 관심을 보인다면 여러분은 중국 비즈니스를 훨씬 수월하게 진행할 수 있다.

2. 본사 핵심 인력의 중국 파견

본사에서 인정받고 존중받는 인력을 중국 총괄 책임자로 임명한다. 가능하면 중국 비즈니스에 자율성을 부여해 효율성을 높인다.

3. 본사의 중국 이해

본사 사람들이 주기적으로 중국을 방문하도록 주선한다. 그러면 그들은 중국 비즈니스 조건과 운영을 더 잘 이해하게 될 것이다.

4. 중국 지사에 권한 위임

중국 현장에서 일하는 인력은 전략적 역량과 비즈니스 운영 역량을 모두 갖춰야 한다. 그리고 본사는 중국 비즈니스의 빠른 성장과 높아지는 중요성을 인식해야 한다.

제5장 핵심 포인트
경쟁자의 극복

우리가 인터뷰한 중국 전문가 한 명은 중국에서 '난투극'이 벌어지고 있다고 말했다. 또 다른 사람은 중국이 세상에서 '가장 경쟁이 심한' 시장이라고 말했다. 많은 다국적기업들이 다른 곳에서와 마찬가지로 중국에서도 경쟁하고 있으며 일부 기업은 이곳에서 20년 넘게 경쟁하고 있다. 그러는 사이에 현지 경쟁자가 품질과 기술, 속도에서 다국적기업을 빠르게 따라오고 있다. 이제 외국기업들은 그들의 제품을 빨리 모방하면서도 가격을 낮추는 중국 현지기업의 거센 도전을 받고 있다. 중국에서 살아남기 위해 필요한 역량으로는 혁신, 민첩성, 융통성, 마케팅, 소비자 선호의 정확한 파악 등이 있다.

제5장 주요 인용문

"중국은 모순으로 가득 차 있다. 이곳은 사회주의 국가이지만 지구상에서 가장 경쟁이 심한 사회이기도 하다."

- 사이먼 킬리, 휴잇 어소시에이츠 차이나의 휴잇 아시아 리더십 센터의 대표

"모든 대기업이 여기에 진출했다. 바로 여기서 치열한 경쟁을 벌이고 있다. 다국적기업에게 중국은 한 치도 양보할 수 없는

시장이다."

- 개리 더크스, BP 차이나의 사장이며 CEO

"나는 중국이 세상에서 가장 치열한 시장이라고 말할 수 있다. 일본, 미국, 유럽에서 온 다국적기업과 더불어 현지기업까지 가세해 경쟁하고 있다."

- 세이치 가와사키, 소니 차이나의 사장

"여기서 우리는 점점 더 국제화되어가는 현지기업과 점점 더 현지화되어가는 다국적기업의 틈바구니에 있다."

- 엘마르 스타첼스 박사, 바이엘 차이나의 CEO

"외제의 가격은 하락하고 국산제품의 가격은 상승했다. 두 제품의 가격 격차가 줄어들고 있었다. 이런 변화에 적응하느라 고통스러운 조정 과정을 겪었다."

- 앨런 브라운, 유니레버 차이나의 회장

"이들 기업은 첨단 제품과 국제 경쟁력을 갖춘 새로운 중국기업이다."

- 도미니크 드 보아시종, 알카텔 차이나의 회장이며 CEO

"중국기업은 가능한 빨리 다국적기업이 보유한 역량을 갖추려고 노력한다. 따라서 중국기업과 다국적기업의 격차는 크게 줄어들 것이다."

- 존 윙, 보스턴 컨설팅 그룹의 중국 총괄 책임자

제5장 요약

1. 이길 수 있는 경쟁을 선택하라

중국 시장을 목표로 하는 다국적기업에게 싸울 만한 가치가 없는 경쟁이 있다. 바로 현지기업과 가격을 놓고 경쟁하지 말아야 한다는 것이다.

2. 혁신하라

최선의 생존 전략은 계속 변화하는 것이다. 경쟁자에 앞서기 위해서 끊임없이 제품과 서비스를 개선한다.

3. 혁신만이 능사가 아니다

지나친 고사양 제품을 피한다. 수요에 맞는 품질과 기능을 제공해야 하지만 가격을 무시해서는 안 된다.

4. 싸우지 말고 인수 또는 합병하라

패배시킬 수 없다면 협력한다(또는 인수, 합병한다).

제6장 핵심 포인트

지적재산권 침해와의 싸움

지적재산권 침해는 중국에서 오랜 역사를 지닌 대규모 산업이다. 최근 2001년에 WTO에 가입한 이후로 중국은 지적재산권 보호 법령을 강화했지만 실제적인 법 시행 정도는 미약하다.

중국에 진출한 다국적기업은 대개 자사 제품이 불법 복제되는 경험을 했다(에어버스만이 유일하게 예외다). 제약이나 화학 산업에서 불법 복제는 특히 민감한 사안이다. 공공 안전이 위협받을 수 있기 때문이다. 지적재산권 관련법을 실행하기 어려운 이유는 중국 법이 아직 충분히 정착되지 못했고 많은 지역에서 위조 산업이 중요한 역할을 담당하고 있기 때문이다. 다국적기업이 직면한 문제는 다음과 같다. 정부의 지원 부족(특히 지방에서), 위조로 받을 처벌보다 이익이 더 큰 상황, 그리고 정교해지고 국제화되는 위조 비즈니스이다. 중국에서 지적재산권 침해 비즈니스는 경제 발전에 따라 줄어들 가능성이 높다(다른 개발도상국가의 경우가 그랬다). 진정한 해결책은 중국이 자국의 지적재산권을 보호하려는 노력을 기울이기 시작할 때 나올 것이다.

제6장 주요 인용문

"중국에서 더 큰 성공을 거둘수록 더 많은 지적재산권 다툼을 벌일 것이다."

- 데이비드 창, 필립스 차이나의 CEO

에어버스를 제외하고 이 책에서 소개한 다국적기업 모두 중국에서 지적재산권 침해를 겪었다.

- 이 책의 저자

지난 20년 동안에 외국기업은 중국에서 다음과 같은 교훈을 얻었다. 복제될 수 있는 것은 모두 복제되고 있다. 복제할 수 없는 것도 복제하려고 노력하고 있다.

- 이 책의 저자

"1949년에서 1979년까지 중국 공산당은 법과 법정에 아무런 관심도 없었다. 그들이 관심을 두었던 것은 정부 정책과 권한의 행사였다."

- 노먼 지번트, 프레시필즈 브룩하우스 데린저 법률회사의 중국 상하이 지사 수석파트너

"사법 기관과 지적재산권 침해자는 여전히 네트워크를 유지하고 있다. 그들은 상부상조하는 관계다."

- 데이비드 창, 필립스 차이나의 CEO

우리는 가짜 제품을 적발할 때마다 일련의 조치를 취했다. 하지만 얼마 지나지 않으면 다시 가짜 제품이 시장에 나돈다. 제조 규모가 매우 작기 때문에 이 큰 나라에서 그 제조 공장을 찾

아내기란 정말 힘들다."

- 폴 에첼스, 코카콜라 차이나의 사장

"여러분은 DVD나 비디오 CD를 어디서든 수천 장 구입할 수 있다."

- 에케하르트 라스게버, 베텔스만 다이렉트 그룹 아시아의 사장

"이곳 주민들은 가난하다. 중국 서부 지역 사람들은 한 달에 200위안을 번다. 이제 많은 외국인들은 내게 그들의 구찌 핸드백을 보호하라고 요청한다. 나는 그 요청을 받아들일 수 없다."

- 에케하르트 라스게버, 베텔스만 다이렉트 그룹 아시아의 사장

"한 위조업체를 적발하면 곧이어 여기서 기술을 배운 두 명이 새로운 위조업체를 만든다. 때때로 한 사람이 두 개의 이름으로 위조업체를 운영하는 경우도 있다. 그리고 어떤 위조범을 적발해 그 업소를 폐쇄시키면 적발된 위조범은 생산 시설을 친척에게 양도해 길 건너편에서 새로운 공장을 운영하는 실정이다."

- 노먼 지번트, 프레시필즈 브룩하우스 데린저 법률회사의 상하이 지사 수석 파트너

"우리가 참을성 있고 협조적인 태도를 취하면 중국 정부도 우리의 의견에 귀 기울이며 협조적으로 변한다. 이제 중국 정부는 좀 더 적극적인 태도로 QBPC 회원사가 직면한 어려운 문제를 해결하는 데 도움을 주려고 한다."

- 잭 창, 중국 외국인투자기업 협회의 우수브랜드 보호위원회 회장

제6장 요약

외부 조치

1. 정부와 긴밀한 협조

지적재산권 보호를 위해 중국 정부의 협조를 구할 때 대결적인 태도를 취해서는 안 된다. 지적재산권 침해와 싸우는 중국 정부에 협조적 태도를 취해야 한다.

2. 연합세력 구축

다른 기업이나 협회와 연합으로 지적재산권 분쟁에 관한 좋은 대처 방안을 공유하며 중국 정부와 협조해야 한다.

내부 조치

1. 내부 자원의 최대 활용

지적재산권 보호를 위해 내부 자원과 인력을 배정한다. 회사 전체에 지적재산권 보호의 중요성을 인식시키고 지원을 강화한다.

2. 예방에 주력

최고경영진은 직접 나서서 지적재산권 보호의 중요성을 직원과 정부에게 전달해야 한다. 회사 전체적으로 취약한 부분을 파악하도록 지적재산권 감사를 실시한다.

3. 계약상의 안전 장치 활용

핵심 기술에 접근할 수 있는 인력이나 비즈니스 파트너를 제한한다. 기업은 자사 인력이 핵심 지적재산권 정보를 남용하지 못하도록 분명한 단속 수단을 확립해야 한다.

4. 민감한 기술의 보호

직원이나 비즈니스 파트너가 핵심 기술에 접근할 수 있는 권한을 제한하는 안전 장치를 마련한다. 일부 경우에 핵심 기술을 중국 내로 반입하지 말아야 한다.

제7장 핵심 포인트
중국 고객의 확보

빠르게 부유해지고 있는 (특히 도심 지역의) 중국 소비자는 다국적기업에게 까다롭고 변덕스러우며 가격에 민감한 소비자로 유명하다. 많은 중국인들이 외국 브랜드를 구입할 때 지나칠 정도로 완벽한 품질을 요구한다. 다국적기업에게 또 다른 심각한 어려움은 중국이 한 개의 국가이지만 내부적으로 수많은 시장이 존재한다는 사실이다. 전국적으로 소비자 계층은 지역, 교육 수준, 국제화 정도에 따라 큰 차이를 보인다. 중국은 다양한 문화와 언어를 사용하는 국가이다. 따라서 다국적기업은 제품과 서비스, 마케팅 전략을 이런 다양성에 맞춰 변형해야 한다. 여기에 덧붙여 외국기업은 자신이 속한 산업에서 일어나는 규제 변화를 끊임없이 주시해야 하고 고객에게 다가서기 위해 유통의 어려움을 극복해야 한다. 중국 고객에게 다가서는 최선의 해결책은 현지 R&D 투자일 수 있다.

제7장 주요 인용문

"중국에서 이류 기술을 판매하는 것은 불가능하다. 중국은 최고를 원한다. 때때로 중국은 신기술을 소개할 첫 번째 국가이기도 하다. 중국인은 매우 까다로운 소비자이다."

- 도미니크 드 보아시종, 알카텔 차이나의 회장이며 CEO

"많은 사람들이 중국 소비자의 기대가 낮다고 생각하며 이곳에 온다. 하지만 나는 중국 소비자의 기대가 일본 등 어느 다른 나라보다 높다는 사실을 발견했다. 중국 소비자가 세상에서 가장 다루기 힘든 소비자라는 인상을 받았다."

- 필립 머터프, 제너럴 모터스 차이나의 CEO

세계에서 가장 많은 인구를 보유한 이 나라는 이제 엄청난 소비자 계층을 제공한다. 인구 수도 많을뿐더러 부유하고 세속적이며 기꺼이 지출할 준비가 되어 있는 소비자도 많다.

- 이 책의 저자

"향후 20년 간 중국은 GE가 생산하는 발전 설비, 항공기 부품, 소비자와 상업 금융 서비스의 최대 구매자가 될 것 같다. 중국은 우리 전략에서 매우 중요한 부분이다."

- 스티브 슈나이더, GE 차이나의 회장이며 CEO

"중국에서 현대적인 상거래 방식이 도입되는 속도는 그 어느 곳과도 비길 데가 없다. 유럽에서조차 이런 속도로 상거래 방식이 바뀐 경우는 없었다."

- 앨런 브라운, 유니레버 차이나의 회장

"중국인은 아주 높은 컬러텔레비전 화질을 기대한다. 일본에서도 그만큼 높은 화질을 기대하지 않는다. 그리고 중국 고객은 제품 디자인에서 화질보다 더 높은 기대를 한다. 우리는 이런 중국 고객의 의견에 귀 기울이고 있다."

- 세이치 가와사키, 소니 차이나의 사장

"중국 고객은 매우 높은 기대를 보인다. 그들은 제품 품질을 까다롭게 요구한다."

- 찰스 브라운, 듀폰 차이나의 사장

"때때로 제품이 지나치게 고사양일 때도 있다. 사람들은 필요하지 않은 물건에 돈을 지불하지 않는다."

- 케네스 유, 3M 차이나의 중국 총괄 책임자

"여러분은 중국에서 모든 가치 사슬을 볼 수 있다. 저개발, 개발 중, 개발된 시장뿐만 아니라 노동 집약적 시장에서 자본 집약적, 두뇌 집약적 시장을 목격할 수 있다. 중국에서 이런 시장은 동시에 존재한다."

- 데이비드 창, 필립스 차이나의 CEO

"외국 브랜드 기업들은 중국 도시 소비자에게 물량 공세를 퍼붓는다. 그렇다면 소비자는 어떤 반응을 보이고 있는가? 그들은 특정 제품을 고집하기보다는 모든 제품을 사용해 보려고 한다."

- 존 웡, 보스턴 컨설팅 그룹의 중국 총괄 책임자

"시장의 빠른 변화 속도와 소비자 행동의 급격한 변동성 때문에 시장조사를 수시로 해야 한다."

- 고든 오어, 맥킨지의 상하이 지사장

제7장 요약

1. 시장에 따른 제품을 출시하라

제품과 서비스에 관한 국제적 기준과 지침을 유지하면서 적절한 범위 내에서 중국 시장에 맞게 제품의 일부를 변화시킨다.

2. 마케팅을 현지화하라

중국의 다양한 지리, 기후, 역사, 문화적 차이를 고려할 때 마케팅 프로그램 역시 다양해야 한다.

3. 목표를 선택하라

중국에서 지역적 변화가 빠르게 발생하고 있다. 많은 도시가 빠르게 부유해지면서 소비계층이 확대되고 있다. 그동안 주목받지 않던 도시를 잠재 가능성이 높은 새로운 시장으로 관찰한다.

　4. 중국 시장을 위한 R&D를 실시하라

　중국에서 R&D는 효과적으로 현지 소비자를 이해하고 그들의 욕구를 충족시키는 중요한 수단이다.

제8장 핵심 포인트
중국 정부와의 협상

　성공적으로 중국 정부와 협상하는 능력은 다국적기업에게 매우 중요한 요소다. 중국의 법 체계는 여전히 불완전한 부분이 많고 그 역사가 짧기 때문에 기업들은 비즈니스와 관련된 많은 정부기관과 밀접하고 긍정적인 관계를 구축하라는 조언을 받는다. 중국의 복잡한 행정 체계 때문에 기업들은 때때로 서로 이해가 충돌하는 중앙, 성, 지방 정부 사이에서 혼란을 경험한다.

　다양한 정부기관과 원만한 꾸안시를 구축하면서 관리자와 기업의 인력들은 부패 관행을 피하고 기업의 행동 규정을 준수해야 한다. 국가 계획경제 체제 아래서 교육을 받은 구세대 관리를 상대하기는 특히 어려울 수 있다. 그리고 새로운 법과 규정의 집행 부족, 법원의 비효율성, 일관성 없는 법 해석, 정부 절차의 지연을 포함해 여러 어려움이 존재한다.

제10장 결론 • 425

제8장 주요 인용문

"중국에는 '누구도 어떤 일을 승인할 수 없지만 누구나 반대는 할 수 있다' 라는 속담이 있다. 여러분은 프로젝트를 이해시키고 그들의 승인을 받기 위해서 다양한 직급의 정부 관리와 접촉해야만 한다."

　　　- 노먼 지번트, 프레시필즈 브룩하우스 데린저 법률회사의 상하이 지사 수석 파트너

"나는 중국이 매우 복잡한 나라라고 생각한다. 여러분은 다양한 수준의 정부를 다뤄야 하기 때문이다. 여러분이 '정부' 와 대화를 나눠야 한다면 그것은 중앙정부일 수도 있고 성 정부, 또는 지역 정부일 수도 있다. 내 경험에 따르면 우리는 적어도 두 가지 수준의 정부와 원활한 관계를 유지할 필요가 있다. 바로 지방정부와 중앙정부다."

　　　- 쟝 룩 셰로, 까르푸 차이나의 사장

"중국은 여전히 계획경제에서 시장경제로 이행하는 시기에 있기 때문이다. 중국은 과도기에 처해 있다. 그래서 많은 회색 지역이 존재한다."

　　　- 데이비드 창, 필립스 차이나의 CEO

"진짜 문제는 사회주의 명령 경제가 자본주의 시장 정신과 서로 맞부딪힐 때 양측이 오해할 가능성이 매우 높다는 것이다."

　　　- 노먼 지번트, 프레시필즈 브룩하우스 데린저 법률회사의 상하이 지사 수석 파트너

"경제와 투자, 그리고 수익성의 중요성에 관한 관점이 크게 변했다. 이제 정부는 수익성을 놓고 기업과 많은 논의를 한다."

- 필립 머터프, 제너럴 모터스 차이나의 회장이며 CEO

"중국은 경제를 성장시키려고 노력하고 있다. GDP 성장률을 7~8%로 유지하기 위해 정부는 많은 외국인 투자가 필요하다."

- 준 탕, 마이크로소프트 차이나의 사장

"아주 많은 경우에 이런 허가는 정부 관리의 해석에 따라 결과가 달라진다. 따라서 중국에서 정부와 원활한 관계를 수립하지 못했다면 모든 허가 과정이 느려질 수 있다."

- 스탠리 웡, 스탠다드 차타드 차이나의 CEO

"시대 변화에 맞도록 아주 많은 법이 제정되었다. 따라서 다음과 같은 질문에 관심이 모아진다. 판결이 내려지면 이 판결을 어떻게 집행해야 하는가? 이 질문이 바로 현재의 가장 큰 화두다. 법정 다툼에서 승리를 거둬도 이 판결을 어떻게 집행하느냐가 현재의 가장 큰 문제다."

- 스티브 슈나이더, 제너럴 일렉트릭 차이나의 회장이며 CEO

"성은 각자 조금씩 다른 방법으로 법률을 시행한다. 이 조그만 차이가 기업에게 적용될 때 상당한 영향을 미칠 수 있다."

- 크리스토퍼 쇼, 엘리 릴리 차이나의 사장

"어쩌면 아주 간단한 일이다. 여러분 기업을 위해 정부 관계를 전담할 훌륭한 현지 인력을 찾으면 된다. 이 현지 인력은 지속적으로 정부와 관련된 일을 적절하게 처리할 것이다. 이 일을 수행할 유일한 방법은 적절한 현지 인력을 채용하는 것이다."

- 앨런 브라운, 유니레버 차이나의 회장

"이 나라는 한 개의 정부가 아닌 수백 개의 정부로 구성되어 있다. 여러분은 모든 잠재적 이해관계자가 여러분 의도를 충분히 이해하고 그들이 존중받고 있다는 느낌이 들도록 해야 한다. 이런 방식은 나중에 여러분 프로세스에 큰 도움이 될 것이다."

- 데이비드 창, 필립스 차이나의 CEO

"가장 중요한 사항으로 여러분이 하려는 일은 일부 주요 정치적 인사의 관심을 끌어야 한다. 정부 인사 중에 아무도 여러분 프로젝트에 관심을 보이지 않거나 중요한 중국 측 파트너가 해당 프로젝트를 좋은 아이디어라고 생각하지 않는다면 여러분은 그 프로젝트를 추진하기가 쉽지 않을 것이라고 확신한다."

- 개리 더크스 박사, BP 차이나의 사장이며 CEO

제8장 요약

1. 최고경영진의 참여
중국 당국은 '체면' 문제로 조직의 최고경영진과 직접 상대하기를 원한다. 여러분의 업무 시간 중 상당 부분을 정부와 상대하는 일에 헌신할 준비를 한다.

2. 중국 정부에 정통한 현지 전문가의 고용

정부와의 관계 구축에 정통한 현지 중국인 전문가를 채용하는 것은 기업의 성공에 결정적인 영향을 미친다.

3. 정부 태도의 이해

변화를 추진하는 정부의 노력을 이해한다. 대결적인 태도보다 협조적인 태도가 바람직하다.

4. 모든 수준의 정부에서 지원 획득

여러분은 모든 수준의 정부 관계자에게 추진하려는 계획을 충분히 알려 여러분이 그들을 존중하고 있다는 모습을 보여야 한다.

5. 철저한 준비와 규정 준수

실제 행정 절차가 어떤지 확실히 파악한다. 올바른 시기에 올바른 부서에 있는 올바른 사람을 파악한다. 전문가로 구성된 팀이 이런 일에 아주 중요한 역할을 한다.

6. 협상에서 자신의 입장 고수

두려워하지 말고 여러분이 원하는 것을 분명하고 구체적으로 말한다.

제9장 핵심 포인트
중국 생활

최고경영진들은 중국에서 삶의 질을 매우 긍정적으로 평가했다. 어느 누구도 가까운 미래에 중국을 떠나고 싶어 하지 않았다. 많은 사람들이 업무 경험의 질이 중국 생활에 만족하는 주요 이유라고 대답했다. 그들은 중국에서 업무가 아닌 생활에서는 약간의 어려움이 있지만 사소한 부분이라고 생각했다.

많은 외국인 관리자들이 중국 생활에 만족하고 있지만 가족은 어려움을 겪을 수 있다고 전문 컨설턴트는 경고했다. 일반적으로 외국인 관리자의 '동반 배우자'는 중국에 오기 위해서 자신의 일이나 사회적 관계를 포기하는 경우가 많다. 그래서 배우자나 자녀는 외로움이나 소외감을 느낄 수 있으며 문화와 언어 장벽을 극복하기 위한 지원 시스템이 부족할 경우가 많다. 가족 구성원 사이에 나타나는 불만족은 외국인 임원의 중국 파견을 실패로 돌아가게 만들거나 조기 귀국하게 하는 주요 이유다.

기업은 외국인 인력과 그 가족 구성원이 중국 생활에 잘 적응하도록 필요한 조치를 취해야 한다.

제9장 주요 인용문

"외국기업은 중국을 떠나고 싶어 하지 않는다. 이 나라의 발전 가능성은 세계 어느 나라보다 크기 때문이다. 지금 미국에 진출하려는 기업이 어디 있겠는가? 누가 유럽에 가려고 하겠는 가? 중국인 관리자조차도 외국으로 가고 싶어 하지 않는다. 그 들은 중국에서 계속 일하고 싶어 한다."

- 헬렌 탄타우, 콘/페리 인터내셔널 차이나의 수석 파트너

"중국에 왔다고 남편의 생활이 크게 변하지는 않았다. 그는 이전과 다름없는 사람들을 만나고 동일한 업무를 하며 교육 수 준이 높고 영어를 구사할 줄 아는 중국 사람들과 거래한다. 하 지만 아내는 매우 다른 사람을 상대해야 한다. 슈퍼마켓에서 교 육 수준이 낮고 영어를 할 줄 모르며 외국인을 낯설어하는 주부 나 운전사 등 낯선 사람들과 접해야 한다."

- 빅토리아 하인, 라이프라인 상하이의 설립자

"나는 원래 3년을 넘기지 않는다는 조건으로 아시아에 왔다. 현재 13년째 아시아에서 근무하고 있다. 아내와 나는 이곳 생활 에 매우 만족한다. 나는 오랫동안 여기 머물고 싶다."

- 장 룩 셰로, 까르푸 차이나의 사장

인터뷰에 응한 다국적기업의 최고경영진 20명 가운데 아무도 귀국 날짜를 정해 놓고 있지 않았다. 더 놀라운 일은 GE 차이나 의 CEO에서 소니 차이나의 CEO까지 그 누구도 가까운 미래에 중국을 떠나고 싶어 하지 않았다.

- 이 책의 저자

"유럽으로 돌아간다면 나흘 만에 중국으로 되돌아가고 싶은 마음이 생길 것이다."

- 파올로 가스파리니, 로레알 차이나의 사장

"너무나 많은 사람들이 중국에 오고 싶어 해서 파견 인력을 선정하는 데 아무런 어려움이 없다. 필요한 인력을 내부에서 언제든지 찾을 수 있다."

- 개리 더크스, BP 차이나의 사장이며 CEO

"전 세계적으로 실패율은 회사가 예상하는 것보다 높다. 나는 기업이 참을성과 같은 태도나 마음자세에 더 많은 주의를 기울이고 있다고 생각한다. 적응에 실패했다고 모든 원인을 중국에 돌리지 말아야 한다."

- 사이먼 킬리, 휴잇 어소시에이츠 차이나의 휴잇 아시아 리더십 센터의 대표

"상하이는 일본인 학교와 같은 인프라를 갖추고 있다. 중요한 부분이기는 하지만 전부는 아니다. 나는 적응 성공 여부가 개인적 특성과 관련이 깊다고 생각한다."

- 세이치 가와사키, 소니 차이나의 사장

"초창기에 우리 둘 다 한 가지 문제를 발견했다. 도착한 날부터 나는 하루에 12시간에서 14시간씩 일해야 했다. 그녀는 직장을 그만두고 친구를 떠나 낯설고 먼 곳에서 살아야 했다. 정말 두 사람 모두에게 끔찍한 상황이었다."

- 에케하르트 라스게버, 베텔스만 다이렉트 그룹 차이나의 사장

외국인 임원은 배우자의 불만족을 이해하지 못할 수 있다. 그는 배우자에게 일할 필요가 없을 정도로 가정부와 운전기사까지 제공하며 편의를 봐줬다고 생각하기 때문이다. 그는 직장에서 너무 오랜 시간 동안 일하고 있기 때문에 스트레스를 받고, 배우자는 남편이 직장에서 성공을 거두며 승승장구하는 동안에 자신은 아무 일도 할 수 없다고 생각하기 때문에 스트레스를 받는다. 결과적으로 결혼한 사람에게 중국 배치는 매우 어려운 일이다.

- 이 책의 저자

"십대들은 전화를 걸어 '아버지는 너무 출장이 많고 어머니는 아버지와 사이가 좋지 않다. 나는 숙제하는 데 도움을 받고 싶지만 어머니에게 부담을 주기는 싫다. 어머니는 이미 스트레스가 아주 심하기 때문이다.' 라고 말한다."

- 빅토리아 하인, 라이프라인 상하이의 창립자

제9장 요약

1. 파견 관리자를 위한 심리 심사

중국에 파견할 후보자를 평가한다. 개방성, 다양한 문화적 배경을 지닌 사람들로부터 신뢰를 획득하고 그들을 다룰 수 있는

능력, 새로운 환경에의 적응력과 같은 개인적 특성을 점검한다.

2. 가족 평가

중국에 임원을 파견하기 이전에 그 가족을 인터뷰한다. 배우자도 역시 개방적이고 융통성이 있는지 확인한다.

3. 사전 방문 기회 제공

중국에 임원을 파견하기 이전에 취할 수 있는 또 다른 방법은 가족이 근무지를 사전에 방문할 기회를 제공하는 것이다. 이 여행에는 주거지, 국제학교, 병원, 여가 시설, 파견 임원이 일할 근무지 방문이 포함된다.

4. 사전 준비와 교육

파견 임원과 가족에게 중국을 소개하거나 문화를 교육하는 강좌를 제공한다.

5. 언어 교육

파견 임원의 가족이 언어 교육을 받도록 권장한다. 중국어에 유창해지지는 못하더라도 언어 교육을 통해 그들은 중국을 더 잘 이해할 수 있다.

6. 융통성 있는 지원과 맞춤형 혜택의 제공

맞춤형 혜택을 제공하고 파견 임원과 가족이 가장 필요로 하는 혜택을 선택하도록 권한을 부여한다.

7. 지속적인 가족 지원

중국에 거주하는 외국인 관리자의 배우자에게 관심을 기울인다. 사소한 조치도 그들에게 관심을 받고 있다는 기분을 줄 수 있다.

부록

조사방법론

이 책의 목적은 다국적기업을 이끌고 있는 최고경영진이 중국에서 비즈니스를 운영하면서 직면하는 주요 도전을 파악하고 해결하는 것이다. 우리는 〈포천〉이 선정한 500대 기업의 외국인 관리자 20명을 직접 인터뷰해 문제를 파악하는 조사방법론을 택했다. 우리는 자동차 산업에서 화장품, 소프트웨어, 대형 할인점까지 다양한 산업에서 인터뷰 대상자를 선정했다(서문에 소개한 인터뷰에 응한 최고경영진의 약력 참조).

우리는 우선 인터뷰 대상자 20명에게 직접 산업과 연관된 구체적인 질문을 던지고 나서 답변 내용을 놓고 토론했다. 답변 내용에 관한 논의에는 비즈니스 컨설턴트 8명도 참여했다. 이 컨설턴트들은 다국적기업의 경영진이 중국 비즈니스 환경을 파악하고 적응하도록 컨설팅 업무를 수행하는 전문가들이다. 인터뷰에 응한 컨설턴트들은 법률, 인적 자원, 비즈니스 개발 전략 등 다양한 전문 분야에서 활동하고 있다. 컨설턴트가 속한 조직을 알파벳 순서로 나열하면, 베어링 포인트, 보스턴 컨설팅 그룹, 프레시필즈 브룩하우스 데린저, 휴잇 어소시에이츠 컨설팅, 콘/페리 인터내셔널, 라이프라인 상하이, 맥킨지, 중국 외국인 투자기업 협회의 우수브랜드 보호위원회이다.

이 컨설턴트들이 제공한 정보와 인상, 구체적인 인용문이 이 책의 기초를 이룬다. 그들은 각 장의 '구조'를 구성하는 데 지침을 제공했고, 아울러 각 장의 '내용'을 풍부하게 만드는 데 도움을 주었다.

한 컨설턴트는 제기해야 할 질문을 설계하는 전문가로서 우리는 그의 조언을 받아 인터뷰 대상자에게 제기할 질문을 구체화했다. 기업이나 산업에 따라 해야 할 질문과 논의가 달랐지만 우리는 가급적 일관된 구조로 인터뷰를 진행하려고 노력했다. 질문을 설계하는 과정에서 우리는 중국 비즈니스 환경을 경험한 사람들과 경영과 비즈니스 학술지에 논문을 기고한 교수들로부터 도움을 받았다.

외국인 관리자를 인터뷰하면서 우리는 다음과 같은 여섯 가지 범주의 질문을 던졌다.

- 개인적 배경과 경력 사항
- 중국에서 비즈니스의 구축
- 중국에서 경영 방식의 변경 여부
- 중국에서 비즈니스 방식의 변경 여부

- 중국 시장의 확보
- 중국 생활

우리가 자문을 구한 컨설턴트 8명은 인터뷰할 다국적기업의 최고경영진이 속한 산업적 특성에 맞게 질문이 조정되어야 한다고 지적했다. 전문가들은 고객이 중국에서 성공할 수 있도록 조언을 제공하는 업무를 하기 때문에 우리는 그들이 현장에서 체득한 경험을 우리와 함께 나누고 외국인 관리자들과 인터뷰한 내용을 객관적으로 평가해 달라고 요청했다. 컨설턴트들은 아래와 같은 세 가지 종류의 질문을 받았다.

- 중국에서 업무의 범위
- 다국적기업 고객의 주요 관심사와 문제 해결을 위한 구체적인 조언
- 중국에서 다국적기업이 표명한 관심사가 앞으로 어떻게 변할지에 관한 예측

각 장을 완성하는 마지막 단계는 인터뷰에 응한 중국 전문가들의 메시지를 분석하고 핵심을 추려 유용한 모델을 제시하는 것이다. 우리의 목표는 중국에서 구체적인 문제를 해결할 필요가 있는 관리자에게 도움이 될 실용적인 '로드맵'을 각 장마다 제시하는 것이다. 구체적인 문제에는 현지 인력에게 동기 부여하기에서부터 정부와의 협상, 중국 고객의 확보까지 다양한 현안을 포함한다.

인터뷰에서 제기한 질문의 사례

우리는 중국에서 활동하는 경영학 교수와 비즈니스 학술지 기고자로서 얻은 경험과 독자들이 가장 관심을 집중하고 시급히 해결해야 할 현안에 해결책을 제공한다는 취지에 기초해 인터뷰 질문을 선정했다. 인터뷰 대상자가 속한 산업과 개인 전문 분야에 따라 구체적인 질문이 추가되기도 했지만 모든 사람은 다음과 같은 기본적인 질문을 받았다.

1. 중국에서 비즈니스의 관리

• 지금까지 당신이 외국에서 활동한 경험을 간략히 설명해 주십시오.

• 기업의 경영자로서 현재 회사에서 맡고 있는 주요 업무는 무엇입니까?

• 중국에 와서 경영 방식을 바꾸었습니까? 바꿨다면 그 이유는 무엇입니까?

• 중국에서 다국적기업의 경영자로서 성공하기 위해 갖춰야 할 가장 중요한 역량 서너 개는 무엇입니까?

• 여러분이 승진해 중국을 떠나야 한다면 당신의 후임자가 '해야 할 일'과 '하지 말아야 할 일'은 무엇입니까?

2. 중국에서 비즈니스의 구축

• 인허가를 성공적으로 획득하기 위해 정부와 관계를 구축하는 데 당신은 어떤 조언을 하고 싶습니까?

• 당신 기업은 계약이 이행되지 않거나 법이 제대로 집행되

지 않아서 어려움을 겪은 적이 있습니까?

• 당신 기업은 중국에서 지적재산권 침해를 경험했습니까?

• 당신은 외국인독자기업과 합작기업 중 어떤 방식을 추천합니까? 그 이유는 무엇입니까?

3. 중국에서 비즈니스 방식의 변경 여부

• 중국 비즈니스가 지역 또는 본사와 어떤 관계에 있는지 간단히 설명해 주십시오.

• 중국기업 문화와 본사의 기업 문화가 충돌할 때 어떻게 해결했습니까?

• 인적 자원 문제에서 겪은 어려움은 무엇입니까? 당신은 중국에서 현지화를 추구합니까?

4. 중국 시장의 확보

• 중국에서 경쟁자는 현지기업입니까, 아니면 다른 다국적기업입니까?

• 중국에서 현재 어떤 비즈니스 전략을 추진하고 있습니까? 목표를 달성하는 데 가장 큰 도전은 무엇입니까?

• 중국 시장이 당신 기업의 국제 전략에서 어떤 비중을 차지하고 있습니까?

5. 중국 생활

• 당신의 가족은 중국에 잘 적응하고 있습니까? 가족이 직면한 도전은 무엇입니까? 배우자와 자녀가 중국 생활에 적응하

도록 어떤 조언을 하고 싶습니까?

• 중국에서 업무 후의 생활은 본국과 어떻게 다릅니까?

• 당신 기업은 외국인 관리자와 그 가족이 중국 생활에 잘 적응하도록 지원합니까? 당신이라면 어떤 지원을 하고 싶습니까?

• 중국에서 근무를 마치고 어떤 계획을 갖고 있습니까? 고국에 돌아가면 생활이나 새로운 업무에 적응하는 데 어려움이 있을 것이라고 예상합니까?

옮긴이 황 해 선

성균관대학교 경제학과를 졸업하고,
영국 요크 대학(University of York)에서 MSC석사를 취득했다.
메리츠 증권 전략투자본부 벤처사업팀과
대한상공회의소 경제조사부에서 근무하였다.
현재 (주)엔터스코리아에서 전속 번역가로 활동하고 있다.
옮긴 책으로 〈그린스펀 경제학의 위대한 유산〉 〈런치타임 경제학〉
〈네트워크 마케팅〉 〈MIT 수학 천재들의 카지노 무너뜨리기〉 등이 있다.

차이나 CEO

초판 인쇄 : 2007년 1월 15일
초판 2쇄 : 2010년 5월 10일

지은이 : 후안 안토니오 페르난데스, 로리 앤 언더우드
옮긴이 : 황해선
펴낸이 : 안창근
펴낸곳 : 고려닷컴

출판등록 : 2004년 7월 22일 제7-284호
주소 : 서울시 마포구 서교동 464-59 서강빌딩 6층
전화 : 02) 996-0715~6 팩스 : 02) 996-0718
E-mail : koryo81@hanmail.net
homepage : www.koryobook.co.kr
ISBN : 89-91335-11-X 03320